普通高等教育新型规划教材
供应链管理专业

生产运作管理

PRODUCTION OPERATION MANAGEMENT

常祎妹 ◎ 主编

首都经济贸易大学出版社
Capital University of Economics and Business Press
·北 京·

图书在版编目（CIP）数据

生产运作管理 / 常祎妹主编. -- 北京 : 首都经济贸易大学出版社, 2025. 1. -- ISBN 978-7-5638-3818-9

Ⅰ. F273

中国国家版本馆 CIP 数据核字第 2024K0H399 号

生产运作管理

常祎妹　主编

责任编辑　王玉荣
封面设计　砚祥志远·激光照排 TEL: 010-65976003
出版发行　首都经济贸易大学出版社
地　　址　北京市朝阳区红庙（邮编 100026）
电　　话　（010）65976483　65065761　65071505（传真）
网　　址　http://www. sjmcb. cueb. edu. cn
经　　销　全国新华书店
照　　排　北京砚祥志远激光照排技术有限公司
印　　刷　唐山玺诚印务有限公司
成品尺寸　170 毫米×240 毫米　1/16
字　　数　534 千字
印　　张　27. 25
版　　次　2025 年 1 月第 1 版
印　　次　2025 年 1 月第 1 次印刷
书　　号　ISBN 978-7-5638-3818-9
定　　价　62. 00 元

《前 言》

由于国际产业链分工及过去国内经济基础与结构等因素影响，国内企业一开始将重心放在生产领域，因此当时的重心仅仅局限于简单生产或代加工，科技与管理层次都不高。随着我国经济体制从计划模式转变到市场模式，人们逐渐从原来只顾埋头生产而不顾“两头”（即研发和市场）的误区中走出来，越来越认识到市场的重要性。

然而，从这些年的发展可以发现，许多国内企业在偏重市场的同时又忽略了研发与生产的重要性，形成了新的失衡局面。随着“提高自主创新能力，建立创新型国家”的国家创新发展战略的确立，更多企业高度重视创新的重要性，更加重视研发与生产环节。国外发达国家的企业发展史告诉我们，决定一国经济实际竞争能力的往往不是金融投资等虚拟经济，而是以制造业为主的实体经济发展水平。国内制造业当前面临着向高端制造、现代制造和智能制造的转型升级，同时中国经济已经进入以服务业为主导产业的时代，制造业升级也需要生产性服务业大发展。在新的大背景下，业界与学界开始重新高度重视企业内部生产服务体系及生产运作管理理论研究。

本书共分为十三章，在编写过程中既吸收了国际同类教材以及国内现有教材的优点，又结合了目前实践发展的趋势与热点。全书内容具体包括：绪论，企业战略与生产运作战略，项目管理，产品服务的选择组合、设计与开发，设施选址和设施布置，生产计划系统，主生产计划，物料需求计划，作业计划和排序，产能管理，生产作业控制，质量管理，生产系统的改进与先进的生产方式。

本书由常祎妹老师负责总体构思、结构安排、全章节撰写以及最后的统稿。在撰写过程中，硕士研究生吴懿迪、卢晓宇、孔文涓、盛楷淳、于佳琦、汪洋等也参与了大量的资料整理工作，在此一并表示感谢。

本书在编写过程中参阅了大量文献，主要文献已列在书后。在此向国内外有关作者表示衷心的感谢。

由于经验有限，本书难免有不当和遗漏之处，敬请广大读者批评指正。

目录

扫描二维码获取各章习题答案

第一章　绪论

【学习目标】

1. 了解生产运作管理在企业中的重要地位。
2. 了解生产运作管理的目标和基本内容。
3. 掌握生产运作的分类。
4. 了解生产运作管理的历史和发展趋势。

【导入案例】

武汉亚洲心脏病医院

武汉亚洲心脏病医院是一家大型三级心脏病专科医院。这个医院聚集了国内外优秀的心血管内科、外科专家，能够实施各类复杂的心脏内、外科手术；拥有员工1 500名，床位750张，接待过全国31个省、市、自治区共81万余名心脏病患者，其中，40%来自偏远贫困的山区和农村；完成了27 000余例心脏外科手术，介入手术成功率高达98%，是中南地区首家通过ISO 9000：2000国际质量体系认证的医院。

医院实行董事会领导下的总经理、院长负责制，总经理负责行政，院长负责医疗。行政管理全方位为医疗服务，一切以患者为中心。“给我一份信任，还您一颗健康愉快的心”是武汉亚洲心脏病医院对社会的承诺。

患者服务中心为患者提供一系列免费服务，包括：推荐、寻求符合病人特殊需要的医生，安排与医生见面的时间，等等。除了就医、缴费、检查、咨询、预约、投诉等常规的服务之外，也帮助安排外地患者家属的住宿与往来票务。

医院设立单独的诊室，体现对患者的尊重；谈天式的接诊让病人精神放松，拥有良好的就医心态；帮助患者解决术后怎么用药、什么时候复查、外地患者怎么检查等问题；定期为患者举办联谊会，听取病人的心声，了解需求。

武汉亚洲心脏病医院病房设有单独的卫生间，每层楼都有患者的活动室，营养食堂提供科学的饮食，可订餐并送餐到床头，使病人及其家属体验家一样的温馨。

医院始终将公益事业放在重要的位置上，连续11年为湖北、湖南、江西、河南等地区的100余名患有先天性心脏病的孤儿免费实施外科手术，为1 350余名患儿提供手术救助。在省内外100多个地区的医院举行义诊、查房、讲课等活动。

2002年，医院建立了专门的心脏病网站，平均每天有数千余人点击；医院工作人员在网站健康论坛上回复全国各地5万多名网友的心脏健康疾病咨询；同年，还开设健康热线，接听全国各地近4万名心脏病患者的咨询电话。

（案例来源改成：马士华，陈荣秋，崔南方，等．生产运作管理［M］. 北京：清华大学出版社，2019.）

生产是大多数人都了解的概念，但是随着服务业的兴起，生产的概念得到扩展，生产不再仅仅是工厂里从事的活动，而是一切社会组织投入其最主要的资源进行的最基本的活动。没有生产活动，社会组织就不可能存在。本章首先介绍了与生产运作管理相关的基本概念、生产运作系统的基本概念、生产运作管理的目标和基本内容，以及生产运作管理者应具备的技能；其次阐述了生产运作的分类，以及产品生产和服务运作的异同；最后简单介绍了生产运作管理的历史，并探讨了生产运作管理的发展趋势。

第一节　生产运作管理

一、生产运作管理相关概念的发展

（一）社会组织

世界上有各种各样的社会组织，我们熟知的学校、商店、医院、车站、酒店、消防队、餐厅、运输公司、银行、物流公司等，都是社会组织。社会组织其实就是具有特定目标和功能的、社会化的生产要素的集合体。社会组织的活动以其内部资源条件为基础，并受到各种外部条件的约束，其作用就是输入原材料、能源和信息，输出产品和服务。图 1-1 就展示了社会组织及其外部约束的关系。

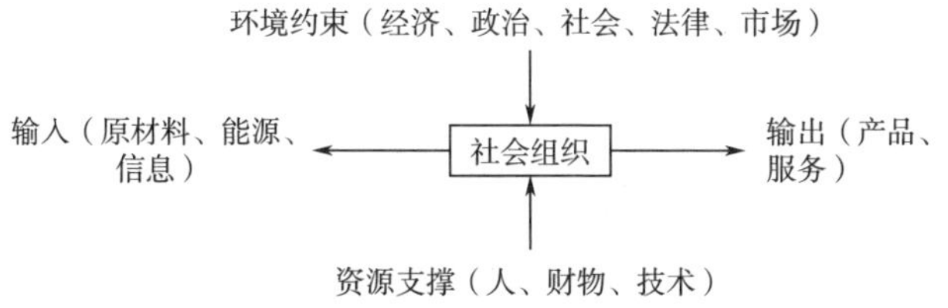

图 1-1　社会组织及其外部约束

（二）服务业的兴起

1. 经济发展的三个阶段

目前，经济学家将经济的发展分为前工业（pre-industrial）社会、工业（industrial）社会、后工业（post-industrial）社会三个阶段。

在前工业社会，人们主要从事农业和采掘业，包括种植庄稼和树木、狩猎、捕鱼、采挖煤炭和岩盐、淘金等。农业和采掘业的实质是直接从自然界提取所需要的物品。人们通常情况下利用自身体力、兽力以及简单工具，以家庭作为基本的单位进行生产，这时的劳动生产率低下，受自然条件的影响很大。当时的生活节奏与自然界同步，“日出而作，日落而息”，人们生活在一个没有污染的环境中，主要的活动是同自然界打交道。

随着时代的发展，在工业社会，人们主要从事制造业。制造业的实质是通过物理的或者化学的方法，改变自然界的物质，生产人们需要的人造物品，即我们现在所说的产品。楼房、汽车、机床、锅炉、船舶、铁路、高速公路、桥梁、计算机、塑料制品等都是人造物品。这些人造物品代表了人类创造的物质文明，它们丰富了人们的物质生活和精神生活，同时也破坏了自然界原有的平衡，造成了环境的污染和改变。分工是工业社会组织生产活动的基本原则。分工能够提高人们操作的熟练程度，节约不同工作之间的转换时间，并促进机器的发明。人们利用机器和动力，以工厂为单位进行生产，劳动生产率大幅度提高。在工业社会，人们的生活节奏加快，以拥有产品的数量来衡量生活质量，主要活动是对物品进行加工。

在后工业社会，人们主要从事服务业，服务业的实质是提供各种各样的服务。人类利用智慧、知识和创造力，依托信息技术，通过不同的社会组织，为顾客或客户提供服务，这个阶段，信息成为关键资源。生活质量由保健、教育和休闲来衡量，主要活动是人们之间的交往。

2. 服务业的分类

服务业通常包括五个方面的活动。

（1）业务服务，如咨询、财务金融、银行、房地产等。

（2）贸易服务，如批发、零售、维修等。

（3）基础设施服务，如交通运输、通信等。

（4）社会服务，如餐馆、旅店、保健、文化娱乐等。

（5）公共服务，如教育、公共事业、政府等。

从功能视角对服务业进行划分，可以分为流通性服务（distributive services）、生产性服务（producer services）、消费性服务（consumer services）以及公共性服务（public services）。实际上，流通性服务可以包含在生产性服务中，即指商品交换和金融领域内的服务。生产性服务又可称为生产者服务，也就是为生产者提供服务的，指那些服务于生产者的、用作中间投入的服务，如物流、交通运输、研发、设计、维护、营销等。消费性服务，又可称为消费者服务，顾名思义，是为消费者提供服务的，如餐饮、娱乐、保健等。公共性服务是指由政府或政府委托的机构提供的具有普遍性、平等性和公益性的服务，旨在满足社会公众的基本需求和利益，如教育、医疗等。

按照发展阶段，服务业可以分为传统服务业和现代服务业。传统服务业是工业化早期就已经形成的服务业，如餐馆、旅店等。现代服务业是工业化发达阶段的产物，是信息和知识相对密集的新型服务业，如网络通信、数字影视、网络传媒、IT 信息服务、现代物流、远程教育、电子商务等。

3. 服务业产生的必然性和必要性

从上面的介绍中可以看出，服务业的范围非常广泛。服务业的重要性日益被人们所认识，它已经成为现代社会不可分离的有机组成部分，可以说，如果没有服务业，就不会有现代社会。没有教育，就不可能培养掌握各种知识的人才，工农业生产就没有合格的劳动者；没有交通和通信这些基础设施，工农业生产就没有办法顺利进行；没有政府提供的服务，各种社会组织就不能正常运作；没有各种生活服务，人们的生活就不能正常进行。

改革开放以来，我国服务业迅速发展，并逐步赶超其他发达国家。2021 年，我国国内生产总值（GDP）按平均汇率折算达到 12 551 美元，超过世界人均 GDP 水平。近年来，我国服务业发展加快，电子商务、网络银行、在线教育、在线医疗、地理信息服务等新产业不断涌现。国家统计局电子商务交易平台调查显示，2021 年，全国电商交易额为 42. 3 万亿元，同比增长 19. 6%，我国成为世界第一大电子商务市场。服务业增加值是指服务行业在一个周期内（通常以年计）比上个清算周期的增长值。我国服务业占 GDP 的比重已经从 1990 年的 32. 38%上升到 2023 年的 54. 6%，虽然服务业占比在我国三个产业中最高，但是与美国 80%的服务业占比相比还存在一定的差距。从就业人数比重看，2016—2023 年，我国第一产业就业人数占总就业人数的比重由 2016 年的 27. 43%下降到 2023 年的 22. 8%，第二产业就业人数占总就业人数的比重由 29. 3%下降到 29. 0%，第三产业就业人数占总就业人数的比重由 43. 3%上升到 48. 1%。而发达国家的代表美国，从事服务业的人数比重在 80%以上，从事农业和采掘业的就业人数比重不到 5%。

服务的兴起既是社会生产力发展的必然结果，又是社会生产力发展水平的一个重要标志。在社会生产力发展水平比较低下的时期，社会绝大部分成员从事农业生产，自己养活自己。只有当农业生产力发展到一定水平，一个农业人口除了养活自己之外，还能提供剩余农产品时，才可能有一部分人脱离农业生产，去从事手工业和其他行业。从手工业到机器大工业，劳动生产率得到了极大的提高。工业的发展，尤其是制造业的发展，为农业提供了先进的装备，反过来又促进了农业劳动生产率的进一步提高。工农业劳动生产率的提高，使得剩余劳动力转移到服务业，从而促进了服务业的发展。可见，转移到服务业的劳动力越多，说明社会生产力发展水平越高。需要指出的是，农业、工业和服务业是相互关联的。农业是国民经济的基础，没有农业一定程度的发展，就不会有工业的出现；工农业又是服务业发展的基础，没有工农业的发展，服务业也不会兴起。服务业的发展水平一定要与工农业生产的发展水平相适应，不可盲目与发达国家攀比。同时也应看到，服务业的发展反过来又促进了工农业生产的发展。例如，交通运输和物流直接促进了工农业生产的发展。

从人的需求变化也可以看出服务业兴起的必然性和必要性。人类最初要解决吃、喝、住、穿等基本的生活需要，后来才能从事其他活动。为了满足人们的物质生活需要，必然要先发展农业，然后才能逐步发展工业。然而，人们对物质方面的需要是有限的，正所谓“良田万顷，日食三升；广厦千间，夜眠八尺”。当社会大多数人已经基本达到“衣食无忧”的情况时，仍然大力发展农业制造业，只能造成产品大量积压，有限的资源被浪费，环境污染加剧，并且不能促进经济持续增长。改革开放 40 多年来，中国尤其是大城市的硬件设施和软件环境已经得到很大改观，有些与发达国家几乎没有任何差别，甚至有些已超过了很多发达国家，这与服务业的飞速发展有着很大的关系。

从技术进步的角度看，工业产品日益复杂，技术含量越来越高。用户由于缺乏专业知识，没有办法解决产品使用过程中遇到的各种问题，因而如果没有基于产品的服务，就会影响到对产品的购买。实行差异化战略，除了使产品具有特殊性能之外，还应以提供服务作为主要途径，特别是通过服务满足顾客个性化需求。因此，服务创造顾客价值的空间远大于实体产品。

（三）生产概念的扩展

按照马克思主义的观点，生产是以一定生产关系联系起来的人们利用劳动资料，改变劳动对象，以适合人们需要的过程。这里所说的生产，主要是指物质资料的生产。物质资料的生产，即使一定的原材料转化为特定的有形产品。

服务业的兴起，使生产的概念得到延伸和扩展。过去，西方学者把和工厂相联系的有形产品的制造活动称作“production”，而把提供劳务的活动称作“operations”。现在，他们有时将两者均称为“operations”。西方学者将有形产品和劳务都称作“财富”，把生产定义为创造财富的过程，从而把生产的概念扩大到非制造领域。虽然搬运工人和邮递员转送的都不是他们自己制造的东西，但他们都付出了劳动，我们不能说他们从事的不是生产活动。事实上，现代社会已经很难将制造产品和提供服务截然分开，产品和服务已经融合，单纯制造产品不提供任何服务的企业是不存在的，单纯提供服务而不提供产品的情况也是比较少的。只不过不同社会组织提供产品和服务的比例不同，如汽车制造厂提供产品的比重大一些，餐馆提供服务的比重大一些，教学和医疗提供服务的比重则更大一些。英文教科书已经从最初的生产管理（production management）改成生产和运作管理（production and operations management）。

从一般意义上讲，我们可以给生产下这样一个定义：生产是一切社会组织把它的输入转化增值为输出的过程（如图 1-2 所示）。

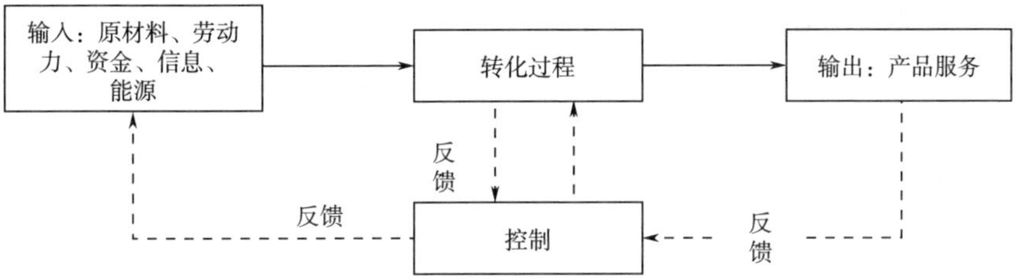

图 1–2　输入转化增值为输出的过程

为了解释这个定义，表 1–1 列出了几种典型的社会组织的输入、转化和输出的内容。

表 1–1　典型社会组织的输入、转化和输出

社会组织	主要输入	转化过程	主要输出
工厂	原材料	加工制造	产品
运输公司	产地的物资	位移	销地的物资
修理站	损坏的设备	修理	修复的设备
医院	病人	诊断与治疗	恢复健康的人
大学	高中毕业生或大学毕业生	教学、研究	高级专业人才
咨询公司	情况、问题	咨询	建议、办法、方案

社会组织要提供输出，就必须有输入。俗话说："巧妇难为无米之炊。"输入是由输出决定的，生产什么样的产品和提供什么样的服务，取决于有什么样的原材料和其他投入。输入不同于输出，这就需要转化。转化是通过人的劳动实现的，转化的过程就是生产，转化是一个增值的过程，它使输出的价值高于输入的价值。

输入、转化和输出同社会组织的三项基本活动——供应、生产运作和销售相对应。

二、生产运作系统的含义

转化是在生产运作系统中实现的。生产运作系统是由人和机器构成的并能将一定输入转化为特定输出的有机整体。生产运作系统本身是一个人造的系统，它同样是由输出决定的。输出的"质"不同，则生产系统不同。显而易见，钢铁厂的生产系统不同于机床厂的生产系统，餐馆的运作系统不同于银行的运作系统。不仅如此，生产运作系统还取决于输出的“量”。同样是生产汽车，大量大批生产和小批量生产所采用的设备以及设备布置的形式是不相同的；同样是提供食物，快餐店和大饭店的运作组织方式也是不同的。

生产运作系统包括具有各种不同技能的人、具有各种不同功能的机器和厂房以及使其能够运行起来的资金。生产运作系统是使人的组织、物的配置和资金的运筹协调运作的统一体。

生产运作系统是由人设计建造的，因此，它可以按照需要进行构造和重构，从而适应外界环境的剧烈变化，这是生产运作系统优于生物系统的地方。

三、生产运作管理的目标和基本内容

生产运作管理是对生产运作系统的设计、运行与维护过程的管理，它包括对生产运作活动进行计划、组织与控制。

（一）生产运作管理的目标

图 1-3 展示了生产运作管理中各个环节追求的目标。

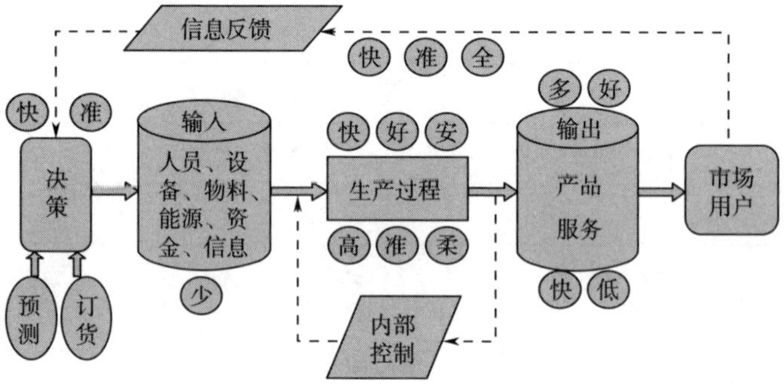

图 1-3　各个环节追求的目标

因此，通过图 1-3 的展示，我们可以知道，实际的生产运作管理所追求的目标可以用一句简单的话来概括：高效、灵活、准时、清洁地生产合格产品和（或）提供满意服务。

效率是投入与产出的比较，投入包括人力、物力、财力和时间，产出的是产品和服务。高效是指用最少的人力、物力和财力，迅速地生产出满足客户所需要的产品并为客户提供优质的服务。低耗才能低成本，低成本才有低价格，低价格才能争取客户。灵活是指能很快地适应市场的变化，也就是说，根据市场的变化，生产不同的品种和开发新品种，或者提供不同的服务和开发新的服务。准时是指在客户需要的时间，按客户需要的数量，提供客户所需的产品和服务。清洁是指在产品生产、使用和报废处理过程中，对环境的污染和破坏最少。合格产品和（或）满意服务，是指质量要达到交付要求。当前，激烈的市场竞争对企业的要求包括五个方面：时间（time，T）、质量（quality，Q）、成本（cost，C）、服务（service，S）和环保（environment，E）。T 指满足顾客对产品和服务在时间方面的要求；Q 指满足客户对产品和服务在使用质量方面的要求；C 指满足顾客对产品和服务在价格和使用成本方面的要求，即不仅要求产品形成过程中的成本低，而且要求在用户使用过程中的成本低；S 为提供产品之外为满足顾客需求而提供的相关服务，如产品售前服务及售后服务；E 为对环境的保护程度。

（二）生产运作管理的基本内容

假设你要开办一家汽车制造厂，你需要做些什么？首先，你需要进行产品决策，是生产载货的货车还是载客的客车？如果生产客车，是生产大型客车、小型客车还是民用轿车？如果生产民用轿车，是生产高档轿车还是生产中低档轿车？产品是采取模块化结构，还是一体化结构？模块化结构便于分散制造，一体化结构有利于产品精细制造。在决定生产什么产品之后，就要确定每年生产多少，不同的生产规模对制造流程的选择也有很大的影响。接下来，还要确定供应链的模式，即决定是采用高效供应链还是采用敏捷供应链。同时，还要对企业的工厂位置进行选择，确定在何处建厂，确定工厂的平面布置以及生产车间、库房和办公室的布置，并进行工作岗位设计。这些内容都涉及生产系统的设计问题。以上这些任务完成后，工厂要投入生产，正式运行。在生产系统运行阶段，要编制生产计划和生产作业计划，合理安排人力、物力和财力，控制进度和库存，使产品能够按照顾客的要求生产出来。为了使生产活动适应需求的变化，高效率、低成本、高质量、灵活地生产产品，就要对生产活动进行持续不断的改进。对于服务业，如办医院、办学校，也会遇到类似的问题。

因此，生产运作管理大体可以分为对生产运作系统的设计管理、对生产运作系统运行过程的管理和对生产运作过程改进的管理。

1. 生产运作系统的设计管理

生产运作系统的设计包括产品或服务的选择和设计、工艺选择、能力规划、生产运作设施的选址、供应商的选择、生产运作设施布置、服务交付系统设计和工作设计等。生产运作系统的设计一般在设施建造阶段进行。但是，在生产运作系统的生命周期内，不可避免地要对生产运作系统进行更新，包括扩建新设施、增加新设备，或者由于产品和服务的变化，需要对生产运作设施进行调整和重新布置。在这种情况下，都会遇到生产运作系统设计问题。

生产运作系统的设计对其运行有先天性的影响。如果产品和服务选择不当，将导致方向性错误，一切人力、物力和财力都将付诸东流。如果厂址和服务设施的位置选择不当，将铸成大错，在何处建造生产运作设施也会对生产经营活动的效果产生重要影响，尤其是对服务业。同时，位置和设施的布置往往决定了产品和服务的成本，决定了产品和服务在价格上的竞争力，甚至决定了一个组织的兴衰。

2. 生产运作系统运行过程的管理

生产运作系统的运行，主要是讲在现行的生产运作系统中，如何适应市场的变化，按用户的需求生产合格产品和提供满意服务。生产运作系统的运行主要涉及生产计划、组织与控制三个方面。

（1）生产计划方面解决生产什么、生产多少和开始生产时间的问题，包括预测对本企业产品和服务的需求，确定产品和服务的品种与产量，设置产品交货期和服务提供方式，编制生产运作计划，做好人员班次安排，统计生产进展情况，等等。

（2）组织方面解决如何合理组织生产要素，使有限的资源得到充分而合理的利用的问题。生产要素包括劳动者（工人、技术人员、管理人员和服务人员）、劳动资料（设施、机器、装备、工具、能源）、劳动对象（原材料、毛坯、在制品、零部件和产品）和信息（技术资料、图纸、技术文件、市场信息、计划、统计资料、工作指令）等。劳动者、劳动资料、劳动对象和信息的不同组合与配置，构成了不同的组织生产方式，或简称生产方式（如福特生产方式、丰田生产方式）。一种生产方式不是一种具体方法的运用，而是在一种基本思想指导下的一整套方法、规则构成的体系，它涉及企业的每个部门和每一项活动。

（3）控制方面解决如何保证按计划完成任务的问题，主要包括接受订货控制、投料控制、生产进度控制、库存控制和成本控制等。对订货生产型企业而言，接受订货控制是很重要的。接与不接、接什么、接多少都是重要决策，它决定了企业生产经营活动的效果。投料控制主要是决定投什么、投多少、何时投，它关系到产品的出现期和在制品库存和成品库存的控制。生产进度控制是对原材料投入生产到成品入库的全过程进行的控制。库存控制是对制造业或服务业生产、经营全过程的各种物品、产成品以及其他资源进行管理和控制，使其储备保持在经济合理的水平上。库存控制的主要目标是，如何以最低的库存保证供应。成本控制是指对企业生产经营过程中发生的各种耗费进行计算、调节和监督。

3. 对生产运作过程改进的管理

生产运作过程改进的管理是一个系统性的努力，旨在通过持续优化来提升生产效率、降低成本并保障产品质量。首先，需要明确改进的目标，包括提高生产效率的具体指标、成本降低的幅度以及产品质量的提升标准。随后，通过现场观察、数据分析以及收集员工的反馈，来全面识别生产过程中存在的问题和瓶颈。

在问题明确后，结合精益生产原则，制定具体的改进措施，这可能包括优化生产流程、实施标准化作业以及引进先进技术和设备。接下来，通过培训员工、在部分生产线进行试点实施，逐步推广到整个生产过程，来确保改进措施的有效执行。同时，建立监控机制，定期收集和分析生产数据，对改进措施的实施效果进行全面评估。基于评估结果，不断调整和优化改进措施，形成持续改进的良性循环。此外，为了激发员工的积极性和创造力，建立激励机制和沟通渠道也是至关重要的。通过关注员工的身心健康和工作满意度，以及鼓励他们参与生产过程改进活动，可以进一步增强团队的凝聚力和整体绩效。这样，生产运作过程改进的管理就能持续推动生产效率的提升、成本的降低和质量的保证。

第二节　生产运作的分类

可以从不同角度对生产运作进行分类。从管理的角度，可以将生产运作分成两大类：产品生产和服务运作。

一、产品生产

产品生产是通过物理和（或）化学作用将有形输入转化为有形输出的过程。例如，通过锯、切削加工、装配、焊接、弯曲、裂解、合成等物理或化学过程，将有形原材料转化为有形产品的过程，属于制造性生产。通过制造性生产能够产生自然界原来没有的物品。

（一）连续性生产与离散性生产

按工艺过程的特点，可以把制造性生产分为两种：连续性生产与离散性生产。

连续性生产又称流程式生产，是指物料均匀、连续地按一定工艺顺序运动，在运动中不断改变形态和性能，最后形成产品的生产，如化工（塑料、药品、肥皂、肥料等）、炼油、冶金、食品、造纸等。

离散性生产，又称为加工装配式生产，是指物料离散地按一定工艺顺序运动，在运动中不断改变形态和性能，最后形成产品的生产，如轧钢和汽车制造，轧钢是由一种原材料（钢锭）轧制成多个产品（板材、型材、管材），汽车制造是由多种零件组装成一种产品。机床、汽车、柴油机、锅炉、船舶、家具、电子设备、计算机、服装等产品的制造，都属于加工装配式生产。在加工装配式生产过程中，产品是由离散的零部件装配而成的，这种特点使得构成产品的零部件可以在不同地区甚至不同国家加工制造。

流程式生产与加工装配式生产在产品市场特征、生产设备、原材料等方面有着不同的特点（如表1-2所示）。

表1-2 流程式生产与加工装配式生产的比较

特征	流程式生产	加工装配式生产
产品品种数	较少	较多
产品差别	有较多标准产品	有较多用户要求的产品
营销特点	依靠产品的价格与可获性	依靠产品的特点
资本/劳力/材料密集	资本密集	劳动、材料密集
自动化程度	较高	较低
设备布置的性质	流水式生产	批量或流水生产
设备布置的柔性	较低	较高
生产能力	可明确规定	模糊的
扩充能力的周期	较长	较短
对设备可靠性的要求	高	较低
维修的性质	停产检修	多数为局部修理
原材料品种数	较少	较多
能源消耗	较高	较低
在制品库存	较低	较高
副产品	较多	较少

流程式生产与加工装配式生产的特点不同，导致生产管理的特点也不同。对流程式生产来说，生产设施地理位置集中，生产过程自动化程度高，只要设备体系运行正常，工艺参数得到控制，就能正常生产合格产品，生产过程中的协作与协调任务也少。但是由于高温、高压、易燃、易爆的特点，对生产系统可靠性和安全性的要求很高。相反，加工装配式生产的生产设施地理位置分散，零件加工和产品装配可以在不同地区甚至在不同国家进行。由于零件种类繁多，加工工艺多样化，又涉及多种多样的加工单位、工人和设备，因此生产过程中协作关系十分复杂，计划、组织、协调任务相当繁重，生产管理复杂性大大增加。

（二）备货型生产与订货型生产

按照企业组织生产的特点，可以把制造性生产分为备货型生产（make-to-stock，MTS）和订货型生产（make-to-order，MTO）两种。

备货型生产是指在没有接到用户订单时，经过市场预测按已有的标准产品或产品系列进行的生产，生产的直接目的是补充成品库存，通过维持一定量成品库存及时满足用户的需求。例如，轴承、紧固件、小型电动机等产品的生产即属于备货型生产，这些产品的通用性强，标准化程度高，有广泛的用户。

订货型生产是指按用户特定的要求进行的生产。用户可能对产品提出各种各样的要求，经过协商和谈判，以协议或合同的形式确认对产品性能、结构、质量、数量和交货期的要求，然后组织设计和制造。例如，锅炉、船舶等产品的生产即属于订货型生产，这些产品的专用性强，大都是非标准的，有特定的用户。

大多数人认为以备货型生产所得出的计划与控制方法，也适用于订货型生产。其实这样的想法是错误的，订货型生产与备货型生产是完全不同的组织生产方式。备货型生产是预测驱动的，它通过需求预测、生产计划、库存控制、MRP、作业计划和排序等活动来组织生产。相应的计划与控制方法不一定适用于订货型生产。例如，用线性规划方法优化产品组合适用于备货型生产，但一般不能用于订货型生产。原因很简单：用户不一定按工厂事先优化的结果来订货。备货型生产可以在顾客需求发生之前进行，可以使制造厂及其供应厂家的生产活动按计划均衡地进行，能够通过库存及时向顾客提供产品，这是它最大的优势。但是，如果预测不准确，将带来成品积压的风险。在供不应求的市场环境下，备货型生产方式是适用的。而订货型生产是顾客订单驱动的。订单可能只包括企业产品清单上的产品，但更可能的是非标准产品或各种变型产品。订货型生产能够避免成品积压的风险，在供过于求的市场环境下是适用的；但是订货型生产的交货期长，对顾客需求的响应性差。表 1-3 列出了备货型生产与订货型生产的主要区别。

表 1-3 MTS 与 MTO 的主要区别

项目	备货型生产（MTS）	订货型生产（MTO）
驱动生产的方式	预测驱动	订单驱动
产品	标准产品	非标准产品
生产过程	均衡	不稳定
风险	成品积压的风险	交货周期长的风险
适应	供不应求的稳定市场	供过于求的变化市场
对产品的需求	可以预测	难以预测
价格	事先确定（生产企业）	订货时确定（双方）
交货期	不重要，可随时供货	很重要，订货时确定

续表

项目	备货型生产（MTS）	订货型生产（MTO）
设备	多采用专用高效设备	多采用通用设备
人员	专业化人员	需多种操作技能人员

二、服务运作

服务运作的基本特征是提供劳务，而不是制造有形产品。但是，不制造有形产品不等于不提供有形产品。服务业有多种分类方法。

（一）按行业分类

我国国民经济行业分类中除农业、工业、建筑业之外的所有其他15个行业都属于服务业，包括娱乐、教育、通信、金融、保险、运输、公共事业、政府服务、保健、医疗、贸易和商业等。这种分类适用于国民经济管理。

（二）按服务组织的目的分类

按服务组织的目的可分为营利服务和非营利服务。政府服务、教育、医疗、公用事业都属于非营利服务，非营利组织应该在追求满意的服务质量前提下，努力降低成本，而不是追求利润最大化。

（三）按顾客参与方式分类

按顾客参与方式可分为涉及顾客身体处理（如保健、医疗、理发、餐饮等）、涉及心理刺激（如教育、信息、娱乐、咨询、心理救助等）和涉及顾客拥有物处理（如维修、洗衣、清扫、房屋整理、剪草等）三种服务。

（四）按是否提供有形产品分类

按是否提供有形产品可将服务运作分为纯劳务运作和一般劳务运作两种。纯劳务运作不提供任何有形产品，如咨询、法庭辩护、指导和讲课；一般劳务运作则提供有形产品，如批发、零售、邮政、运输、图书馆书刊借阅等。

（五）按顾客是否参与分类

按顾客是否参与可将服务运作分为两种：顾客参与的服务和顾客不参与的服务。前者如理发、保健、旅游、客运、学校、娱乐中心等，没有顾客的参与，服务不可能进行；后者如修理、洗衣、邮政、货运等。顾客参与的服务运作管理较为复杂。

（六）按劳动/资本密集程度和与顾客接触程度分类

按劳动/资本密集程度和与顾客接触程度可将服务运作分为四种：大量资本

密集服务、大量劳务密集服务、专业资本密集服务和专业劳务密集服务（如图 1-4 所示）。大量资本密集服务又称为服务工厂（service factory），大量劳务密集服务又称为服务作坊（service shop），专业资本密集服务又称为大众化服务，专业劳务密集服务又称为专业化服务。不同类型的服务有不同的管理特征。

劳动/资本密集程度

资本密集 —— 劳动密集

与顾客接触程度（低 —— 高）

与顾客接触程度	资本密集	劳动密集
低	大量资本密集服务 航空公司 大酒店 游乐场	大量劳务密集服务 中、小学校 批发 零售
高	专业资本密集服务 医院 车辆修理	专业劳务密集服务 律师事务所 专利事务所 会计师事务所

图 1-4　按劳动/资本密集程度和与顾客接触程度对服务运作分类

三、产品生产和服务运作的异同

制造业以制造产品为特征，汽车、冰箱、电视机都是看得见、摸得着的实物。服务业以提供劳务为特征，外科医生做的检查、汽车修理、教师讲课都只是某种行为和过程，不一定提供有形的物品。当然，服务业也从事一些制造性生产，只不过制造性生产处于从属地位，如餐馆，它需要制作各种菜肴。

产品生产管理和服务运作管理有相同点。在产品和服务开发、设施选址、设施布置、工作设计、需求预测、综合计划、项目管理、设备维护等方面，服务运作管理和产品生产管理的内容和方法是相同的，只不过服务运作管理有一些特点。例如，在需求预测方面，服务业更注重季节性波动和短期预测；制造设施选址采取成本导向，服务设施选址采取收入导向。

然而，由于制造是产品导向，服务是行动导向，不能把制造性生产的管理方法简单地搬到服务运作中。

（一）服务的特征

与产品相比，服务具有无形性、同步性、异质性和易逝性等特点。正是这些特点决定了服务运作管理的特殊性。

1. 无形性

无形性（intangibility），指服务不可触摸的特性。服务只是一种“表现”，而不是一件“东西”。服务不可存储供未来之用，服务过程不能通过库存来调节。但是服务带来的状态变化是存在的，你亲自参加的一场表演可以让你回味无穷，听一次讲座可以让你终身受益。

2. 同步性

同步性（simultaneity）或不可分性（inseparability），指服务的生产与消费同时发生的特性。服务发生的时候就是服务提供者和顾客（包括顾客本身、顾客的物品或老顾客的信息）双方同时出现的时候，他们是不能分离的。上课时不能只有教师而没有学生，看病时不能只有医生而没有病人，修理时不能没有顾客损坏的物品，咨询时必须有顾客提供的信息。而产品制造可以让生产、配送和消费非同时发生。

3. 异质性

异质性（heterogeneity）或波动性（variability），指导致不同服务之间、不同时间以及不同顾客的相同服务之间服务差异的特性。产品质量有其客观标准，质量可以测量；而每个顾客每次体验的服务都是不同的，服务质量取决于顾客的预期与实际的感知，难以度量。因此，服务运作的质量标准难以建立。同一位教师讲同一门课，尽管教学内容和风格不变，但是不同班级、不同学生的评价往往不同。

4. 易逝性

易逝性（perishability），指服务能力的时间敏感性。由于服务的生产与消费同时发生，服务不能存储，如果顾客没能按预计出现，服务能力就永远丧失，如酒店的房间或床位将损失、客机的座位将浪费等。

服务具有以上特性，但是具有以上某些特性的并不一定是服务。实际上，有些特点并非服务所独有。例如，软件产品也具有无形性，电力生产同样具有不可存储性。应该说，具有单个顾客的特定输入是服务最本质的特征。

顾客输入是服务进行的前提，因而服务具有同步性；不同顾客的输入（包括顾客期望）不同，服务就具有异质性；没有顾客特定输入，服务就不能进行，服务能力就具有易逝性。

（二）服务运作管理的特征

对于既提供物品又提供劳务的服务，可以通过前台和后台的划分来提高效率。前台服务与顾客接触，后台服务不与顾客接触。提供物品的活动在后台进行，生产管理的方法和技术可以直接用于后台的生产活动。前台运作具有服务的特征，使得服务运作管理与产品生产管理有很大不同，因此不能把产品生产管理的方法简单地搬到服务运作管理中。原因概括如下：

第一，由于服务的无形性，因此服务的生产率难以测定。工厂可以计算它所生产的产品数量，律师进行一次辩护的数量则难以计量。目前考核脑力劳动者的方法与考核有形劳动的方法基本相同，这其实是不科学的，副作用也是相当大的。由于无形服务的质量难以衡量，如果认为发表两篇论文的贡献就比发表一篇论文的贡献大，是不科学的，还会引导大家比数量，造成垃圾论文泛滥。

第二，由于服务的同步性以及服务不能存储，因此不能通过库存缓冲来适应需求变化。对于制造系统，通过成品库存调节使工厂内部生产与市场需求隔离，尽管外部需求有波动，但是内部生产均衡，因此可以使制造资源得到最有效的利用。而服务运作系统就没有这么幸运了，它直接受到外部需求波动的冲击。服务需求的波动大，固定的上班和用餐时间，使得公交和餐馆出现高峰负荷。服务运作能力不够的话必然造成排队，理想的情况应该是服务系统具有随负荷变化进行大幅度调整的能力，但实际上很难实现。可行的办法是通过经济杠杆影响需求，减小波动，并在可能的范围内调整供应能力，以尽量减少排队。

第三，由于服务的异质性和无形性，因此服务质量难以测量。对服务质量的管理与对产品质量的管理差别很大。在服务中满足顾客个性化需要十分关键，但个性化程度越高就越难以制定统一的服务标准和规范。服务需要人与人的接触，一般又是劳动密集的，因此在服务运作中发挥人的积极性和主动性十分重要，满意的服务提供者才能提供顾客满意的服务。

第四，由于服务的易逝性，因此会造成服务资源的浪费。当顾客不出现时，服务不可能进行，服务资源就永远浪费了。没有顾客，客机上的座位、旅店里的房间的价值就会永远丧失。面对服务运作的这一特点，预订和超订这样的收益（或收入）管理方式出现了。

第五，顾客参与是由服务本身的性质决定的，顾客参与对服务企业有正面影响和负面影响。顾客参与可以增强服务能力（如自助餐厅），还可了解顾客的反馈和吸取顾客的好主意。但是与顾客接触也可能会降低工作效率，顾客与服务员过多的谈话会影响服务员的工作。另外，由于顾客只能在服务设施内接受服务，因此服务设施的设计会影响顾客的体验。工厂设施可以不那么宜人，所谓的“无人工厂”可能在一片黑暗中。但是服务设施会影响顾客的感知，因此在内部布置、装饰、照明、颜色和噪声控制方面都要人性化，使顾客有良好的感受和体验。

第三节 生产运作管理的历史和发展趋势

一、生产运作管理的历史

（一）产业革命

自从人类出现在地球上，生产活动就开始了。伴随着生产活动，就产生了生产管理。古代中国人修建了万里长城，开凿了大运河，兴建了都江堰水利枢纽工程。古埃及人建造了金字塔。如果没有有效的管理，这些伟大的工程是不可能完成的。然而，实际上现代工厂系统是在产业革命之后出现的。

产业革命，也称为工业革命，始于18世纪60年代的英格兰中部地区，随后扩展到欧洲，19世纪传到美国。产业革命前，生产活动是以师傅带徒弟的方式以家庭为单位或者在手工作坊中进行的，过去木工打家具就是这种生产方式的一个例子。在这种方式下，生产活动没有明确的分工，采用简单的工具，主要靠人力进行操作。

18世纪，詹姆斯·瓦特（James Watt）改良出第一台具有实用价值的蒸汽机，詹姆斯·哈格里夫斯（James Hargreaves）发明了珍妮纺纱机，艾德蒙特·卡特莱特（Edmund Cartwright）发明了动力织布机。这三项发明带来了纺织工业的革命。煤和铁的开采，使铁制机器代替了木制机器，机器的动力和耐久性大大提高。

早期的制造业，产品是通过手工方式生产的。手工方式是指由具有高超技能的工人利用简单而富有柔性的工具，按照顾客的要求来制造产品。手工生产效率低，成本高，产品维修困难，其经济性不会随产量增加而改善，即不具有规模经济性，因此这种方式下不会出现大规模的工厂，通常会形成小作坊。

（二）科学管理运动

科学管理的创始人是泰勒（F. W. Taylor）。泰勒将科学方法用于生产管理，通过观察、测量和分析，得到最好的工作方法；通过挑选和培训工人，极大地提高了操作效率。泰勒还研究工具的改进，制定劳动定额，实行差别计件工资制。后来泰勒将其科学管理思想呈现在《科学管理原理》这本著作中。

与泰勒同时代从事科学管理运动的代表人物还有费兰克·吉尔布雷斯（Frank Gilbreth）夫妇、亨利·甘特（Henry Gantt）、哈林顿·爱默生（Harrington Emerson）、亨利·福特（Herry Fort）等学者。吉尔布雷斯夫妇专门从事动作研究，将各种动作拆解成动素（therbligs），帮助工人消除多余笨拙的动作，从而节省体力消耗，干活更加灵巧。甘特发现了非金钱奖励对刺激工人的作用，并发现了至今仍然广泛使用的用于编制作业计划的甘特图。爱默生将泰勒的思想用于分析组织结构来提高组织的效率，并论证得出：把科学管理用于铁路业务，将每天节省数百万美元。亨利·福特是一位伟大的实业家，他将科学管理原理用于汽车制造，将亚当·斯密（Adam Smith）的劳动分工理论发挥到极致，实行大量生产（mass production），极大地提高了生产率，降低了成本，使汽车进入美国普通居民家庭，使汽车工业成为美国的支柱产业，并改变了美国人的生活方式。

（三）管理科学

1915 年，哈里斯（F. W. Harris）提出了第一个库存管理数学模型，从此将数学引入管理领域。1930 年，贝尔电话实验室的道奇（H. F. Dodge）、罗明格（H. G. Romig）、休哈特（W. Shewhart）提出了抽样检验和质量控制的统计方法。1935 年，梯培特（L. H. C. Tippett）提出统计抽样理论。最初，数量方法在实业界的应用并不广泛。到了第二次世界大战期间，由于战争对军需物资的需求，这些方法得到了广泛的应用。第二次世界大战期间，美国政府组织各方面的专家对战争中遇到的各种问题（例如，如何搜索德国的潜艇和发现德国的飞机）进行研究，促进了运筹学的作业研究（operations research，OR）的发展。OR 在第二次世界大战中发挥了很大作用。战后，人们将其用于企业管理领域，逐步发展成为管理科学（management science，MS）。管理科学通过建模、提出算法、编制软件，有效地实现了需求预测、库存控制、生产作业计划编制、项目管理等。管理科学的作用是使普通人做事能够达到专家的水平。

（四）日本制造的影响

日本制造业以高质量、低成本产品形成强大的竞争力。以丰田汽车公司为代表的日本制造企业创造的精益生产方式（lean production），是生产管理方式的一次革命，对全世界制造企业产生了深远的影响。日本企业推行的全面质量管理是通过美国质量管理专家引入的，但是日本企业更重视人的因素，因而将质量控制方法简化，使普通员工而不只是专家都懂得如何使用，从而使质量控制成为全员参与的工作。对质量重视体现以顾客为尊，是向基于顾客的管理迈出的第一步。日本强调不断改善、团队精神等，都是现代生产运作管理所需要的。

二、生产运作管理的发展趋势

需求的变化规律决定了生产运作管理的发展趋势。一般而言，在“有没有”的问题解决之后，随之而来的是“好不好”“品种多不多”“及时不及时”“是否有利于健康长寿”等问题。与此相应的是“基于成本的竞争”“基于质量的竞争”“基于柔性的竞争”“基于时间的竞争”“基于环保的竞争”。人们需求的变化决定了生产运作管理的以下发展趋势。

（一）基于时间的竞争

1988 年，小乔治·斯塔克（George Stalk Jr.）在《哈佛商业评论》发表了一篇具有里程碑意义的文章《时间：下一个竞争优势资源》，提出了基于时间的竞争（time-based competition）的概念。

19 世纪是精雕细刻的手工制造产品的时代，20 世纪是“大量生产、大量消费”的工业经济时代，21 世纪是“即时满足顾客个性化需求”的网络经济时代。工业革命后的 200 多年，世界经济一直呈加速发展趋势。科学技术的飞速发展，顾客需求的个性化以及竞争的激烈化，使得世界进入一个“急剧变化的时代”。当今世界唯一不变的就是变化，急剧变化的时代使得时间成为取得竞争优势的最重要的因素。顾客个性化需求日益突出，使得企业必须采用按订单生产；按订单生产的最大问题是订货提前期太长，使得基于时间的竞争更加激烈。

手工生产实现了定制，但是成本高，订货提前期长，质量也不稳定，难以满足人们的消费需求。大量生产是生产管理历史上一次具有跨时代意义的变革，实现了低成本、高质量和即时交付，使汽车这样的奢侈品变成平民百姓的消费品。但是大量生产的产品不能满足个性化需求。精细生产能够同时实现更低的成本和更高的质量，并能够提供多种不同的产品，是生产管理的又一次大变革。大量定制（mass customerization，MC）能够实现产品定制和接近大量生产的低成本，但是不能实现即时交付。现在需要找到一种能够同时实现低成本、高质量、顾客化定制和即时交付的新生产方式，这种新的生产方式就是即时顾客化定制（instant customerization，IC）。

1998 年，雷蒙德·耶（Raymond T. Yeh）和克里·皮尔森（Keri Pearlson）提出了零时间（zero time）的概念：缩短对顾客需求响应时间的极限就是零时间，即顾客一旦提出要求，企业就能立即将知识和其他资源转化成顾客需要的个性化的产品和服务。基于时间的竞争给生产运作管理提出了新的挑战。

（二）制造业和服务业的融合

以往，将既不属于农业和采掘业又不属于制造业和建筑业的行业统称为服务业，它们是各自独立的。现在，农业和采掘业、制造业和建筑业与服务业之间形成“交集”，它们之间的界限越来越模糊。农业和制造业、制造业和服务业互相渗透、融合，制造业的服务化趋势已经显现，生产性服务（如研发、第三方物流）逐步兴起。

美国通用电气公司（General Electric Company，GE）从一个典型的制造企业变成一个以服务为主的企业，开创了服务型制造的先例。GE 原是一家产品多元化的公司，它的产品包括飞机发动机、发电设备、火车机车，一直到医疗设备。1991 年，杰克·韦尔奇担任总裁时，公司销售额为 250 亿美元，制造业收入占公司总收入的85%。2000年，公司取得了辉煌的业绩，GE的销售额达到1 116亿美元，服务业收入占公司总收入的75%。韦尔奇提出了“全面服务”、“实时服务”和“提供解决方案”，从而使GE公司实现了奇迹般的发展。

1. 全面服务

把制造的产品销售出去，仅实行“三包”等售后服务，是不够的，而是提供全面服务，顾客需要什么，企业就提供什么，对产品负责到底。制造企业一年生产的产品数量是很有限的，如果只是围绕这些产品提供售后服务，业务量就很少，服务也不能形成规模。而企业过去累积生产的产品是大量的，围绕这些产品提供服务，业务量就大得多。韦尔奇不仅看到GE公司过去生产的大量的飞机发动机需要维修，而且看到其他公司生产的飞机发动机也需要维修，甚至不仅考虑维修飞机发动机，还考虑整个飞机的维护。

2. 实时服务

当GE公司制造的设备出现故障时，能够及时提供维修服务，而不影响设备正常工作。例如，对医疗设备进行实时监测、及时修理，保证手术正常进行。

3. 提供解决方案

从用户的视角、按用户的需要来提供解决方案，得到用户的信赖和依靠，并通过制造商的资源和能力帮助用户获取他们的竞争优势。GE公司还通过特别保险、消费者服务、特别金融服务等为客户提供全套解决方案。其他全球著名的制造企业，如IBM和戴尔等，也都在由制造领域向服务领域扩展。

对于服务型制造，美国称为基于服务的制造（service based manufacturing），澳大利亚称为服务增强型制造（service-enhanced manufacturing），日本称为服务导向型制造（service oriented manufacturing），应该称为产品服务系统（product service system）。服务型制造不仅是制造业发展的方向，也是解决我国制造业当前面临的问题的途径。服务型制造将传统的制造和服务融合，符合人们需求的发展规律，具有很强的生命力，将为制造企业创造持续的竞争优势。

2004年5月，IBM研究和商务咨询服务部召集了商务、运筹学和科技领域的专家一起审视不断变化的商业环境。专家认为，世界各地的首席执行官们开始重新关注公司收入的增长，而不是仅依靠降低成本来提高盈利，并逐渐认识到公司灵活性和反应能力的重要性。从发明创新到有选择的商务实践的周期正大幅度缩短，出现了信息服务经济。同时，周期缩短迫使企业寻求新的途径以使自己提供有别于竞争对手的产品和服务，为客户创造新的价值来吸引客户。在此背景下，IBM的专家做出预测，认为服务科学（service science management and engineering，SSME）是推动商务和技术专家联合创新的新方法。服务科学可以将计算机科学、运筹学、产业工程、数学、管理学、决策学、社会科学和法律学等领域的工作融合，通过创建的技能和市场来提供高价值的服务。

【本章小结】

生产运作的概念起源于社会组织活动，并在后工业社会，即服务业的兴起阶段得到发展。马克思主义认为：生产是以一定生产关系联系起来的人们利用劳动资料，改变劳动对象，以适合人们需要的过程。服务业兴起时，生产的概念同时得到延伸和扩展，把生产定义为创造财富的过程，从而把生产的概念扩大到非制造领域。本章主要介绍了生产运作管理中的基本概念和生产运作管理的主要内容，并分别阐述了产品生产和服务运作的内容，同时研究分析了两者的异同。本章最后还介绍了生产运作管理的历史与发展趋势，重点强调了未来的发展方向是以时间竞争、制造业与服务业的融合为主的。

【本章习题】

1. 服务业的活动有哪些？
2. 简述生产的概念和定义。
3. 具体阐述生产运作系统主要涉及的三个方面。
4. 简述连续性生产与离散性生产的区别。
5. 简述备货型生产（MTS）与订货型生产（MTO）的区别。
6. 服务运作管理有哪些特征？

第二章　企业战略与生产运作战略

【学习目标】

1. 掌握影响企业竞争力的因素。
2. 理解企业内不同的战略。
3. 理解生产运作战略的含义。
4. 掌握生产运作战略的制订思路。
5. 掌握不同生产运作战略的内容。
6. 了解全球运作战略的内容。

【导入案例】

波音 787 梦幻客机

波音公司的 787 梦幻客机（Dreamliner）从机舱分段、发动机设计到电子监控系统，涵盖了非常多的最新技术。波音还和通用电气以及劳斯莱斯公司合作研发更加高效的航空发动机，新的发动机技术预计可以使得新客机的燃油效率提高 8%。

具有最新技术的波音 787 客机是全球化的。由华盛顿州的埃弗雷特（Everett）波音公司领导的一个国际航空公司研发团队研发了这种新客机。新技术、新设计、新制造工艺以及国际供应商的投入，使得波音公司以及它的合作伙伴在设计、制造与运作管理方面取得了空前好的业绩。

波音 787 由全球多个国家参与制造。波音公司的联合设计提供了一个“虚拟空间”，使得来自澳大利亚、日本、意大利、加拿大与美国的波音 787 工程师们，能够实时对飞机做出设计修改。蕴含着最新技术的波音 787 的零部件也在世界各地进行生产，然后运到波音公司进行总装。波音 787 拥有 20 多个国家系统供应商的开发团队，它的合作伙伴分别在 10 多个国家与地区，包括我国成飞航空工业集团与哈飞航空工业集团。来自波音全球供应链的零部件汇集在华盛顿州的埃弗雷特的总装线上。波音公司希望梦幻客机项目的 70%～80% 交给其他公司建造。波音公司还将自己建造的一部分零部件交给设在澳大利亚与加拿大的波音公司工厂生产。

由于面临着 50 多亿美元的财务风险，波音公司还需要合作伙伴。这些合作伙伴不仅分散了风险，而且参与了 787 客机项目的国家更愿意从波音公司购买飞机。这一蕴含最新技术的客机反映出了 21 世纪全球经营的本质，成为有史以来销售最快的商用飞机之一。

（案例来源：马士华，陈荣秋，崔南方，等．生产运作管理［M］．北京：清华大学出版社，2019.）

企业战略是企业为了求得生存与发展，对较长时期内生产经营活动的发展方向与关系全局问题的谋划。这种谋划是企业的宗旨、目标、总体战略、经营战略与职能战略。生产运作过程决定了企业产品与服务的成本、质量、多样性、交付时间以及对环境的影响，对企业竞争力有直接的影响。生产运作战略是在企业战略指导下制定的，是企业总体战略成功的保障。本章着重对这两个方面的相关内容进行阐述。

第一节　生产运作战略的基本概念与制定思路

一、生产运作战略的含义

生产运作活动是企业最基本的活动之一。为了达到经营目的，企业必须将其所拥有的资源要素合理地组织起来，并且保证有一个合理、高效的运作系统来进行一系列的变换过程，以便在投入一定或者说资源一定的条件下，使产出能达到最大或尽量大。再具体地说，生产运作活动应该保证能在需要的时候以适宜的价格向顾客提供满足他们质量要求的产品。为了达到这样的目标，生产运作管理人员需要考虑选择哪些产品，为了生产这样的产品需要如何组织资源，竞争重点应该放在何处，等等。在思考这些基本问题时，必须根据企业的整体经营目标、经营战略确定一个基本的指导思想或者说指导性的原则。

例如，如果企业的经营战略侧重于收益率的提高，那么生产运作战略的指导思想应该是尽量增加生产收益，从而在进行产品选择决策时，选择高附加值产品。如果企业根据自己所处的经营环境认为应该把企业的经营战略重点放在扩大市场占有率上的话，那么生产运作战略的重点应该是保持生产系统的高效性及灵活性，从而最大限度地满足市场的各种需求。这样的指导思想以及决策原则，就构成了生产运作战略的内容。由此可见，制定生产运作战略就是为了使企业的生产运作活动能够符合企业经营的整体目标和整体战略，以保证企业经营目标的实现。

因此，生产运作战略可以定义为：在企业经营战略的总体框架下，根据对企业所面临的外部需求和内部资源特点的分析，确定企业生产运作管理中带有长期性的、对企业整体资源配置与经营绩效有重大影响的事项。

二、制订生产运作战略的基本思路和框架

制订生产运作战略的基本思路和主要内容框架如图 2-1 所示。制订生产运作战略的出发点有两个：一是市场需求，分析企业面临的市场到底是什么样的，在质量、价格、快速、柔性等若干个竞争因素中，客户更加看重的是哪个方面；二是生产运作资源，分析企业本身拥有的资源特点和场地、设施、人员、技术等资源的优势与劣势等。

因此，生产运作战略最重要的决策事项有三个。

（一）竞争重点的选择和权衡

质量、价格、快速、柔性等竞争因素之间是存在着相悖关系的，一个企业不

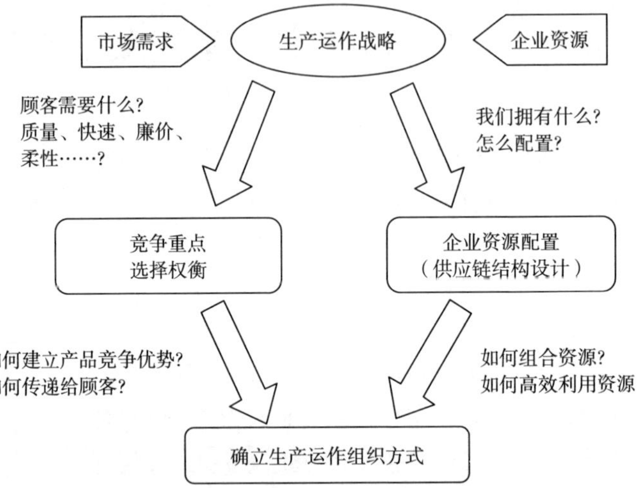

图 2-1　生产运作战略制订思路和框架

可能面面俱到，不可能在每一项上都具有竞争优势。因此，需要在市场需求分析的基础上决定突出什么特点，在哪些方面建立优势。

(二) 企业资源配置方式

任何一项产品或者服务的产出都需要经过多个步骤、多个环节，每个步骤、环节的生产运作都需要消耗资源。因此，企业为了生产产品或提供服务，首先必须决定各个不同环节需要的资源怎么配置，哪些环节需要自己做，哪些环节可以采取外包的方式。由于不同的自制外购策略最终形成了不同的供应链结构，对于这种问题的思考与决策也称为供应链结构设计。

(三) 企业生产配置方式

一旦选定竞争重点和供应链结构，在企业内部就需要确定一个基本的生产运作组织方式，来建立产品与服务的竞争优势，实现企业内部资源的高效组合与作用。

第二节　生产运作的总体战略

生产运作的总体战略主要包括自制与外包、产品结构与产业结构的选择、组织生产是预测驱动还是订单驱动、采用高效供应链还是敏捷供应链、生产能力管理以及配送网络的选择。

一、自制与外包

这是企业首先需要决定的问题。如果决定制造某种产品或者提供某种服务，那么需要建造相应的工厂或者服务设施，采购需要的设备，配备相应的工人、技术人员与管理人员。如果决定购买，那么就不需要配备这些资源。

自制或者购买决策有不同的层次，在产品开发过程的不同阶段都有自制与外包的问题。产品开发的过程如图 2-2 所示。

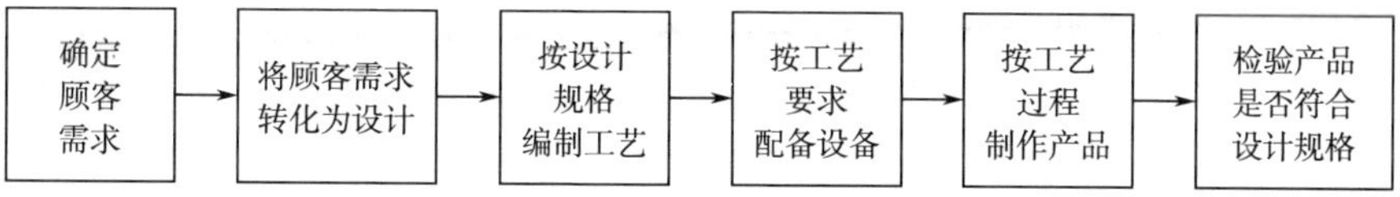

图 2-2　产品开发的过程

在确定顾客需求以后可以将产品设计与制造任务外包，这是最高层次的自制与外购决策，影响到企业的性质。产品自制，需要建立一个制造厂；产品外包，则需要设立一个经销公司。在产品设计完成以后，编制工艺以及它后续的活动也可以外包。在编制工艺完成以后，可以自己配备设备、自制，也可以外包，还可以部分自己做、部分外包。如果只是在产品装配阶段自制，那么只需要建造一个总装配厂，然后寻找零部件供应厂家。最后，产品检验可以在制造外包的情况下自制，来保证质量；当然，也可以外包。

什么原因致使企业实行外包呢？由于社会分工可以大大提高效率，而且随着当前外界环境变化的加剧，顾客的需求日益个性化，竞争日趋白热化，企业只有几种特定的资源从事某些核心业务，因而不得不将其余的业务外包。外包业务通常是自己不能做或者做不好（例如，成本高、质量差的业务）且能够比较容易找到供应商的业务。那么应该怎么确定哪些业务外包、哪些业务自制呢？通常来讲，仅仅依赖产能的业务尽量外包，依赖知识的业务尽量自制。日本丰田汽车公司约 70%的零部件设计与制造外包，美国通用汽车公司则相反，仅仅有 30%左右的零部件设计与制造外包。但是丰田在涉及企业核心竞争力的业务上都是自制的。

二、产品结构与产业结构的选择

如果产品设计由自己承担，首先需要决定产品是一体化结构还是模块化结构。一体化产品（integral product），又称为集成化产品、整合的产品，是由一组承担不同功能、能够相互组合的元件与组件构成的产品，如飞机。一体化产品的结构紧凑，组件之间的接口是特定的、非标准化的。组件通常有多个功能，如机翼的主要功能是产生升力，来支持飞机在空中飞行，但是也起着稳定与操纵作用，机翼上还可以安装发动机、起落架与油箱等。模块化产品（modular product）由若干个模块构成，每个模块具有一种功能，模块间有标准的接口，模块可以单独地升级，如组合音响、计算机。它们的元件可以由不同的厂商制造，由于接口标准化，装配到一起就能形成一个系统（产品）。

一体化产品必须作为一个系统进行设计与开发，设计过程是“自顶向下”的。反之，模块化产品可以采用“从底向上”的方式设计，可以将现有市场上不同的产品组合到一起形成一个新的产品。

和一体化产品结构相适应的是纵向的（垂直的）产业结构，和模块化产品结构相适应的是横向的（水平的）产业结构。20 世纪 70 年代中期到 80 年代中期，计算机产业结构是纵向的，IBM 与 DEC 各自生产计算机需要的微处理器、操作系统、外围设备、应用软件等。到了 80 年代中期后，计算机产业的结构演变成了横向结构，微处理器由 Intel、MOTO 与 AMD 等几个公司专门制造，操作系统由微软、UNIX 等企业生产，外部设备由 HP、Epson 等企业制造，应用软件由微软、Lotus 生产。产业结构由纵向一体化向横向一体化转变并不是不变的趋势，在一定的条件下它们是相互转化的（如图 2-3 所示）。在一体化的产品、纵向一体化的产业下，企业经营着多种业务，内部指挥协调较为容易，但是细分市场的竞争者可能在某个专项业务上有优势（例如有专门技术、成本低、质量好等）；公司经营多种业务会带来多方面的复杂性，管理者顾此失彼；加上由于缺乏竞争而使得企业失去活力，组织机构庞大、僵化，这些因素致使一体化产品与纵向一体化产业拆分，演变为模块化产品与横向一体化产业。但是由于技术进

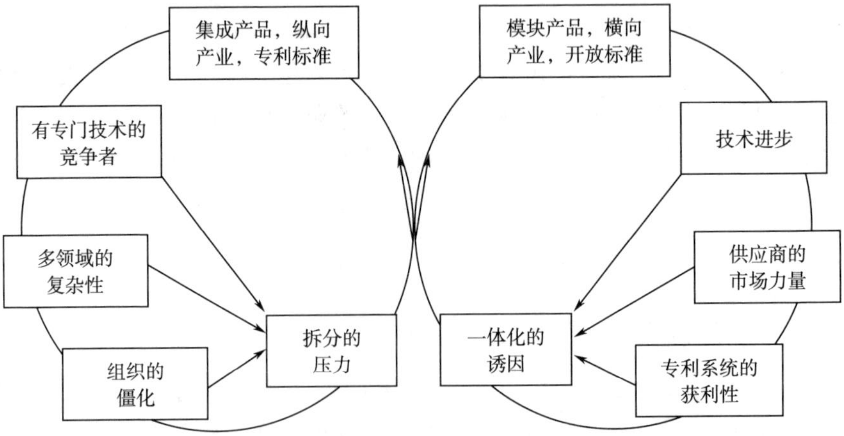

图 2-3　产品与产业结构演变的双螺旋模型

步，新材料、新工艺、新产品不断涌现，专利产品的独占性与利润致使对供应商的依赖性增强，供应商的讨价还价能力提高，促使企业走向纵向一体化。同时，强大的供应商也会朝着一体化方向努力，如微软从操作系统提供商向应用软件与网络服务软件提供商方向转变，以实现整合的目标。

产业结构变化的历史与事实也说明了产品与产业结构的演变。以汽车为例，19 世纪 90 年代美国底特律的汽车产品是模块化的，产业是横向一体化的；从 1905 年左右开始，福特汽车公司与通用汽车公司采用集成化产品与纵向一体化产业。21 世纪，又重新回到模块化产品与横向一体化产业。

三、组织生产是预测驱动还是订单驱动

对于自制产品怎么组织生产，可以采用两种不同的方式：预测驱动或者订单驱动。预测驱动式生产是根据对市场需求的预测组织生产活动的。它是一种推进式（push）的组织生产的方式，由于预测存在着不精确的情况，预测驱动式生产必然带来成品库存，形成备货型生产。它的优点是：①可以通过备货（维持成品库存）及时响应顾客需求，做到“一手交钱、一手交货”；②可以提前进行生产准备活动，计划工作与生产活动可以主动进行，容易实现均衡生产；③可以有效地利用企业资源，降低产品的实物成本（生产成本、运输成本、库存成本）。它的缺点是：①顾客只能在有限的产品品种中挑选，不能满足他们的个性化需求；②生产是盲目的，如果预测不准确，会导致大量成品库存，增加库存持有成本，如果通过降价、处理来销售，又会增加成本，成品积压致使资金周转受阻，使得企业不能继续运作。现在多数汽车制造企业依旧采用大批量生产时代沿袭下来的预测驱动式生产，是导致被动局面的根本原因。

订单驱动式生产是以顾客的订单为根据进行的生产活动。订单驱动式生产的优点是：①可以按照顾客真正的需求进行生产，能够满足顾客个性化需求；②从根本上避免了盲目性，避免了成品积压的风险；③产品一旦生产出来，就可以直接发送给顾客，不必维持成品库存，也不一定经过分销渠道销售；④由于满足顾客个性化需求，因此可以获取较高的单价；⑤能够及时直接从顾客那里获得准确的需求信息。但是订单驱动式生产的订货提前期长，这是实施按照订单生产面临的最大问题。例如，2002 年普通订购车平均交付周期在欧洲是 48 天，在日本是 76 天，高档次则要 43 天。于是人们想方设法缩短订货提前期，如“快速按照订单生产”的英国“三天车”项目。

预测驱动式生产适用于共性需求产品。在稳定的环境下，共性需求是主流，居民消费水平较低，“有没有”与“好不好”的问题突出，产品品种需求的变化较慢，顾客不太成熟，对产品没有或者很少有个性化的要求，企业的发展取决于

内部"效率"。订单驱动式生产适用于急剧变化的环境，居民消费水平较高，"品种多不多"的问题突出，产品品种需求的变化较快，顾客成熟，对于产品有个性化的要求，企业间的竞争激烈，企业生产条件取决于"适应性"。值得注意的是，按照经销商订单生产不是真正的按照订单生产，因为最终顾客依旧被迫在已经生产出来的产品中选择。只有按照最终顾客的订单生产，才是按照订单生产。

其实，预测驱动与订单驱动只是两个极端，实际生产活动大都是两者的结合。备货型生产与订货型生产是两种典型的组织加工装配式生产的方式。通常来说，备货型生产加工对象的标准化程度高，组织生产的效率高，但是对顾客个性化要求的满足程度低；订货型生产加工对象的标准化程度低，生产效率低，但是对顾客个性化要求的满足程度高。为了兼顾顾客的个性化要求与生产过程的效率，可以将备货型生产与订货型生产组合成各种不同的生产方式，其关键就是确定备货型生产和订货型生产的分离点，简称为"备货订货分离点"（customer order decoupling point，CODP）。在 CODP 的上游是备货型生产，是预测与计划驱动的；在 CODP 的下游是订货型生产，是顾客订单驱动的。加工装配式生产可以划分成产品研发、设计、采购、加工、装配与发运等几个典型的生产阶段。将 CODP 定在不同的生产阶段之间，就构成了不同的组织生产的方式（如图 2-4 所示）。

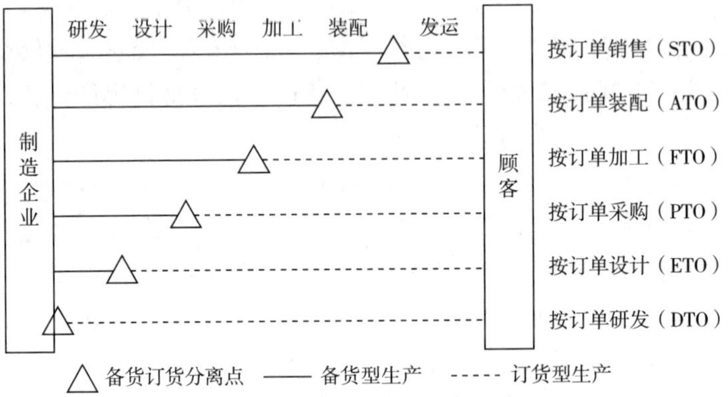

图 2-4　备货型生产与订货型生产的组合

当 CODP 在装配和发运之间的时候，说明装配以及它上游的所有生产阶段都是备货型生产，产品已经制造出来，顾客只能在其中进行选购，即按订单销售（sale-to-order，STO），也就是单纯的备货型生产。当 CODP 在加工与装配之间的时候，零部件加工以及它的上游生产阶段都是备货型生产，零部件已经制造出来，按照顾客的要求装配成不同的产品，即按订单装配（assemble-to-order，

ATO）。当 CODP 在原材料采购和零部件加工之间的时候，说明原材料采购以及它的上游生产阶段都是备货型生产，顾客可以对加工以及它的下游生产阶段提出特定要求，这就是按订单加工（fabrication-to-order，FTO）。当 CODP 在设计和采购之间的时候，说明设计是按照预测进行的，顾客可以对采购以及它的下游生产阶段提出特定的要求，这就是按订单采购（purchase-to-order，PTO）。当 CODP 在设计和研发阶段之间的时候，说明研发是按预测进行的，顾客可以对设计以及它的下游生产阶段提出特定的要求，这就是按订单设计（engineer-to-order，ETO）。当 CODP 出现在研发阶段前的时候，说明产品研发以及它的下游生产阶段都是按照顾客特定要求进行的，这就是按订单研发（develop-to-order，DTO），如“火星探测车”的研制即属于 DTO。

在实体上，CODP 是存放已经完成部分工作量的信息产品与实体原材料、零部件的地方。对于 STO，存放的是产成品，得到顾客订单以后，对实体产品不再进行加工，只是将它们发运到顾客指定的地点；对于 ATO，存放的是完成加工的零部件，需要按照订单将零部件组装成产品，然后将它们发运到顾客指定的地点；对于 FTO，存放的是已经采购到货的原材料，获得顾客订单以后，需要将原材料加工成零部件，再组装成产品，然后将它们发运到顾客指定的地点；对于 PTO，存放的是完成设计的产品图纸与工艺文件，获得顾客订单以后，需要按照订单采购原材料、加工零部件、组装成产品，然后将它们发运到顾客指定的地点；对于 ETO，存放的是类似产品的设计与工艺文件，获得顾客订单以后，需要按照顾客的要求修改设计或者重新设计产品与工艺、采购原材料、加工零部件、组装产品，然后将它们发运到顾客指定的地点；如果是 DTO，那么 CODP 只是存储现有的人才与知识，需要经过研发与试验研制出新的产品，然后才能进行设计、采购、加工、装配、发运等活动。

显而易见，随着 CODP 的左移（向上游生产阶段移动），产品的个性化程度越来越高，对于顾客的响应时间越来越长。顾客需要在交货期与个性化选择上进行权衡，个性化程度越高的产品，等待时间就越长。DTO 与 STO 是两个极端：DTO 方式的产品个性化程度最高，等待时间最长；STO 生产的产品个性化程度最低，响应时间最快。随着 CODP 的右移（向下游生产阶段移动），响应就呈相反状态。

四、采用高效供应链还是敏捷供应链

高效供应链（efficient supply chain）适用于品种少、产量高、可预见的市场环境；敏捷供应链（agile supply chain）适用于品种多、产量低、难以预见的环境。高效供应链追求降低“实物成本”（physical costs）。实物成本是指物流各个阶段发生的成本，如生产成本、运输成本以及库存成本。敏捷供应链追求降低“市场协调成本”（market mediation costs）。市场协调成本是由于供需不协调导致的成本，涉及过量生产导致的积压成本以及生产不足导致的机会成本。单纯地追求降低实物成本或者单纯地追求降低市场协调成本都是片面的，应该同时考虑这两种成本。如果产品被高效率、低成本地生产并且发运到销售点，实物成本较低，但是由于货不对路，长期销售不出去，那么实物成本上的节省就会完全被产品积压成本抵消。

对于共性需求产品，如工业上用的紧固件、轴承，生活上的方便面、饮料等，这些产品的生命周期长、需求稳定、可预测，市场协调成本较低。但是由于生产厂家多、竞争激烈，对价格敏感，需要严格地控制实物成本。因此，对于共性需求产品，应该采用高效供应链。

但是对于个性需求产品，如工业上的专业设备、生活上的太阳镜等，这些产品满足个性需求，顾客容易接受较高的价格，对实物成本的控制要求不高，但是它们的生命周期短，对时间敏感，需求不稳定，难以预测，通常市场协调成本高。因此，对于个性需求产品，应该采用敏捷供应链。对于个性需求产品盲目追求高效、忽视敏捷，是当前的一种倾向。

五、生产能力管理

生产能力往往是指在一定时间内，一个系统能实现的最大产出量。例如，在制造业，生产能力可能是汽车厂一个班次生产的汽车数量；在服务业，生产能力可能表现为某一个时段内能够得到服务的顾客人数。从时间上划分，生产能力计划可以划分成长期能力计划、中期能力计划与短期能力计划。长期能力计划又称为战略能力计划（strategic capacity planning），它的时间范围在一年以上，涉及制造资源（如建筑物、设备或者设施）的获取，花费的时间较长。中期能力计划是为未来6~18个月制订的月度或者季度计划。短期能力计划的时间范围在1个月内。

（一）规模经济和规模不经济

规模经济（economies of scale）是指随着工厂生产规模的扩大以及产量上升，单位产品的平均成本逐渐下降。产生规模经济的原因是运作成本与资金成本的节约。例如，一台设备的生产能力是另外一台设备的2倍，但是它的购置成本或者运行成本并不是后者的2倍时，就产生了成本的节约。同样，当工厂规模足够大的时候，就可以在信息技术、物流搬运以及行政支持等方面充分地利用现有的资源，从而提高效率。

然而，在某一个临界点上，工厂会由于规模过大而出现规模不经济的问题。

规模不经济会体现在许多不同的方面。例如，为了维持大型设施连续地运转，会导致产品生产过多。而为了销售出这些产品，通常需要较大的价格折扣来刺激需求。另外一个典型的例子就是高产能设备的使用，它高效运作的关键是停机时间最少。虽然设备运行的直接人力成本较低，但是对设备进行维护的人工成本却非常高。

（二）能力柔性

能力柔性（capacity flexibility）是指迅速地增加或者减少生产量的能力，或者是迅速地从生产一种产品或者提供一种服务转换到生产另一种产品或者提供另一种服务的能力。实现能力柔性的途径主要有柔性工厂、柔性生产过程以及柔性工作者。此外，企业还可以通过制订相应的战略，利用外部其他组织的能力来获得能力柔性。

柔性工厂（flexible plants）的理想状态可能就是"零转换时间"工厂。利用易于安装、拆卸与移动的设备、易拆装的隔墙、易取得并且便于重新组合的器械，可以帮助工厂快速地适应外界的变化。

柔性生产过程既可以体现在柔性制造系统上，又可以体现在简单、容易调整的机器设备上，这两种技术都能够快速、低成本地从生产一种产品转到生产另一种产品，从而实现范围经济（economies of scope）。当多种产品混合生产时消耗的总成本比分开单独生产这些产品的成本之和更低的时候，就存在范围经济。

柔性工作者（flexible workers）具有多种技能，能够轻易地从一种工作转换到另外一种工作。和专业工作者相比，柔性工作者需要接受更加广泛的培训。

（三）改变生产能力需要考虑的问题

在扩大或者缩减生产能力的时候，需要考虑下面这三个重要的问题。

1. 维持系统的平衡

解决生产系统不平衡的问题有许多种方法。第一种方法是提高瓶颈阶段的生产能力，可以通过加班、租用设备、外包等临时的措施实现。第二种方法是在瓶颈阶段前设置缓冲库存，来保证瓶颈阶段能够持续地工作，不出现等待，从而提高产出率。第三种方法是提高关键部门的设施能力。

2. 产能扩充频率

在扩大产能的时候需要考虑两种成本，即产能扩充过于频繁带来的成本与产能扩充过慢带来的成本。扩充产能涉及的直接成本包括旧设备的拆卸和更换以及工人使用新设备的培训费用。新设备的购置费用通常远远高于处理旧设备回收的资金。在设备更换期，生产或者服务不能正常运行还会导致机会成本损失。这些成本随着产能扩充频繁而上升；反之，当产能扩充频率过低的时候，同样也会导致成本上升。扩充频率过低意味着一次增加的产能过大，可能会导致部分产能闲置。对于这些闲置产能的投资将按照管理费用计入成本，导致资金占用以及投资浪费。扩充产能过缓还会导致销售机会的损失。

图 2-5 展示了产能扩充频率的问题。

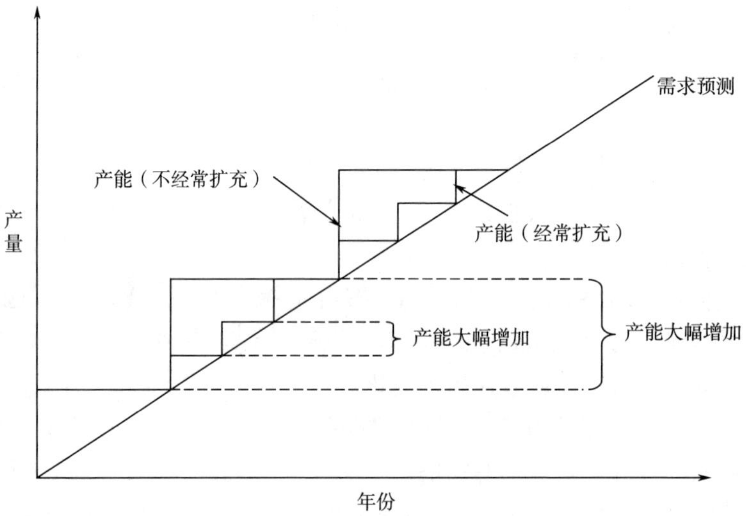

图 2-5 产能扩充频率

3. 外部能力的利用

在有些情况下，利用外部现有的生产能力是一种更加经济有效的方法。常用的两种方法是外包与能力共享。

因为需求下降而导致能力缩减也是企业需要考虑的问题。安排更少的工作时间或者增加停产时间都是常用的临时性战略。永久性的缩减能力往往需要卖掉一些设备，甚至有可能是清算整个工厂设施。

服务业的能力计划有一定的特点。虽然服务业的能力计划和制造业的能力计划有很多相似的地方，但是二者依旧存在着很多不同的地方。服务业的能力对时间、地点的依赖性更强，受到需求波动的影响更大，而且能力的利用情况直接影响到服务的质量。

在时间上，由于服务没办法储存，当有顾客需要服务的时候，服务企业必须有可用的服务能力提供服务。在地点上，服务地点必须靠近顾客，提供服务的能力必须首先分配给顾客，才能够提供服务。服务能力必须在顾客需要的时候，出现在顾客所在的地方。服务交付系统的需求不稳定得多：服务系统不能像制造系统那样利用库存来平衡需求，每位顾客服务的时间有较大的波动，服务需求直接受到消费者行为的影响。由于这些不稳定性，服务能力计划一般是以 10~30 分钟为时间单位制订，而制造业能力计划一般是以周为时间单位制订。

最优服务利用率随着服务的不同而有所变化。医院急诊室与消防部门应当力求达到较低的能力利用率，因为它们的需求存在着高度的不确定性，而当需求得不到满足的时候将会直接危及人们的生命。反之，像通勤列车那样的相对可以预测的服务，可以按照接近 100%的利用率计划能力。还有一类服务是希望尽量高的能力利用率，如运动装备与舞台表演。

六、配送网络的选择

按照产品库存的位置以及交付方式的不同，配送网络有以下 6 种模式：制造商存货加直送，制造商存货、直送加在途并货，分销商存货加承运人交付，分销商存货加到达交付，制造商或者分销商存货加顾客自提，零售商存货加顾客自提。

（一）制造商存货加直送

在这种模式下，产品绕过零售商直接从制造商发送到最终顾客。直送模式的优点是能够将库存集中在制造商那里，从而以较低的库存水平提供高水平的产品可获性。对于高价值、低需求量、需求不可预测的商品，直送模式的效益最大。直送模式也给制造商提供了采用延迟战略以进一步地降低库存的机会。例如，戴尔计算机公司以通用零部件方式备货，延迟产品的定制，减少了库存。但是直送模式下运输成本较高，响应顾客需求的时间较长。另外，如果顾客订单包括几个制造商的产品，采用直送方式将会多次向顾客发货。但对于需求量很低的产品，直送也许是唯一的选择。

（二）制造商存货、直送加在途并货

与纯粹的直送模式不同的地方是将来自不同地点的订单组合起来，使得顾客只需要接收一次交付。在途并货的方式已经被戴尔采用。如果一个顾客从戴尔公司订购一台个人计算机（PC），同时需要一个索尼（Sony）显示器，那么包裹承运人将从戴尔公司的工厂提取 PC，从索尼的工厂提取显示器，然后在一个中心将这两个产品组合，最后统一交付给顾客。

（三）分销商存货加承运人交付

在该模式下，不是制造商存货，而是由分销商或者零售商存放在中间的仓库中，并且通过包裹承运人将产品从中间仓库运输到最终顾客。亚马逊采用了这种方式并且结合制造商（或者分销商）的直送模式。

（四）分销商存货加到达交付

到达交付是指分销商或者零售商将产品直接交付到顾客家门而不通过承运人。

（五）制造商或者分销商存货加顾客自提

在该模式下，存货存放在制造商或者分销商的仓库，顾客通过在线或者电话下订单，然后到指定的提货点领取他们的商品。

（六）零售商存货加顾客自提

这是最为传统的方式，库存存放在零售店，顾客走进零售店购货，或者通过在线或电话下单然后到零售店提货。

上面介绍的各种配送网络有着不同的优点与缺点。在设计适当的配送网络的时候，应该考虑产品的特征以及网络的需求。只有一些特定的企业采用单一方式的配送网络，大多数公司都采用几种交付网络的组合。

第三节　产品或者服务的选择、开发和设计

企业进行生产运作，首先需要确定向市场提供的产品或者服务，这就涉及产品或者服务的选择或决策问题。产品或者服务确定之后，就要对产品或者服务进行设计，确定它的功能、型号、规格以及结构；接着，要对如何制造产品或者提供服务的工艺进行选择，并对工艺过程进行设计。

一、产品或者服务的选择

提供哪种产品或者服务，最初来自各种设想。在对各种设想进行论证的基础上，确定本企业需要提供的产品或者服务，这是一个非常重要且又困难的决策。产品或者服务的选择通常决定一个企业的兴衰成败。一种良好的产品或者服务可以使得一个小企业发展成为一个国际著名的大公司；反之，一种不合市场需求的产品或者服务也可以使得一个大企业亏损甚至倒闭。这已经被无数事实证明。产品决策可能在工厂建成之前进行，也可能在工厂建成以后进行。想要开办一个企业，首先要确定生产哪种产品。在企业投产以后，也需要根据市场需求的变化，确定开发什么样的新产品。

产品本质上是一种需求满足物，旨在通过它的功能来满足客户的某种需求。而一定的功能是通过一定的产品结构来实现的。满足客户需求，可能有不同的功能组合。不同的功能组合，由不同的产品来实现。因此，可能有多种产品满足客

户大体相同的需求，这就提出了产品选择问题。例如，同样是为了进行信息处理，是生产普通台式电脑还是生产笔记本电脑？同样是为了满足运输需求，是生产轻型车还是生产重型车？必须做出选择。

产品选择需要具体考虑到下面的因素。

（一）市场需求的不确定性

人的基本需求无非是衣、食、住、行、保健、学习以及娱乐等方面，可以说变化不大。但是满足需求程度上的差别却是巨大的。简陋的茅屋可以居住，配有现代化设备的高档住宅也可以供人居住。很明显，这二者对居住需求满足程度的差别是很大的。人们对需求满足程度的追求又是无止境的，因而对产品功能的追求永无止境。随着科学技术进步速度的加快和竞争的激化，人们“喜新厌旧”的程度也逐渐加强。这就导致市场需求不确定性增加。由于一夜间某个企业推出全新的产品，原来畅销的产品销量就可能一落千丈。现实的情况是，许多企业不注重创新。结果，或者由于市场容量有限，或者由于产品质量低劣，导致产品大量积压，企业因此而亏损。因此，企业在选择产品的时候，要考虑不确定性，要考虑今后几年内产品是否有销路。

（二）外部需求和内部生产能力间的关系

在外部需求和内部生产能力的关系上，首先需要看外部需求。市场不需要的产品，企业有再强的技术能力与生产能力也不应该生产。同时，也要看到，对于市场上需求量大的产品，如果与企业生产的产品在结构与工艺上差别较大，企业也不应该生产。企业在进行产品决策的时候，首先要考虑自己特定的技术能力以及生产能力。通常来说，在有足够需求的前提下，确定生产一个新产品取决于两个因素：一是企业的主要任务。和企业的主要任务差别大的产品不应该生产。汽车制造厂的主要任务是生产汽车，绝不能因为彩色电视机畅销就生产彩色电视机。因为汽车制造厂的人员、设备、技术都是为生产汽车配备的，若生产彩色电视机，等于放弃现有的资源不用，能力上完全没有优势可讲，是无法和专业生产厂家竞争的。当然，主要任务也会随着环境的变化而变化。如果石油枯竭，现在生产的燃油汽车都将会被淘汰，汽车制造厂可能就要生产电动汽车或者太阳能汽车。二是企业的优势和特长。和同类企业比较，本企业的特长决定了生产什么样的产品有竞争优势。选择没有优势的产品，是不明智的。

在选择合适的生产能力或者服务能力的时候，应该考虑规模经济因素、学习曲线的作用、各个阶段能力平衡以及提高设施的柔性。

在企业的生产规模扩大以后，单位产品的成本会下降。因为一台设备的生产能力如果是另一台设备的 2 倍，但是它的购置成本以及使用成本显然不会是另外一台设备的 2 倍。企业规模过小会使一些资源（例如物料搬运设备、计算机设备以及管理人员）得不到充分的利用。此外，大型设备的维护费用通常都很高。

学习曲线是描述生产者“熟能生巧”的过程与效果的，它有三个假设：①每次完成同一性质的任务以后，下一次完成该性质任务的时间将下降；②单位产品的生产时间将以递减的速率下降；③单位产品生产时间的减少将遵循一个可以预测的模式。航空工业的实践最先证明了学习曲线的正确。当产量是原来的 2 倍的时候，工人生产单位产品的时间下降了 20%。

当产品与产量发生变化的时候，各个生产阶段能力会出现不平衡，从而出现瓶颈。扩大生产能力的时候，首先要找出瓶颈，将有限的资源用到瓶颈上，就能做到事半功倍。

（三）原材料、外购件的供应

一个企业选择了某种产品，想要制造这个产品必然涉及原材料与外购件的供应。如果没有合适的供应商，或者供应商的生产能力或技术能力不足，这种产品也不能选择。美国洛克希德（Lookheed）“三星”飞机用的发动机是英国洛尔斯-洛依斯（Rolls-Royce）公司供应的，后来洛尔斯-洛依斯公司破产，使得洛克希德公司也濒于破产，最后不得不由美国政府担保。

（四）企业内部各部门工作目标上的协调

一般来说，企业内部划分成多个职能部门，各个职能部门由于工作目标不同，在产品选择上会发生分歧。如果不能解决这些分歧，产品决策也难以进行。生产部门追求高效率、低成本、高质量以及生产的均衡性，希望品种数量少一些，产品的相似程度高一些，即使有变化，也要使改动起来不费事。销售部门追求市场占有率、对市场需求的响应速度以及按照客户要求提供产品，希望扩大产品的系列，不断地改进老产品与开发新产品。财务部门追求最大的利润，要求加快资金流动，减少不能直接产生利润的费用，降低企业的风险。它希望只销售马上能得到利润的产品、销售利润大的产品、不制造不赚钱的产品。职能部门工作目标上的差异通常会导致产品决策的困难。销售部门要求创新、发展，愿意冒风险，要求保持广而全的多种产品的生产线。财务部门要求守住目前成功的产品，以扩大销售。生产部门由于追求低成本以及简化管理而要求尽可能生产少的品种。只有通过最高管理层的协调才能够解决部门间的矛盾。

二、产品或者服务的开发和设计战略

在产品或者服务的开发和设计方面，有以下四种战略。

（一）做跟随者还是领导者

企业在设计产品或者服务的时候是做新技术的领导者还是做跟随者，是两种

不同的战略。做领导者就需要不断创新，需要在研究以及开发方面进行大量的投入，因此，风险大。但是做领导者可以使得企业领导新潮流，拥有独到的技术，在竞争中始终处于领先地位。英特尔公司采用的就是做领导者的战略。做跟随者只需要仿制别人的新产品，花费少，风险小，但是得到的不一定是先进的技术。如果跟随者善于将别人的技术以及产品拿过来进行改进，那么有可能后来居上。这里还有一个是采用最先进的技术还是采用适用技术的问题。最先进的技术一旦拥有，优势在手，但是采用先进技术的费用高、风险大。适用技术不一定是最先进的技术，但是它是符合企业当前发展的、经过市场检验的技术。采用适用技术花费少、风险也小。

（二）自己设计还是外包设计

与自制或者购买决策一样，对产品开发以及设计也可以自己做或者外包。通常来说，涉及独到技术的必须自己做。

（三）买技术或者专利

利用大学以及研究所的成果来节约研究和开发的费用不失为一个聪明的办法。巴特尔（Battle）研究所曾为施乐（Xerex）公司开发复印件产品；强生（Johnson and Johnson）公司曾经利用宾州大学的专门技术开发治疗粉刺与皱纹的Retin-A产品，利用哥伦比亚大学的专门技术开发一种致癌药品。企业通过购买大学或者研究所的生产许可证、专利权以及设计，不仅降低了风险，而且节约了开发以及设计的时间。

（四）做基础研究还是应用研究

基础研究是对某个领域或者某种现象进行研究，但是不能保证新的知识一定可以得到应用。基础研究成果转换成产品的时间较长，而且是否能转换成产品的风险很大。但是基础研究的成果一旦得到应用，对于企业的发展将起到很大的推动作用。例如，陶氏化学品公司（DOW）在1982年投入50万美元研究一种陶瓷化合物，这种陶瓷化合物和钢铁一样坚硬，却只有其一半的重量。几年以后，公司就发现这种陶瓷化合物可以用于装甲车等军事装备。

应用研究是根据客户需求选择一个潜在的应用领域，有针对性地进行的研究活动。应用研究实用性强，容易转换成现实的生产力，但是应用研究通常都需要基础理论的指导。

第四节 生产运作系统的设计战略

生产运作系统的设计对生产运作系统的运行有先天性的影响，它是企业战略决策的一个重要内容，也是实施企业战略的重要步骤。生产运作系统有四个方面的设计战略，即选址、设施布置、岗位设计、工作考核与报酬（如表 2-1 所示）。

表 2-1 生产运作系统的设计

选址	设施布置	岗位设计	工作考核与报酬
·根据长期预测确定需要的能力 ·评估市场因素、有形与无形成本因素 ·确定是建造或者购买新设施还是扩充现有设施 ·选择具体的地区、社区与地点	·选择物料传送办法与配套服务 ·选择布置方案 ·评估建设费用	·按照技术、经济与社会的可行性确定岗位 ·确定什么时候使用机器和/或者人力处理人机交互 ·激励员工 ·开发、改进工作方法	·工作考核 ·设置标准 ·选择与实施报酬方案

一、选址

生产服务设施建在什么地点的问题，对于企业的运行效率与效果具有先天性的影响，弄不好就会“铸成大错”。在当年“要准备打仗”的思想指导下，一些工厂进了山沟或者山洞，导致今天生产成本高和难管理、难发展的局面。大学、餐馆、商店也都有选址问题。有的大学就是因为过去迁址，导致今天难以发展。

在工厂建成运行以后，有时也需要扩大生产能力。第一种办法就是扩充现有设施。该办法比较经济易行，但是通常受到空间的限制。第二种办法就是购买或者租赁厂房或者服务设施。但是该办法不一定能够满足要求。第三种办法是另外找地方建造新设施。这种办法选择的余地较大，但是需要大量的资金。此外，设施还存在一个集中布置还是分散布置的问题。

二、设施布置

设施布置对生产运作效率有非常大的影响。设施布置不当，会导致运输路程增加，运输路线迂回曲折，不但浪费了人力、物力资源，而且延长了生产周期。

不同生产类型的设施布置形式不同，主要有流水线布置、按照功能布置、按照固定位置布置和按照生产单元布置。对于大批量生产，通常采用流水线布置。对于多种小批量生产，通常采用按照功能布置（或者称为工艺专业化布置），即将完成相同功能的机器设备布置在一起，因此，也称为“机群式布置”。按照功能布置有较高的柔性，但是物料运输的路线长。按照固定位置布置，就是将原材料、零部件以及人员集中到一个特定的地点，被加工的工件不动，机器设备与工具按照加工需要配置，使用过的设备以及工具随时拿走。飞机制造和大型电站锅炉的安装就是固定位置布置。采用固定位置布置的原因非常简单：工件太大，不能移动。外科手术也是固定位置布置，病人（工件）在动手术时是不能移动的。按照生产单元布置，就是把不同的设备集中到一起，进行有限范围内的产品生产。在生产单元中，机器设备不动，工件的移动也十分有限。

除了生产设备布置之外，设施布置还包括物料传送方法以及其他服务性设施的选择与配置。

对于服务业，确定设施布置的时候，要考虑生产过程的组织方式。需要确定的是准制造式（quasi-manufacturing）、顾客参与式（customer-as-participant）还是顾客作为产品式（customer-as-product），不同运作方式的设施布置不一样。麦当劳（McDonald’s）采用的是准制造式，在全世界都获得了成功，它为顾客提供的服务是标准化的，与顾客的接触也非常少，有形的物品提供超过了无形的服务。

三、岗位设计

岗位设计是制订与每个员工工作相关活动的正规与非正规的说明，包括岗位的结构和与同事、与顾客之间的联系。岗位设计有不同的指导思想与方案。一种是进行细致分工，使得每个员工只完成最简单的操作。这样可以提高工作效率，从而提高生产系统的产出。福特最早的流水生产线上的岗位就是这样设计的。但是，这种方式使工作单调乏味，遭到工人的反对。另一种是进行粗略分工，每个员工都从事不同的操作，使得工作多样化。这样可以提高员工的工作兴趣，但是在一定程度上牺牲了效率。

在岗位设计的时候需要正确地处理人机分工，现在完全用手工进行工作的情况很少。通常都使用机器（包括计算机）来完成既定的任务。人是最灵活而富有创造性的，适宜完成非例行的工作；机器可以比人更持久、更准确地完成程序化的工作，但是没有人的能动性。如果让人做机器能做的事情，不仅浪费了宝贵的人力资源，还是不人道的。岗位设计要使机器与工作环境适合人的能力和需要，而不是相反。道理很简单：人不能重新设计来适应机器，但机器可以重新设计来适应人。

四、工作考核与报酬

要对人的工作业绩进行考核，并且将考核结果与报酬挂钩。这样才能激励员工努力工作，不断地改进工作方式，发挥创造性，提高工作效率。报酬涉及工资与薪水的数量以及发放办法。一般有两种计酬的办法：计时付薪与按贡献付薪。计时付薪就是按照小时、天、月付薪，适用于难以量化的工作。按贡献付薪包括计件付薪与承包付薪等办法，适用于能够量化的工作。报酬系统的选择与设计对于发挥最重要的资源的潜力有非常重要的影响。

【本章小结】

生产运作战略决策是企业生产与运作管理中第一层次的决策内容，是企业生产运作管理中最为重要的环节。本章首先概述了生产运作战略相关概念，介绍了生产运作战略的制订思路以及如何选择生产运作总体战略；其次阐述了产品或者服务的选择、开发和设计；最后对生产运作系统的设计战略进行了讲解。

【本章习题】

1. 生产运作战略的含义是什么？
2. 生产运作总体战略包含哪些方面的内容？
3. 在产品或者服务开发和设计方面有什么战略？
4. 生产运作系统设计有哪些重要决策？
5. 为什么要进行厂址选择？

第三章　项目管理

【学习目标】

1. 掌握项目和项目管理的含义。
2. 掌握网络图的绘制。
3. 掌握网络时间的计算。
4. 理解关键线路的确定。

【导入案例】

SARS 事件

SARS 是指严重急性呼吸系统综合征，是一种非典型肺炎。这个病最早于 2002 年 11 月 16 日出现在广东佛山。在 2002 年 12 月底，广东民间出现了关于一种致命怪病的传言，甚至传说在一些医院有病人因为这个怪病导致大批死亡。由于坊间流传煲醋以及喝板蓝根可以预防怪病，因此，市面上出现了抢购米醋以及板蓝根的风潮。在最早发现这种传染病的时候，广东省医疗管理部门及相关医院均没有采取任何特殊的处理措施。感染了这种病毒的病人到医院就医时，医生进行诊断、开药或者注射，一切都按照常规运作进行处理。

不久，这种病毒从广东省开始向全国、全世界蔓延，感染以及死亡的人数大幅度上升。2003 年 3 月 12 日，世界卫生组织（WHO）发出了全球警告，然后，美国疾病控制与预防中心发出了另一个健康警告。3 月 15 日，世界卫生组织正式将这种病命名为 SARS。

4 月 23 日，中国成立了防治 SARS 项目组（国务院防治非典型肺炎指挥部），统一指挥、协调全国非典型肺炎的防治工作。项目组由时任中国国务院副总理吴仪任总指挥。中央财政设立“非典”防治基金，基金总额为 20 亿元。另外，再安排 9 亿元，在中西部地区建立疾病控制机构；安排专项资金 6 亿元建设中国疾病预防控制中心一期工程。项目组所在的省份都成立了项目小组，并制定了庞大的处理流程，包括详细的隔离处理措施。每个省份的项目小组都获得了省政府的大力支持，项目小组从各个省的各大医院抽调专家医生成立专门的诊治队伍，还规定了专门的诊治医院。

项目管理在 SARS 的防治处理上发挥出了威力，疾病的传染很快得到了控制。在成立 2 个月以后的 2003 年 6 月 24 日，WHO 将中国从 SARS 疫区中除名。

截至 2003 年 7 月 11 日，全世界感染 SARS 人数共有 8 069 例，死亡 775 人；中国感染 5 327 例，死亡 348 人。

（案例来源：尤西·谢菲. 柔韧：麻省理工学院供应链管理精髓［M］. 上海：上海三联书店，2008.）

第一节　项目管理概述

一、项目

（一）项目以及项目的特点

项目是什么？项目，简单地说，就是指为了完成某个独特的任务做出的一次性工作。它通常应该在规定的时间内，由专门为这项工作组织起来的人员完成；它应该有一个明确的预期目标，还需要有明确的可利用资源范围；它需要运用多种学科的知识来解决问题；没有或者很少有以往的经验可以借鉴。

与日常工作相比，项目具有以下特点。

1. 独特性

项目是指以前没有发生过的工作，或者即使发生过，但是这次具有新的特点。某些项目，如设计和建设空间站，是独一无二的，因为以前从来没有尝试过。另外一些项目，如开发一种新的产品、建造一栋房子、筹划一次婚礼，则因为第一次都有特定的环境和需求而成为特殊独特的工作。项目涉及的某些内容是从前没有被做过的，即这些内容是唯一的。即使一项产品或者服务属于某一大类别，它依旧可以被认为是唯一的。例如，建筑企业建设了许许多多的写字楼，但是每一座独立的建筑都是唯一的，具有重复的要素并不能够改变整体根本的唯一性。

2. 时限性

项目日常的运行中都是重复性的生产，每天都在做相同或者相似的工作，因此，时限性不是很强，但是每个项目都是不同的，都会有开始时间以及结束时间。时限性是指每个项目都具有确定的开始时间及结束时间。当项目的目标都已经达到的时候，这个项目就应该结束了，或者当我们已经知道这个项目的目标不可能达到的时候，这个项目也应该会被中止。时限性并不是指持续的时间短，有些时候很多项目都会持续很多年。

3. 开发性

日常运作中各个部门以及有关的资源都是相对固定的，而且更普遍的是在项目启动之后，会从其他职能部门抽调需要的人员构建项目小组，根据需要来调动其他职能部门的有关资源（设备、工具等），在项目结束之后这些人员（和有关资源）则返回到各个职能部门。

4. 客户性

日常生产中的产品是生产出来以后再去寻找客户，项目则是根据客户的要求设立的，客户参与到运作的全过程，完成以后移交客户。

5. 不确定性

因为以前没有做过或者这次项目具有新的特点，所以执行人不知道在项目的执行过程中会发生什么样的问题，因此，不能准确地评估项目的时间以及成本；另外，在实际生活中，项目的客户会经常改变自己的需求，因此，项目的范围也具有不确定性。

（二）项目的层次

1. 大项目、项目群（program）

与一般项目不同，大项目一般由若干个有联系的或者相似的项目组成，有时候大项目也指那些规模非常大、时间十分长的项目。例如，一家建筑公司签订了一项建设一个居住小区的合同，他们将要承担一个大项目，这个大项目显然是由项目群组成的。

2. 项目（project）

项目是这一章讨论的对象，是大项目的组成部分。很难从理论上对一个项目的最小范围进行定量的确定，在实践中，基本原则就是一个项目应该有相应的独立且完整的寿命周期，有能够交付的独立产品。

3. 任务或者活动（task or activity）

项目是由任务或者活动组成的。任务或者活动就是构成项目的大量工作。

4. 工作包（work packages）

任务或者活动由工作包组成，工作包是工作的基本组成单位。

任何项目都可以根据上面的层次进行分解。当然，上面的这些层次只是最基本的，现实中的项目在进行分解的时候，通常层次更多。

（三）项目的寿命周期

虽然每个项目都是不同的，但是任意一个项目都拥有一个相似的寿命周期，这个周期大体上可以分为四个阶段：概念阶段（concept，C）、发展阶段（development，D）、实施阶段（execute，E）和结束阶段（finish，F）。每个阶段的工作任务、成果以及管理的内容如表 3-1 所示。

值得注意的是，阶段与阶段之间并没有一种纯粹的先后串联的关系，相互之间可以交叉进行，前一阶段没有完成，后一阶段也是可以开始的，阶段之间的相互关系如图 3-1 所示。

表 3-1 各个阶段的主要任务、阶段成果以及管理内容

阶段	主要任务	阶段成果	管理内容
概念阶段（C）	需求的确认、可行性研究、招标投标	可行性方案、项目计划任务书、招标合同	项目启动，包括启动过程的组织以及协调
发展阶段（D）	项目的范围、项目团队以及项目结构、项目计划	计划、设计文件、机构设置、资源订货、合同签订	计划、组织、协调
实施阶段（E）	项目全面实施	完成的活动、过程	项目进度、成本、质量以及范围的控制
结束阶段（F）	项目任务的结束	可交付的项目、验收报告	评审、鉴定、总结以及移交

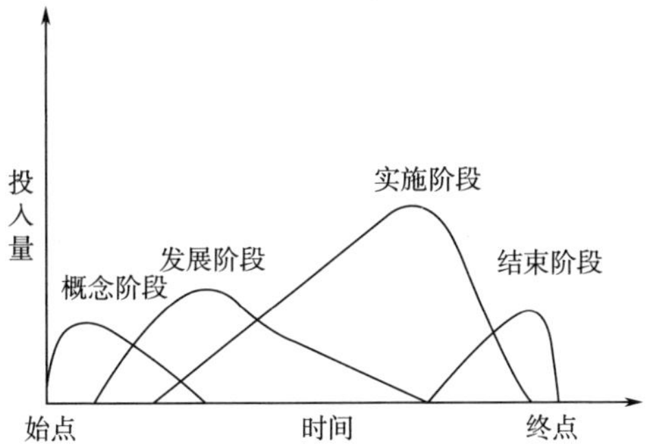

图 3-1 项目的寿命周期

不同阶段投入的工作量也是不同的，对资源的需求也是不一样的。例如，概念阶段和发展阶段对工程师以及技术的要求比较多，但是实施阶段对劳动人员、资金、设备等的要求最多，结束阶段对管理人员的要求比较多。不同阶段投入的工作量如图 3-2 所示。

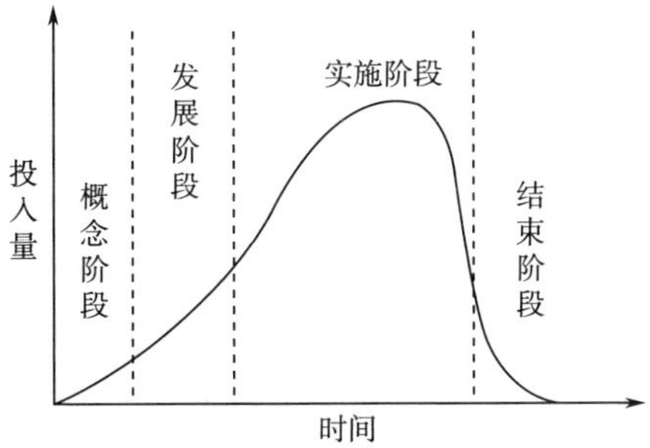

图 3-2 项目寿命周期各阶段投入的工作量

二、项目管理

和项目的概念相对应，项目管理就是指在一个确定的时间范围内，为了完成一个既定的目标，依靠特殊形式的临时性组织运行机制，通过有效的计划、组织、领导和控制，充分利用既定的有限资源的一种系统管理方法。

（一）项目管理的基本特点

1. 项目管理是一项复杂的工作

项目管理一般由多个部分组成，工作跨越了多个组织，需要运用多种学科的知识对问题进行解决；项目工作往往没有或者很少有以前的经验可以借鉴，执行过程中会有很多未知的因素，每个因素又往往带有不确定性；还需要将具有不同经历、来自不同机构的人员临时有机地组织起来，在技术性能、成本、进度等较为严格的约束条件下实现项目的目标等。这些因素决定了项目管理是一项非常复杂的工作，并且复杂性通常远远高于一般的生产运作管理。

2. 项目管理具有创造性

由于项目具有一次性的特点，因此，既要承担风险又必须发挥它的创造性。这也是它与一般日常性活动运作主要的区别。项目的创造性通常依赖于科学技术的发展与支持。近代科学技术的发展有两个典型的特点：一是继承积累性，体现在人类可以运用、继承前人的知识、经验以及成果，并在这个基础上向前发展；二是综合性，即解决复杂的问题，必须依赖和综合多种学科的成果，并将它们的技术结合起来，才可以实现科学技术的飞跃或者更快速的发展。

3. 项目有其生命周期

项目管理的本质是计划和控制一次性的工作，在规定的期限内达到预期的目标。一旦目标满足，项目就会因为失去它存在的意义而解体。因此，项目具有一种可以预知的生命周期。

4. 项目管理需要集权领导和建立专门的项目组织

项目的复杂性随着其范围的不同也会有很大的变化。项目越大越复杂，它包括或者涉及的学科、技术种类也就越多。项目进行过程中可能出现的各种问题多数都是贯穿在各个组织部门的，它们要求这些不同的部门做出迅速而且相互关联、相互依存的反应。但是传统的职能组织不能尽快与横向协调的需求相互配合，因此，需要建立围绕专一任务进行决策的机制和相应的专门组织。这样的组织不受现有组织的任何约束，由各种不同专业、来自不同部门的专业人员组成。

5. 项目经理在项目管理中起着非常重要的作用

项目管理的主要原理之一是将一个时间有限且预算有限的事业委托给项目经

理，他有权独立地进行计划、资源分配、协调和控制。由于项目的特殊性，项目经理行使着大部分传统职能组织以外的职能，他必须能够了解、利用和管理项目的技术逻辑方面的复杂性，必须能够综合各种不同的专业观点来考虑问题。但是仅仅具备这些技术知识和专业知识依旧是不够的，成功的管理还取决于怎样激励来自不同部门的项目团队成员。

（二）项目管理的主要内容

项目管理知识体系包含了很多内容，它是对项目管理专业知识的一个总结，就像法律、医药和会计等其他专业一样，这一知识体系也依赖于那些实践者和学者们对它加以应用和提高。整个项目管理的知识体系不但包括了那些已经被求证过的理论知识和已经被广泛应用的传统经验，而且包含了新的理论知识以及还没有被充分应用的先进经验。

美国项目管理协会（PMI）的项目管理知识体系（PMBOK）对项目管理的主要内容进行了全面的定义，并且经常进行更新。PMBOK 将项目管理分为四个核心的内容（项目范围管理、项目时间管理、项目费用管理和项目质量管理）、四个辅助内容（项目人力资源管理、项目沟通管理、项目风险管理和项目采购管理）和一个整体内容（项目综合管理），如图 3-3 所示。

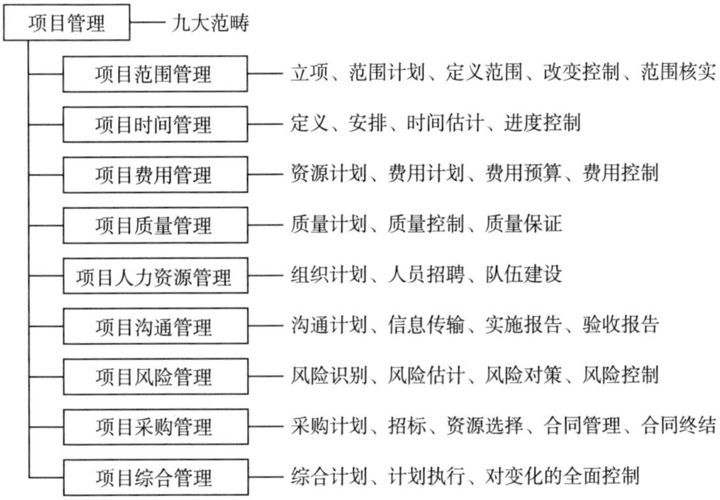

图 3-3　项目管理的主要内容（PMBOK）

第二节　项目计划

一、项目计划概述

（一）项目计划

项目计划是项目团队为了达到项目的目标，科学预测并确定未来行动的方案，通过完整且合理的规划和安排，将整个项目始终置于可控的状态。

任何计划都是将设想转变成行动方案并将它具体化的过程，计划是任何管理工作之首，在项目中也是这个样子的，只有制订好了良好的项目计划后，才能指导项目的范围、进度、费用、质量、人力资源、沟通、采购等方面的管理。但是由于项目的特殊性，它是一个创造性的过程，它早期的不确定性非常大，因而项目计划不可能一次全部完成，必须逐步展开并不断地修正。这取决于能否适当地对计划的执行情况作出反馈并相应地采取控制措施，这期间需要不断地交流信息。项目计划对项目进行全面规划并形成计划文件，通常来讲，计划文件有多个，包括项目计划、进度管理计划、质量管理计划、人员招聘计划和培训计划、采购计划、验收计划等。小型项目可以合并在一起，统称为项目管理计划；大型项目可以分解成许多计划，其中，项目管理计划为主计划，其他为子计划。

（二）制订项目计划时应该注意的问题

（1）人员方面，项目经理、业主、管理人员、技术人员等都要积极地参与，使得计划既有前瞻性又有可操作性。实际操作者一定要参与制定，特别是技术人员至关重要，只有他们才真正了解整个项目的总体框架和具体细节，了解需要做哪些详细的活动和每项活动需要花费多长时间；项目经理起到总体的协调作用，与其他项目关系人进行深入的交流和沟通，如向技术人员请教具体技术问题等。

（2）项目组织要经常召开会议讨论项目计划，以便针对各种新出现的问题提出防范措施，要么修正计划，要么安排加班计划，以确保进度。

（3）制订计划时要注意信息传递与反馈，在分发、内容和格式上要保持一致。

（4）只用一张图纸表示计划是不完整的，必须要有相关的说明解释。

（5）避免过于乐观的估计，尤其是在项目的初期。

（三）项目计划的主要内容

（1）什么（what）：明确项目经理与团队应该完成哪些工作。

（2）怎么样（how）：明确如何完成这些工作与任务，如何设置工作分解结构（work breakdown structure，WBS）。

（3）谁（who）：明确承担工作分解结构中每项工作的具体人员。

（4）何时（when）：确定各项工作需要多长时间，以及具体在什么时候开始、什么时候结束、需要哪些资源等。

（5）多少（how much）：确定每项工作需要多少费用。

（6）哪里（where）：确定各项工作在什么地方进行。

二、项目计划过程

（一）需求分析

需求实质上就是对项目的描述，通过分析顾客的需求来确定项目的目的。对于一个项目来讲，顾客的需求非常关键。通常可以将顾客的需求分成两类，即必须满足的基本需求和有选择的附加需求。

1. 基本需求

基本需求集中在项目的约束四边形，即项目的四个核心内容：项目的范围、时间、质量和成本、进度。确认需求时需要注意四者的平衡问题，要求好中求快，好中求省。

2. 附加需求

附加需求是指对开辟市场、争取支持等方面的要求。例如，对环境的影响、施工噪声等。

（二）确定项目的目标

项目的目标是指实施项目需要达到的预期效果。项目的目标必须明确地定义，并且能够实现。在确定项目的目标时需要注意：项目的目标最好是定量的，避免定性说明；每个项目成员都能够清楚地了解项目的目标；项目的目标应该建立在现实的基础上，避免理想化，尤其是在项目的初期；项目的目标应该简明，避免复杂化；项目的目标应该面向结果，而不是面向成本。

（三）任务分解

为了实现大的项目的目标，就要进行细化，以落实到小的项目团队和项目成员上面。任务分解就是把粗线条的、涵盖面较大的、不能具体操作的任务，分解成较小的并且容易管理、实施和检验的包含具体细节的可操作任务。

1. 任务分解的目的

任务分解旨在提高关于成本、时间和资源估算的准确性，提供测量和控制执行情况的基准，便于明确职责和进行资源分配。

2. 任务分解的工具

工作分解结构（WBS）是项目规划的重要方法，实际上 WBS 是实施项目得到最终产品所必须进行的全部活动的一张清单，是成本预算、时间进度计算、人员工作分配的基础。它是将项目按照它的内在结构或者实施过程的顺序进行逐层的分解而形成的结构示意图，它可以将项目分解到相对独立的、内容单一的、便于成本核算与检查的工作单元。

3. 工作分解的过程

首先将项目分解成单个定义的并且范围明确的子项目，通常可以按照主要过程或者主要构成部分划分成子项目；然后再研究每个子项目的特点、实施结果以及完成它需要的工作，进一步将它分解到活动；继续分解，直到工作包（如图 3-4 所示）。工作包是完成一项具体的工作所需求的一个工作单元，建立工作包的基本要求是使工作包能够为项目控制提供充分而且合适的管理信息。WBS 的最低层次应该是可以直接估计出它需要的时间、成本，可以直接评估它的质量，如果还是模糊粗略的，就需要进一步地划分。分解原则如下：对组成项目的活动进行分类（按照实施过程、产品开发周期、活动类型等）；把工作分解到能可靠估计工作量为止；在确定最低一级的具体工作时，应该能够分配给某个人或者某几个人具体负责。

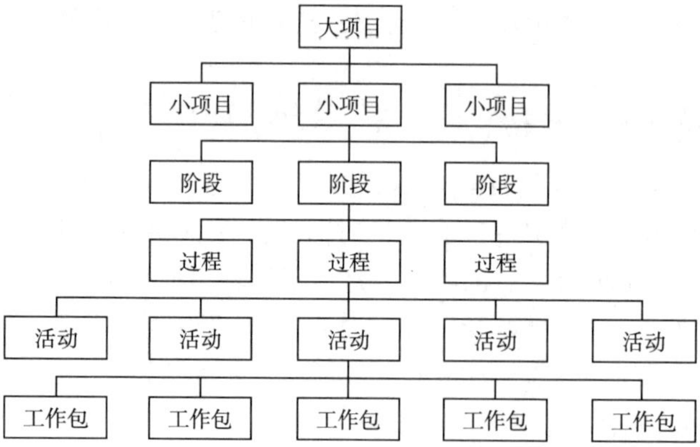

图 3-4 项目的分解（WBS）

工作分解结构划分好之后，还需要编制 WBS 词典，即定义好每一项具体的活动，并确定它需要的时间、成本、工作范围、质量标准、资源、前后活动的顺序关系、负责人员等。

（四）资源计划

确定实施项目活动需要哪些物理资源（人力、设备、材料）以及每种资源的使用时间和所需数量。需要注意的是项目资源具有特殊性，由于项目的一次性，项目资源不同于其他常规组织机构的资源，它多是临时拥有和临时使用的。资金需要筹集，服务和咨询力量可以采购或者临时招聘，有很多资源可以租赁。项目管理中资源的需求量变化较大，有些用后要及时偿还或者遣散（如招聘的临时员工或者租赁的设备等）。在制订资源计划时，需要具备以下资料：

（1）WBS。WBS 显示了需要资源的项目细目，是资源计划的最主要输入。

（2）项目历史信息。列明以前的相似项目中各个活动需要什么类型的资源。

（3）项目范围说明。列明项目的目标中的范围。

（4）资源库的说明。列明将来某个时间能够得到什么资源，这些都是变化的，都有临时性。

（5）组织原则。需要考虑组织结构中相关人员配备以及设施租赁或者购置备件、设备的原则。

（6）资源规划。资源规划是项目经理决定要得到哪些资源，从哪里得到，什么时候以及怎么获得的过程。为了实现对项目资源的控制，项目经理要建立一套项目资源管理信息系统，跟踪实际的资源消耗，并且将它与计划相比较。

三、项目成本估算

在项目管理过程中，为了使时间、费用和工作范围内的资源得到最佳利用，人们开发出了不少成本估算方法，以尽量得到较好的估算。本章简要介绍两种。

（一）因素估算法

这是比较科学的一种传统估算方法。它以过去为根据，利用数学知识预测未来。它的基本方法是利用规模-成本图。如图 3-5 所示，图上的直线表示规模和成本的关系，点是根据过去相似项目的资料进行描绘，根据这些点描绘的线体现了规模与成本之间的基本关系。在图中画的是直线，但是实践中也可能是曲线。成本包括不同的组成部分，如材料、人工和运费等。这些都可以有不同的曲线。了解项目规模以后，就可以利用这些线找出成本各个不同组成部分的近似值。

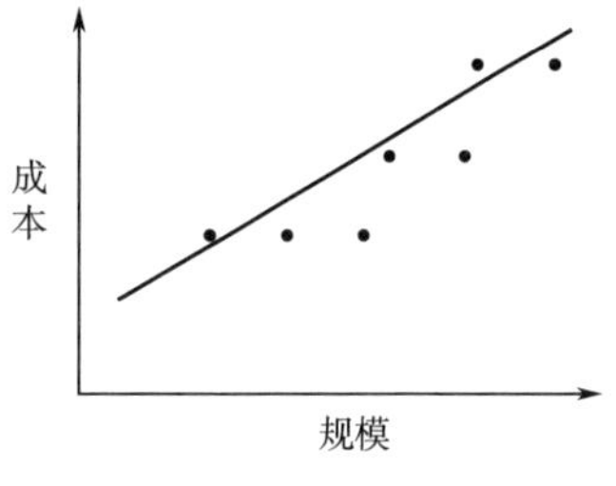

图 3-5 规模-成本图

这里需要提出的是，找出这些点要有一个“基准年度”，目的是消除通货膨胀的影响。画在图上的点应该是经过调整的数字。例如，以 1980 年为基准年，其他年份的数字都是以 1980 年作为基准进行调整的，然后才能描点画线。项目规模确定之后，从线上找出相应的点，但是这个点是以 1980 年为基准的，还需要再调整到当年，才是估算出的成本数字。另外，如果项目周期较长，还需要考虑今后几年可能发生的通货膨胀、材料涨价等因素。

进行这种成本估算的前提是有过去相似项目的资料，并且这些资料应该是在同一基础上的，并具有可比性。

（二）WBS 基础上的全面详细估算

利用 WBS 方法，首先把项目任务进行合理的细分，细分到可以确认的程度，如某种材料、某种设备、某一活动单元等，然后估算每个 WBS 要素的费用。采用这一方法的前提条件或者先决步骤如下。

1. 对项目需求做出完整的限定

这一步骤包括工作报告书、规格书以及总进度表。工作报告书是指实施项目需要的各项工作的叙述性说明，它应该确认必须达到的目标。如果有资金等限制，这个信息也包括在内。规格书是对工时、设备以及材料标价的根据。总进度表应该明确项目实施的主要阶段以及分界点，其中应该包括长期订货、原型试验、设计评审会以及其他任何关键的决策点。如果有可能，进行指导成本估算的总进度表应该包含项目开始时间和结束时间。

2. 制订完成项目需要的逻辑步骤

在现代的大型复杂的项目中，往往用箭头图表明项目任务的逻辑程序，并且用它作为下一步绘制关键线路方法（critical path method，CPM）或者计划评审技术（program evaluation and review technique，PERT）图以及 WBS 表的根据。

3. 编制 WBS 表

编制 WBS 表的最简单方法是依据箭头图。把箭头图上的每一项活动都当作一项工作任务，在这个基础上再描述分工作任务。

进度表和 WBS 表完成之后，就可以进行成本的估算了。在大型项目之中，成本估算的结果最后应该用报告形式表现出来。一是对每个 WBS 要素的详细费用估算。还应该有一个各项分工作、分任务的费用汇总表，以及项目和整个计划的累计报表。二是每个部门的计划工时曲线。如果部门工时曲线含有“峰”和“谷”，则应该考虑对进度表做出若干改变，以得到工时的均衡性。三是逐月的工时费用总结。其作用在于，在项目费用必须削减时，便于项目负责人使用这个表和工作曲线进行权衡性研究。四是逐年费用分配表。这个表是以 WBS 要素进行划分的，表明每年（或者每季度）需要的费用。这个表实质上是每项活动的项目现金流量的总结。五是原料以及支出预测。它表明供货商的供货时间、支付方式、承担义务以及支付原材料的现金流量等。

使用这种方法估算成本需要进行大量的计算，工作量比较大，因此，计算本身也是需要花费一定的时间与费用的。但是这种方法的准确度比较高，使用这种方法做出的报表不仅是成本估算的表述，还可以用来作为项目控制的依据。最高管理层可以使用这些报表进行项目选择与批准，评定项目的优先性。

四、项目控制方法

由于项目早期具有不确定性，在初始阶段确定了项目计划后，在实施过程中有效的项目控制就成为项目成功的关键。

项目开始后，要有效地控制项目，就需要定期或者不定期地召开各种会议，来协调项目进行过程中的各种事项。会议有许多种，在各个关键的时刻需要召开关键会议。这是项目管理与一般的直线职能管理的主要区别之一。以一个企业新建一条电冰箱生产线为例，这个项目进行中的不同阶段以及各个阶段开始时的关键会议如图 3-6 所示。

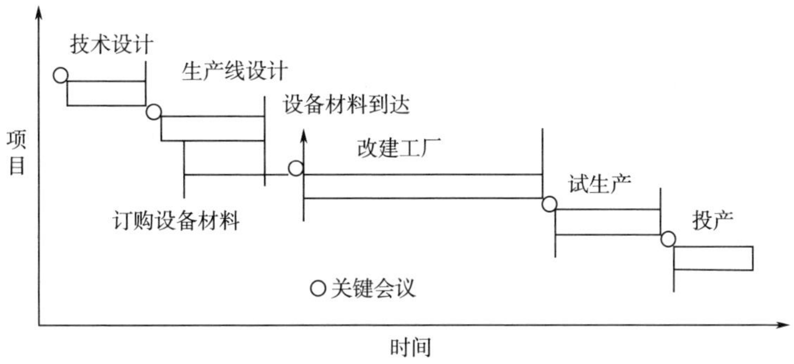

图 3-6　项目进行中的关键会议

关键会议的主要内容是总结上一阶段的工作，分析出现的问题，提出解决方案，并且布置下一阶段的主要任务与目标，使各相关人员都能够做到心中有数，明确努力方向。关键会议也是协调各个不同专业、不同职能部门之间的人员以及工作任务的重要手段。

除了关键会议以外，在项目进行的全过程中应该定期召开例会，如每月一次。会上主要介绍项目的进展情况，检查有无拖期、是否存在问题等，以便及时发现和解决问题。还有些非定期的特别会议，在有必要时随时召开。例如，在计划订购大型的设备、有重要的分承包要进行、某一活动出现了意外重大的变化等时，都需要召开会议。因此，项目管理中的会议比较多，控制不当有可能陷入会海，所以控制和管理会议是项目负责人的主要职责之一。

第三节　项目管理组织

项目管理组织是指为了完成某个特定的项目任务而由不同部门、不同专业的人员组成的一个特别工作组织，它不受现存的职能组织构造的束缚，但是也不能代替各种职能组织的职能活动。根据项目活动的集中程度，它的机构可以非常小，也可以非常庞大。

项目管理组织有多种形式，如团队、矩阵结构（matrix structure）组织、计划结构（program structure）组织和产品结构（product structure）组织。项目管理组织的形式应当随着项目的需要而变化。例如，在复杂与多变的项目中，需要采用矩阵结构的组织，而在不太复杂多变的中小型项目中，团队就能解决问题。

本节主要介绍矩阵组织。

一、矩阵组织

矩阵组织是一种项目—职能混合结构。一个矩阵组织相当于一个具有水平关系、对角线关系和垂直关系的网，而不是传统的垂直职能关系。其典型的结构如图 3-7 所示。

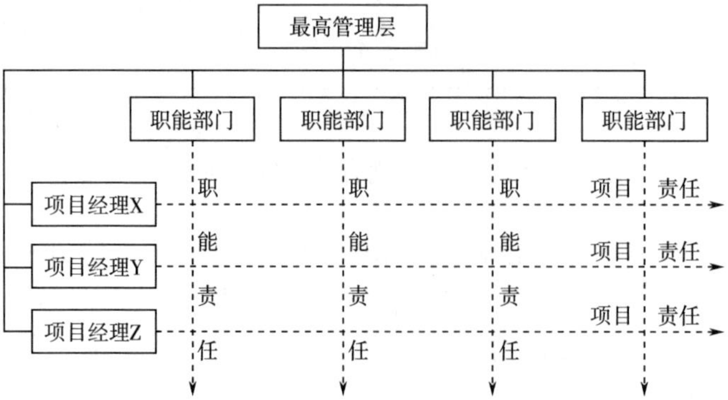

图 3-7　矩阵组织

当很多项目对有限资源的竞争引起对职能部门资源的广泛需求时，矩阵管理就是一种有效的组织形式。在这种情况下，传统的职能组织无法适应的主要原因在于，职能组织无力对包含大量职能之间相互影响的工作提供集中、持续以及综合的关注与协调。因为在职能组织中，组织结构的基本设计是职能专业化和按照职能分工的，不可能期望一个职能部门的主管人员会不顾自己职能部门的利益和责任，或者完全打消职能中心主义的念头，把项目作为一个整体，对职能之外的项目各个方面也加以专心致志的关注。

在矩阵组织中，项目经理在项目活动的“什么”和“何时”方面（即内容和时间方面）对职能部门行使权力，而各个职能部门负责人决定“如何”支持。每个项目经理要直接向最高管理层负责，并由最高管理层授权。职能部门则从另一方面来控制，对各种资源做出合理的分配和有效的控制调度。职能部门负责人既要对他们的直线上司负责，也要对项目经理负责。

二、矩阵组织的基本原则

（1）必须有一个人花费全部的时间与精力用于项目，有明确的责任制，这个人通常就是项目经理。

（2）必须允许项目作为一个独立的实体运行。

（3）必须同时存在纵向与横向两条通信渠道。无论项目之间还是项目经理与职能部门负责人之间，要有确切的通信渠道和自由交流的机会。

（4）要从组织上保证有迅速且有效的办法来解决矛盾。

（5）各个经理都必须服从统一的计划。

（6）无论是纵向或者横向的经理（或者负责人），都要为合理利用资源而进行谈判和磋商。

矩阵组织中的职权以纵向、横向和斜向在一个公司里流动，因此，在任何一个项目的管理中，项目经理与职能部门负责人都要共同协作。要使矩阵组织有效地运转，必须考虑和处理好下面几个问题：

第一，怎样创造一种能够将各种职能综合协调起来的环境？由于存在每个职能部门从职能出发，只考虑项目某一个方面的倾向，考虑和处理好这个问题是非常必要的。

第二，一个项目中哪个要素比其他要素更重要？是由谁决定的？考虑这个问题可使主要矛盾迎刃而解。

第三，纵向的职能系统应该如何运作才能保证实现项目的目标，而不与其他项目发生矛盾？

要想处理好这些问题，项目经理与职能部门的负责人就要相互理解对方的立场、权力以及职责，并且经常进行磋商。

三、矩阵组织的优劣分析

（一）矩阵组织的优点

（1）强调项目组织是所有相关项目活动的焦点。

（2）项目经理拥有对人力、资金等资源的最大控制权，对每个项目都可以独立地制定自己的策略与方法。

（3）职能组织中专家的储备增强了人力利用的灵活性，对所有的计划都可以按照需要的相对重要性使用专门人才。

（4）由于交流渠道的建立与决策点的集中，对环境变化以及项目需要能迅速地做出反应。

（5）当不再需要项目的时候，项目人员有其职能归宿，大都返回原来的职能部门。由于关键技术人员能够为各个项目所共用，因而充分利用了人才资源，降低了项目费用，并有利于项目人员的成长与提高。

（6）矛盾最少，并且通过组织体系能够容易地解决。

（7）通过内部检查和平衡，以及项目组织与职能组织间的经常性协调，可以得到时间、费用以及运行的较好平衡。

（二）矩阵组织的缺点

（1）需要对职能组织与项目组织间的平衡持续地进行监视，以防止双方互相削弱对方。

（2）在开始制定政策和方法时，需要花费较多的时间和劳动量。

（3）每个项目是独立进行的，容易产生重复性劳动。

任何一种组织形式都有优缺点，没有一种形式是能够适用于一切场合的，哪怕是在同一个项目的生命周期内。因此，项目管理组织在项目生命周期内，为了适应不同发展阶段的不同突出要求而加以改变，也是非常自然的。项目应围绕工作来组织，工作变了，项目组织的范围也应该跟着改变。在实际的工作中，必须注意这一点。

第四节　网络计划技术

一、项目进度计划

（一）项目进度计划的主要内容

项目进度计划就是要确定项目范围中的各项工作在什么时候开始、在什么时间结束，主要包括：

（1）工作细目定义。对工作分解结构中的工作细目以及为此进行的一些具体活动进行描述。

（2）工作排序。确定各项工作细目之间的先后顺序关系并且编制文件。

（3）工作时间估算。估算完成单项工作需要的工作时间。

（4）制订进度计划。研究和分析工作的顺序，统筹考虑工作时间与资源需求，编制项目进度计划。

（二）项目进度计划方法的发展过程

1. 甘特图

最早用于制订项目计划的方法是甘特图，它是由美国人甘特（Henry L. Gantt）在20世纪初期发明的一种表示计划的方法，又称为横道图或者条形图。该方法用横向线条结合时间坐标来表示项目各项工作的起止时间以及先后顺序（如图3-8所示）。

甘特图的优点是直观有效、便于监督和控制项目的进展状况，至今依旧是管理项目特别是管理建筑项目的一种常用方法。但是它的缺点也非常明显：

（1）不能很明显地看出各个活动之间的相互依赖或者相互制约关系，因而无法直接得出某项活动的提取以及推迟造成的影响。

（2）在时间进度上哪些是关键工作，哪些是非关键工作，在图上也无法直接地找到。

（3）难以对比不同的安排方法的优劣程度。

（4）一个项目如果包括几百个甚至上千个工作，用横道图表示容易感到缺乏层次。

（5）如果施工条件变化，必须重新绘制横道图，这就造成了大量且不必要的重复劳动。

（6）最致命的是没有办法用电子计算机进行大规模的计算等。

因此，横道图通常只适用于小型并且简单的工作计划，它对于规划以及控制大型且复杂系统的工作计划是有困难的。

2. 网络计划技术

20世纪50年代以后，由于市场的扩大及技术革新进展迅速，亟须在计划的管理方法上进行变革。很多工业发达国家，为了适应现代化的生产发展、组织生产和科学研究的需要，进行了大量的调查研究工作，先后发明并且采用了一些崭新的科学管理方法，其中的一类用网络图形式来表示的计划管理方法，通常被称为网络计划技术。

这种方法最早于1956年在美国问世，并被命名为关键线路法（CPM），1957年应用于美国杜邦化学公司的建设项目中，以后又应用于生产设备的维修等项目

项目编号	项目名称	起始时间	完成时间
1	前期准备	2012-01-01	2012-01-22
2	用户调查	2012-01-22	2012-02-11
3	需求分析	2012-02-02	2012-02-28
4	网络设计	2012-03-01	2012-05-26
5	网络实施	2012-05-28	2012-08-17
6	网络试运行	2012-08-17	2012-09-16
7	网络系统测试	2012-09-17	2012-10-09
8	网络系统验收	2012-10-10	2012-11-05
9	网络系统运行	2012-11-05	2012-12-01

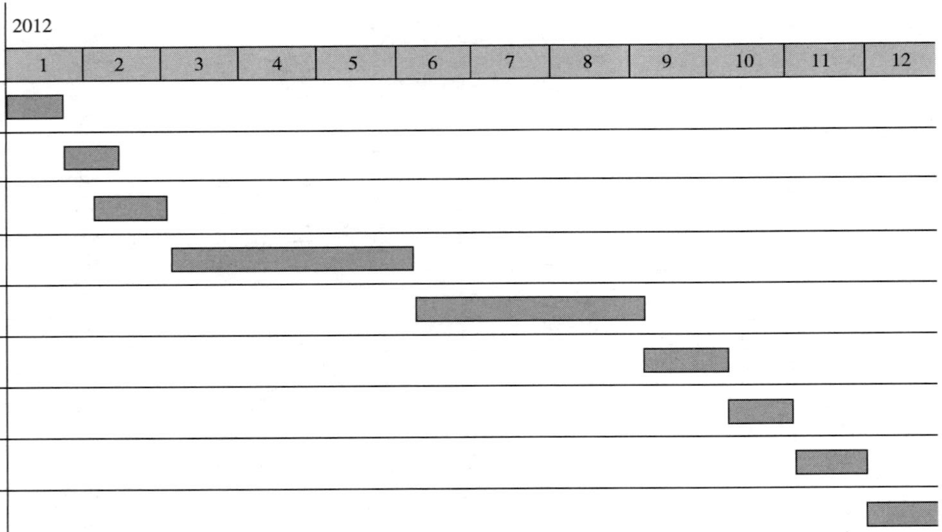

图3-8　甘特图示例

中，获得了良好的效果。

与此同时，美国海军武器规划局的工程技术人员也意识到当时的管理工具不能适应现代科学发展的需要，尤其是宇宙空间的开发对计划编排的要求更为严密，必须寻找一种全新的科学管理方法才能够降低失败的可能性。经过各个方面的探讨与研究，在 1958 年提出了计划评审技术（PERT）。

虽然 CPM 与 PERT 是彼此相互独立且先后发展起来的两种方法，在具体的步骤与术语上也有所不同，但是它们的基本原理是一致的，实质上是同样的。二者的区别表现在，CPM 是将经验数据作为基础来确定活动时间的；而 PERT 是在没有经验数据可循的时候，依据悲观、可能与乐观三种估计来综合确定活动时间。因此，有人把 CPM 称为确定型网络计划法，把 PERT 称为不确定型网络计划法。之后又在这些方法的基础上推广与发展了概率型网络计划法，即图示评审技术、决策网络计划法、搭接网络计划法等，从而形成了一大类的网络计划管理的现代化方法。但是 CPM 和 PERT 方法是最基本、最常用的，全称为网络计划技术。

网络计划技术能够使工程“计划分明，重点突出，心中有底，配合紧密”，是适应现代化建设需要的一种有效的管理手段。正是因为这个缘故，从 20 世纪 50 年代出现网络计划技术以来，这种方法便迅速地引起世界各国的重视，在工业、农业、国防和大规模科学研究的计划管理中得到了广泛的应用。实践证明，网络计划技术有以下几个突出的特点：

（1）它能够形象地把整个计划用一个或者一组网络形式表示出来，网络中的符号与基本的工作一一对应，简单且清楚。

（2）从网络图上一下子就可以看出各个工作的先后顺序或者工作间的制约关系。由于网络计划的制定是对工程对象进行认真分析和综合的过程，因而有利于克服计划编制工作中的主观盲目性。

（3）经过计算可以确定对完成期限有关键性影响的工作（即关键工作）；每个工作的提前或者推迟对总工期有无影响、影响多大都可以掌握；通过利用非关键工作的时差，可以更好地调动人力、物力，将其尽可能地投向关键工作，以缩短总工期。因为真正的关键活动总是少数，集中有限的精力与物力解决个别难题，就会立竿见影地提高管理效率。

（4）网络计划容易比较优劣，容易沟通管理层上下的意图和思想，经过多个网络图的编制和比较，便于从多种可能方案中选择最优方案并付诸实践。

（5）在执行过程中，可以根据各个工作的实际完成情况加以调整，保证自始至终对计划进行有效的控制与监督，使得总计划按期或者提前完成。

（6）可以统筹考虑和安排时间、成本、资源等，并借助电子计算机进行优化和调整，这是传统的横道图不能比拟的。

二、应用网络计划技术的一般步骤

（一）应用前的准备工作

明确 WBS 中各个活动之间的关系，明确各个活动需要的资源情况，完成 WBS 词典。其中，非常重要的是明确活动之间的关系、估计活动的加工时间、明确活动需要的其他资源的种类与数量。

（二）绘制网络图

网络计划技术的最大特点是，它以网络图的形式准确地表述各个活动之间的独立性与从属性，进而得到最容易处理的总计划。这一点也正反映出网络图真正的优点。网络图是因为它的形状像网络而得名。网络计划技术的应用必须从网络图开始，利用网络图的形式，将 WBS 词典中各个活动之间的关系表示出来，从中分析出各个活动在实施计划中的地点。

（三）计算网络参数，确定关键线路

计算各个活动的最早开始时间、最迟结束时间，以及总时差与局部时差，并且判别出关键活动与关键线路，以确定工作的重点。

（四）网络的优化

在相关资源约束的条件下，按照某一衡量指标（如时间、成本、资源等）寻求最优方案，保证在计划规定的时间内用最少的人力、物力和财力完成任务；或者在人力、物力和财力限制的条件下，寻求最短时间的进度计划。

（五）项目控制

在计划执行的过程中，不断地收集、传送、加工、分析信息，使得决策者可能实现最优抉择，及时对计划进行必要的调整。

三、活动时间的确定

活动的时间是一个随机变量，项目实际进行时将处于什么样的环境在事前是不清楚的，因此，无法事前确知活动实际需要的时间，而且只能进行近似的估算。估算的方法主要包括经验类比法、历史资料法、专家意见法、德尔菲方法和三点时间法等，前四种方法很多教材中都会介绍，这里主要介绍三点时间法。

三点时间法的基本思路是确定活动完成的三种可能时间：第一种是乐观估计，即假设活动涉及的所有事件均对完成这个活动最为有利，如合适的天气、没有任何故障、人员能够全力高效率工作等，由此可以算出这个活动最快能够完成

的时间，记为 a；第二种是悲观估计，即假设现实中总是遇到不利的因素，使得活动的完成被延误和耽搁，由此可以算出这个活动最差情况下完成需要的时间，记为 b；第三种是正常估计，即一般情况下完成活动需要的时间，这个时间相当于活动时间随机分布的均值，记为 m。在进行了这三种估计后，通过下面的公式估算结果，即计算其均值：

$$E = \frac{a + b + 4m}{6}$$

项目活动时间估算在项目管理中起到了非常重要的作用，在这个基础上可以进行项目其他时间的计算（如事件的时间、活动的开始时间和结束时间、时差等），活动时间估算的准确性直接影响到其他时间计算的准确性，同时也决定了整个项目计划的准确性。只有比较准确地估算出项目活动时间，才能够对项目各个方面的工作有比较全面的了解，实现有效的项目管理。

四、网络图的绘制

网络图通常是由节点与箭线两个基本元素组成的。节点通常用圆圈表示，有时候也可以用矩形框表示，但不论是何种形式，在一个网络图中只能使用一种，不能使用多种，避免造成混乱。图形的大小与箭线的粗细都没有要求，清晰可见即可。图论是网络计划的基础，而网络图用直观形象的符号组合构成工作流的有向、有序的网状图形，实际上就是计划的图解模型。

（一）网络图的种类

根据绘图符号表示的内容不同，网络图可以分为双代号网络图与单代号网络图两大类。双代号网络图用箭线表示活动，用事件表示它们之间的连接点，并用事件编号表示一个活动的名称；单代号网络图用节点表示一项活动，用箭线表示各项活动之间的逻辑关系。

根据网络研究对象的范围不同，可以分为总网络图（或者称为母网络）与分网络图（或者称为子网络）。总网络图全面地反映了整个计划任务的开始与结束，它比较简明，且有综合性。分网络图是用这个计划任务中的某一个部分作为对象绘制的网络图。下面主要对比一下双代号网络图和单代号网络图。

1. 双代号网络图

以一个箭线表示一项活动，活动的名称写在箭线上，活动需要的时间或者资源写在箭线下。箭尾表示活动的开始，箭头表示活动的结束，箭头与箭尾标上圆圈并且编上号码，以前后两个圆圈中的编号表示这些活动的名称。由于采用了两个号码来表示某项活动，因此，这种表示方法称为双代号网络图。

2. 单代号网络图

这种表示方法以一个圆圈（或矩形框）表示一项活动，并将活动的名称写在圆圈（或矩形框）中。箭线仅仅用来表示相关的各个活动之间的顺序，没有其他任何意义。由于它的活动只用一个符号表示就可以了，因此，这种表示方法称为单代号网络图。

以表 3-2 中的一个小型项目为例，单代号网络图与双代号网络图分别如图 3-9（a）和（b）所示。

表 3-2　某项活动以及相互的关系

活动代号	紧前活动	活动代号	紧前活动
a	—	*c*	*a*
b	*a*	*d*	*b*，*c*

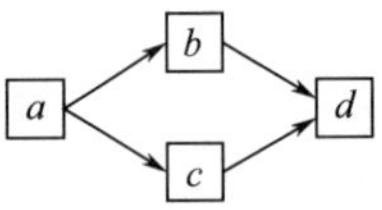

（a）单代号网络图

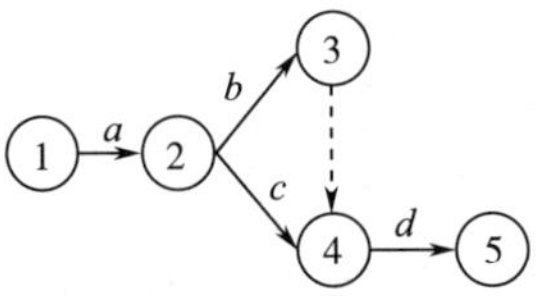

（b）双代号网络图

图 3-9　网络图示例

随着计算机绘图的普及，这两种方法已经可以通过计算机随意地转换。在这本书中主要以双代号网络图进行讨论。

（二）网络图的构成

通常网络图包括以下三个方面。

1. 活动

活动泛指一项需要消耗人力、物资与时间的具体活动的过程，又称为工作或者作业。与某一项活动相关的一些活动，可以根据它们之间的相互关系，分为紧前活动、紧后活动、平行活动以及交叉活动。

（1）紧前活动：在某项活动开始之前必须要加工的活动。

（2）紧后活动：在某项活动完成之后才能开始的活动。

（3）平行活动：可以和本项活动同时进行的活动。

（4）交叉活动：相互交替进行的活动。

在不带有时间坐标的网络图中，箭线的长短和活动需要作业时间的长短无关，即箭线的长短可以是任意的。但是在带有时间坐标的网络图中，箭线的长短必须按照时间坐标的比例绘制。如果是斜向箭线，那么由箭线的水平投影表示活动的时间长度。

在网络图中，除了上述活动之外，还有一种虚活动，它是指不消耗人力与物力，也不花费时间的一种虚拟作业。它只是表示前后两个活动之间的逻辑关系，在图中以虚线表示。

2. 事件

事件是指某一项工作开始或者完成的瞬时点，它不消耗人力与物力，也不花费时间，它只是表示某项工作开始或者结束的瞬间，在网络图中，通常用圆圈（或者方框）表示。由于圆圈是两条或者两条以上箭线的交接点，因此又称为节点（结点）。

事件可以根据它们之间的相互关系，分为开始事件、结束事件、起点事件以及终点事件。

（1）开始事件：某一项工作箭尾连接的事件，它表示一项工作的开始。

（2）结束事件：某一项工作箭头指向的事件，它表示一项工作的结束。

（3）起点事件（总开工事件）：网络图开始的事件，即没有箭头进入的事件，又称为网络起点。

（4）终点事件（总完工事件）：网络图最后一个事件，即没有箭尾出去的事件，又称为网络终点。

网络起点事件表示一个项目的开始，网络终点事件表示一个项目的结束。在网络起点事件和终点事件之间的事件称为中间事件。所有中间事件都具有双重意义，它既代表前一项工作的结束，又代表后一项工作的开始。

节点需要进行编号，以方便计划人员识别、检查以及进行计算。节点编号完毕后就可以使用两个编号来表示某一项工作。编号可以标注在圆圈内。箭尾到箭头的编号必须是由小到大的，不是箭尾到箭头的编号则可以不考虑谁大谁小。这些编号的数字可以是连续的，也可以是不连续的，跳跃着编号，或者按照单、双数编号。有时候还需要特意地空出几个号码，作为备用号码，当节点有增减变化的时候，可以进行局部的改动，从而不至于打乱全部的编号。编号必须遵循的一般原则是：每一项工作都应该有自己专门的节点编号，同一个号码不能重复使用；箭尾节点的号码应该小于箭头节点的号码。

3. 线路

线路是指在网络图中从起点事件开始，沿着箭头指的方向，通过一系列的事件与箭头连续不断地到达终点事件的一条通路。线路中各项工作的作业时间之和就是这条线路需要的时间。在一个网络图中可能有许多条线路，其中，总完成时间最长的线路是整个计划任务的关键之处，通常在网络图中可以用粗箭线或者双箭线表示，称为关键线路。一个网络图的关键线路有时候不止一条。关键线路上的活动称为关键活动，关键线路上的事件称为关键事件。

（三）网络图的绘制方法

绘制网络图的时候通常从左向右绘制，先绘制起点事件，接着绘制没有紧前活动的活动（即最早开始的活动），然后绘制该项活动的结束事件。再根据 WBS 确定的先后顺序关系，绘制它后面的其他活动。

1. 绘制网络图的基本原则

（1）从左向右，紧前活动绘制出来之后再绘制紧后活动，箭头序号大于箭尾序号。图 3-10（a）中的活动 c 就是由节点 3 指向节点 2 的，改正后为图 3-11（a）。

（2）网络图中不允许出现循环回路。在网络图中，如果从一个事件出发，沿着某一个线路又回到原始的出发点，称为循环回路。在带有时间坐标的网络图中，就像时间不能倒流一样，不可能出现逆向前进，否则就会出现团团转的现象，使得首尾相连的相关工作没有办法开始。图 3-10（b）中就是循环回路，这是不允许的，在实际中也是不可能出现的。图 3-11（b）中就不是循环线路。

（3）两个相邻的节点之间不允许有多条箭线直接相连（即不允许出现编号相同的箭线）。任何一条箭线与它的相关事件，只能表示一项工作，因此，网络图中的每一条箭线都只能有一个开始事件编号以及一个结束事件编号，即两个相邻的节点之间只能有一条箭线，不能同时有多条箭线。另外，编号也不能重复，一项工作只能有唯一的一个编号。图 3-10（c）中就是节点 1 与节点 2 之间有活动 a 与活动 b 直接相邻，这样（1，2）就表示了两个活动，不具备唯一性，应该进行修正，修改图 3-11（c）所示。

（4）网络图中通常只有一个起点事件和一个终点事件。网络图中对尚未完成的中间工作，必须有它的前置事件以及相继的后续事件。在实际的工作中，如果发生了这种情况，应该将没有紧前工作的事件与网络的起点连接起来，将没有紧后工作的事件与网络的终点用虚箭线连接起来，虽然这一点对网络图的阅读理解不一定是非常关键的，但是对计算机的计算却是非常重要的，否则就会出现混乱。图 3-10（d）中就是有两个起点，经过合并，变成了图 3-11（d）。

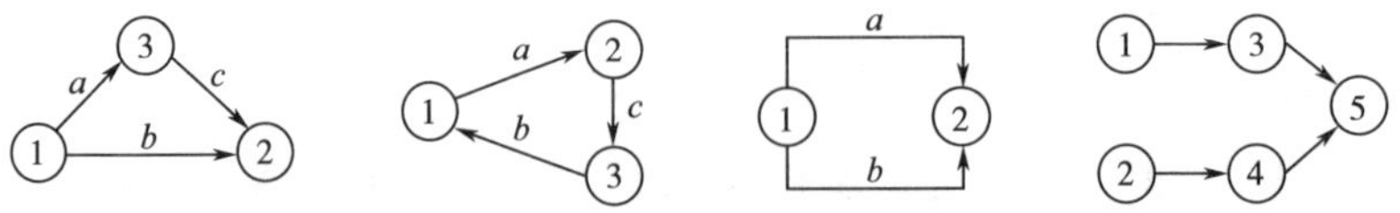

（a）箭头编号小于箭尾编号　（b）循环线路　（c）循环线路　（d）多个起点

图 3-10　绘制的原则错误

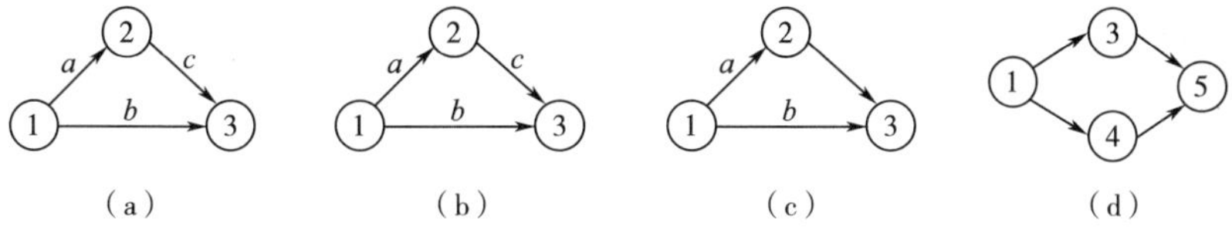

图 3-11 对图 3-10 的更正

2. 绘制网络图的技巧

关键线路法是一种合乎逻辑、组织严密的计划体系，正确地反映活动之间的逻辑关系非常重要，如果要表示多个活动之间的关系，有时候需要引入虚活动，图 3-11（c）中就引入了虚活动。另外，网络图需要经常提供给各方面的人员进行阅读，网络图安排得简明且清楚，别人就较容易看懂，当然这就需要多做一些工作。图 3-12（a）与图 3-12（b）是两个内容相同的网络图，两者在逻辑上都是正确的。但是图 3-12（a）只是根据逻辑关系进行绘制的，没有做出合理的安排；图 3-12（b）对图 3-12（a）做出了一些调整，并通过合并，减少了一个虚活动以及一个节点，排布整齐，比较清楚明了。当活动数量较多时，这一作用就更加明显了。

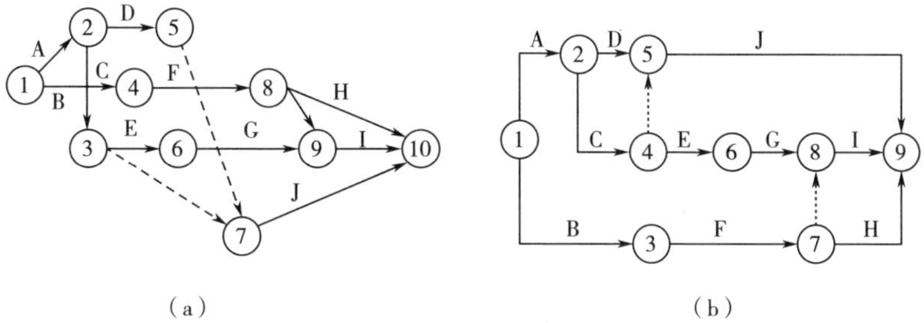

图 3-12 网络图的安排

网络图通常都画在草图纸上，先画出初步的网络，再调整安排，变为比较清楚的形式。在绘图的时候，箭线的大小也非常重要。箭线太长，网络图就会非常大；箭线太小太挤，看起来很不方便，也不便于修改。当工作项目比较多的时候，网络图自然非常大，通常都会将大网络图分成几块来表达，每一块也要合理地布置。多块网络图应该在箭线较少的部分切断。

网络图上的工作箭线不宜画成任意的方向或者曲线形状，否则就会给阅读与计算带来不方便。通常应该画成水平线，把重要的工作放在中心位置上，这样既可以突出重点，又可以减少图形的交叉点。在网络图中，应该尽量避免反向箭线，因为反向箭线容易造成理解上的混乱，还会无意中造成图形的回路，这是一种无法实施的“死图”。

【例题 1】

某项活动的代号与活动之间的关系如表 3-3 所示，请绘制网络图。

表 3-3　某项目的活动关系

活动代号	A	B	C	D	E	F	G	H	I	J
紧前活动	—	—	—	A	B，C	B，C	B，C	C	G，H	D，E

【答案】

网络图如图 3-13 所示。

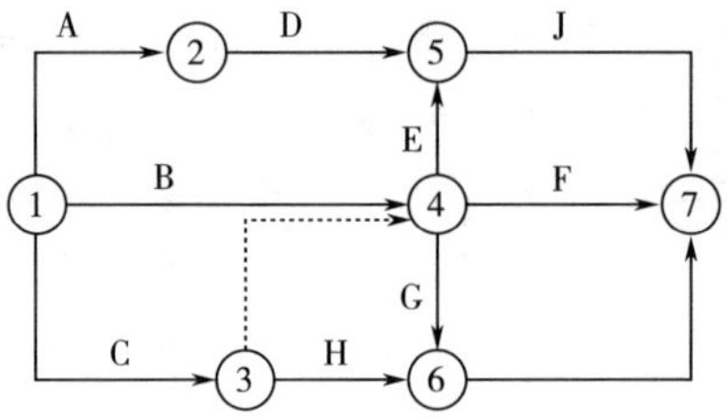

图 3-13　某项目的网络图

五、网络时间的计算

在网络计划技术的时间参数中，通常包括事件的时间参数、工作的时间参数以及控制参数。

（一）事件的时间参数

事件自身不占用时间，它只是表示某项工作应该在某一时刻开始或者结束的时刻。事件的时间参数有两个：事件的最早时间和事件的最迟时间。

1. 事件的最早时间（early time）

事件的最早时间是指从事件开始的各项工作最早开始的时刻。在此时刻之前，这项工作不具备开始的条件，在此时刻之后，这项工作也不一定非要立即开始，而是可以寻找最佳时间伺机开始，这个早到不能再早的时刻就是这项事件最早可能发生的时间，简称事件的最早时间，用 $ET(j)$ 来表示。既然是最早可能的时间，那么计算每个事件的最早时间理应从网络起点事件开始，从左到右，沿着箭线的方向，逐个计算，直到网络的终点事件。网络终点事件因为没有后续的工作，所以它的最早时间也就是它的最迟时间。网络起点事件（即网络第一个节点）的最早时间通常设为零。箭尾事件的最早时间加上工作的持续时间就是这项工作箭头事件的最早时间。如果同时有几支箭线与箭头事件相连接，那么应该选择其中箭尾事件最早时间分别与各个箭线时间相加（有几个箭线就有几个和）的最大值作为箭头事件的最早时间。计算公式为：

$$ET(i) = 0$$

$$ET(j) = \max_{(i,\ j) \in M} \{ET(i) + P(i,\ j)\}$$

其中，M 为指向 j 的箭线的集合；$ET(i)$ 为箭尾事件的最早开始时间；$ET(j)$ 为箭头事件的最早开始时间；$P(i,\ j)$ 为工作的持续时间。

2. 事件的最迟时间（late time）

事件的最迟时间是指以这项事件为结束的各项工作最迟必须完成的时刻，用 $LT(i)$ 表示。从保证项目工期的目的出发，计算每个事件的最迟时间应该从后向前计算，即从网络终点事件开始，从右向左，逆箭头方向逐个计算，直到网络起点事件为止。因为网络终点事件没有后续工作，所以终点事件的最迟时间等于终点事件的最早时间，即，$LT(n)=ET(n)$，其中，$LT(n)$ 为总完工工期。但是如果有特定的时间要求，那么就以规定的时间作为网络终点事件的最迟时间。

一个箭尾事件的最迟时间是根据它的箭头事件的最迟时间减去箭线的持续时间（工作的作业时间）来决定的。如果以此箭尾事件出发同时有多支箭线，那么就选择其中事件最迟时间与箭线时间差的最小值。计算公式为：

$$LT(n) = ET(n)$$

$$LT(i) = \min_{(i,\ j) \in M} \{LT(j) - P(i,\ j)\}$$

其中，n 为项目的终点。

（二）工作的时间参数

与事件的时间参数类似，制订计划的时候需要确定 WMS 中各项工作的开始时间与结束时间，只是工作的时间参数有四个，即工作的最早开始时间、最早完成时间、最迟开始时间以及最迟完成时间。在只考虑技术上先后顺序的情况下，工作的时间参数可以通过事件的时间参数计算求得。但是在实际的工作中还需要注意其他的情况，如某些关键资源（如设备、人员、资金等）的到达时间要比紧前工作的结束时间晚的时候，这个到达时间就是关键。这里仅仅考虑技术上的先后顺序。

1. 工作的最早开始时间（early start time）

一个工作必须等它的紧前工作完成之后才能开始，在这之前是不具备开始的条件，这个时刻称为工作的最早开始时间，即紧前工作全部完成，本工作可能开始的最早时刻，用 $ES(i, j)$ 来表示。它的计算可以通过事件的最早时间进行计算，也可以通过它的紧前工作最早开始时间加上作业时间来计算。它是从左向右逐个计算的。用第一种方法计算，工作的最早开始时间就是它的箭尾事件的最早时间，计算公式为：

$$ES(i, j) = ET(i)$$

2. 工作的最早完成时间（early finish time）

工作的最早完成时间就是指它的最早开始时间加上本工作的作业时间，或者简称为最早完工期，用 $EF(i, j)$ 来表示。计算公式为：

$$EF(i, j) = ES(i, j) + P(i, j)$$

3. 工作的最迟开始时间（late start time）

一个工作，紧接其后的也有一个或者几个工作，在不影响整个任务按期完成的条件下，各个工作不一定非要马上开始。但是这一调整要有一定的范围，即有一个最迟必须开始的时刻，这个时刻称为工作的最迟开始时间，用 $LS(i, j)$ 表示。它的计算也和工作最早开始时间一样，可以通过箭头事件的最迟时间减去本工作的作业时间来求得；也可以通过它的紧后工作的最迟开始时间减去本工作作业时间来求得。它是从右到左逐个计算的。计算公式为：

$$LS(i, j) = LT(j) - P(i, j)$$

4. 工作的最迟完成时间（late finish time）

工作的最迟完成时间就是它的最迟开始时间加上完成本工作需要的时间，用 $LF(i, j)$ 表示。计算公式为：

$$LF(i, j) = LS(i, j) + P(i, j)$$

总之，工作的最早开始时间和最早完成时间分别指该工作在紧前工作和有关时限约束下，有可能开始或者完成的最早时刻。工作的最迟开始时间和最迟完成时间分别指该工作不影响总任务按期完成和不超过有关时限约束允许的条件下，不得不完成或者开始的最迟时刻。

（三）控制参数

计算各项工作的最早开始与完成时间、最迟开始与完成时间，其目的之一就是要分析各项工作在实施的时间安排上是否合理，有没有潜力可挖。在一项计划任务中，总是有一些工作在时间衔接上是紧密相连、环环相扣的，其中，任何一个环节如果延误了时间，就会影响整个计划任务的按期完成。但是也有一些工作，它们的开始与结束早些或者晚些，在一定范围内对后续工作和整个计划任务的完成没有任何影响，区别这两类工作在开始实施的要求上有所不同具有重大意义。怎么样来判断这些不同的情况呢？这就需要计算时差。

这里的时差是指不影响按期完成任务的条件下，在工作中可以灵活机动地使用的一段时间。计算和利用时差是网络计划技术中的一个重要的步骤，它为计划的进度安排提供了选择的可能性。利用时差可以进一步挖掘潜力，求出计划安排和资源分配的合理方案。

1. 工作总时差

某一个单项工作的完工期，可以推迟一定的时间而不至于影响整个计划任务的总工期，这样的时间称为工作总时差，用 $TF(i, j)$ 表示。计算公式为：

$$TF(i, j) = LS(i, j) - ES(i, j)$$

工作总时差是以不影响整个计划任务的完工时间作为前提条件的，它可以储存在整条线路之中，即将本工作的一部分或者全部机动时间转让给同一条线路上的其他工作使用。在某个工作占用了这部分机动时间后，作业线路上的其他工作就不能再加以利用了。工作总时差是工作时差中机动时间最长的一种时差，通常用于最为关键的地方。

2. 工作单时差

工作单时差是指在不影响紧后工作在最早开工时间开工的条件下，本工作完工期的机动时间，用 $FF(i, j)$ 表示。计算公式为：

$$FF(i, j) = ES(j, k) - EF(i, j)$$

其中，$ES(j, k)$ 为紧后工作最早开始时间；$EF(i, j)$ 为本工作最早完成时间。

工作单时差是以不影响紧后工作在它最早开始时间开工作为前提条件的，它只能在本工作加以利用，不能转让给其他工作利用。本工作如果需要利用时差，首先需要利用工作单时差，不够的时候再考虑利用工作总时差中的其他部分。

3. 线路时差和关键线路

网络图中虽然有很多条线路，但是实质上只存在两种不同类型的线路：一种是线路持续时间比总工期短，在总工期范围内有机动时间可供调节的非关键线路；另一种是与总工期时间相等的关键线路。某线路时差就是关键线路和该线路的持续时间之差，线路时差越大，表明该线路同关键线路相比，需要的作业时间越短，时间上的潜力越大。由于工作总时差可以储存在一条线路中为各个工作共有，因此，线路时差并不等于该线路上各工作总时差之和，而只能等于该线路上各工作单时差之和。如果该线路上有关键节点，那么线路时差等于以关键节点分段的各段最大工作总时差之和。

在很多非关键线路中，线路时差最小的线路又称为次关键线路，其线路长度仅次于关键线路。在做工期优化的过程中，这类线路极容易最先转为关键线路，进而控制总工期，因此，在需要的时候也经常予以重视。

（四）网络时间参数的计算方法

网络参数的计算可以采用人工方法或者计算机方法。人工方法有图算法、表算法和矩阵法三种。通常来说，图算法只适用于20个节点左右的简单网络图；表算法适用于50个节点左右的网络图；矩阵法适用于200个节点以下的工程网络图。不过随着计算机的普及，这些方法已经不是非常重要了，但是为了了解原理，在这里对图算法进行介绍。

图算法是根据网络时间参数的关系式，在网络图上直接进行计算的方法。下面用一个示例进行说明。

【例题2】

在例题1的基础上，给出了加工时间（如表3-4所示）。计算网络时间。

表3-4 某项目的活动关系

活动代号	A	B	C	D	E	F	G	H	I	J
紧前活动	—	—	—	A	B，C	B，C	B，C	C	G，H	D，E
加工时间	20	20	10	15	10	14	4	11	18	8

【答案】

在例题1解的基础上标上网络时间，将时间标记在箭线的下面（如图3-14所示）。然后可以直接在图3-14上进行相关时间的计算。

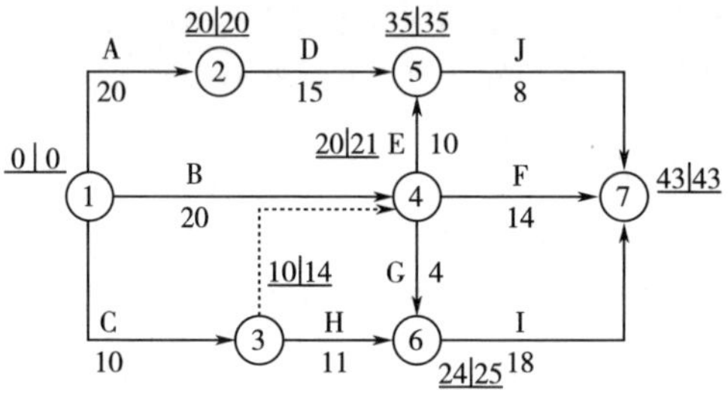

图3-14 某项目的事件时间计算图

1. 事件时间参数的计算

将计算结果标记在网络图的节点上面，左边是事件的最早时间，右边是事件的最迟时间。计算过程如下：

（1）事件的最早时间。通常按照序号顺序来计算，起点事件1的最早时间为0，即$ET(1)=0$，填写在事件上方横线的左边。接着，计算事件2和事件3。公式如下：

$$ET(2) = ET(1) + P(1, 2) = 0 + 20 = 20$$

$$ET(3) = ET(1) + P(1, 3) = 0 + 10 = 10$$

事件 4 最早时间的计算略微复杂，因其前面有两个时间，所以是事件 1 的最早时间同（1，4）工作的持续时间之和以及事件 3 的最早时间同（3，4）工作持续时间之和这两者之间的最大值：

$$\begin{aligned} ET(4) &= \max\{ET(1) + P(1, 4), ET(3) + P(3, 4)\} \\ &= \max\{0 + 20, 10 + 0\} \\ &= 20 \end{aligned}$$

按照以上步骤依次计算事件 5、事件 6、事件 7 的最早时间，并填到图上序号横线的左边。

$$ET(5) = \max\{20 + 15, 20 + 10\} = 35$$

$$ET(6) = \max\{10 + 11, 20 + 4\} = 24$$

$$ET(7) = \max\{35 + 8, 20 + 14, 24 + 18\} = 43$$

（2）事件的最迟时间。和事件的最早时间计算相反，事件的最迟时间从后向前计算，先确定终点事件的时间。通常终点事件的最迟时间等于总工期，即 $LT(7) = ET(7) = 43$，并填写在事件 7 上方的横线右边。

接着，先计算事件 6 和事件 5 的最迟时间。事件 6 的最迟时间等于事件 7 的最迟时间减去事件 6 的作业持续时间，即：

$$LT(6) = LT(7) - P(6, 7) = 43 - 18 = 25$$

$$LT(5) = LT(7) - P(5, 7) = 43 - 8 = 35$$

事件 4 最迟时间的计算略微复杂，因为它后面有三个事件，所以应该为事件 7 的最迟时间减去工作（4，7）的持续时间、事件 6 的最迟时间减去工作（4，6）的持续时间和事件 5 的最迟时间减去工作（4，5）的持续时间三个差中的最小值，即：

$$LT(4) = \min\{43 - 14, 25 - 4, 35 - 10\} = 21$$

按照上面的步骤逐个计算事件 3、事件 2、事件 1 的最迟时间，并填写在事件编号上面横线的右边。

$$LT(3) = \min\{25 - 11, 21 - 0\} = 14$$

$$LT(2) = 35 - 15 = 20$$

$$LT(1) = \min\{21 - 20, 14 - 10, 20 - 20\} = 0$$

2. 工作时间参数的计算

工作的四个时间也可以在图 3-15 上进行。计算过程如下：

（1）计算工作的最早开始时间和最早完成时间。工作的最早开始时间是从起点事件开始的，沿着箭头方向逐项进行计算，必须先计算所有的紧前工作，然后才能计算这项工作。不过如果先计算事件的最早时间，工作的最早开始时间就

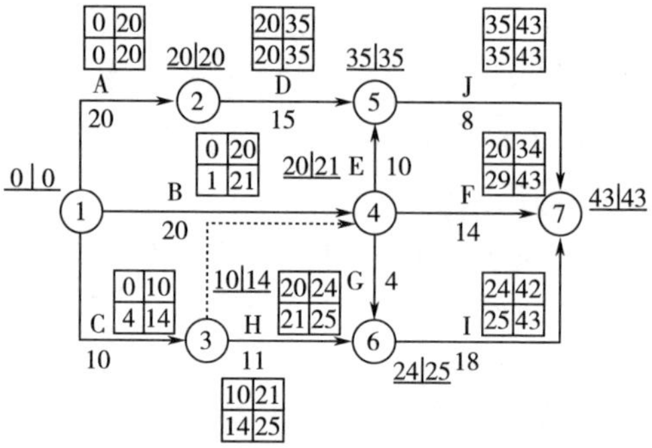

图 3-15　某项目的工作时间计算

可以较容易地计算。工作的最早开始时间确定之后，它的最早完成时间就是最早开始时间加上这项工作的持续时间。计算过程中将这两个数据分别标记在工作上“田”字的上端左右两侧。

各项工作的最早开始时间等于它的箭尾事件的最早时间，而上面工作的最早完成时间再分别加上各自的持续时间就是工作的最早完成时间。

（2）计算工作的最迟开始时间与最迟完成时间。首先计算工作的最迟完成时间，通常是从终点开始逆着箭头的方向进行计算。计算事件的最迟时间之后，工作的最迟完成时间就等于箭尾事件的最迟时间，而工作的最迟开始时间就是工作的最迟完成时间减去这项工作的持续时间。计算结束后将这两个数字标记在工作箭线上“田”字下面的左右两侧。

首先计算工作的最迟完成时间，之后计算各项工作的最迟开始时间。

3. 计算工作时差

（1）计算工作总时差。工作总时差等于工作的最迟开始时间减去最早开始时间（或者最迟完成时间减去最早完成时间），因此，只要依次将各项工作箭线上“田”字中的左端上下两个数字相减就可以了（右端的两个数字相减也是一样的），即：

$$TF(1,\ 2)=0-0=0\,;\ TF(1,\ 3)=4-0=4\,;$$
$$TF(1,\ 4)=1-0=1\,;\ TF(2,\ 5)=20-20=0\,;$$
$$TF(3,\ 6)=14-10=4\,;\ TF(4,\ 5)=25-20=5\,;$$
$$TF(4,\ 6)=21-20=1\,;\ TF(4,\ 7)=29-20=9\,;$$
$$TF(5,\ 7)=35-35=0\,;\ TF(6,\ 7)=25-24=1$$

（2）计算工作单时差。工作单时差等于紧后工作的最早开始时间减去这项工作的最早完成时间。计算结果如下：

$$FF(1,\ 2)=20-20=0\,;\ FF(1,\ 3)=10-10=0\,;$$

$$FF(1, 4) = 20 - 20 = 0; FF(2, 5) = 35 - 35 = 0;$$
$$FF(3, 6) = 24 - 21 = 3; FF(4, 5) = 35 - 30 = 5;$$
$$FF(4, 6) = 24 - 24 = 0; FF(4, 7) = 43 - 34 = 9;$$
$$FF(5, 7) = 43 - 43 = 0; FF(6, 7) = 43 - 42 = 1$$

（3）确定关键线路。确定关键线路的方法是：从网络起点事件开始，沿着箭头的方向，到网络终点事件为止，将总时差为零的工作串联起来，就得到了关键线路。需要说明的是，如果以事件两个时间相同来确定关键线路会有失误，要考虑计算的路线。图 3-16 中的 1-2-5-7 就是所求的关键线路，关键线路在图中用粗线或者双线表示。

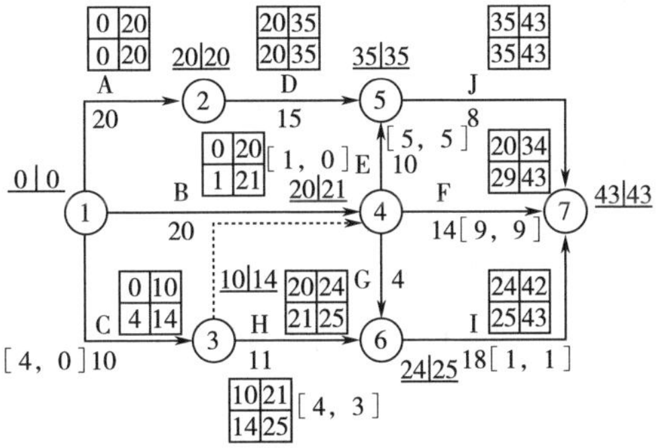

图 3-16　某项目的网络时差计算图

将上面工作总时差和工作单时差的计算结果分别标记在图 3-16 中箭线旁边的［　］内。［　］内的左侧数字表示工作总时差，右侧数字表示工作单时差。由于关键活动的时差都是 0，所以不再标注。将关键线路用粗线表示。

六、网络计划的调整与优化

通过绘制网络图、计算时间参数以及确定关键线路，可以得到一个初始的计划方案。但是通常不可能在最初的方案中就得到最经济合理的指标。为此，在初始计划方案制订以后，一般需要进行调整和改善，以优化方案。最优方案的标准，应该根据编制计划的要求，综合考虑进度、费用与资源等目标，寻求一个工期短、质量好、资源消耗少、成本低的计划方案。

接下来从两个方面对网络计划的优化进行介绍，即时间—资源优化与时间—费用优化。

（一）时间–资源优化

这里说的资源包括人力、物力以及财力。资源通常是影响项目进度的主要因素。在一定的条件下，增加资源，可以加快项目进度，缩短工期；减少资源，就会延缓项目进度，延长工期。资源有保证，网络计划才能够实施。资源利用得好，分配合理，就可以带来良好的经济效益。因此，制订网络计划的时候必须把时间进度与资源情况较好地结合起来。要达到时间—资源优化，应该考虑两种情况。

第一种情况是，在资源一定的条件下，寻求最短的工期。它的主要途径有三个：一是抓住关键线路，缩短关键活动的作业时间。例如，采取改进作业方法或者改进工艺方案、合理划分工作任务、改进工艺装备等技术措施。二是采取组织措施。例如，在作业方法或者工艺流程允许的条件下，对关键线路上的各项关键活动组织平行作业或者交叉作业；合理调配工程技术人员或者生产人员，尽量缩短各项活动的作业时间。三是利用时差。例如，从非关键活动上抽调部分人力、物力，集中在关键活动上，缩短关键活动的时间。

第二种情况是，在工期一定的条件下，通过平衡资源，求得工期与资源的最佳结合。在这种情况下，一般是按照每天的需求量，根据资源对完成项目计划的重要性，对不同的资源分别进行安排与调配。下面以某个项目需要人力的安排与调整为例，说明有限资源合理安排的一般方法。

某个项目各项活动的作业时间以及每天需要的人力资源如图 3-17 所示。图中箭线上方的数字为作业时间，下方的数字为需要的人数。粗线箭头表示关键线路，项目完工的时间为 15 天。

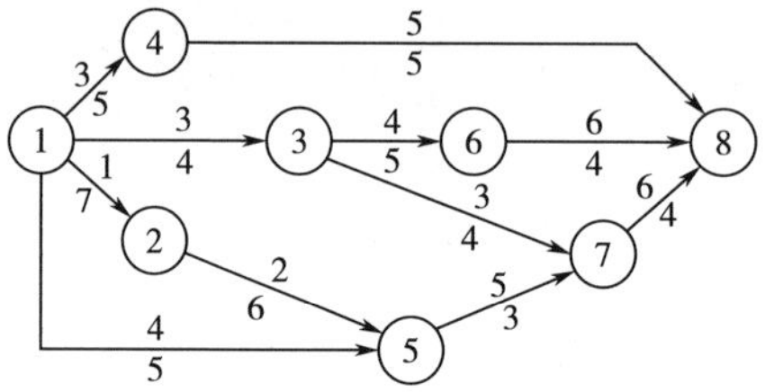

图 3-17　网络图示例

假设人力资源的限制为每天工作人数不超过 15 人。如果按照各项活动的最早开始时间安排进度，每天需要的人数如表 3-5 所示。从表 3-5 可以看出，如果按照各项活动的最早开始时间安排人数，那么项目前期需要的人数过多，超过限制；而后期需要的人数较少，整个周期内的人力分配非常不均匀。因此，要考虑总人数的限制，并且要在保证项目的完工时间不变的条件下，调整各项活动的时间安排，使得每天的使用人数尽量均匀。

表 3-5 网络图示例（图 3-17）的人力资源分配表一

相关活动	作业时间	工程进度（日次）														
		1	2	3	4	5	6	7	8	9	10	11	12	13	14	15
①→②	1	7														
①→③	3	4	4	4												
①→④	3	5	5	5												
①→⑤	4	5	5	5	5											
②→⑤	2		6	6												
③→⑥	4				5	5	5	5								
③→⑦	3				4	4	4									
⑤→⑦	5					3	3	3	3	3						
④→⑧	5				5	5	5	5	5							
⑥→⑧	6								4	4	4	4	4	4		
⑦→⑧	6										4	4	4	4	4	4
每日用人合计		21	20	20	19	17	17	13	12	7	8	8	8	8	4	4

调整的原则有两个：一是要保证各项关键活动的需求量；二是利用非关键线路上各项活动的总时差，调整各项非关键活动的开始时间与结束时间。

在表 3-5 中，由于项目后期需要的人数很少，因此，对能够推迟开工的活动，可以适当向后推迟。经过调整与平衡，可以得到一个比较均匀的人力分配方案，并且使得每天需要的总人数不超过所限制的数量。调整后的项目进度以及每天需要的人数如表 3-6 所示。

表 3-6 网络图示例（图 3-17）的人力资源分配表二

相关活动	作业时间	工程进度（日次）														
		1	2	3	4	5	6	7	8	9	10	11	12	13	14	15
①→②	1	7														
①→③	3			4	4	4										
①→④	3															
①→⑤	4	5	5	5	5											
②→⑤	2		6	6												
③→⑥	4						5	5	5	5						

续表

相关活动	作业时间	工程进度（日次）														
		1	2	3	4	5	6	7	8	9	10	11	12	13	14	15
③→⑦	3					4	4	4								
⑤→⑦	5					3	3	3	3	3						
④→⑧	5											5	5	5	5	5
⑥→⑧	6										4	4	4	4	4	4
⑦→⑧	6										4	4	4	4	4	4
每日用人合计		12	11	15	9	11	12	12	8	8	8	13	13	13	13	13

上面简要地说明了在总人数受到限制的时候，如何在保证项目结束时间不变的条件下，合理安排各项活动的进度，使得人力分配均匀且不超过允许数量。这种方法同样适用于有限的能源、材料、设备等资源的安排与调配问题。

当然，上面的示例是一个简单项目的例子，在大型复杂的项目中，时间—资源优化问题中的变量和约束条件的量会变得很大，需要采取更专门的数学方法并借助计算机来求解。

（二）时间-费用优化

这是综合考虑工期与费用两者之间的关系，寻求用最低的项目总费用获得最佳的工期的一种方法。

项目费用可以分为直接费用和间接费用。直接费用是指人工、材料、能源等与各项活动直接相关的费用。间接费用是指管理费用、销售费用等其他费用。通常来讲，缩短工期会导致直接费用的增加和间接费用的减少，而延长工期会导致直接费用的减少和间接费用的增加。图 3-18 表示费用与工期之间的一般关系。这种关系在实际中也可能呈现曲线形式。

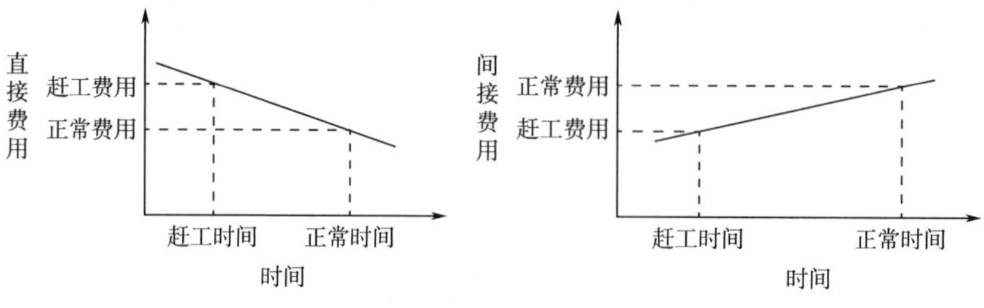

图 3-18　工期与费用的关系

编制网络计划的时候，需要计算项目的不同结束时间对应的项目费用。使得项目费用最低的结束时间，称为最低费用日程。编制网络计划的时候，怎么样设法找出一个缩短项目周期的方案，使得为完成项目任务需要的总费用最低，就是寻求最低费用日程的思路。为了找到这样一个使得总费用最低的项目计划方案，一般是从网络计划的关键线路着手，所以也把这一方法称为 CPM 方法。

为了解决时间—费用优化问题，已经提出了多种方法，如手算法、线性规划法等。手算法的基本思路是通过压缩关键活动的作业时间来取得不同方案的总费用、总工期，从中进行对比，选出最优方案。它的基本步骤如下：

第一步：找出关键线路。

第二步：如果验证这条线路不能找出缩短作业时间而费用增加比较少的作业，那么得到解；否则，进行下一步骤。

第三步：根据缩短作业需要的时间，计算费用的增加量。作业时间缩短的极限是出现下面任何一种情况：其他线路为关键线路；缩短的作业时间达到它的最小需要的时间。返回第一步。

【本章小结】

由于顾客的需求越来越趋于个性化和多样化，每一份顾客的订单都会有不同的特点，都可以看作一个项目，因此，项目管理在企业的生产运作过程中占据了越来越大的比重，项目运作的好坏将影响着企业的市场地位并且将直接影响到企业的生存与发展。本章主要介绍了项目以及项目管理的概念和特点，并分析了项目管理的主要内容与应用。然后重点介绍了项目的计划方法，以网络计划技术为核心对项目管理中的重要内容之一的计划制订以及优化问题进行了研究。

【本章习题】

1. 项目与日常运作有什么不同？项目管理与日常生产管理的不同特点有哪些？
2. 有哪几种项目计划的方法？
3. 项目的寿命周期有哪几个阶段？
4. 什么是时差？有哪几种时差？区别是什么？
5. CPM 与 PERT 的主要区别是什么？
6. 根据表 3–7 中活动关系绘制网络图，并计算时间参数。

表 3–7

活动代号	A	B	C	D	E	F
紧前活动	—	A	A	B	B，C	D，E
加工时间	2	5	3	4	8	5

第四章　产品服务的选择组合、设计与开发

【学习目标】

1. 掌握产品服务选择和组合的含义。
2. 了解产品设计与开发的意义。
3. 掌握产品设计与开发的流程。
4. 掌握并行工程的特点与主要思想。
5. 了解服务设计的特殊性。
6. 了解服务设计的流程。

【导入案例】

ZARA——快时尚，让服装更好卖

现年77岁的西班牙大富豪阿曼西奥·奥尔特加，在2011年以前一直担任Inditex集团的董事长。2012年这个公司6 009间门店的销售收入接近160亿欧元（合计214亿美元）；其中，ZARA就占了105亿欧元。ZARA是怎样创造这个奇迹的呢？答案是：快时尚、个性化！

以顾客带动产品设计的逆向思维理念。ZARA品牌的设计和开发是一个由240余位平均年龄只有25岁的专业团队完成的。这个团队的成员以及聘用的时尚观察员们，随时穿梭在世界各大城市的时尚场所，来获得当下最流行的时装信息与发展潮流趋势，利用它覆盖全球的信息平台实时和全球各地的ZARA专卖店的店长举行电话会议，详细地了解全球各地的销售情况与顾客反映，以此灵活调整产品的设计方向，找到流行元素，进而推出针对性极强的时尚单品。

奥尔特加的办公桌就设在生产基地，这样可以非常方便地与设计师、买手、策划人员、财务人员与营销人员一起讨论问题。什么产品畅销、什么产品销路不旺的信息从世界各地的门店经理那里源源不断地发过来。设计师根据这些信息迅速地对服装进行调整，买手可以就某款外套下更多的订单，策划人员就可以决定将什么商品从门店中剔除。正是因为其产品推陈出新速度快，ZARA平均只有15%的产品需要通过打折处理，而同业的产品积压比重却高达五成。也因为每周都能有新品，消费者一年平均去ZARA的次数是17次，而其他的品牌只有4次。

（案例来源：马士华，陈荣秋，崔南方，等．生产运作管理［M］．北京：清华大学出版社，2019.）

顾客个性化需求与市场的多变性加剧了市场竞争的激烈程度。为了占据市场竞争的主动地位，企业纷纷加强产品开发工作，加强产品生产过程的设计和优化工作。以汽车为例，1970年产品研制周期是12年，1980年是4年，到了1990年仅仅是18个月，而到了21世纪，汽车制造商们几乎一年就得推出一代新的车型。消费类电子产品寿命周期就更短了，几乎是一进入市场就过时了。为了占据主动，企业纷纷加大对产品研发的投入。例如，美国雅培实验室（Abbott Labs）的研发费用从2009年的27亿美元增长到2010年的37亿美元，2011年又继续跃升到41亿美元。作为德国巨头西门子（Siemens）旗下的一部分，西门子医疗（Siemens Healthcare）在2011财年的总收入是163亿美元，投入了15.6亿美元用于研发费用。本章介绍产品与服务的选择和组合、产品选择和组合的决策方法、产品选择的策略，阐述产品的设计与开发的意义、产品和服务开发的流程，也对产品和服务设计开发中存在的影响因素进行研究分析并讨论了相应的解决方案。

第一节　产品与服务的选择和组合

一、产品与服务选择和组合的含义

产品与服务的选择和组合决定了企业新产品或者新服务项目的引进、现有产品的改良或者改组以及过时产品的淘汰。这是企业生产运作管理中永远不会完结的一项经常性工作，在当今这个问题变得更加重要。原因是现在各行各业的市场需求变得十分多样化，并且变化也十分迅速，几乎不存在可以十几年、几十年一贯制地进行生产的产品，所以产品每隔几年，甚至不到一年就必须更新换代。与此同时，飞速发展的技术也让新产品与新生产技术源源不断地产生。因此，企业必须不断地、及时地选择能够满足市场新需求的产品。对于企业来讲，这是经营成功最为关键的一环；对于生产运作管理来讲，这就是生产运作活动的起点。

值得特别注意的是，不能将有形产品的制造与无形服务的提供完全地分割开来进行考虑。不论企业开发或者生产什么产品，最终都应该看作为客户提供一种价值，一种顾客需要的问题解决方案。例如，顾客进入一家高级牛排馆，不仅是为了填饱肚子，更重要的是休闲，是要得到一种体验。例如，一句广告语——“卖的是烤牛排滋滋的声音而不是牛排”就形象地说明了这个问题。汽车制造公司在分析它的顾客需求的时候，也不应该仅仅认为顾客是要“得到一辆汽车”，顾客要获得的是一种完美的交通解决方案。为此，企业需要在产品设计中充分考虑其汽车产品和相关附加服务的有机组合。

二、新产品选择

在新产品引入、现有产品改进以及过时产品淘汰等不同的产品选择组合决策中，首先需要考虑的是新产品引入。

什么是新产品？从不同的角度出发，可以对新产品的概念做出不同的描述。通常来讲，新产品应该在产品性能、材料性能以及技术性能等方面（或者仅仅是一方面）具有先进性或者独创性，或者优于老产品。先进性是指由新技术、新材料产生的先进性，或者由已有技术、经验技术以及改进技术综合产生的先进性。独创性通常是指产品由于采用新技术、新材料或者引进技术而成为全新产品或者在某一个市场范围内属于全新产品。新产品可以分成下面几种。

（一）全新产品

全新产品，即具有新原理、新技术、新结构、新工艺、新材料等特征，和现有的任何产品毫无共同之处的产品。全新产品是科学技术上的新发明在生产上的新应用，如近些年出现的数字孪生平台等产品。

（二）改进新产品

改进新产品是对现有产品改进性能、提高质量，或者寻求规格型号的扩展、款式花色的变化而产生的新品种。例如，不断更新换代的节能、低噪声空调。

（三）换代新产品

换代新产品主要是指为了适合新用途、满足新需要，在原有产品的基础上部分地采用新技术、新材料、新元件而制造出来的产品。例如，从电熨斗到自动调温的电熨斗、有绳无声电熨斗。

（四）本企业新产品

本企业新产品，即对本企业来讲是新的，但是对市场来讲并不是新产品。但是一般企业不会完全仿照市场上的已有产品，而是在造型、外观、零部件等方面做部分改动或者改进后再推向市场。

在如今市场竞争日趋激烈、顾客需求日益多样化的环境下，企业在选择新产品发展方向的时候必须有更多的考虑。关于新产品的最初构想或者方案，其数量通常比企业最后真正能够投入生产的要多得多，有时几十个关于新产品项目的建议方案最后真正变成市场产品的可能只有一个，有时可能什么也没有剩下。某化学公司有 50 个候选产品的方案，经过最初的评审以后，剩下了 22 种；经过进一步的经济分析以后，还剩下 9 种；开发、研制过程将这个数目降到了 5 种；测试结果只剩下了 3 种；在最后的生产工艺设计、市场开发以及近一年的商品完成以后，只剩下了 1 种。即使经过了这一系列的过程，新产品投放市场以后，它的成功率也仅仅是 2/3 左右。为此，企业在一开始进行新产品选择的时候，应该考虑尽可能多的可能性。

进行这样决策的时候，需要从市场条件、生产运作条件以及财务条件三个方面去考虑。其中，市场条件主要是指这种新产品对市场需求的响应程度、售后服务需要、企业的流通销售渠道、企业在市场上的竞争能力等；生产运作条件是指这种新产品的技术可行性、与现有工艺的相似性、企业的人员设备能力、合适的物料供应商的可得性等；财务条件是指这种新产品开发、生产需要的投资，预计的销售额与利润，产品生命周期的长短等。市场条件主要关系到未来的营业额，而生产运作条件主要决定产品的成本，财务条件则是两者综合。另外，有时候还应该有一些其他的考虑，如环境和社会伦理。

最后，进行这样的决策还需要考虑和现有产品的有机组合。下面介绍两种支持这种决策的方法。

三、产品组合决策的支持方法

产品组合决策是指根据产品投产以后它的成本、盈利、市场占有率、竞争能力等的变化，对一定时期内的生产品种、生产量做出的调整与重新组合。像上面所描述的，进行这样决策的时候，需要从市场条件、生产运作条件以及财务条件三个方面进行考虑，每一个方面都包括若干个因素，企业在进行这样的决策的时候一开始也会提出很多个候选方案。在众多的因素中，怎么样理清相互关系、权衡轻重缓急，在很多个候选方案中迅速地做出选择呢？以下两种方法可以用来支撑这样的决策。

（一）分级加权法

如表 4-1 所示，使用分级加权法的时候，首先列举进行产品决策时应该考虑的重要因素，按照其重要程度分别给予权重，每一个因素再根据其优劣程度分级分别打分，将它的分值与权重值相乘得到这个因素的积分，最后将全部因素的积分总计得到一个方案的总分。对于候选的每个方案都采用相同的方法来打分，最后可以通过每个方案得分的高低来评价它们的好与坏。这种方法简便可行，适用于一开始从众多的方案中进行选择。

表 4-1　分级加权法

主要考虑因素	（A）权重	（B）分级					（A）×（B）
		很好 40	好 20	尚可 10	不好 10	坏 0	
销售	0. 20	√					8
竞争能力	0. 05	√					2
专利保护	0. 05	√					2
技术成功的机会	0. 10		√				3
材料（有无、好坏、及时供应）	0. 10		√				3
附加价值	0. 10		√				3
和主要业务的相似性	0. 20		√				6
对现有产品的影响	0. 20				√		2
总计	1. 00						29

表 4-1 中的主要考虑因素只是一个示例，不同的情况下对主要考虑因素可能有不同的选择。同理，对于权重的考虑，根据企业实际情况或者经营战略的不同，取值也不尽相同。例如，表 4-1 所示的例子把竞争能力看得比较轻，但是在另外一些情况下，可能应该给予更大的权重。分数等级的分类也可以有多种选择，如分成三级或者七级等。

（二）损益平衡分析法

在产品组合决策中，进行成本效益分析是必不可少的一步，特别是在考虑引入新产品的时候。一个新产品方案选定之后，这种产品的价格定成多少可以被市场接受，预计销售量可以达到多少，为此开发与生产成本控制在什么范围内企业才能够有利可图，以及这样的成本范围企业有没有能力达到等，都需要详细地分析。关于成本效益分析的方法有许多，这里只介绍损益平衡分析法，它可以帮助企业分析以下问题：所选定的新产品的预计销售量是否能够大于损益平衡点？在预计的可销售量与销售价格之下，产品的变动成本必须控制在什么范围内？固定成本必须多低？价格将怎样影响损益平衡量？

损益平衡分析法的基本假设是，生产某种产品的全部成本划分成固定成本与变动成本两大类。其中，变动成本包括原材料成本、人工成本以及间接成本中的变动部分，这部分成本随着产量的变化而变化；固定成本主要是指设施设备成本（如折旧、利息、保险费用等），它不会随着产量的变化而变化，有时还包括不随产量而变化的部分人员费用、促销费用等。损益平衡点是指这样一个量，在这个点，全部生产成本等于全部销售收入。计算公式为：

$$pQ = F + cQ$$

其中，p 表示单位产品的销售价格；c 表示单位产品的变动成本；F 表示年固定成本；Q 表示年销售量。

从公式 $pQ = F + cQ$ 中可以得出损益平衡销售量是：

$$Q = \frac{F}{p - c}$$

这个量的含义是：在企业固定成本与变动成本一定的条件下，只有该产品的销售量在这个量以上，企业才有可能盈利（如图 4-1 所示）。如果预计的销售量达不到这么大，那么就需要重新考虑有没有降低成本、提高价格或者扩大销售量的可能性。因此，利用损益平衡分析法，企业可以做敏感性分析，对多种可能的成本、价格、销售量做损益平衡分析，来确定每一个因素对产品利润的影响，从而决定新产品的取舍与改进方向。

和分级加权法相比，损益平衡分析法能够给出更多定量化的决策支持信息，因此，可以针对分级加权法选取出来的候选方案做进一步的分析比较。但是需要注意的是，采用损益平衡分析法的前提是关于固定成本与变动成本的数据要

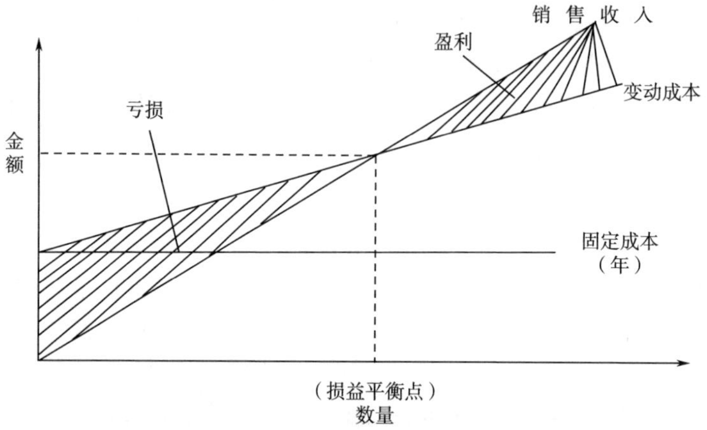

图 4-1　损益平衡分析

可靠。

上面的两种方法可以类比适用于非制造业无形产品的选择。另外，新服务项目的选择和制造业新产品的选择相比，有一些不同的特点。首先，服务项目涉及的因素主要是场地、人员、物料供应等，在大多数场合下不需要考虑复杂的工艺可行性问题。其次，对于很多服务项目来讲，即使选定的项目日后有所变化，变化产生的困难与代价也会小得多，可以更加灵活地进行组合与调整。

四、生产进出策略

每一种产品都有它的市场生命周期。生产进出策略是指根据产品的市场生命周期，确定在其整个生命周期的哪一个阶段进入以及退出该产品的生产。下面介绍几种主要的策略。

（一）早进晚出

这种策略就是从产品的生命周期开始直至终了都进行生产。当然，在此期间内可以进行产品型号的更换，也可以投入和该产品关系密切的其他新产品，但是只要这种产品在市场上还可以存在，即“寿命”还没有到期，就不考虑停产或者转产。许多具有大批量、低成本生产系统的企业，通常都采用这种生产进出策略，来让其系统的优势得到充分的发挥。在一些进入壁垒以及退出壁垒较高的行业，如汽车、手机这样的高科技行业、资本密集型行业也常常采用这种策略。

（二）早进早出

这种策略是只在产品的投入期与成长期进行生产。例如，一种新产品刚刚投入市场，尚未获得充分的成长，为了使得这种产品能够被市场接受，最终在市场上站稳、成长起来，开发这种产品的企业可能会在初期进行生产。合成纤维就是这方面的一个典型例子。新合成纤维的发明企业在利用这种纤维制成的最终产品在市场上成长、成熟起来以前，为了推广自己的产品，可能会采取这种策略，自己生产最终产品并投放市场。等到这种产品在市场上站稳脚跟后，就停止生产最终产品，只供应这种纤维材料，成为专营原材料的厂家。一些产品开发能力较强、市场开拓能力也较强并且具有较灵活的生产系统的企业，也常常采取这种策略。

（三）晚进晚出

这种策略是在一种产品的市场已经被开发、产品已经进入成长期、市场前景已经看得较为明显以后，才开始进行生产。采用这种策略的企业一般技术革新能力和研究开发能力不是十分强，但是有较优越的制造能力、生产应变能力以及销售能力。这种策略的优点是，可以避免进行新产品开发的风险。但是反过来，这种跟进策略不一定有十分强的竞争力。

这三种不同策略和产品生命周期的关系如图 4-2 所示。

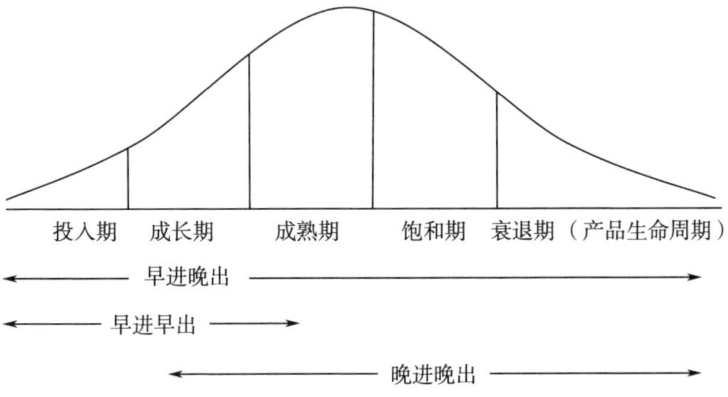

图 4-2　产品生命周期和生产进出策略

第二节　产品设计与开发的意义

一、21 世纪企业产品/服务设计的背景特征

20 世纪 90 年代，特别是进入 21 世纪以来，企业面临的市场竞争环境日益严峻。随着电子商务的发展，网上购物越来越方便，顾客的选择越来越多，企业要想占据竞争优势，不得不加快新产品或者服务的更新换代，只有不断推出新的产品，才能不断地抓住顾客的消费爱好。因此，每个企业都面临着前所未有的新产

品/服务设计及其技术选择的压力，新产品/服务开发变得越来越重要。

（一）新产品/服务开发是实现企业竞争战略的需要

技术进步与客户需求的多元化使得产品生命周期不断缩短，企业面临着缩短交货期、提高产品质量、降低成本与改进服务的多重压力。这就要求企业对不断变化的市场做出快速反应，源源不断地开发出满足客户需求的、定制的“个性化产品”去占领市场、赢得竞争，市场竞争也主要是围绕新产品的竞争而展开的。因此，企业要想高效、低耗、灵活、准时地生产/提供合格的产品与服务，参与市场竞争，就必须有满足市场需求的产品。新产品开发是企业经营战略的核心内容之一，也是生产运作战略的出发点。产品开发职能的目的就是研究、开发、设计出能够满足市场需求并且具有竞争力的产品。

（二）技术进步越来越快

科学技术飞速发展，并且迅速而广泛地应用于生产实践中，推动新产品/服务的开发，也使得产品更新换代的速度越来越快，产品生命周期越来越短。例如，迅速发展的微处理技术应用于手机产品的开发，使得现在的手机智能化水平越来越高，人们可以利用手机上网、购物、拍照；微机芯片技术的发展，使得个人电脑体积越来越小、运算速度越来越快、存储能力越来越大。同时，以计算机及其他信息技术为基础的互联网时代也影响了产品/服务的生产和交付流程。例如，计算机辅助设计、计算辅助制造、柔性制造系统、自动存储和拣出系统、自动条码识别系统等，在世界各个国家特别是工业发达国家的生产与服务中获得了广泛的应用。虽然互联网技术应用的初始投资非常高，但是它可以带来很多竞争上的优势。互联网技术的应用不仅节省人力、降低劳动成本，还提高了产品的服务质量，降低了废品与材料损失，缩短了客户需求的响应时间。因此，企业可以在很短的时间内就把新产品或者服务介绍给市场，从而赢得了时间上的优势。这种趋势在21世纪还会进一步地加强。这就要求企业增强产品研发能力，以不断地改进产品，促进产品需求的增长，延长产品生命周期，甚至更快地开发出更新换代的产品，从而在产品生命周期中取得更大的收益。

（三）客户的要求越来越苛刻，客户需求呈现多样化、个性化的特点

随着时代的发展，大众知识水平的提高以及激烈的竞争带给市场越来越多、越来越好的产品，使得客户的要求与期望越来越高。消费者的价值观也发生了显著的变化，需求结构普遍向高层次转移。首先是对产品的品种规格、花色品类、需求数量呈现多样化、个性化的要求，并且这种多样化的要求具有非常高的不确定性；其次是对产品的功能、质量以及可靠性的要求逐渐提高，并且这种要求提高的标准又是以不同客户的满意程度为尺度的，因而产生了判别标准的不确定性；再次是要求在满足个性化需求的同时，产品的价格要像大量生产那样低廉；

最后是对产品的响应速度与便利化方面的要求越来越高，客户希望在任何时间、任何地点都可以享受到产品或者服务上的消费。制造商发现，最好的产品不是他们为客户设计的，而是他们与客户一起设计的。

（四）可持续发展的要求

人类社会在享受经济快速发展带来的成果的同时，也面临着因忽略环境保护而导致的污染、酸雨、土地沙化、能源储备及可耕地减少、臭氧层破坏、全球变暖等恶果，这给人类社会的可持续发展甚至生产带来了严峻的挑战。如今，随着一个又一个环境保护问题的出现，维持生态平衡与环境保护的呼声越来越高。各国政府都将环保问题纳入发展战略，相继制订出各种各样的政策法规，来约束本国以及外国企业的经营行为。这对企业提出了更高的要求，要求企业系统考虑产品开发、设计、制造、销售甚至回收等各环节对环境的影响，使得产品在整个生命周期内对环境的负面影响最小，资源利用率最高，企业经济效益以及社会效益得到协调。因此，企业的产品设计要站在产品全生命周期的视角，考虑产品的环境属性，如可拆卸性、可回收性、可维护性、可重复利用性等，在满足环境目标要求的同时，保证产品应有的功能、质量以及使用寿命。

据统计，产品设计时间占总开发时间的60%左右，因此，为了缩短新产品上市的时间，必须缩短产品设计时间，产品设计与工艺设计影响着新产品的创新速度。企业的产品研发等技术活动影响着产品的成本、质量以及制造的效率。因此，企业在产品设计的时候通常会采用很多新的开发手段与方法，来保证在产品开发早期阶段能做出正确的决策，从而提高产品质量、降低产品成本，进一步地缩短产品开发周期。

其他研究结果充分地说明了这一点。例如，Boothroyd 引用福特汽车公司的报告表明，尽管产品设计与工艺费用只占整个产品费用的 5%，却影响了总费用的 70%以上（如图 4-3 所示）。Sohlenius G. 以波音公司为例进行分析后指出：一般产品成本的 83%以上在产品设计阶段被决定。而这一阶段本身的费用仅为产品全部成本的 7%以下。

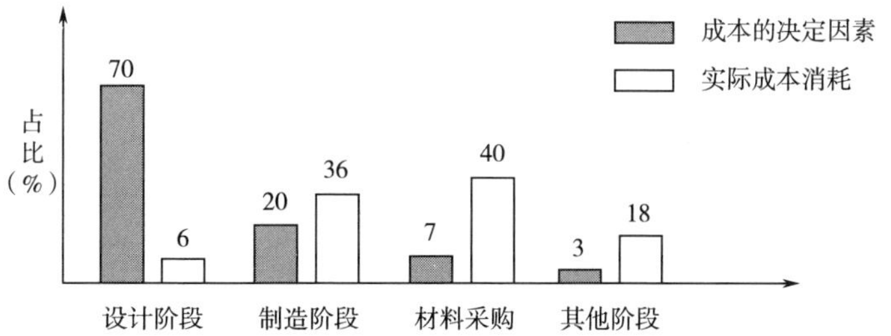

图 4-3　产品成本的决定因素构成以及实际成本消耗组成示意图

研究还表明，制造过程中生产率的70%～80%是在设计与工艺阶段决定的，所有质量问题的40%是由于低劣的设计与工艺。由此可见，产品设计与工艺设计在产品开发中作用重大，它几乎占用了60%的开发时间，决定了70%的成本，如图4-4所示。根据管理学中的ABC分类思想，企业技术活动是企业快速响应客户需求的瓶颈，是提高企业竞争力的关键。

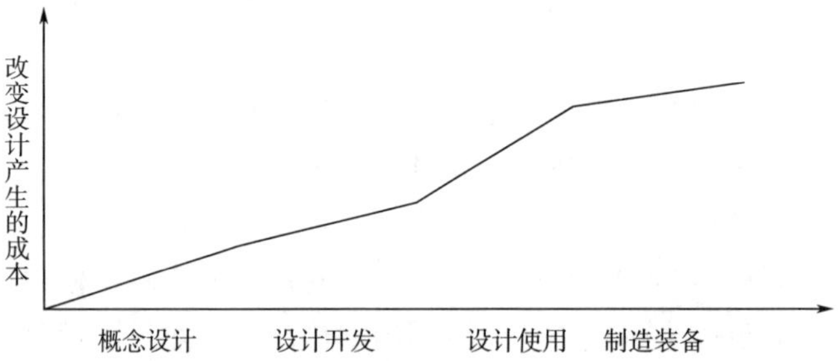

图4-4　在不同的产品开发阶段改变设计对成本的影响示意图

二、企业的产品研究与开发

（一）研究与开发的基本内容

研究与开发（research and development，R&D）包括基础研究、应用研究与技术开发。基础研究进行的是探索新的规律、创建基础性知识的工作。应用研究是将基础理论研究中开发的新知识、新理论应用于具体的领域。技术开发是将应用研究的成果经过设计、试验而发展成为新产品、新系统以及新工程的科研活动。

在我国，基础研究与应用研究被政府部门以及科技界关注，我国近年来还特别强调重视包括创新在内的研发活动。不论是国有企业还是民营企业，都越来越关心并参与创新以及技术开发活动。但是我国在研发上的投入和发达国家相比，依旧有很大的差距。近年来，我国在研发上的投入逐年增加，我国企业对研发也越来越重视，研发已经处于和生产、营销与财务齐头并进，甚至更为突出的地位，这是现代企业经营的一个显著特征。目前，我国政府积极倡导的“自主创新”就是重视研发的一种表现。

（二）新产品开发的关键因素

目前，新产品面临着费用高、成功率低、风险大、回报下降等困难。

格雷格·A. 史蒂文斯（Greg A. Stevens）与詹姆斯·伯利（James Burley）调查统计后提出，3 000个新产品的原始想法中，只有1个能成功，成功曲线如

图 4-5 所示。阿尔巴勒（Albala）在总结以往研究的基础上，指出新产品开发的失败率是 98.2%。在初期的项目中只有 2%可以进入市场，其他的都半途而废。通过查找美国与欧洲文献中的失败事例并进行分析，得到的结果是：25%左右的工业新产品和开发者的意愿相去甚远，同时 30%~35%的消费品也遭受到了相同的命运。

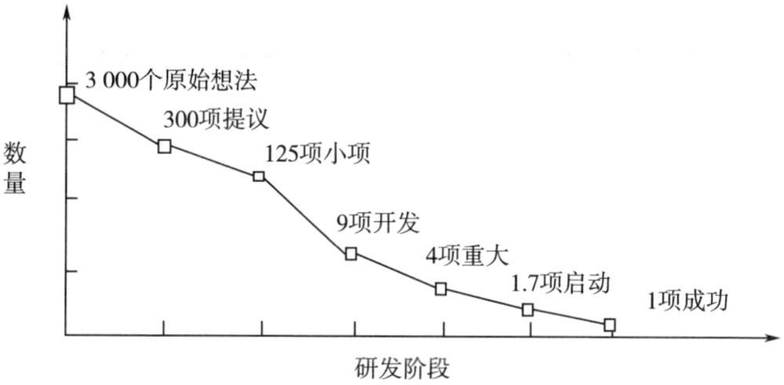

图 4-5 产品开发的成功曲线

新产品开发失败的关键原因有三个：①没有潜在的用户与需求，新产品是按照设计人员的想象开发出来的；②新产品和当前的需求不匹配，不能满足需求或者功能过剩；③在营销方面，尤其是在将产品介绍给顾客的相互沟通方面的工作不得力。

新产品开发的动力可以分成技术推动、市场牵引、同行竞争。但是归根结底，新产品开发成功首先必须满足技术与市场匹配的原则。新产品诞生的一个基本条件就是特定的技术（科学、方法、思维过程、设备等）以一种特定的方式表现出来，即它对人类的需求产生了新满足，或者更高层次上实现了这种满足。因此，了解与确定人们的需求，将这种需求用技术实现，提高产品在研究与开发过程中的管理水平，是新产品开发的关键。

第三节 产品设计与开发过程

顾客需求的多样化与个性化，使得市场演变与产品更新的速度越来越快，产品的生命周期越来越短。一方面，企业按照顾客需求设计产品的工作大大增加；另一方面，为了在激烈的竞争中获胜，企业还需要不断地研究与开发新产品，主动占领市场。通常，产品开发过程由产品构思、结构设计、工艺设计几个阶段组成（如图 4-6 所示）。

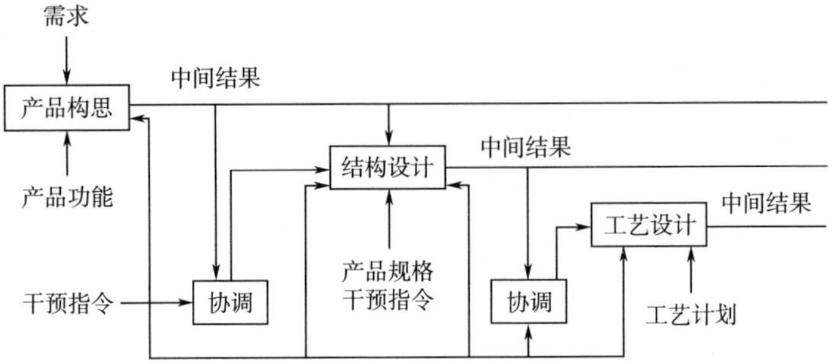

图 4-6　产品设计过程

一、产品构思

产品开发过程的最开始就是产品构思，而构思既来源于对市场需求的分析，也来源于技术的推动，还可能来源于竞争对手的产品与服务。通过和客户的交流，聆听客户的心声，听取他们对改进产品的建议，以此分析客户的需求，挖掘新产品创意。产品构思的另一个来源是研发，将研究出来的新技术应用于新产品开发，由技术推动新产品的开发。通过研究竞争对手的产品与服务，常常可以激发出新设计以及对现有产品进行改进的很多想法，使得企业能够开发出优于竞争对手的产品。此外，在当前这个强调供应链管理的环境下，作为合作伙伴的供应商也成为重要的产品构思来源。

二、结构设计

产品结构设计过程包括从明确设计任务开始，到确定产品具体结构为止的一系列活动。不论是新产品的开发、老产品的改进，还是外来产品的仿制、顾客产品的订制，产品设计始终是企业生产活动中的重要环节。设计阶段决定了产品的性能、质量、成本。因此，产品的设计阶段决定了产品的前途与命运，一旦设计出现了错误或者设计不合理，将导致产品的先天不足，工艺以及生产商的一切努力都将无济于事。

为了保证设计质量、缩短设计周期、降低设计费用，产品设计必须遵循科学的设计程序。产品设计通常可以分为总体设计、技术设计、工作图设计三个阶段（如图 4-7 所示）。

（一）总体设计

通过市场需求分析，确定产品的性能、设计原则、技术参数，大致计算产品

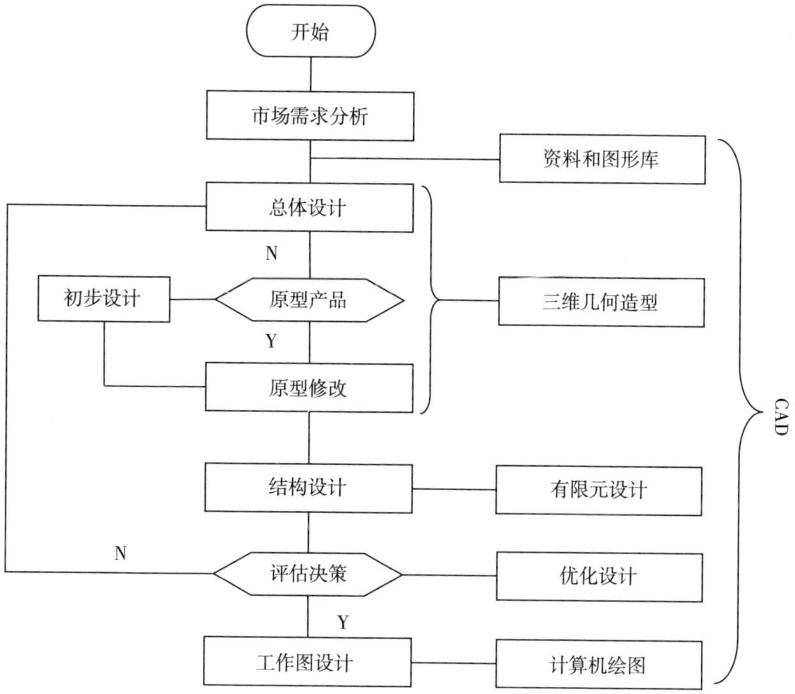

图 4-7 产品设计过程

的技术经济指标并进行产品设计方案的经济效果分析。

（二）技术设计

将技术任务书中确定的基本结构与主要参数具体化，根据技术任务书规定的原则，进一步确定产品结构以及技术经济指标，用总图、系统图、明细表、说明书等总括形式表现出来。

（三）工作图设计

根据技术设计阶段确定的结构布置以及主要尺寸，进一步进行结构的细节设计，逐步修改与完善，绘制全套工作图样并编制必要的技术文件，为产品制造以及装配提供确定的依据。

产品设计是一个递阶、渐进的过程。产品设计是从产品要实现的总体功能出发，从系统层面构思产品方案，然后逐步细化，划分成不同的子系统、组件、部件、零件，最后确定设计参数。

三、工艺设计

工艺设计是指按照产品设计的要求，安排或者规划出从原材料加工成产品需要的一系列的加工过程、工时消耗、设备以及工艺装备需求等的说明。工艺设计过程是结构设计过程与制造过程之间的桥梁，它把产品的结构数据转换成面向制造的指令性数据。工艺设计过程的结果，一方面用于反馈和改进产品设计，另一方面作为生产实施的依据。工艺设计过程的主要任务是确定产品的制造工艺以及其相应的工艺装备。图 4-8 描述了工艺设计过程的内容。

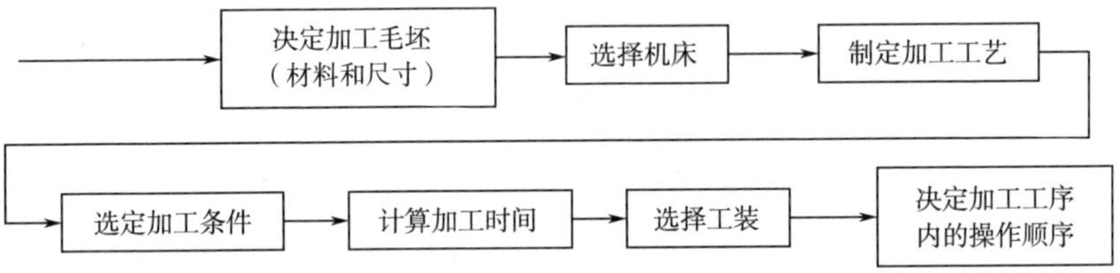

图 4-8　工艺设计过程的内容

（一）产品图纸的工艺分析与审查

产品图纸的工艺分析与审查是保证产品结构工艺性的重要措施。产品图纸的工艺分析与审查的主要内容包括：产品结构是否与生产类型相适应，是否充分利用已有的工艺标准；零件的形式尺寸是否匹配，选用的材料是否适宜，以及在企业现有设备、技术力量等条件下加工的可能性以及方便程度。

（二）拟订工艺方案

拟订工艺方案是确定工艺计划的总纲。在工艺方案中，需要明确产品制造过程中会存在哪些主要的问题，关键使用什么方法进行加工，工艺路线如何安排，工艺装备的原则与系数怎样确定等重大原则问题。具体来讲，工艺方案的内容通常包括：确定产品采取的工艺原则，规定生产的时候应该达到的质量要求、材料利用率、设备利用率、劳动量与制造成本等技术经济指标，列出产品的各类加工关键件，确定工艺路线，分析工艺方案的经济效果。

（三）编制工艺规程

工艺规程是最主要的工艺文件，它是安排生产作业计划、生产调度、质量控制、原材料供应、工具供应、劳动组织的基础数据，是具体指导工人进行加工制造操作的文件。编制工艺规程的内容包括：产品以及零部件制造方法与顺序的确定，设备的选择，切削规范的选择，工艺装备的规定，设备调整方法的选择，产品装配和零件加工技术条件的确定等。

（四）工艺装备的设计和制造

工艺装备是为了实现工艺过程而需要的工具、夹具、卡具、量具、模具等的总称。工艺装备的设计和制造对贯彻工艺规程、保证加工质量、提高生产效率具有十分重要的作用。

四、产品设计的原则与绩效评价

选择一个可以为企业真正带来效益的成品并不是容易的事情，关键在于产品设计人员是否具备市场经济的头脑。一方面，新技术的出现对新产品的形成有着重要的影响；另一方面，要看企业是否真正把客户放在首位。

因此，产品设计与选择应该遵循以下原则：①设计用户需要的产品（服务）；②设计可制造性（manufacturability）强的产品（服务）；③设计鲁棒性（robustness）强的产品（服务）；④设计绿色产品（考虑环保的要求）。

企业要想保持长久的竞争力，就必须不断地向市场推出新产品。为此，企业必须有效地响应客户的需求，并且努力超过竞争对手。对于一个企业来讲，抓住机会，快速开发出新产品，并在很短的时间内将产品推向市场是非常重要的，因为产品的市场寿命是有限的。

因此，必须对企业产品与服务设计的绩效进行测量与控制，争取获得最大效益。根据企业在市场上的竞争要求，一般采用表 4-2 所示的内容作为度量产品开发绩效的主要评价指标。

表 4-2　产品开发绩效评价指标

绩效指标	度量	对竞争力的影响
上市时间	· 新产品引入频率 · 从新产品构思到上市的时间 · 构思数量与最终成功数量 · 实际效果和计划效果的差异 · 来自新产品的销售比例	· 客户/竞争对手的响应时间 · 设计质量——接近市场的程度 · 项目频率——模型的寿命
生产率	· 每一个项目的研究开发周期 · 每一个项目的材料以及工具费用 · 实际和计划的差异	· 项目数量——新产品设计和开发的频率 · 项目频率——开发的经济性
质量	· 舒适度——使用的可靠性 · 设计质量——绩效与客户的满意程度 · 生产质量——工厂与车间的反馈	· 信誉——客户的忠诚度 · 对客户的相对吸引力——市场份额利润率

第四节　产品设计与开发的组织方法

一、串行的产品设计方法

按照过程分析的方法，产品开发由很多过程构成，如需求分析、结构设计、工艺设计、制造等。传统的企业产品开发一直采用串行的方法，即从需求分析、产品结构设计、工艺设计一直到加工制造与装配，一步一步地在各个部门之间按顺序进行（如图 4-9 所示）。产品开发的工作流程是：首先由熟悉客户需求的市场人员提出产品构思，再由产品设计人员完成产品的精确定义，之后交给制造工程师确定工艺工程计划和产品总费用与生产周期，最后由质量控制人员做出相应的质量保证计划。

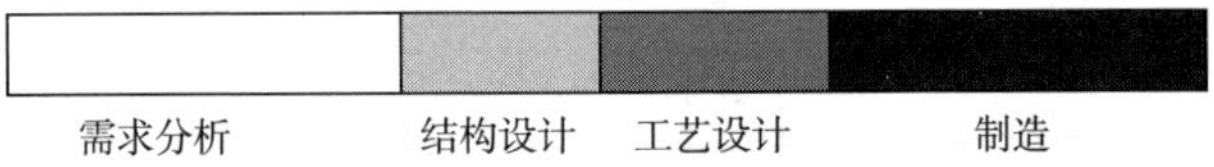

图 4-9　串行设计方法

串行的产品开发过程存在着很多的弊端，首要的问题是以部门为基础的组织机构严重阻碍了产品开发的速度与质量。产品设计人员在设计过程中难以考虑到客户的需求、制造工程、质量控制等约束条件，容易导致设计与制造的脱节，设计的产品可制造性、可装配性较差，使得产品的开发过程变成了设计、加工、试验、修改的多重循环，从而导致设计改动量较大、产品开发周期长、产品成本高。

二、并行的产品设计方法

为解决串行的产品设计方法的弊端，减少产品的开发时间和降低成本，人们提出了并行工程的产品设计方法，它能够并行地集成设计、制造、市场、服务等资源（如图 4-10 所示）。根据 IDA 的 Winner 等学者（1988）对并行工程的定义，并行工程是对产品以及其相关过程（包括制造过程与支持过程）进行并行、一体化设计的一种系统化方法。这种方法试图让产品开发者从一开始就考虑产品全生命周期从概念形成到产品报废的所有因素，包括质量、成本、进度与用户需求（如表 4-3 所示）。

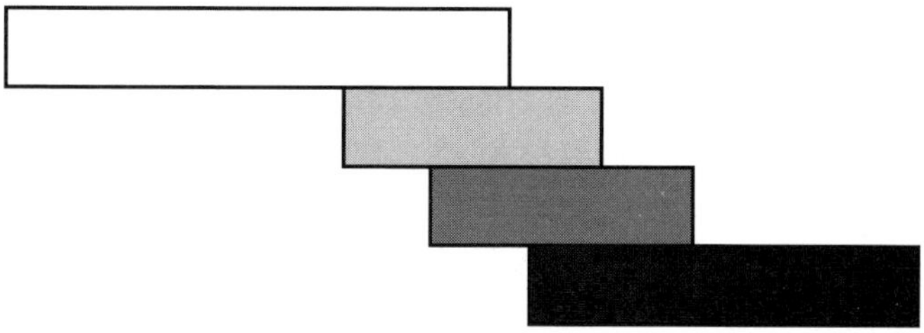

图 4-10　并行设计方法

表 4-3　产品设计时需要考虑的因素

过程	需求阶段	设计阶段	制造阶段	营销阶段	使用阶段	终止阶段
考虑的因素	顾客需求 产品功能	降低成本 提高效率	易制造 易装配	竞争力（低成本、标新立异）	可靠性、可维护性、操作简便	环境保护

并行工程是一种强调各个阶段领域专家共同参与的系统化产品设计方法，它的目的是将产品的设计与产品的可制造性、可维护性、质量控制等问题同时考虑，以降低产品早期设计阶段的盲目性，尽可能早地避免产品设计阶段不合理因素对产品生命周期后续阶段的影响，缩短研制周期（如图 4-11 所示）。

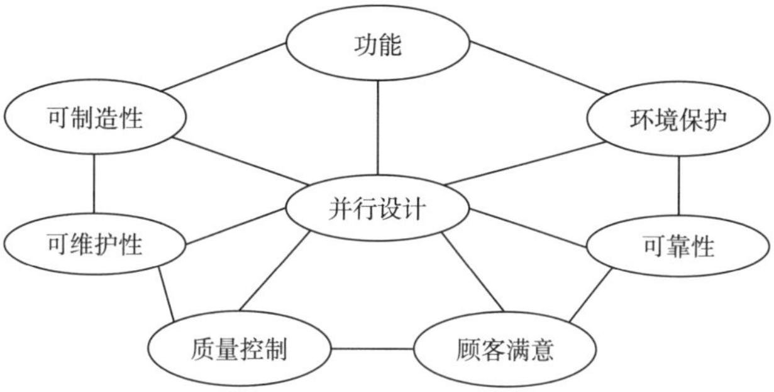

图 4-11　并行设计时考虑的因素

（一）并行工程主要思想

并行工程的主要思想有下面几个方面的内容：

（1）设计时同时考虑产品生命周期的所有因素（客户需求、可靠性、可制造性、成本等），作为设计结果，并产生产品设计规格以及相应的制造工艺与生产准备文件。

（2）产品设计过程中的各项活动并行交叉进行。由于各个部门的工作同步进行，各种相关的生产制造问题与客户的不满意问题，在项目研发准备阶段便可以得到及时的沟通与解决。

（3）通过不同领域技术人员的全面参与和协同工作，实现产品生命周期中所有因素在设计阶段的集成，实现技术、资源、过程在设计中的集成。

（4）高效率的组织结构。产品的开发过程是涉及所有职能部门的活动。通过建立跨职能产品开发小组，能够打破部门之间的壁垒，降低产品开发过程中各个职能部门之间的协调难度。

（二）并行产品开发流程

并行产品开发流程是：在初步的需求规格确定以后，以产品设计人员为主，其他专业领域的人员为辅，共同进行产品的概念设计，概念设计方案作为中间结果为所有的开发人员共享，开发人员以此作为基础展开对应的概念设计，如工艺过程概念方案、后勤支持概念方案等。每一个专业领域输出的中间结果既包括方案，又包括建议的修改意见。所有的中间结果经过协调以后，达成一致的认识，并据此修改意见完善概念设计方案，然后逐步进入初步设计阶段、详细设计阶段（如图 4-12 所示）。

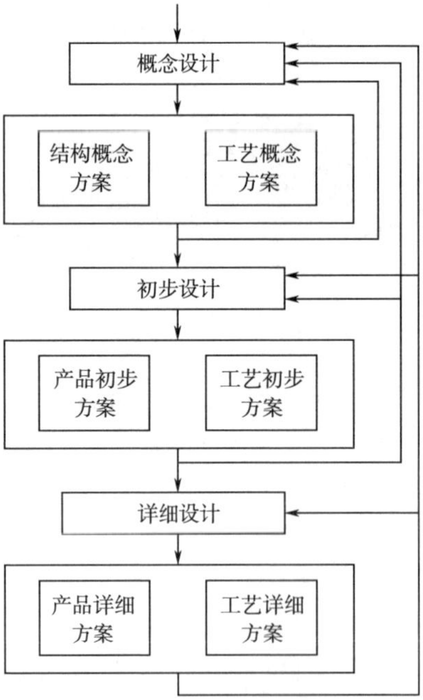

图 4-12　并行产品设计方法

（三）并行产品设计特点

并行产品设计方法具有以下特点：

(1) 产品设计的各个阶段是递阶渐进的连续过程，概念设计、初步设计、详细设计等设计阶段的划分只标志着产品与设计的力度以及清晰度。力度是设计人员在设计过程中所考虑以及处理问题要素的大小。清晰度是表明设计对象在相应力度水平上的确定性程度的度量。

(2) 产品设计过程与产品信息模型经历着从定性到定量、从模糊到清晰渐进的演化。设计每前进一步，过程每循环一次，设计的力度会减小，信息的清晰度会增加，不确定性会减弱，并行程度会逐渐增加。

(3) 产品设计过程与工艺设计过程不是顺序进行而是并行展开、同时进行的。

在设计早期，必须从总体着眼，设计的力度大；随着设计工作的进展，要处理的问题越来越细，力度越来越小，清晰度越来越高。当力度最小时，产品与过程的设计也宣告结束，清晰度最高。针对产品设计时不同阶段需要考虑的因素，采取相应的措施。

三、从二维并行工程到三维并行工程

（一）二维和三维并行工程的含义

并行的产品设计方法需要考虑产品设计、制造流程设计以及供应链设计三个维度。传统的并行工程方法通常只考虑产品设计和制造流程设计两个维度，也就是在产品设计阶段同时考虑产品的可制造性、可维护性、质量控制等问题。然而，现在的市场竞争已经不是企业和企业间的竞争，而是供应链和供应链间的竞争，供应链战略对企业具有深远的影响，供应链管理成为企业的战略选择。人们在产品设计阶段也对供应链设计给予了更多的关注，同时协调产品设计、制造流程设计以及供应链设计，三维并行工程得到发展。

和二维并行工程相比，三维并行工程强调在产品设计中考虑供应链战略设计，主要思考什么是供应链最为关键的因素、什么是主导供应链的关键环节、谁是供应链中的关键合作伙伴等问题。三维并行工程的供应链设计决策主要包括：自制和外购决策、合作伙伴选择决策、确定和供应链中其他主体的关系。

（二）二维和三维并行工程的比较

三维并行工程建立在二维并行工程思想和方法的基础上，因此，和二维并行工程有着密切的联系。首先，两者都强调在产品开发过程初期就要考虑上下游流程的信息交流与并行。其次，三维并行工程的组织管理方法继承了二维并行工程的实践，都强调团队参与、信息交流等内容。但是两者在决策内容、设计绩效、参与范围、信息交流网络等方面有着很多不同，具体如表 4-4 所示。

表 4-4　三维并行工程和二维并行工程的比较

对比内容	二维并行工程	三维并行工程
决策内容	产品设计 制造流程设计	产品设计 制造流程设计 供应链设计
设计绩效	竞争资格要素：成本和质量 竞争赢得要素：产品上市时间	竞争资格要素：成本和质量 竞争赢得要素：产品上市时间、供应链响应时间、个性化定制能力
参与范围	企业内的不同职能部门，如设计、工程、制造、营销、财务等	企业内的不同职能部门，供应链上的合作伙伴（包括供应商与客户）
信息交流网络	垂直信息交流 职能部门间的水平信息交流	垂直信息交流 职能部门间的水平信息交流 企业间的外部信息交流

四、产品开发新的组织和管理技术

（一）虚拟设计

（1）面向并行工程的 DFX[①] 设计模式体现了开发过程的集成。DFX 同时考虑制造、质量、环境等方面的约束条件，已经超过了设计和制造之间简单的信息共享，引起了广泛的关注。接下来，本节会对 DFM（制造设计）、DFA（装配设计）以及 DFE（绿色设计）进行介绍。此外，目前研究的关键技术还包括计算机辅助概念设计、集成产品信息模型、产品可制造性模型及其评价方法、并行设计过程分析等。

（2）产品数据管理（product data management，PDM）发展成为 CAD/CAPP/CAM 系统的集成平台。PDM 保证了整个企业中的人员在适当的时候以适当的形式获得需要的产品数据，使得集成水平达到了更高的阶段。

（3）互联网使设计集成的范围更加广泛。互联网技术为世界范围信息共享提供了一个很好的平台。

（4）STEP 标准作为设计开发集成的标准接口。STEP 克服了 I-GEAS 的局限

① DFX 是 Design for X 的简称，是指面向产品生命周期的设计。这里的 X 指产品生命周期中的任一环节，如产品制造、产品装配、产品检测、产品包装和运输、产品维修、环保等。

性，已经发展到了实用阶段，自 1995 年年初以来，很多著名的 CAD/CAM 系统供应商已经开始推出商品化的 STEP 转换器，一些公司就利用 STEP 描述语音以及参考模型开发它们的集成系统。

（二）产品数据管理

产品数据管理是指对从产品设计、工艺制造、生产、使用维护到回收整个产品生命周期中产生的数据进行管理。PDM 现在已经成为制造商整合以及改进产品生命周期流程的有效工具。

PDM 技术是在数据库基础上发展起来的一门面向工程应用的信息管理技术，它管理所有和产品相关的信息和过程，是支持企业重构、并行工程、虚拟制造、计算机集成制造、ISO 9000 认证的实用技术。在 PDM 中，用户对文件的操作以及对数据库的操作达到了形式上的统一；应用系统和 PDM 系统中被操作的对象形成了更加紧密的关系；工程知识与数据管理功能紧密结合。目前，PDM 技术发展具有以下特点：①基于 Internet/Intranet 平台的 PDM 系统，支持全球化虚拟企业的信息管理；②面向对象技术的应用以及信息模型的标准化；③PDM 与 ERP 的功能相互渗透；④流程管理、项目管理以及配置管理功能越来越强。

近年来，全球化使得企业把自身业务扩展到世界各地。一个企业把某个项目的设计与制造过程分散到地理上位于不同地区的工厂现在已经十分普遍了。如今，随着制造业的分散化，不同厂商的核心竞争力日趋专业化，运作上的协同逐渐成为各个制造业厂商的突出要求。原因是制造离散化以后，整个设计制造的过程是否还能像在一家公司里那样顺利地完成就非常关键了。在 PDM 的环境下，如果有一个变更，各个方面的人员立即就可以知道了，这就是 PDM 对于客户的价值所在。

PDM 打破了限制产品设计者、制造者、销售者、使用者间进行沟通的技术桎梏。通过互联网进行协作，PDM 可以让企业在产品的设计创新上突飞猛进，并且可以缩短开发周期、提高生产效率、降低产品成本。

（三）减少变化的方案

在 20 世纪 80 年代后期，日本学者 Toshio Suzue 与 Akira Kohdate 提出了“变化减少方案”（variety reduction program，VRP）。VRP 是一种面向多种生产的有效方法。它的核心思想是将产品的多品种转变成零部件的少变化，从而达到简化生产与管理、降低成本的目的。该方案提出了“变化是成本增加的根源”，从产品的变化性入手，分析了产品结构变化性与制造结构变化性对产品制造成本的影响，创造性地将产品成本分成“功能成本”“变化成本”“控制成本”，并通过三种成本之间的均衡来达到控制产品成本、生产多样化产品的目的。

VRP 以产品系列作为研究对象，系统地归纳了减少变化的五项技术：固定/

可变技术、模块化技术、功能复合与集成技术、范围划分技术、趋势分析技术。

1. 固定/可变技术

将零部件划分成规定件与可变件。使用固定的零部件来满足产品系列中不同型号产品的某些基本功能，提高零件、工艺的通用性与效率。使用可变零部件来满足市场多样化的需求。

2. 模块化技术

按照功能将产品分解为若干个模块，通过模块的不同组合获得不同品种、不同规格的产品。

3. 功能复合与集成技术

利用组合、删除与交换等方法，将多个功能的零件复合集成为一个零件，来减少零件的数目以及加工工序数，从而降低成本。集成电路即为该技术的典型应用。

4. 范围划分技术

分析零件的各项数值尺寸、设计参数，使之可以在尽可能多的产品中适用。

5. 趋势分析技术

对由品种带来的规格与尺寸的变化进行数据分析，得到产品发展趋势的统计规律，设计与开发符合这一规律的产品系列，保证现有的零件在未来产品中的适用性与继承性。

应用并行工程的思想，在产品设计的不同阶段采取不同的措施（如表 4-5 所示），可以降低产品设计中出现错误的概率，节省修补失误消耗的时间，从而缩短开发周期，提高响应速度。

表 4-5　产品设计不同阶段采取的措施

阶段	需求阶段	设计阶段	制造阶段	营销阶段	使用阶段	终止阶段
采取的措施	客户参与质量功能部署	CAD/CAPP、VRP、GT	DFM、DFA	价值工程	工业工程	绿色制造

VRP 技术在如今多变的市场环境中具有十分重要的实用性，也有许多成功的案例。例如，2005 年以前的国内诸多手机制造企业，如今幸存无几，它们的共同特点是产品族丰富、规格多，在盲目地满足顾客个性化的同时，也将自己引到了一条不归路。反观如今仍然火热的 Apple iPhone，每一代手机只有一款产品，只用几种不同的颜色打天下。

五、产品设计和制造工艺设计的结合

在传统的产品设计概念中，虽然也包括了产品的制造工艺设计，但是实际上产品设计、制造工艺设计以及实际生产过程明显地分离，分别在不同的设施、不同的职能部门以及不同的时间段进行，其结果往往是图纸上设计出来的产品难以制造，或者即使能够制造，也会导致高昂的成本，为此不得不重新修改设计，导致很长的设计周期与高昂的产品设计成本。在如今产品的市场生命周期越来越短的情况下，产品开发设计周期变得越来越重要，这就要求在产品的初始设计阶段就考虑制造的可行性与经济性，为此，需要有一种新的方法。可制造性设计（design for manufacturing，DFM）就是这样一种新概念、新方法。

DFM 的基本概念是，把产品设计作为产品制造工艺设计的第一步，产品设计必须从“易于制造”“经济地制造”的角度出发。对于零部件设计来讲，必须考虑“易于装配”。运用这样的概念，可以把产品设计与制造工艺设计有机地结合起来。这样不仅可以改进产品的设计质量，还可以缩短整个产品设计周期与制造工艺设计周期，同时赢得时间，降低成本。

（一）DFM 的基本原则

DFM 的基本原则体现了从制造角度出发进行产品设计的基本思想。这些基本原则包括：使得产品的零部件数量尽量少；进行模块化设计；尽量使得一种零件有多种用途；尽量使用标准件；尽量使操作简单化；使零件具有可替代性；尽量使装配流程简单化；使用可重复、易懂的工艺流程。

这些原则看起来十分简单，但是如果不是有意识地把它们当作设计原则来看待，在设计中常常会偏离这些原则。反过来，如果有意识地把这些原则当作设计产品的指导思想，就会获得意想不到的结果。到目前为止，已经有许多企业在产品的开发设计中运用这些原则，获得了非常大的成功。例如，IBM 在某印刷设备产品的设计中运用这些原则，使得产品零部件的数量减少了 65%，并且使得产品装配时间比它的日本竞争对手缩短了 90%。通用汽车在对福特的某类似车型进行“标高”（benchmarking）研究时发现了 DFM 的有用性：福特该车型的前缓冲器只有 10 个零部件，而通用汽车的有 100 个。因此，福特的该车型更容易装配，需要的装配时间更少，人工成本也更低。

（二）装配设计

装配设计（design for assembly，DFA）是 DFM 的一个主要工具，它可以用来减少产品装配需要的零部件数量，评价装配方法以及决定装配顺序。DFA 提供了一种根据装配方法和需要的装配时间来分类的通用零部件产品目录，如某一类部件的装配方法是推进去，另一类是边推边拧，还有一类可用自动螺丝刀等。这样的产品目录可以帮助设计者在不妨碍产品性能的情况下尽量选用易于装配的通用零部件。DFA 还给出了一些装配指导原则，如怎样选择手动或自动装配，怎样避免零部件运送工位的时候容易导致的混淆与错位运送，怎样简化装配操作，怎样选择最不易出错的装配顺序等。此外，DFA 还包括一种“装配线评价方法”，它最早是由日本日立公司提出来的。这种方法采用点数来评价装配中每一个操作步骤的操作难易程度，如使用螺丝刀拧两圈的操作难度大于直接推进去，因此点数就高。运用这种方法，可以预先给定整个装配流程的最大点数，如果现有产品设计下装配方式的点数超过了最大点数，就要重新设计。

（三）缺陷树分析

在产品设计中，如果在试制样品中发现了问题或者缺陷，就需要采取一种有效的方法分析这些缺陷，以便改正。缺陷树分析（fault tree analysis，FTA）就是这样一种方法，它用一个树状图来表示产品的缺陷、引起产品缺陷的可能原因以及可能采取的措施，以便从中找到最合适的改正缺陷的方法。图 4-13 是某个食品公司运用 FTA 分析它的产品薯片的一个例子。薯片现存的问题是易碎，它可能是由两个原因导致的：太脆或者太薄（图中的月牙形状表示“或”的关系）。因此，解决问题的方法也可以从两个方面进行考虑。第一，为了解决太薄的问题，可以增加厚度或者减小尺寸，但是这两种方法都不是特别理想，因此，在这两种方法下标注“×××”。第二，解决太脆问题的基本方法有三个：增加湿度；使薯片形状的拱度减小；改变炸制流程（都是“或”的关系）。首先考虑改变炸制流程，它需要改变油的温度与炸的时间（图 4-13 中的半圆形表示“和”的关系）。通过改变这两个参数，问题就得到了解决，最后在这个图相应的措施下用椭圆形来表示。

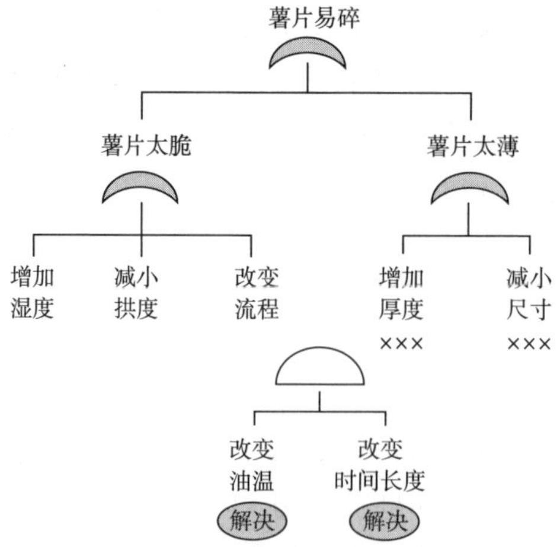

图 4-13　产品设计中的缺陷树分析

（四）价值分析

价值分析（value analysis，VA）又被称为价值工程（value engineering）。这种方法最早是在20世纪40年代由通用电气提出的，当时主要是为了去除产品中不必要的功能与特性，后来发展成为一种广泛应用于产品设计的工具。价值分析的基本思想是：首先定义产品的关键功能，然后评价每个功能的价值以及为了获得这个功能需要的成本，运用这些数据，可以得出"价值/成本"的比值；之后在产品设计中不断地试图通过提高价值或者降低成本来提高这一比值。产品设计中的每一个材料、每一个部件以及制造设计中的每一个操作步骤都有可能是价值分析的对象。

六、产品设计中需要考虑的新问题

如今的生产运作管理人员应该把环境问题当作生产运作管理中的一个基本问题来看待。这包括两个含义：一是环境保护；二是合理使用资源，从而保证人类社会的可持续发展。这个问题除了在生产运作系统的设计与运行中要加以考虑外，在产品设计中也要加以考虑。这就是为环境而设计（design for environment，DFE）的含义。

DFE强调，产品设计要考虑怎么样防止对环境造成的危害，要考虑原材料与零部件的可重复使用，要考虑产品的易修理性以及使用最小限度的包装，还应该考虑怎样做到在产品制造过程、使用过程以及报废过程中使用最少量的能源与物质。

到目前为止，许多企业已经对DFE给予了足够的重视。20世纪90年代，美国企业在防止产品对环境造成污染、减少产品的资源消耗等方面投资了2 000多亿美元，并且专门为了环境保护而重新设计了一些产品。一个非常著名的案例是饮料的易拉罐。在这种产品使用得十分普遍后，企业发现，在公园、旅游胜地、野营度假区等休闲人群密集的地方，虽然用过的易拉罐大都扔进了垃圾桶，但是开罐时拉下来的罐口的小环却被扔得到处都是。于是设计人员重新设计了易拉罐的罐口，使得开罐以后罐口的小环依旧附着在罐上。

从产品使用者的角度来讲，很多产品被报废的原因是难以修理或者修理成本太高。被报废的产品原材料、零部件常常不能被重新利用也是由于类似的原因——产品难以分解。前面介绍的DFM中的"易于装配"原则有可能引起分解的困难。因此，在产品设计中，需要从多个角度出发，寻找综合最优的方案。例如，施乐公司开展了一个名为"Design for Reassembly"的项目，设法利用它的报废的复印机的墨盒、电源、印刷电路板等可重复使用的部件，此举不仅有利于环保，还为公司节省了2亿多美元。

第五节 服务设计流程与方法

一、完整服务产品的构成要素

人们常常会讲，制造业企业产出有形产品，服务业企业产出无形服务，但是严格地说，服务是什么呢？怎么样确切地定义服务？答案并不是非常清楚。人们在试图定义像IBM这样的企业是制造业企业还是服务业企业的时候，会更加感到服务难以定义。

任何一个企业，不论是制造业企业还是服务业企业，其所能够提供的产出实际上都是“有形产品+无形服务”（或者“可触+不可触”）的混合体，只不过占的比例各不相同。从客户的角度来讲，客户不论购买有形产品还是无形服务，都不只是为了获得产品本身，而是为了得到某种效用或者收益。例如，对于一个购买了彩电的顾客来讲，他的收益主要是由有形产品本身来体现的；而对于购买了一张演唱会门票的顾客来讲，他的收益，即愉悦、音乐享受主要是无形的，但是这种无形收益需要通过一定的设施以及有形载体——音乐厅、乐队、音响系统来实现。因此，服务作为服务业企业的产出，既包括无形部分，又包括有形部分。我们把这两个部分组成的服务整体称为“完整服务产品”（service package），将其定义成：“为了满足顾客需要而提供的无形服务与有形产品的组合。”

这样的完整服务产品由下面四个要素组成：

（1）显性服务要素。服务的主体、固有特征，服务的主要、基本内容。

（2）隐性服务要素。服务的从属、补充特征，服务的非定量因素。

（3）物品要素。服务对象需要购买、使用、消费的物品以及服务对象提供的物品（修理品等）。

（4）环境要素。提供服务的支持性设施与设备，存在于服务提供地点的物质形态的资源。

例如，对于餐饮业来讲，它的显性服务要素是指提供给顾客的就餐服务，满足顾客的基本餐饮要求；隐性服务要素是指顾客在餐厅得到的心理感受、精神享受，满足顾客的精神需求；物品要素是指提供的食品、食具等；环境要素是指餐厅设施、餐厅的布置、音乐、氛围等。表4-6中列出了几种典型的服务类型中四个要素的不同组合。任何一项服务都包含这四个要素，只不过在不同的服务中各个要素的表现形式不同，重要性也不同。提供服务的企业通过突出构成服务的不同要素，就可以获得不同的经营特色。

表 4-6　完整服务产品的构成要素

行业	环境要素	物品要素	显性服务要素	隐性服务要素
餐饮业	餐厅、烹调设备、装修、音乐、氛围	食品、饮料、餐具、包装物等	充饥、解渴	卫生、可口、温馨、舒适、快捷、方便等
酒店业	酒店以及相关设施	日用品、食物、卧具等	休息、住宿	安全感、愉悦感、舒适感、服务态度等
航空业	机场设施、飞机	食品、用具、书报等	到达目的地	准时、安全、快捷、舒适、服务态度等
零售业	店铺、货架、布置、氛围等	商品、购物车、购物袋	购买需要的商品	便利、导购信息、服务态度、结账速度等

二、服务设计的特殊性——服务产品和服务提供系统的综合设计

服务运作管理的特点之一就是产品与运作系统的设计方式不同。对于有形产品来讲，它的产品设计不包括生产制造系统的设计，并且同一种产品可以采用完全不同的生产系统进行制造，因此，产品设计与生产制造系统的设计可以分别进行。服务提供系统和制造业生产系统的另一个本质上的区别是，后者和顾客是完全隔离的，而前者在很多情况下顾客都是参与到其中的。因此，不同的服务提供系统会给予顾客不同的体验，从而形成不同的服务特色。例如，快餐店和高级餐厅的店堂布置不同、餐桌餐具不同，这本身就构成了所要销售的服务的一部分。因此，服务设计中必须把“服务”本身与“服务提供系统”作为一体来考虑。

由于这两者的不可分离性，服务设计中必须将服务提供系统设计作为服务设计的重要组成部分，充分考虑顾客在系统设计中的重要地位。从完整服务产品的四个组成要素（显性服务要素、隐性服务要素、环境要素及物品要素）来看，前面两个要素的设计是直接满足顾客对无形服务的需求，而后面两个要素的设计则是要使得企业的运作系统、运作活动能够转化成顾客需要的无形需求的一部分，在很大程度上相当于服务提供系统的设计。这四个要素的有机结合，决定了服务要满足顾客的需求，也决定了服务质量和服务水平，并且最终决定了服务企业的生存与发展。

三、服务设计流程及其要点

完整服务产品的设计流程包括三大部分：企业研究和顾客研究、服务产品要素设计、服务提供系统设计（如图 4-14 所示）。

第一部分的企业研究是要明确企业的总体经营目标与具体运作目标，分析企

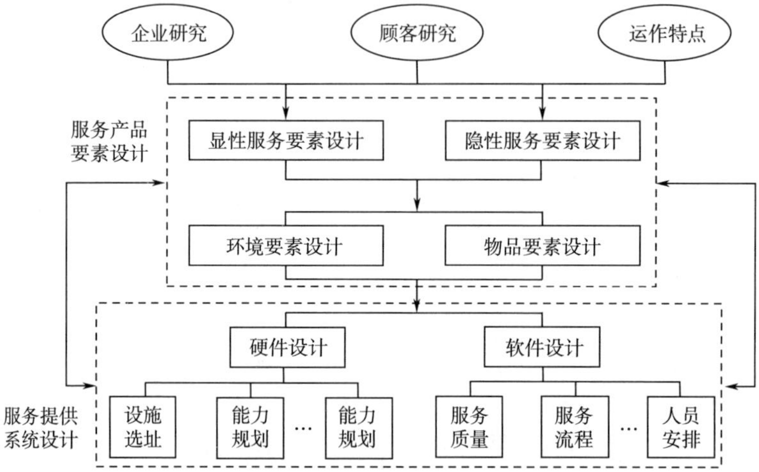

图 4-14　完整服务产品的设计流程

业的服务类型、运作特点。顾客研究是要把握顾客的特点，包括顾客需求分析、顾客心理研究和顾客行为分析，从而明确顾客到底希望得到什么样的服务。

第二部分是要具体地展开对服务产品四个要素的具体设计。显性服务要素设计是要确定所提供服务的主要内容，它涉及较为明确的业务标准。隐性服务要素设计是要确定给予顾客什么样的感受，让顾客感受到“超值服务”，这是从根本上决定着顾客满意度和忠诚度的关键所在。环境要素与物品要素的设计在前面两个要素设计的基础上进行，其中，环境要素设计的主要内容和顾客有关，顾客参与其中的服务场所和服务设施的设计，服务场所的内部布局和设备选配、布置等。物品要素主要是服务对象购买、使用或者消费的物品，需要根据行业的不同分别进行设计。例如，在餐饮、零售等行业中，物品要素十分重要；而在银行、咨询等行业，物品要素的设计处在相对次要的地位。但是，服务过程中提供的物品是展示服务的重要手段，能够在很大程度上影响顾客的满意度。

第三部分专门从服务提供系统的角度展开，重点是顾客的非接触部分。它包括两个方面的内容：硬件设计，如设施选址和布置、能力规划等；软件设计，如流程设计、工作设计、质量管理体系设计、人员管理规划等。这部分内容和顾客的直接接触程度较低，严格来讲，已经不再是服务产品设计的问题，而是一个更大的问题，涉及服务型企业运作的很多方面。本书在后续章节中也会对其中的一些内容进行介绍，但是归根结底，这部分服务提供系统的好坏也将最终影响顾客感受到的服务，因此，在图 4-14 中将它们作为服务设计中的一部分，来强调服务设计的这种集成性。

四、几种不同的服务设计方法

服务产品的种类有很多，有的服务需求量十分大，但是个性化要求不高，如快餐服务、航空铁路客运服务、快递服务等；而有的服务几乎是一对一的个性化服务，如咨询服务、医疗服务等；还有的服务可以划分成一对一的个性化服务部分和可批量处理的标准化服务部分，如银行的前台和后台。因此，在服务设计中要针对不同的服务类型采用不同的设计方法。

（一）工业化设计方法

工业化设计方法的基本思路是：将工业企业的管理方法应用于服务业企业，即对于大批量的服务需求，尽量使用标准化的设备、物料与服务流程，来提高服务效率与服务质量的稳定性。这种设计方法被广泛运用于餐饮、零售、银行、酒店、航空等需求量大并且需求易于标准化的服务行业。随着自动化技术、信息技术的发展，自动售货机、自动柜员机、航空订票系统等服务设备的出现使得这种服务设计方法得到了更加广泛的应用。

工业化设计方法的要点就是：标准化与流程化。其中，标准化包括服务产品标准化与服务系统标准化。服务产品标准化意味着尽可能地减少服务的可变因素，为顾客提供稳定、一致的服务。服务系统标准化意味着在服务过程中尽可能采用机械与自动化的设备，来替代随意性较大的人工劳动；在必须由人工服务的部分，也应该尽可能地制订标准操作规程，以减少服务的差异与人工差错。流程化在这里与工业企业的生产流程设计类似，即对服务运作过程的各个阶段与步骤都预先进行周密的设计并在运作过程中进行控制，以增加流程的稳定性，提高流程效率。

（二）顾客化设计方法

顾客化设计方法主要针对这一类顾客：希望获得与众不同的服务，为此愿意多付出金钱；不希望仅仅被动地接受服务，而是希望参与到服务过程中，甚至自己可以承担一部分工作，使得自己能够主动影响服务过程，并且使得服务更符合自己的偏好；希望避开服务的高峰期及拥挤的服务设施，按照自己的时间安排接受的服务。传统的顾客化服务主要用于法律咨询、医疗、美容美发等无法进行大批量服务的有限行业，但是如今，随着市场环境的变化和技术的进步，即使是餐饮、银行、酒店、零售这样典型的大批量服务行业，顾客也越来越要求非标准化、个性化、符合个人喜好的服务。因此，顾客化设计方法变得越来越重要。例如，酒店服务一直追求所有房间的统一布置、房间用品的标准化，而在当今，越来越多的酒店开始根据顾客的不同喜好提供不同的鲜花、水果、洗发水等房间服务。银行也会针对不同顾客的要求与偏好推出很多种理财服务。

和工业化设计方法的要点中的标准化与流程化不同的地方在于，顾客化设计方法的要点是重视每一个顾客的偏好、特点与需求。因此，顾客化设计方法首先需要注意的是充分理解与把握顾客的个性化需求，分析顾客在服务提供过程中的可能行为，考虑各种可能出现的情况。例如，对于银行来讲，应该考虑前来提款的顾客可能是小孩或者残疾人，可能对自动取款机有畏惧心理，还应该考虑服务提供系统出现故障的时候顾客的各种反应；在餐厅，不同顾客可能对菜品的辣度、甜度有不同的要求等。

顾客化设计的另一个重要问题是给予服务人员更大的自主权，使他们在面对不同顾客的时候可以自主发挥作用。在和顾客面对面的服务中，许多企业虽然也规定了礼貌用语、服务规范，但是和顾客交往的过程中可能遇到的情况千差万别，在服务过程中只是依靠用语列表和服务规范中的条文是远远不够的。善于随机应变、临场发挥的服务人员，一句幽默的话语、一个温馨的提示、临时采取的一个小小的举措等，都会给顾客留下美好的印象，成为顾客再次光顾的重要理由。而顾客化设计也要发挥顾客的自主性，为顾客参与留下相应的空间。例如，航空公司的自助值机系统设计了让顾客自选座位的功能，满足了不同顾客对于座位的不同需求。

和工业化设计方法相比，顾客化设计方法能够更好地满足顾客的偏好，提供更加个性化的服务，并且通过顾客的参与使得服务效率在某些方面得到改进。但是总的来讲，服务的个性化必然会影响服务系统的运行效率。因此，必须注意合理确定顾客参与环节及参与程度，以实现满足个性化需求和提高服务效率的综合目的。

（三）技术核分离方法

技术核（technical core）分离方法的基本思想是：将服务系统分为和顾客的高接触部分与低接触部分，即前台与后台，后台可以视为脱离于顾客服务环境的一个技术核，在后台，充分地应用工业化设计方法和现代技术的优势来提高效率，而在前台，则采用顾客化设计方法，尽可能地满足顾客的多样化需求。

服务提供活动一般可以看作由两部分组成，即和顾客紧密接触的部分（前台）与和顾客基本不接触的部分（后台）。按照和顾客接触程度的不同，服务系统可以分为三类：一是接触程度较高的纯服务类型，如牙科诊所、咨询、个人服务等，这些服务类型以前台服务为主。二是接触程度较低的制造型服务类型，如仓储、批发、通信等，这些服务类型以后台运营为主。三是两者兼而有之的混合服务类型，如在航空业中，售票、机上服务属于前台运作，必须充分地考虑不同顾客的个性化需求；而飞机维修、导航以及机上需要物料的备办属于后台运作，可以集中、高效处理。在零售业中，导购、顾客付款、商品包装属于前台运作，每个顾客的要求可能不尽相同；而采购、码货等属于后台运作，更应该追求的是高效率。因此，对于这种混合服务类型，服务设计的着眼点是首先合理划分服务系统的前台与后台部分，然后采用不同的设计思想分别进行设计。前台和顾客高度接触，应该适应顾客的多样性需求，授予员工灵活处理服务中可能出现的各种状况的权限，以达到较高的顾客满意度；而在后台，由于避免了和顾客接触导致的不确定性，因而可以按照工业化的方法设计技术核，如尽可能地使用自动化设备、制订标准化流程、建立严格的分工等，以达到较高的运行效率。

在技术核分离设计方法的具体应用中，有两个值得注意的问题：一是和顾客接触程度的确定，这是划分高接触与低接触部分的主要依据。顾客的接触程度实际上反映了顾客在这部分系统中的存在程度，以及顾客对服务过程和结果的影响程度。有人将其定量化成顾客接触时间和服务总计耗时的比值，但是这并不能作为判断接触程度的唯一标准。具体应用过程中，应该根据具体的服务类型的特点，综合考虑各个方面的因素。二是前台和后台的衔接，这是影响服务系统整体运行效率的关键。在某些服务类型中，前台和后台的边界泾渭分明，可以沿用传统的管理与设计方法，如邮政服务中的前台接待和后台分拣、收发。然而有的服务类型就不容易确定前台与后台的边界，如餐饮业中，结账、开票、收拾餐桌等工作应该属于后台工作，但是它们和前台接待工作的联系十分紧密，对服务结果有着直接影响。

此外，如何实现物料和信息在前台和后台间的及时传送，如何明确环境、顾客、前台和后台间的相互关系，如何应用整体优化的方法提高服务系统的综合效率，也是设计过程中需要考虑的重点。

【本章小结】

随着时代的发展，用户的要求越来越苛刻，用户需求出现了多样化、个性化的特点。研究与开发（R&D）包括基础研究、应用研究和技术开发。应用研究是将基础理论研究中开发的新知识、新理论应用于具体领域，是结构设计过程和制造过程之间的桥梁。本章首先介绍了产品与服务的选择和组合，分析了产品设计和开发的意义，之后介绍了产品设计与开发的过程，并重点介绍了产品设计和开发的组织方法，最后简单介绍了服务设计流程与方法。

【本章习题】

1. 简述产品开发在企业战略中的重要地位。

2. 比较分析并行工程和传统的产品开发组织的区别。

3. 什么是并行工程？它的主要思想是什么？

4. DFM、DFA、DFE 都是产品设计中的一些新的理念，通过查找资料，列举一些运用这些理念设计新产品的例子。

第五章　设施选址和设施布置

【学习目标】

1. 了解设施选址的意义、重要性、难度及目的。
2. 掌握选址考虑的不同因素。
3. 掌握选址的一般步骤。
4. 掌握不同的选址决策方法的应用。
5. 了解设施布置的含义。
6. 掌握设施布置考虑的因素。
7. 了解设施布置的目的、原则。
8. 掌握影响生产和服务设施布置决策的因素。
9. 掌握不同的布置类型。
10. 了解不同布置决策的定量分析方法，重点掌握作业相关法和流水生产线方法。

【导入案例】

选址为联邦快递公司带来竞争优势

作为一个隔天交货的快递公司，联邦快递公司相信，快递中心选址是本公司能够延续40年的关键所在。虽然联邦快递的创始人兼首席执行官弗雷德·史密斯（Fred Smith）在他的大学论文中提出建立小件包裹投递中心时只获得了C的成绩，但是事实却证明了这个想法是十分成功的。该公司先在田纳西州孟菲斯市建立了一个投递中心（现在称为超级投递中心），其后又在巴黎增设了欧洲快递中心，在中国的广州增设了亚洲快递中心，在迈阿密增设了拉丁美洲快递中心，在多伦多增设了加拿大快递中心。联邦快递拥有672架飞机，这些飞机往返于世界375个机场，然后再由80 000多辆货车将邮件送到顾客的家门口。

为什么联邦快递选择孟菲斯作为它的快递中心呢？第一，孟菲斯位于美国中部地区；第二，孟菲斯很少出现因坏天气导致的飞机停飞，公司保持良好安全纪录或许也是一个原因。

除了周日，联邦快递每晚都会将来自世界各地运往孟菲斯的包裹再运到各个城市，联邦快递不直接将包裹运送到这些城市。与传统的A市到B市的运输体系相比，这种快递中心用较少的飞机就可以覆盖到比以前多得多的地点。这也使得联邦快递每晚可以将飞行班次和包裹装载量进行匹配，并根据装载量需要重新设计航线，从而节约了大量的成本。而且联邦快递认为，由于在从取货点到交付的整个过程中对包裹进行了统一的管理，因此，快递中心系统的使用有助于减少转运中出现的失误与延迟。

（案例来源：https：//download. csdn. net/download/weixin_ 42204303/17565804.）

企业的设施选址是一个复杂的战略决策过程，一般用来解决生产运作硬件系统的设置问题。本章介绍设施选址的基本内容、决策影响因素及具体的选址方法，并讨论了当前经济全球化大趋势下全球设置生产基地的问题。此外，本章还介绍设施布置（layout）的基本概念、基本分类、主要考虑因素及布置方法。

第一节　设施选址的基本问题与影响因素

一、设施选址的基本问题以及重要性

（一）设施选址的基本问题

设施是指生产运作过程中可以采取的硬件手段，一般由工厂、办公楼、车间、设备、仓库等物质实体组成。而设施选址，是指怎样运用科学的方法决定设施的地理位置，使得它们和企业的整体经营运作系统有机地结合，以便有效、经济地达到企业的经营目的。

设施选址包括了两个方面的问题：一是选位，即选择什么样的地区（区域）设置设施，如沿海还是内地、南方还是北方等。在如今经济全球化的大趋势下，可能还需要考虑是国内还是国外。二是定址。地区选定以后，具体在这个地区的什么位置设置设施，即在已选定的地区选择一处位置作为设施的具体位置。

（二）设施选址的重要性

对于一个企业来讲，设施选址是建立与管理企业的第一步，也是事业扩大的第一步。设施选址的重要性主要表现在两个方面：首先，一个设施的位置对设施建成后的设施布置以及投产后的生产经营费用、产品和服务的质量以及成本都有极大而长久的影响；一旦选择不当，将带来严重后果，而且很难通过建成后的加强管理、完善管理等其他措施来弥补。因此，在进行设施选址时，必须充分考虑多方面因素的影响，慎重决策。其次，除新建企业的设施选址问题以外，近二三十年来，随着经济的发展、城市规模的扩大以及地区之间的发展差异，很多企业面临迁址问题。在美国、日本以及欧洲的发达国家，企业纷纷把设施（不光是生产工厂，甚至包括公司总部）迁往郊外或农村地区，这一方面是为了利用农村丰富而廉价的劳动力资源和土地资源，另一方面是为了避开大城市高昂的生活费用、城市污染、高犯罪率等弊病。在中国，类似的趋势也在发生。例如，在20世纪90年代的北京，随着城市规模的扩大、地价的急剧上涨和城市格局的改变，“退二进三”“退三进四”（退出二环路和三环路以内，迁往三环、四环之外）的潮流席卷了很多企业。在今天，进一步发展到“退四进五、进六”。因此，很多企业面临的设施选址问题，也是现代企业生产与运作管理的一个重要问题。

二、设施选址的影响因素分析

设施选址需要考虑众多的、复杂的因素，涉及许多方面。对于影响设施选址的因素，本节将从成本相关性的角度和选址的主要决定因素两个方面进行分析。

（一）成本相关性的角度

与设施选址的成本有直接关系的因素称为成本因素，可以用货币单位来表示其实际成本值；与设施选址的成本无直接关系，但能间接影响产品成本和未来企业发展的因素称为非成本因素。具体如表 5-1 所示。

表 5-1　设施选址考虑的因素

成本因素	非成本因素
1. 运输成本	1. 社区情况
2. 原料供应	2. 气候和地理环境
3. 动力、能源的供应量和成本	3. 环境保护
4. 水供应	4. 政治稳定性
5. 劳动力素质	5. 文化习俗
6. 建筑和土地成本	6. 当地政府的政策
7. 税率、保险和利率	7. 扩展机会
8. 财务供应：资本及贷款的机会	8. 当地竞争者
9. 各类服务和保养费用	9. 公众对工商业的态度
……	……

1. 主要的成本因素

（1）运输成本。对企业来讲，运输成本占较大的比重，所以选址时应注意缩短运输距离、减少运输环节和装卸次数，尽量靠近码头、公路、铁路等交通设施，并且考虑铁路、公路、水路三者均衡问题。我国东西部经济发展差距之所以大，与运输条件有很大关系。

（2）原料供应。某些行业对原料的量和质都有严格的要求，这类部门长期以来主要分布在原料产地附近，以降低运费，减少时间阻延，从而得到较低的采购价格。但目前工业对原料地的依赖性呈减弱趋势，主要原因包括技术进步导致单位产品原料消耗下降，原料精选导致单位产品原料用量减少、运费降低，工业专业化的发展导致加工工业向成品消费地转移，运输条件的改善导致单位产品运费降低等。尽管如此，采掘业、原料用量大或原料可运性小的加工工业选址仍以接近原料产地为佳。

（3）动力、能源的供应量和成本。对于火力发电、有色金属冶炼、石油化工等行业来说，动力、能源的消耗在生产成本中的比重可占到 35%~60%。对重型机器制造、水泥、玻璃、造纸等行业，动力、能源的供应量和成本的影响也是举足轻重的。

（4）水供应。酿酒工业、矿泉水厂、钢铁工业、水力发电厂等必须靠近江、河、水库等地设置。

（5）劳动力素质。劳动力素质会对技术密集型和劳动密集型企业产生不同的影响，构成不同的劳动力成本。

（6）建筑和土地成本。该项指土地的征用、赔偿、拆迁、平整的费用，注意应尽量少占用农业用地。

2. 主要的非成本因素

（1）社区情况。这包括服务行业、商店、加油站和娱乐设施的状况等。

（2）气候和地理环境。这包括风力、风沙、温度、湿度、降雨量等。气温对产品和作业人员均会产生影响。例如，气温过高或过低都将增加气温调节的费用，潮湿多雨的地区不适合棉纺、木器、纸张的加工等。一般制造厂要求土地表面平坦，易于平整施工；如选择稍有坡度的地方，则可利用斜面，这样便于搬运和建造排水系统。在地震断裂层地带、下沉性地带、地下有稀泥或流沙以及在可开采的矿床或已开采过的矿坑上和有地下施工的区域应慎重选址。

（3）环境保护。为了防止生产系统的污染（包括空气污染、水污染、噪声污染、恶臭污染、放射污染以及固体废物污染等），各国和各地区都制定了保护当地居民及生态环境的各种环保法规。例如，印度的博帕尔毒气泄漏事件和苏联的切尔诺贝利核电站事故使人类得到了血的教训。

（4）当地政府的政策。有些地区为了鼓励在当地投资建厂，划出工业区及各种经济开发区，低价出租或出售土地、厂房、仓库，并在税收、资金等方面提供优惠政策，同时配备良好的基础设施。

（二）选址的主要决定因素

表 5-2 列出了一系列在区域和具体地址选择方面的主要决定因素。这些因素依重要性排列，每个因素的相对权重取决于所考虑选址决策的具体情况。

表 5-2　选址的主要决定因素

<table>
<tr><th>区域的决定因素</th><th>具体地址的决定因素</th></tr>
<tr><td>劳动力环境</td><td rowspan="5">可用运输
· 卡车
· 飞机
· 火车
· 轮船</td></tr>
<tr><td>运输可行性</td></tr>
<tr><td>靠近市场和顾客</td></tr>
<tr><td>生活质量</td></tr>
<tr><td>税收和行业发展激励措施</td></tr>
</table>

续表

区域的决定因素	具体地址的决定因素
供应商网络	大城市内/外
土地成本和配套设施	劳动力可得性
企业偏好	土地成本和税收
政策支持	设施

下面我们讨论表 5-2 中列出的主要区域性决定因素。而具体地址的决定因素则由地址选择团队根据具体情况来确定。

1. 劳动力环境

指劳动力的可得性、成本和劳动力的联合程度、技能水平和职业道德，以及生产力和当地政府的支持情况及失业率等。

2. 运输可行性

由于对高质量、可靠性运输的需要，选址时需要对运输设施的运输能力、运输范围进行评价，合理选择。

3. 靠近市场和顾客

靠近市场这一因素通常考虑物流和竞争两个方面的变量。物流变量包括运输可能性、运输成本和需求地市场规模。虽然有些公司优先将物流设施放置在靠近市场和顾客的地方，但从成本上考虑，一个过于复杂的物流网络可能不具有优势。同时，从物流设施的及时性方面看，高质量运输服务和有效信息技术的可得性都会引起地理区域的扩张。

4. 生活质量

某一特定区域的生活质量很难量化，但它确实影响员工的精神状态和工作质量。

5. 税收和行业发展激励措施

了解适宜企业和个人的中央与地方税收的信息非常重要，直接关系到未来的经营成本。同时也需要了解备选地区的产业发展激励措施，如税收优惠、科技支持等，这些也直接影响正式运行后的经营绩效与竞争力。

6. 供应商网络

就制造业而言，原材料和部件的可得性和成本，以及将这些材料运到计划中的工厂所在地的成本具有重要的影响作用。供应商的进货运送成本和服务敏感性都需要考虑。

7. 土地成本和配套设施

根据所考虑设施的不同类型，土地成本和需要的配套设施具有不同的意义。以制造工厂或配送中心为例，它可能需要一个最小面积的土地规模，以备当时使用和未来的扩张，这就意味着潜在的巨大费用。地方建筑法规和建筑成本等是需要考虑的重要因素。同时，电力、排污和工业废物处理等设施的可用性和费用都需要作为考虑因素纳入决策过程。

8. 企业偏好

通常涉及对员工生活质量的考虑，包括教育水平、居住条件、交通便利性、文化和休闲设施以及医疗保健等。这些因素直接影响员工的满意度和工作效率，进而影响企业的运营效率和吸引人才的能力。例如，企业可能会倾向于选择那些拥有高质量教育资源和医疗设施的地区，以确保员工及其家庭的福祉。

9. 政策支持

政府提供的各种优惠政策可以显著影响企业的选址决策。税收优惠、财政补贴、土地政策、人才政策、产业政策等都是企业在选址时会考虑的重要因素。这些政策不仅可以降低企业的初始投资成本，还可以提供长期运营的经济激励。此外，行政审批的便利化、基础设施建设的支持、研发和创新的鼓励措施以及环境保护政策的指导，都是企业在评估潜在地点时会考虑的政策优势。

这些主要的选址决定因素因行业和企业实际情况而异。例如，纺织、家具和家用电器等劳动密集型行业，将考虑重点放在区域和地方市场劳动力的可得性和成本上；而计算机和外设、半导体和科学设备制造商等高技术行业，则通常会选择具有专业技能的、高素质的劳动力供应地以及靠近顾客的市场；对于像药品、饮料和印刷品及出版物这样的行业，竞争激烈，物流成本巨大，因而会考虑靠近顾客或者交通便利的区域或地点。

三、影响因素之间的权衡与取舍

如上所述，在进行设施选址时，企业会列出很多要考虑的影响因素，甚至远远多于以上所列的因素。需要注意的有三个方面：首先，必须仔细权衡所列出的因素，决定哪些是与设施位置紧密相关的，哪些虽然与企业经营或者经营结果有关，但是与设施位置的关系并不大，以便在决策时分清主次，抓住关键因素。否则，有时候所列出的影响因素太多，在具体决策时容易分不清主次，抓不住关键因素。这一点从下面所述的设施选址方法中也可以看出来。其次，在不同情况下，同一影响因素会有不同的影响作用，因此绝不可生搬硬套原则条文，也不可完全模仿照搬已有的经验。例如，20 世纪 80 年代，美国通用汽车公司在考虑某一新轿车装配厂位置时，曾把“当地工会的态度”列为重要影响因素，甚至位于运输成本、与现有零部件供应商的相对位置以及生活条件等因素之上。而在其他一些国家，这一因素可能就不重要。最后，对于制造业和非制造业企业来说，要考虑的影响因素以及同一因素的重要程度可能有很大不同。

一项在全球范围内对许多制造业企业所做的调查表明，企业认为下列五组因素（每一组中又可分为若干个因素）是进行设施选址时必须考虑的：①劳动力条件；②与市场的接近程度；③生活质量；④与供应商和资源的接近程度；⑤与企业其他设施的相对位置。

四、服务设施选址的特殊考虑因素

从服务设施的角度出发，服务可分为三类：顾客到服务提供者处、服务提供者到顾客处、服务提供者与顾客在虚拟空间内完成交易。如果顾客必须到服务者处，那么服务设施选址就需要考虑与制造设施选址截然不同的因素，即必须考虑服务设施对最终市场的接近与分散程度，设施必须靠近顾客群。例如，宾馆、饭店、银行、商场等，其设施位置对经营收入有举足轻重的影响，该设施周围的人群密度、收入水平、交通条件等将在很大程度上决定这类企业的经营收入。如果服务的进行需要服务提供者到顾客处，如电梯维修、害虫控制和家庭清洁等，与服务设施对最终市场的接近与分散程度相比，交通条件和工具就成为更重要的关键因素。服务提供者与顾客在虚拟空间内完成交易是指顾客和服务提供者都不用移动，而是通过信件、电话、计算机等通信方式完成服务，如家庭银行、网络银行服务、网上购买保险等。这种服务是对传统服务的创新，知识含量较高，要求通信基础设施先进。

此外，还需要注意的是，在当今技术进步日新月异的环境下，很多服务行业中，传统的服务地点的选择模式已经发生变化。例如，传统的银行营业网点布局通常要考虑每一服务半径的人群和要求服务的频率，但是现在越来越多的简单服务被自动柜员机、网上银行等所取代，导致银行在营业网点的布局上发生了很大的变化。又如，传统的粮油、食品、副食店的选址历来是靠近居民区，而现在很多大型超市的选址则更看重交通便利、停车方便的位置。因此，企业在考虑服务设施选址问题时，需要思考更多的问题：如果服务不能在一个方便的地方提供，顾客的购买行为是否改变？服务的可得性和方便性对企业的竞争能力到底有多大影响？能否通过设施地点的改变创新服务，形成竞争优势？如何利用新技术、新系统、新流程来确定最优设施地点？其他企业的设施位置决策是否会对本企业产生影响？等等。

第二节　单一设施选址

一、单一设施选址的不同情况

单一设施选址是指独立地选择一个新的设施地点，其运营不受企业现有设施网络的影响。在有些情况下，所要选择布置的新设施是现有设施网络中的一部分，如某餐饮公司要新开一个餐馆，但新餐馆是与现有的其他餐馆独立运营的，这种情况也可看作单一设施选址。在以下几种情况下，会遇到单一设施选址问题。

（一）新成立企业或新增加独立经营单位

在这种情况下，设施选址基本不受企业现有经营因素的影响，在选址时要考虑的主要因素如本章第一节所述。

（二）企业扩大原有设施

这种情况下首先考虑两种选择：原地扩建及另选新址。原地扩建的益处是便于集中管理，避免生产与运作的分离，充分利用规模效益，但是也可能带来一些不利之处，如，失去原有的生产与运作方式的特色，物流和生产控制变得复杂。在某些情况下，还有可能失去原来的最佳经济规模。另选新址的主要益处是，企业可以不依赖唯一的设施场地，便于引进、实施新技术，可使生产组织方式特色鲜明，还可以在更大的范围内选择高质量的劳动力等。只有在后一种选择下，才会有真正选址的问题。

（三）企业迁址

这种情况不多，通常只有小型企业才有可能考虑这种方式。一个白手起家的小型企业，随着事业的发展，可能会感到原有的空间太小，而考虑重新选择一处更大的设施空间，这种情况下的新选位置不会离原有位置太远，以便继续利用现有的人力资源。但是在某些特殊情况下，也会遇到一些大型企业迁址的问题，如由于环境问题而被迫迁址、军转民企业所遇到的迁址问题等。

二、单一设施选址的一般步骤

单一设施选址通常包括以下几个主要步骤。

第一步：明确目标。首先要明确，在一个新地点设置一个新设施是符合企业发展目标和生产与运作战略的，能为企业带来收益。只有在此前提下，才能开始选址工作。目标一旦明确，就应该指定相应的负责人或工作团队，并开始工作。

第二步：收集有关数据，分析各种影响因素，对各种因素进行主次排列，权衡取舍，拟订初步的候选方案。这一步要收集的资料数据包括：政府部门有关规定，地区规划信息，工商管理部门有关规定，土地、电力、水资源等有关情况，以及与企业经营相关的该地区物料资源、劳动力资源、交通运输条件等信息。在有些情况下，还需征询一些专家的意见。在收集数据的基础上，列出要考虑的因素，但是对所有列出的影响因素必须逐一加以分析，分清主次，并进行必要的权衡取舍。在必要的情况下，对多种因素的权衡取舍也需要征询多方面的意见，如运用德尔菲方法等。经过这样的分析后，将目标相对集中，拟订初步的候选方案。候选方案的个数根据问题的难易程度或者可选择范围的不同而不同，如 3~5 个，或者更多。

第三步：对初步拟订的候选方案进行详细分析。所采用的分析方法取决于要考虑的因素是定性的还是定量的。例如，运输成本、建筑成本、劳动力成本、税金等因素可以明确用数字度量，因此可以采用下述的负荷距离法通过计算进行分析比较；也可以把这些因素都用金额来表示，综合成一个财务因素，用现金流等方式来分析。而生活环境、当地的文化氛围、扩展余地等因素则难以用明确的数值来表示，需要进行定性分析，人为地加以量化，从而进行分析与比较。也有一些方法可同时考虑定性与定量因素，如下述的选址度量法。

第四步：确定最终方案。在对每一个候选方案都进行了上述的详细分析之后，将会得出各个方案的优劣程度，或找到一个明显优于其他方案的方案。这样就可以选定最终方案，并准备详细的论证材料，以提交企业最高决策层审批。

三、单一设施选址的方法之一——负荷距离法

设施选址中要用到多种分析法：定性与定量分析方法，以及将定量与定性分析相结合的选址度量法等。本节主要介绍两种方法，即负荷距离法和选址度量法。

负荷距离法（load-distance method）的目标是在若干个候选方案中选定一个目标方案，它可以使总负荷（货物、人或其他）移动的距离最小。当与市场的接近程度、与供应商的接近程度等因素至关重要时，使用这一方法可从众多候选方案中快速筛选出最有吸引力的方案。这一方法也可以在下面的设施布置中使用。

（一）距离与负荷的计算

在负荷距离法中，首先需要计算新选址位置与目的地的距离。如图 5-1 所示，*A* 表示一个待选的配送中心的位置，*B* 表示向 *A* 供应产品的生产厂家。那么，*AB* 之间的距离如何计算？最好的方法是按照实际距离来计算。如果用卡车

运输，那么实际的距离取决于公路系统和所行走的路线。粗略地计算（这足以达到负荷距离法的目的），有两种计算距离的方法。

第一，计算几何距离。几何距离的计算公式如下：

$$d_{AB} = \sqrt{(x_A - x_B)^2 + (y_A - y_B)^2}$$

第二，计算直线距离。直线距离的计算公式如下：

$$d_{AB} = |x_A - x_B| + |y_A - y_B|$$

其中，d_{AB} 表示 A、B 两点之间的距离，x_A、x_B、y_A、y_B 分别表示 A、B 两点的横坐标和纵坐标。显然，几何距离表示两点之间的最短距离，但是这种距离有时是不现实的。直线距离表示行走路线是图 5-1 中所示的虚线。这在很多情况下，如城市中不同街区之间的行走，是比较符合实际的。

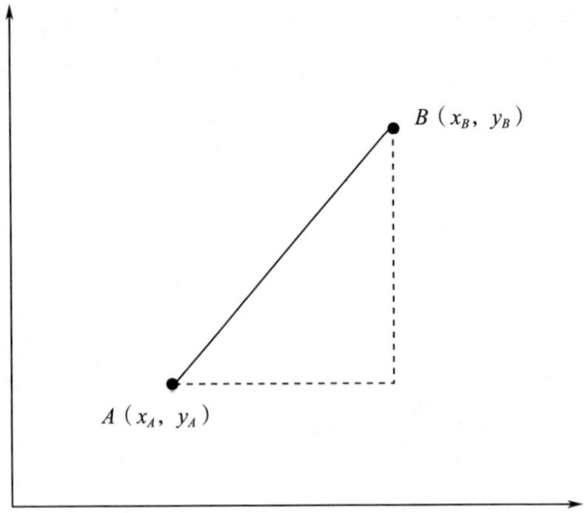

图 5-1　两点之间的距离

总负荷的一般计算公式为：

$$ld = \sum_i l_i d_i$$

其中，ld 表示总负荷，即新选位置与各个目的地之间的负荷距离乘积的和。d_i 和 l_i 分别表示目的地 i 与新选位置的距离和移动负荷的大小。其中，d_i 可以是几何距离，也可以是直线距离。很明显，在各个候选方案中，总负荷数值越小，该方案越优。

【例题 1】

某健康诊断中心负责 7 个社区的服务，各个社区的中心位置和人口如图 5-2 所示。如果该健康诊断中心设在 F（7，2），总负荷数是多少（使用直线距离）？

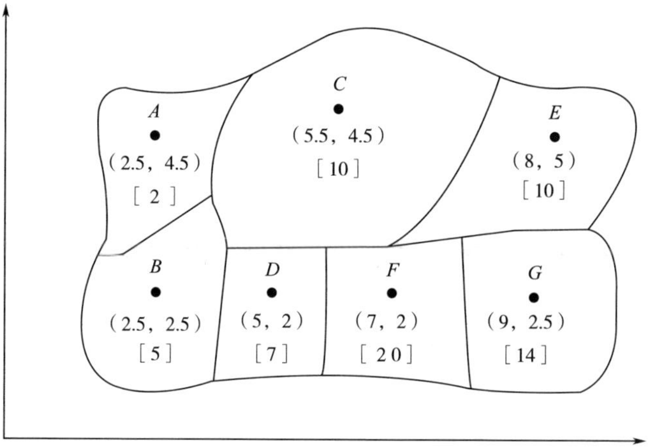

图 5-2　社区位置及人口分布

【答案】

根据上面的式子，如果健康诊断中心设于 F，则总负荷数为：

$$ld = (|7-2.5|+|2-4.5|)\times 2+(|7-2.5|+|2-2.5|)\times 5+(|7-5.5|+|2-4.5|)\times 10+(|7-5|+|2-2|)\times 7+(|7-8|+|2-5|)\times 10+(|7-9|+|2-2.5|)\times 14=168$$

（二）负荷距离法的两种解法

在例题 1 中，有可能得到最优解。但是在现实问题中，往往会遇到无法选择该点作为设施位置的情况。例如，该点的地价过高、该点的其他应考虑因素极不理想等。因此，需要考虑其他较优的可行方案。下面是两种可用的方法。

1. 穷举法

在可选范围内均匀地选择若干个点，计算每个点的总负荷数，然后加以比较。图 5-3 显示了在例题 1 中使用穷举法计算的结果。从该图中可以看出，社区 F 的中心位置（7，2）应该是最优位置，其总负荷数最小。但是如果该点的其他影响因素使决策者无法选择该点作为健康诊断中心，可考虑邻近的其他较优位置，如距离 F 点北面 2 公里之处的总负荷数为 197 的位置。

2. 重心法

重心法可比穷举法更快地得到较优位置。该方法的步骤如下。

步骤 1：用下式确定区域的重心：

$$x^* = \frac{\sum_i l_i x_i}{\sum l_i}$$

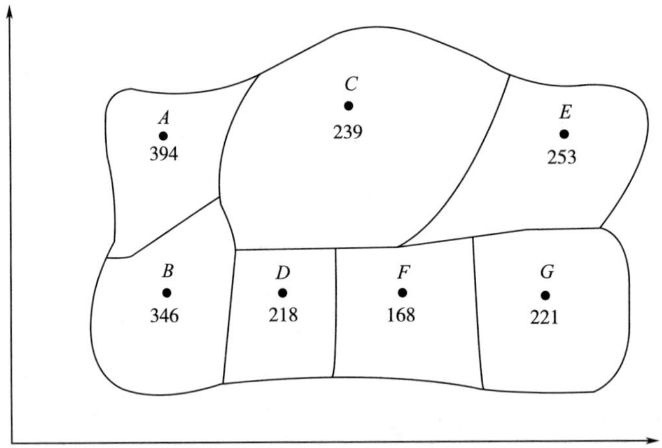

图 5-3 负荷距离法中的穷举法示例

$$y^{*}=\frac{\sum_{i} l_i y_i}{\sum l_i}$$

其中，x^* 和 y^* 分别表示重心的横坐标和纵坐标。以该重心为所选位置，计算其总负荷数。

步骤 2：计算（x^*，y^*）上、下、左、右的邻近点，如各相距 2 公里之处的总负荷数，与步骤 1 所选位置的总负荷数进行比较。如有更好的，则以该点为新的重心位置，再计算其相邻各点的总负荷数。

步骤 3：步骤 2 反复进行，直至找不出更优的点，则最后一步的重心位置就是所选位置。

可见，重心法能较快地得到相对较优的位置，但是得不到穷举法所示的那么多的信息。

四、单一设施选址的方法之二——选址度量法

选址度量法是一种既考虑定量因素又考虑定性因素的用以支持设施选址的方法。

这种方法的步骤如下。

步骤 1：明确必要因素。在分析研究影响设施位置的各种因素时，首先明确哪些是必要因素。凡是不符合任何一个必要因素的方案，先将其筛选掉。

步骤 2：对因素进行分类。对各种因素进行分类，凡是与成本有直接关系、可以用货币表示的因素归为客观因素，其他的则归为主观因素。同时，分别确定

客观因素和主观因素的比重。如果客观因素和主观因素同样重要，则其比重都是0.5。设 X 为主观因素的比重，则

$$\text{客观因素的比重值} = 1 - X, \quad 0 < X < 1$$

X 越接近 1，主观因素越重要。

步骤 3：计算客观度量值。对每一可行性位置方案，应该计算它的客观度量值。其计算方法为：

$$C_i = \sum_{j=1}^{m} C_{ij}$$

$$M_{o,i} = [C_i \sum_{i=1}^{n} (1/C_i)]^{-1}$$

其中，C_i 表示第 i 种可行性位置方案的总成本；C_{ij} 表示第 i 种可行性位置方案中的第 j 项成本；$M_{o,i}$ 表示第 i 种可行性位置方案的客观度量值；$\sum_{i=1}^{n}(1/C_i)$ 表示各可行性位置方案的总成本的倒数之和；m 表示客观因素的项数；n 表示可行性位置方案的数目。

若将各可行性位置的度量值相加，则其总和等于 1，即：

$$\sum_{i=1}^{n} M_{o,i} = 1$$

步骤 4：确定主观评比值。由于各主观因素多属于定性因素，因此难以按量化值直接比较。但是可以采用某些方法，将它们间接转化为数量值表示，如采用强迫选择法衡量各位置的优劣。这种方法是针对每一项主观因素，将每一可行性位置分别成对地进行比较。较佳位置的比重值定为 1，较差位置的比重值定为 0。然后，根据各位置所得到的比重值和总比重值，求出某一主观因素在某一可行性位置的主观评比值。一般可以按照下式计算：

$$S_{ik} = \frac{W_{ik}}{\sum_{i=1}^{n} W_{ik}}$$

其中，S_{ik} 表示第 i 种可行性位置对第 k 个因素的主观评比值；W_{ik} 表示第 i 种可行性位置在第 k 个因素中的比重；$\sum_{i=1}^{n} W_{ik}$ 表示第 k 个因素的总比重值。

主观评比值为数量化的比较值，可以利用次数值来比较各可行位置的优劣。此数值一般介于 0 和 1 之间，越接近 1，则说明该位置越优于其他位置。

例如，现有甲、乙、丙三个地点能够建厂，但是就竞争能力（因素 A）来看，甲、乙两地相似，而丙地较甲、乙两地更优。在竞争能力方面甲、乙、丙的主观评比值如表 5-3 所示。

表 5-3　因素 A：竞争能力的主观评比值计算表

位置	成对比较			比重	S_{iA}
	甲	乙	丙		
甲		1	0	1	0.25
乙	1		0	1	0.25
丙		1	1	2	0.50
合计				4	1.00

步骤 5：计算主观度量值。在评比时，主观因素可能超过一个。同时，各主观因素的重要性也可能不完全一样。因此，对多项主观因素进行综合评价时，还应确定各主观因素的重要性指数。这种指数的确定也可以应用上述的强迫选择法（或采用专家评估法）。然后，根据每一因素的主观评比值和该因素的重要性指数，分别计算每一可行性位置的主观度量值，其计算公式为：

$$M_{s,\ i} = \sum_{k=1}^{m} (L_k \cdot S_{ik})$$

其中，$M_{s,\ i}$ 表示第 i 种可行性位置的主观度量值；L_k 表示第 k 项主观因素的重要性指数；S_{ik} 表示第 i 种可行性位置对第 k 项主观因素的评比值；m 表示主观因素的项数。

步骤 6：确定位置度量值。位置度量值是对某一可行性位置方案的综合评价，其计算公式为：

$$M_{l,\ i} = X \cdot M_{s,\ i} + (1 - X) \cdot M_{o,\ i}$$

其中，$M_{l,\ i}$ 表示第 i 种可行性位置的位置度量值；X 表示主观类因素的比重值；$(1-X)$ 表示客观类因素的比重值；$M_{s,\ i}$、$M_{o,\ i}$ 含义同前。

步骤 7：决策。应当从多种可行性位置方案中选择位置度量值最大的可行性位置方案，作为设施位置。

第二节　设施网络中的新址选择

一、两种不同的设施网络

有时候一个企业需要在现有的设施网络中再选择一个新的设施地址，它包括以下两种情况。

第一种情况是各个设施相互独立。企业拥有多处设施或者营业地点，但是彼此之间的运营成本是基本相互独立的。例如，拥有多个餐馆、医院、银行支行、商店等。

第二种情况是各个设施相互作用。企业拥有多处设施，但是彼此之间的运营不是独立的。例如，一个大制造企业的不同分厂制造不同的部件，或者分别是零件厂与装配厂；又如，生产厂与配送中心分处不同的地点等。

第一种情况下的选址问题，基本上可以按照单一设施选址的方式进行处理。但是在第二种情况下，就涉及一些新的问题，如各个设施之间的运输问题，如何在不同设施之间分配工作任务，如何决定每一设施的生产能力等。只有这些问题得到了综合考虑，才有可能使整个设施网络的生产与运作效果最优。本节主要讨论第二种情况。

二、选择分析要点

设施网络中的新址选择比单一设施新址选择问题更加复杂，因为在这种情况下决定新设施的地点位置时，还必须同时考虑新设施与其他现有设施之间的相互影响和作用。如果规划得好，各个设施之间会相互促进，否则就会造成负面效果。下面两个问题是选择分析中的要点。

（一）考虑不同类型设施网络的特点

在相互作用的设施网络中，实际上还可以分为几种类型，不同类型在选址上的主要考虑因素不尽相同。主要类型有以下几种。

1. 产品型

这种类型的设施网络是指以某一种或者某一系列产品为中心，分别建立不同的设施。例如，家电公司的电饭锅厂、电熨斗厂等，日用化学品公司的护肤用品厂、洗涤用品厂等。这种类型的主要目的是进行大批量生产，各个厂分别面向所有的市场区域，运费是其次的。这种类型的设施在选址时较注重接近原材料产地或供应商，在可能的条件下也应考虑产品外运的方便和低成本。

2. 市场地区型

这种类型的设施网络是指各个设施分别面向各自一定的市场区域。这种设置方法考虑的主要是运输问题（运费、运输时间），常用于体积、重量较大的产品。例如，造纸、塑料、玻璃、管道等制造业的产品在每一地区均有需求，因此对于规模较大的企业来说，往往以区域需要为中心来设置不同的生产设施。此外，为了以“快速交货”为主要竞争重点，有时也采用这种方式布置设施。例如，有很多国家都有承诺“30 分钟以内送货上门”的比萨饼店，其选址自然在目标市场附近。

3. 生产工艺型

这种类型的设施网络是指，以企业整个生产环节中的某一环节为中心，分别建立不同的设施或工厂。每个工厂有各自的生产工艺和技术，分别负责整个生产过程的几个阶段，然后把其他产品供应给装配总厂。这种设置方法使得各个不同工厂的生产均可达到一定批量，以取得规模经济效果。这种设置方法的各个设施之间的相互作用、相互依赖性是最强的。

（二）考虑问题的三个方位

设施网络中的新址选择往往不仅要决定新设施的地点位置，还必须同时考虑添加新设施后整个网络的工作任务重新分配问题，以达到整体运营效果最优的目的。而工作任务的重新分配又会影响各个设施的最优运营规模或生产能力。因此，对于设施网络中的新址选择，至少有问题的三个方位必须同时考虑和解决，即位置、工作任务的重新分配以及生产能力。

对于多设施制造系统或者流通系统来说，企业通常可以自主地选择每一设施想要提供产品或者服务的对象（如某一工厂、某一仓库、某一配送中心等），所以常用的方法之一是把市场分成多个区域，分别在每个区域内设置必要的设施，从而为该区域内的消费者提供产品或服务。如果市场区域进一步扩大了，则在新区域再增添新的设施；如果某一区域内的需求增大了，则可以在该区域内再增加一处设施，或者如同上一节所述，在原设施基础上扩建。因此，对于这样的企业和生产与运作系统来说，上述问题的三个方位主要是根据生产厂、配送中心、仓库等不同设施之间的联系和功能作用来考虑。下面将给出一个解决这种三方位问题的具体方法，即运输表法。

三、基于运输表法的新址选择

运输表法是一种迭代方法，用来在 m 个“供应源”和 n 个“目的地”之间决定一个任务分配方法，使得运输成本最小。这是一种可用来进行设施网络选址的优化方法。这种方法实际上是线性规划的一种特殊形式。这里，我们仅仅使用这种方法解决设施网络中的选址问题，其中的“供应源”为制造产品的工厂，“目的地”为配送中心。

这种方法并不能全面顾及设施网络选址问题的三个方位，而是在设施位置和各个设施的生产能力给定的条件下，求得最优运输方式。

运输表法的基本模型如表 5-4 所示。其中的“供应源”是工厂（已有工厂或者准备新建工厂），“目的地”是配送中心。对于这样一个运输问题，无论是用手工计算还是计算机求解，首先都需要建立一个如表 5-4 所示的矩阵，或称为表格。表中的行和列分别代表工厂和配送中心（最后一行和最后一列除外），矩阵中每一个单元中应填入从该单元所在行的工厂向该单元所在列的配送中心运输的量，其中单位运输成本表示在该单元的右上角。假定运输成本与运输量成正比。有时候不希望或者不可能有从某一供应源至某一目的地的运输，在这种情况下，可使该单元的单位运输成本足够大，如其他单元的 100 倍，这样在模型求解过程中就自然会排除这种选择。

表 5-4　运输表的模型示例

工厂	配送中心运量与运费			生产能力
	1	2	3	
A	5.0	6.0	5.4	400
B	7.0	4.6	6.6	500
需求	200	400	300	900 / 900

在上述模型中，每一行运输量的和应该等于该行所代表的工厂的生产能力，每一列运输量的和应该等于该列所代表的配送中心的需求，分别表示在矩阵的最后一行和最后一列，该生产能力总量还应该等于需求总量。

【例题 2】

表 5-5 表示的是某体育用品公司的例子。该公司的某产品系列在工厂 A 生产，生产能力是 400。随着市场需求的增长以及公司业务量的扩大，现有的三个配送中心的需求都在增长，预计分别为 200、400 和 300。公司正在考虑再建一个生产能力为 500 的工厂，初步考虑建在 B 地。从 A 地的工厂向三个配送中心的单位运输成本分别是 5.0 元、6.0 元和 5.4 元，从 B 地的工厂向三个配送中心的单位运输成本分别是 7.0 元、4.6 元和 6.6 元。现在，公司想运用运输表法确定在此情况下的最优运输方式和总运输成本。

【答案】

在这种选址情况下的最优运输方式如表 5-5 所示，总运输成本是 4 580 元。

表 5-5 运输表法模型的求解示例

工厂	配送中心运量与运费			生产能力
	1	2	3	
A	5.0 200	6.0	5.4 200	400
B	7.0	4.6 400	6.6 100	500
需求	200	400	300	900 900

上述示例中的求解过程是一个迭代过程，当问题不太复杂时，可用手算，如上例所示。当问题较复杂时，可选用适当的软件包来求解。无论采用什么方法，最后矩阵中的非零单元数都不会超过 $m+n-1$ 个。此外，得出的结果应保证用完每个工厂的生产能力，每个配送中心的需求也都得到满足。

还应该指出的是，上述示例中得出的最优解并不意味着 B 地是最优选址，而只是该选址情况下的最佳任务分配方式。在其他选址方式下，可能有更优的运费结果。例如，在 C 地、D 地开设生产能力为 500 的新工厂，或扩建原有的 A 地工厂，再建一个较小的新工厂等。在每一种选址情况下，都可以运用运输表法求得一个最优运输方式。比较不同选址情况下的总运输成本，再综合考虑其他定性定量因素，才可最终得出一个较好的选址方案。

四、设施选择的几类不同方法

实际上，现在很多设施网络中的选址问题都比上述示例复杂。例如，针对一个大型制造业企业的选址，需要考虑通过多个配送中心把其产品分别送往不同的需求地点（或需求中心），要决定这些配送中心的数量、规模，产品向各个配送中心的分配方式以及每个配送中心的位置。需求中心可能有几千个，应该考虑设置的配送中心也许是几百个或者几十个，而企业所拥有的生产中心即生产设施可能只有几个。解决这样的问题通常需要利用计算机来建立一个数学模型求解。在有些情况下可以求出最优解，有时则难以求出最优解，需要用到一些其他类型的方法。以下是几种不同类型方法的概括。

（一）启发式算法

启发式算法只是寻找可行解，而不是最优解，前面所述的负荷距离法中的重心法就是一种启发式算法。有许多计算机化的启发式算法，可以解决 m、n 达几百几千的问题。早在20世纪60年代，就有人提出了用启发式算法解决大型设施选址问题。如今，启发式算法已经在很多场合广泛应用。

（二）模拟方法

模拟是试图通过模型重现某一系统的行为或者活动，而不必实地去建造并运转一个系统，以免造成巨大的浪费，或根本没有可能实地去进行运转实验。模拟方法有许多种应用，在选址问题中，模拟可以使分析者通过反复改变和组合各种参数，多次试行来评价不同的选址方案。模拟方法可描述多方面的影响因素，因此比运输表法更有实用意义。这种方法还可以进行动态模拟。例如，假定各个地区的需求是随机变动的，通过一定时间长度的模拟运行，可以估计各个地区的平均需求，从而在此基础上确定流通中心、生产中心的分布；还可以通过需求的变动模拟库存的变动水平，用于帮助决定生产规模、生产成本、运输费用、仓储费用等。这种方法常用来求解较大型的、无法手算的问题。

（三）优化方法

运输表法实际上就是一种优化方法，虽然它只是某一方位问题的最优。优化方法求出的不是可行解、满意解，而是最优解，即在所有可能的方案中，不会有比它更好的了。但是由于这种方法要从理论上证明最优，所以它在使用上有两大局限性：一是模型必须较抽象、较简单，否则得不出解。但这样会使模型的描述与实际相去甚远。二是很多定性因素被忽略掉了，因此不可能得出在考虑定性条件下可能得出的很多结论。

（四）简单的中线模式法

简单的中线模式法是一种厂址选择的方法。这种方法只假设坐标上最优的点（即使总的运输距离最短的点）是一个可行的建厂点，并不考虑那里现在是否有道路，也不考虑自然地形、人口密度，以及其他许多在布点时应考虑的重要事项，因而存在局限性。

（五）德尔菲分析模型

典型的布置分析考虑的是单一设施的选址，其目标包括：供需之间运输时间或距离的极小化，成本的极小化，平均反应时间的极小化。但是，有些选址分析涉及多个设施和多个目标，其决策目标相对模糊，甚至带有感情色彩。解决这类选址问题的一个方法是使用德尔菲分析模型，该模型在决策过程中考虑了各种影响因素。使用德尔菲分析模型涉及三个小组，即协调小组、预测小组和战略小组。每个小组在决策中发挥不同的作用。

总而言之，在设施选址中，有许多方法可以应用，特别是计算机技术的发展使得设施选址的方法更加多样化了，但是这些方法只是用来支持决策，使决策更方便，也更节省时间和费用，决策者不应完全地依赖它们。

第四节　设施布置的基本问题与分类

一、基本问题

设施布置是指在一个给定的设施范围内，对多个经济活动单元进行位置安排。

所谓经济活动单元，是指需要占据空间的任何实体，也包括人。例如，机器、工作台、通道、桌子、储藏室、工具架等。所谓给定的设施范围，可以是一个工厂、一个车间、一座百货大楼、一个写字楼或一个餐馆等。

设施布置的目的是将企业内的各种物质设施进行合理安排，使它们组合成一定的空间形式，从而有效地为企业的生产与运作服务，以获得更好的经济效果。设施布置在设施位置选定之后进行，它要确定组成企业的各个部分的平面或立体位置，并相应地确定物料流程、运输方式和运输路线等。具体地说，设施布置要考虑以下四个问题。

（一）应包括哪些经济单元

这个问题取决于企业的产品、工艺设计要求、企业规模、企业的生产专业化水平与协作化水平等多种因素。反过来，经济活动单元的构成又在很大程度上影响生产率。例如，有些情况下一个工厂中有一个工具库就可以，但是另一些情况下，也许每个车间或每个工段都应有一个工具库。

（二）每个单元需要多大空间

空间太小，可能会影响生产率，影响工作人员的活动，有时甚至容易引起人身事故；空间太大，是一种浪费，同样会影响生产率，并且使工作人员之间相互隔离，产生不必要的疏远感。

（三）每个单元空间的形状如何

每个单元的空间大小，形状如何以及应包含哪些单元，这几个问题实际上是相互关联的。例如，一个加工单元应包含几台机器，这几台机器应如何排列，应该占用多大空间，需要综合考虑。如果空间已经限定，则只能在限定的空间内考虑是一字排开，还是三角形排列等；若根据加工工艺的需要，必须是一字形排列或三角形排列，则必须考虑需要多大空间以及所需空间的形状。在办公室设计中，办公桌的排列也属于类似的问题。

（四）每个单元在设施范围内的位置

这个问题包括两个含义：单元的绝对位置与相对位置。如图 5-4 所示，由（a）改为（b），几个单元之间的相对位置未变，但是绝对位置变了。如 A 与 D 对调，则相对位置也发生变化。相对位置的重要意义在于它关系到物料搬运路线是否合理，是否节省运费与时间，以及通信联络是否便利。此外，如内部相对位置影响不大，还应考虑与外部的联系，如将有出入口的单元设置于靠近路旁。

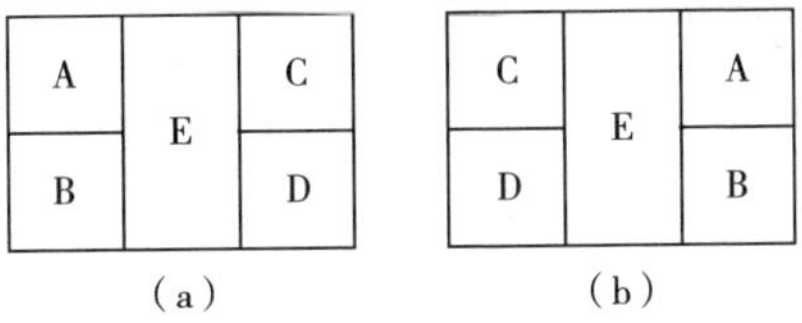

图 5-4 设施单元的相对位置与绝对位置

二、影响企业经营活动单元构成的因素

（一）企业的产品

企业的目标最终要通过它所提供的产品或服务来实现，因此，企业的产品或服务从根本上决定了企业经营活动单元的构成。对于制造业企业来说，首先，企业的产品品种将决定企业所应配置的主要生产单元，如汽车制造厂需要有冲压车间，而仪表制造公司则不需要；其次，由于产品的结构工艺特点决定产品粗加工和原材料的种类，决定产品的劳动量构成，因此影响生产单元的构成；最后，产品的生产规模也会影响生产单元的构成，如当某产品的产量较大且加工劳动量也较大、具有一定规模时，就有必要考虑设置该种产品的专门生产车间或分厂，反之则没有必要。对于服务业企业来说也是如此，所提供服务内容不同、服务规模不同，经济活动单元的构成自然不同。

（二）企业的规模

企业经济活动单元的构成与企业规模的关系是十分密切的。这是因为企业所需经济活动单元的数目、大小是由企业的规模决定的。企业的规模越大，所需要的单元数目就越多。

（三）企业的生产专业化水平与协作化水平

这主要从两个方面影响企业的经济活动单元构成：一是采用不同专业化形式（指产品对象专业化或工艺对象专业化）的企业，对工艺阶段是否配备完整的要求不同，从而带来了经济活动单元构成上的不同；二是企业的运作化水平越高，即通过运作取得的零部件、工具、能源等越多，企业的主要生产单元就越少，如很多标准件都可以容易地通过外协得到，没必要全部自己建立这样的生产单元。在今天，企业正在向两个不同的趋势发展：一是生产的集中化和专业化，即生产要素越来越多地向大型专业化企业集中；二是生产的分散化，即生产要素向与大企业协作配套的小型企业扩散，以大企业为核心构成一个企业群体，以固定的协作关系从事某些专门零部件的生产或完成某些工艺过程。这两种发展趋势给企业的设施布置提出了一些新的要求。

（四）企业的技术水平

其中主要是装备的技术水平，它直接影响企业经济活动单元的构成。装备的技术水平高，数控设备、加工中心等高技术设备拥有率较高的企业，其生产单元的组成较简单；反之，则较复杂。

三、设施布置的基本类型与选择

设施布置类型在很大程度上取决于企业基本的生产运作流程形式。主要有以下 4 种类型。

（一）工艺对象专业化布置

这种设施布置是工艺对象专业化的生产组织方式相对应的。当产品品种较多，每一种产品的生产量都不是很大，只能断续生产时，通常采用工艺对象专业化的生产组织方式，而工艺对象专业化布置则能实现这一战略。在这种布置方式下，设备是按照其所具有的功能来布置的。例如，机械制造厂将车床、铣床、钻床等设备分别放置。这种布置方法对产品的适应性较高，设备的利用率也较高，但是产品的物流比较复杂、无序，在制品库存量也较高，整个生产周期较长。

（二）产品对象专业化布置

这种布置使产品对象专业化的生产组织方式得以实现。在这种布置方式下，设备是按照某一种或某几种（但这几种产品的加工路线基本类似）产品的加工路线或加工顺序顺次排列的，所以常称为生产线。但是生产线并不一定是一条直线，它可以采取 L 形、O 形、S 形、U 形等多种形状，或这几种形状的组合。在多层厂房的情况下（如小型产品、精密仪器、电子产品、鞋厂等），还可以有如图 5-5 所示的生产线。在地价越来越高的情况下，这样的多层厂房会越来越多，如电视机厂、缝纫机厂的厂房等。

在产品对象专业化布置中，工艺对象专业化布置下的主要问题——每个单元分别设置在哪里——几乎不成问题，因为只能按照加工顺序来排列。在这种布置方式下的主要问题是：如何使每一单元的操作时间都大致相等。如果操作时间不同，整

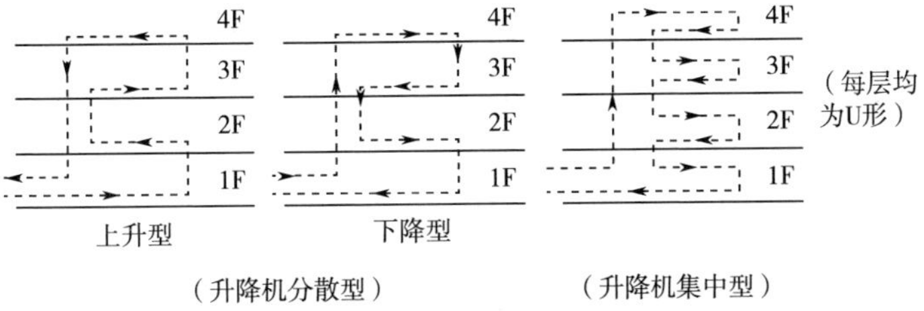

图 5–5　多层厂房的生产线

个生产线的产出速度只能是费时最多的单元的产出速度。这就是生产线平衡问题。

（三）混合布置

混合布置是指上述两种布置类型的混合。实际上这种布置是最常见的，因为在许多企业，产品有一定的批量，但是不足以形成单一的生产线；然而，系列产品常常有加工类似性，又有可能使单件生产条件下完全“无序”的设施布置在某种程度上“有序”，因此采取前两种布置方式的结合。混合布置有多种形式，如零部件生产采取工艺对象专业化布置、装配车间采取产品对象专业化布置等。

（四）固定布置

这种布置的示意图如图 5–6 所示。

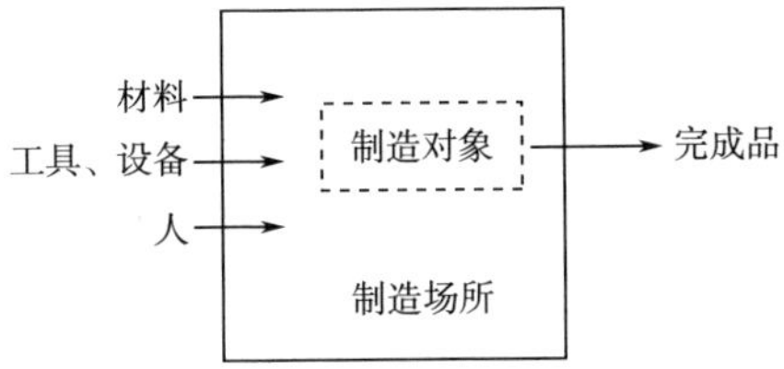

图 5–6　固定布置

从图 5–6 可以看出，这种布置是将要加工的对象固定在一个位置，人带着工具、设备向其移动，并在该处工作。这种布置方法比较特殊，通常只限于体积和重量都非常大、不易移动的产品，而且通常只能以单件或极小批量生产的产品，如船舶、机车、重型机车、发电机组等。这种布置通常是没有其他选择余地的，因此，即使搬运工具和设备费时费力，最优先考虑的重点仍然是不移动或最小限度地移动加工对象。

四、设施布置类型选择中的其他影响因素

一个好的设施布置方案应该能够使设备、人员的效益和效率尽可能好。在设施布置中到底选择上述4种基本类型中的哪一种，除考虑上述生产组织方式战略以及产品加工特性外，还应该考虑下列因素。

（一）所需投资

设施布置将在很大程度上决定所要占用的空间、所需设备以及库存水平，从而决定投资规模。如果产品的产量不高，设施布置人员可能愿意采用工艺对象专业化布置，这样可以节省空间，提高设备的利用率，但是可能会带来较高的库存水平，因此，这就有一个平衡的问题。如果是对现有的设施布置进行改造，更要考虑所需投资与可能获得的效益相比是否划算。

（二）物流

在考虑各个经济活动单元之间的相对位置时，物流的合理性是一个主要的考虑因素，即应该使量比较大的物流的距离尽量短，使相互之间搬运量较大的单元尽量靠近，以便使物流费用尽可能小，搬运时间尽可能短。曾经有人统计过，在一个企业中，从原材料投入直至产品产出的整个生产周期中，物料只有15%左右的时间处在加工工位上，其余都处在移动过程或库存中，其成本可达总生产成本的25%~50%。由此可见，物流是生产与运作管理中相当重要的一个问题。而一个好的设施布置可使物流成本大为降低。

（三）柔性

设施布置的柔性一方面是指对生产的变化有一定的适应性，即使发生了变化仍然能达到令人满意的效果；另一方面是指能够容易地改变设施布置，以适应变化的情况。因此，在一开始设计布置方案时，就需要对未来进行充分预测；同时，从一开始就应该考虑到以后的可改造性。

（四）其他

其他还需着重考虑的因素有：①劳动生产率，为此在进行设施布置时要注意不同单元操作的难易程度悬殊不宜过大；②设备维修，注意不要使空间太狭小，这样会导致设备之间的相对位置不好；③工作环境，如温度、噪声水平、安全性等，均受设施布置的影响；④人的情绪，要考虑是否可使工作人员相互之间能有所交流，是否给予不同单元的人员相同的责任与机会，使他们感到公平平等。

第五节　工艺对象专业化和产品对象专业化的布置方法

不同类型的设施布置需要采用不同的方法。对于上述 4 种基本类型，固定布置是不需要考虑布置方法问题的：当你只能采用这种布置并已经决定采用它时，设施布置的问题就算基本完成了。但是其他 3 种类型，在你选定某一种类型后，还必须采用某种方法有效、合理地实现这一方案。不同的类型所需要的方法也是完全不同的。

一、工艺对象专业化布置的基本方法

无论是进行一个全新的设施布置，还是对原有的设施布置进行改变，基本方法都是一样的，都需要经过以下三个基本步骤。

第一步：汇集有关信息、数据。其中，主要信息包括四个方面：各个经济活动单元所需要的空间面积；可利用空间的大小（或现有布置图）；各个单元之间的相互关系；其他约束条件。

第二步：初步做出平面布置方案（块状区划图），并进行评价。

第三步：最终确定块状区划图，做出详细方案。

下面通过一个示例来说明具体的布置方法。该示例是某机械厂生产各种小型金属零件的一个车间，其设备大都为通用机械，现在拟对现有的设施布置进行改造。

（一）汇集有关信息和数据

该车间所包括的经济单元及各个单元所需的空间面积如图 5-7（a）所示。这里要注意的是，在计算各个单元所需空间时，必须与企业的生产能力结合起来考虑。除了考虑设备、人员等所需占用的空间以外，还必须加上足够的“周边”空间，以保证有足够的通道等辅助周边空间。一般来说，周边空间占单元全部空间的 25%。

图 5-7（b）表示这个车间可利用的总面积和现有的块状区划图（block plan）。块状区划图是对各个活动单元相对位置的初步安排，并不完全等于最后的实际形状，但是可以大致确定各单元的相对地理位置，明确各单元之间的物料流向。从图 5-7（b）可以看出，6 个单元划定的面积是相等的，但是实际上并非如此。如果是进行新的规划，在给定总的可利用面积后，也可首先把它分成相等的 6 个区域。如果其中 4 个区域的面积大致相等，而另外 2 个要大 1 倍，可大致分为相等的 8 块，但是必须加上一个约束条件——有 2 块是不可分离的。

单元	面积（m²）
1.磨床	1 000
2.数控机床	950
3. 装卸处	750
4.车、铣床	1 200
5.工具组	800
6.检验组	700
总计	5 400

（a）各单元所需空间面积

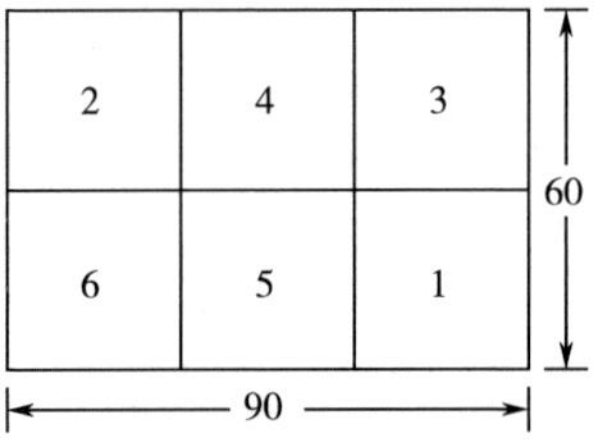

（b）现有块状区划图

从＼至	1	2	3	4	5	6
1		20		20		80
2			10		75	
3				15		90
4					70	
5						
6						

（c）物料从至表

符号	接近程度	分数
A	绝对必要（absolutely necessary）	6
E	很必要（especially necessary）	5
I	重要（important）	4
O	一般（ordinary closeness）	3
U	不重要（unimportant）	2
X	不能接近（undesirable）	0

（d）关系重要程度分类表

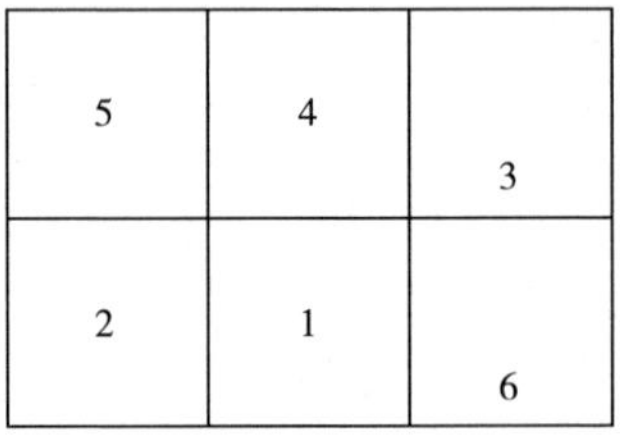

（e）改变后的块状区划图

图 5-7　某机械厂设施布置改造示例

汇集信息时还必须知道各个单元之间的相关关系。有两种主要的方法可以用来提供这样的信息。一种方法是物料从至表（from-to matrix），如图 5-7（c）所示。它给出每两个单元之间的物料流动情况，该数字可以是搬运次数、搬运重量或其他度量。当新设计一个设施布置方案时，可以根据主要产品的预测生产数量、历史统计数据等估计，还可以参考有经验的现场管理人员或物料管理人员的意见。通常这些数据表示两个单元之间的双向物流总量，即假设 A→B 与 B→A

的物料搬运成本相等。若不等，可用比例因子加以修正。从图 5-7（c）可以看出，该例子中最大的搬运量在单元 3 与单元 6 之间，其次在单元 1 与单元 6 之间，因此，应该尽量使单元 1、单元 3 与单元 6 靠近，但是现有的布置并非如此。

另一种方法是关系重要程度分类表（REL chart，REL 是 relationship 的缩写），它是定性描述单元之间相对位置重要性的一种方法，如图 5-7（d）所示。它把相对位置的重要性分成 6 个等级。关系重要程度分类表的一个主要优点是可以把影响设施布置的多个因素考虑进去，而不仅仅是物料搬运一项，特别是一些定性因素，如柔性、工作环境等因素，给出一个综合的相关重要性度量。但是，有时为了便于进行不同方案之间的比较，特别是用计算机进行辅助计算时，也可以把它们转化成数字，如图 5-7（d）所示。最后一项为 0，表示不允许这样的情况发生。

（二）做出块状区划图

在上述信息和数据的基础上，要做出初步的块状区划图。做块状区划图的最简单办法是采取反复试行法，从相关性最重要的单元开始，依次往下排列，如遇到其他约束条件，再进行调整，反复进行，直至得出一个较满意的、符合全部约束条件的解。在本示例中，应优先考虑的是：使单元 3 和单元 6 尽量接近；使单元 1 和单元 6 尽量接近；使单元 2 和单元 5 尽量接近；使单元 4 和单元 5 尽量接近。

因此，移动顺序应是：由于单元 3 不能移动，将单元 6 移至单元 1 的位置；单元 1 最好在原单元 4 的位置，但是单元 4 不宜移动，退而求其次，将单元 1 放在原单元 5 的位置，紧邻单元 6；单元 2 和单元 5 应尽量接近，可将单元 5 放在原单元 6 的位置；由于单元 4 和单元 5 应尽可能接近，可将单元 2 和单元 5 对调。最后的结果如图 5-7（e）所示。

这种方法得出的结果不能保证是最优的。因为：第一，不可能将所有因素（尤其是定性因素）考虑进去；第二，当单元数量较多时，不可能考虑到所有可能的方案，即无法做到穷举。例如，20 个单元，其可能的组合 $=20! =2.43\times10^{18}$。即便用计算机计算，假定 1 秒钟算一个方案，一天工作 8 小时，也要算 25 万年才可以算完。因此，现在一些专门用来进行设施布置的计算机软件，也不是求最优解的，而只是用启发式方法来快速得出满意解。曾有人研究认为，上述试行法的结果不比计算机辅助得出的结果更差。因此，实践中，特别是单元数不是太多时，常常采用这种方法。

在进行不同方案的比较时，也可以用前边讲过的负荷距离法进行评价，特别是不同单元之间的物料搬运量、通信联络等因素相对较重要时。例如，可以用下式表示总负荷量：

$$ld = \sum_{j=1}^{n}\sum_{i=1}^{n} l_{ij} \cdot d_{ij}$$

其中，l_{ij} 表示单元 i 与 j 之间的搬运量；d_{ij} 表示单元 i 与 j 之间的搬运距离；n 表示单元总数。

ld 还可以转换成搬运成本或其他与距离有关的量。在本示例中，距离可用 i，j 之间的相隔单元数来表示。例如，在原方案中，$d_{12}=3$，$d_{14}=2$，$d_{34}=1$。相应地，$l_{12}=20$，$l_{14}=20$，$l_{34}=15$。因此，可计算出，原方案中的总负荷量是785，修改后是400，几乎节省了一半。

这个方案也不一定是最优的，因为有时还必须考虑其他一些因素。在此方案中，需要改变4个单元的位置，改造费用也许会相当大。为了节省改造费用，可能需要考虑其他一些方案。例如，因为单元1与单元6、单元3与单元6之间的搬运量是最大的，只把单元5和单元6对换，使单元1、单元3尽量靠近单元6，在这个方案下算出的总负荷量是610，但是只需改变2个单元的位置，因此，综合考虑下来，也许更优。

（三）做出最终详细方案

确定了满意的块状区划图后，最后一个步骤是按照每个单元的实际面积与形状做出详细布置，其中还要包括必要的通道、走廊、休息场所等周边空间的布置。这个最终设计可以用平面图来表示，也可以用三维立体模型来表示，还可以用计算机辅助图示来表示。这一步骤也是很重要的，它易于最高决策者直观理解，易于其他人员发现一些设计人员未曾注意的问题。方案要在公司一级的各有关人员中进行讨论方可最后确定，讨论时也需要用这个最终方案，而不是块状区划图。

二、工艺对象专业化布置的其他方法

工艺对象专业化类型还有其他一些布置方法，如最简单的模拟试验法，这种方法是用缩小了的活动单元模板在设施平面图上进行试验布置，或用单元立体模型在设施建筑模型内进行。在布置模板或模型之前，应先测绘草图，考虑或计算大致的物流方向、流量、工艺特征等因素。这种方法直观易懂，而方法本身的成本也较低，常用于小型布置。当物流量等负荷移动量较大时，可首先用数学规划法（如线性规划、目标规划等）求出使总负荷量最小的布置方案，然后再结合考虑其他定性因素。在较大型的设施布置问题中，还可以采用计算机辅助布置方法。这种方法并不刻意求最优解，而只是求满意解或可行解。因为在较大型的设施布置中，可选择方案太多，不可能一一比较，也难以建立规范的数学规划模型。两种常用的计算机辅助设施布置方法如下。

（一）自动化布局设计程序（automated layout design program，ALDEP）

这种程序使用关系重要程度分类表来进行布置方案设计。首先，随机选取一个活动单元；然后，选择与其有最强的相对关系（A 或 E）的单元为第二个；再选择与第二个有最强相对关系的单元为第三个，以此类推，直至找不到有较强关系的单元，再随机选取下一个。程序可以给每个方案打一个综合评价分数，按照分数的高低把所有方案都排列、打印出来，供决策者考虑。打分的方法有多种，如把相对关系的字母变成数字打分、计算总负荷数、二者的结合等。

（二）计算机辅助规划技术（computerized relative allocation of facilities technique，CRAFT）

这是一种启发式方法。它以物料的总运输费用最低为原则，逐次对初始的布置方案进行改进，以寻求最优的布置方案。它的基本方法是适用物料从至表来进行，通过依次将两个单元的位置相互对换求得可行解。它首先从一个初始的块状区划图（可以是任意的）开始，评价每对可能的单元交换会给方案带来什么结果。评价基准也可以采用总负荷数。CRAFT 所得出的答案虽不是唯一的最优解，但难以再改进。还应注意的一点是，CRAFT 方法求得的最终解与初始布置方案有关。因此，通常需要以若干个不同的初始布置方案求得几个最终解，然后再从中比较取舍。

三、产品对象专业化的布置方法

产品对象专业化的布置方法与工艺对象专业化的布置方法可以说完全不同。在产品对象专业化的布置下，设备或工作地（活动单元）之间的相对位置几乎没有其他选择，均按产品的加工顺序或装配顺序排列，产品顺次从一个工作地流向下一个，直至生产线的最后一个，即被完成。通常在每个工作地有一个工人，重复地完成若干种作业，不同的工作地之间很少有库存，产品一件件地流向下一个工作地。在这种布置之下，生产线的产出速度等于作业速度最慢的工作地的产出速度。因此，这种方式下的布置方法主要是希望每一工作地的工作任务都大致相等，减少或消除忙闲不均的现象。这也就是生产线的平衡问题。

进行生产线的平衡时，首先需要把所有的工作分成一个个工作单元，即最小的、不可再分解或没有必要再分解的独立作业动作（例如，拧螺丝，没必要把它分成拿起、拧、放下等几个单元），然后确定其标准工作时间，把它们组合进不同的工作地，使每个工作地的时间尽量相等。生产线平衡的另一个目的是：当生产线节拍（即生产速度）一定时，通过合理设计，使工作地的数目尽量少，也就是说，使所需人员尽量少，以提高效率。

第六节　混合布置的布置方法

这种布置方法的主要目的是：在产品产量不足以使用生产线的情况下，尽量根据产品的一定批量、工艺相似性来使产品生产有一定顺序，物流流向有一定秩序，以达到减少中间在制品库存、缩短生产周期的目的。

一、一人多机

一人多机（one worker，multiple machines，OWMM）的基本原理是：如果生产量不足以使一个人看管一台机器足够忙，可以设置一个人可看管的小生产线，既可使操作人员保持满工作量，又可以在这种小生产线内使物流流向有一定秩序。这个所谓的小生产线，即指由一个人同时看管的几台机器。如图 5-8 所示，M1、M2 等分别表示不同的机器设备。

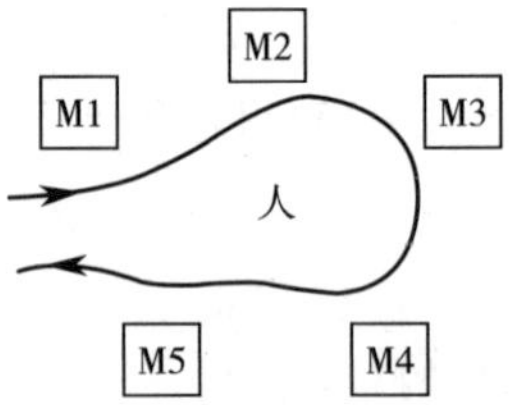

图 5-8　一人多机布置示意图

在一人多机系统中，因为有机器自动加工时间，工人只在需要看管（装、卸、换刀、控制等）的时候才去照管，因此，有可能在 M1 自动加工时，去看管 M2，以此类推。通过使用不同的装夹具或者不同的加工方法，具有相似性的不同产品可以在同一一人多机系统中生产。这种方法可以减少在制品库存并提高劳动生产率，其原因是工件不需要在每一台机器旁积累到一定数量再搬运至下一台机器。通过一些小的技术革新，如在机器上装一些自动换刀、自动装卸、自动启动、自动停止的小装置，可以增加一人多机系统中的机器数量，以进一步降低成本。

如图 5-8 所示的一人多机系统呈现一种 U 形布置，其最大特点是物料入口和加工完毕的产品的出口在同一地点。这是最常用的一种一人多机布置，其中加工的产品并不一定必须通过所有的机器，可以是 M1→M3→M4→M5，也可以是

M2→M3→M5 等。

二、成组技术

成组技术（group technology，GT）是按照产品或零件在某种特征上的相似性把它们分组归类，然后在不同的设备群上进行加工的一种方法。所谓“某种特征上的相似性”，是指形状的相似性、加工工艺或加工路线的相似性。有时尽管生产多种产品，每种产品的产量都不足以达到组成流水线的程度，而这许多种产品的通用零部件也不多，因此只要这些零部件具有类似这样的相似性，就可尽量把它们分组归类加工。例如，同是轴类形状、盘类、齿轮类等，这是指形状类似。还可以是形状虽不很类似，但是路线和工艺相同或近似，也可以依据这一方面的特征把各种要加工的产品分组归类。

显而易见，在采用成组技术的情况下，产品要按其相似性来分组：设备则恰恰相反，不是按其相似性，而是把进行某一组相似产品的加工所需要的设备布置在一起，构成一个小小的生产线，或一组设备，称之为加工单元。可想而知，这样一个加工单元内的设备不可能是同一类设备。

采用成组技术可以带来很多好处，如减少作业更换时间、减少中间在制品库存、减少物流量、缩短生产周期、易于实现自动化等。

图 5-9 表示某车间运用成组技术前后的物流状况。在运用成组技术之前，设备是按照其功能的相似性来布置的，即分别把车床、铣床、钻床、磨床等布置在一起，如图 5-9（a）所示。加工工件进入车间之后，首先被车削，然后被移动到铣床组，等待加工。当任意一台铣床完成前一工件的加工、变成空闲状态后，该工件则进入，开始自己的加工，然后移动到下一设备组——钻床组，等待加工。如此依次等待、加工、再等待、再加工，直至装配。显然，在这种方式下，工件的等待时间很长，整个生产周期拉长，而且即使同一种工件，其行走的路径也会有多种，物流很复杂。在运用成组技术对该车间的工件进行分析之后，管理人员发现，该车间的主要加工任务可分成三大组：第一组需要两种车削加工，然后再进行一种铣削加工；第二组必不可少的加工是铣和磨；第三组需要使用车床、铣床、钻床各一台。因此，运用成组技术对原有的车间布置进行了改造。图 5-9（b）是改造后的布置图（为简便起见，该图只表示了与上述三大组主要工件有关的部分）。从图 5-9（b）可以看出，三个成组单元的使用大大简化了物流。

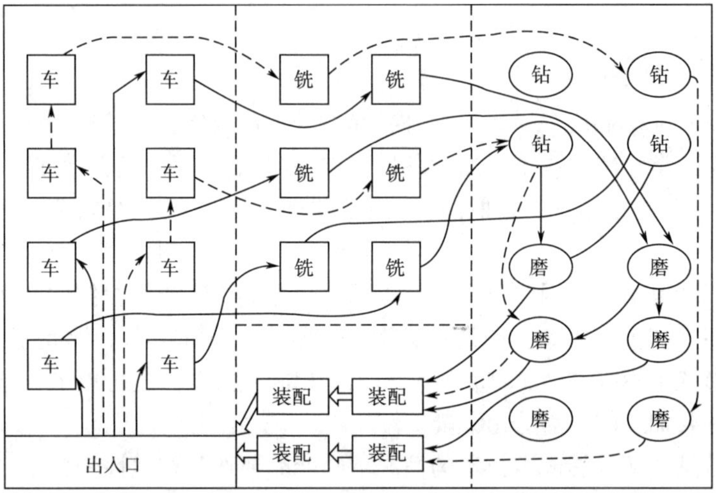

（a）运用成组技术之前

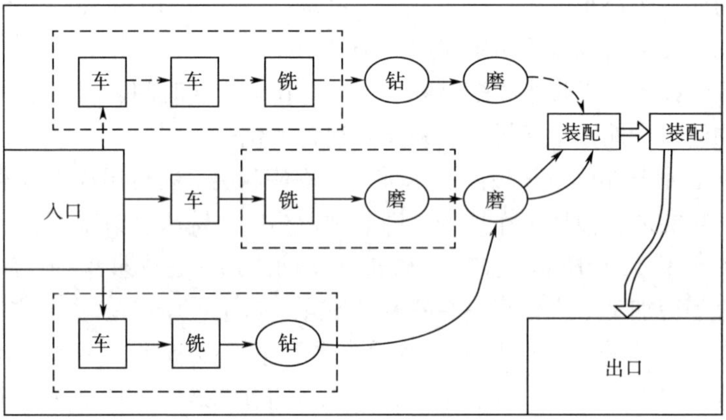

（b）运用成组技术之后

图 5-9　运用成组技术前后的物流状况

第七节　非制造业的设施布置

本节仅以两种具有代表性的非制造业行业的布置为例，说明其布置方法的特点。一种是仓库布置。众所周知，仓储业是非制造业中占比很大的一个行业，通过仓库布置来缩短存取货物的时间、降低仓储管理成本具有重要的意义。另一种是办公室布置。当前，“白领”人员在一国就业人口中所占比重越来越大，因此，如何通过合理有效的办公室布置提高工作效率、提高“白领”的劳动生产率成为一个重要问题。

一、仓库布置

从某种意义上说，仓库类似于制造业的工厂，因为物品也需要在不同地点（单元）之间移动。因此，仓库布置也可以有多种不同的方案。图 5-10 所示的是一种最普通、最简单的仓库类型。这是一个家电用品仓库，共有 14 个货区，分别储存 7 种家电。仓库有一个出入口，进出仓库的货物都要经过该口。假设该仓库每种物品每周的存取次数如表 5-6 所示，应该如何布置不同物品的货区？

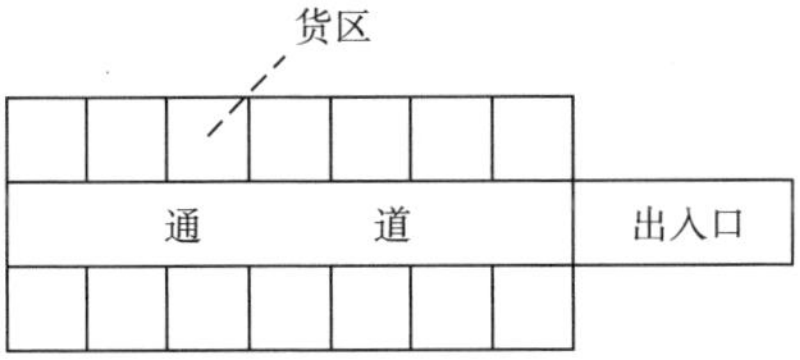

图 5-10　家电用品仓库的平面示意图

表 5-6　家电用品仓库的存储信息

序号	存储物品	每周搬运次数（次）	所需货区（个）
1	电烤箱	280	1
2	空调	160	2
3	微波炉	360	1
4	音响	375	3
5	电视	800	4
6	收音机	150	1
7	其他	100	2

这实际上就是一个典型的仓库布置问题。显而易见，这个问题的关键是寻找一种布置方案，使得总搬运量最小。这个目标函数与很多制造业企业设施布置的目标函数是一致的。因此，可以借助类似前面所述的负荷距离法等方法。实际上，这种仓库布置的情况比制造业工厂中的经济活动单元的布置更简单，因为全部搬运都发生在出入口和货区之间，而不存在各个货区之间的搬运。

这种仓库布置进一步区分为两种不同情况：①各种物品所需货区面积相同。

在这种情况下，只需把搬运次数最多的物品货区布置在靠近出入口之处，即可得到最小的总负荷数。②各种物品所需货区面积不同。需要首先计算某物品的搬运次数与所需货区数量之比，取该比值最大者靠近出入口，依次往下排列。在本示例中，各种物品的该比值从大到小的排列顺序为（括号中为比值数）：3（360），1（280），5（200），6（150），4（125），2（80），7（50）。图 5-11 是根据这种排列给出的布置方案。

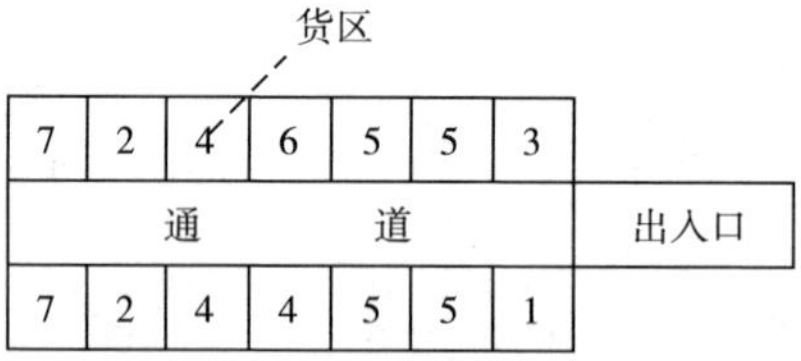

图 5-11　家电用品仓库的布置方案

二、办公室布置

办公室与生产制造系统相比，有许多不同的特点。首先，生产制造系统加工处理的对象主要是有形的物品，因此，物流是进行设施布置的一个主要考虑因素。而办公室工作的对象主要是信息以及组织内外的来访者，因此，信息的传递和交流方便与否、来访者办事是否方便快捷是主要的考虑因素。其次，在生产制造系统中，尤其是自动化生产系统中，产出速度往往取决于设备的速度，或者说与设备速度有相当大的关系。在办公室，工作效率的高低往往取决于人的工作速度，而办公室布置又会对人的工作速度产生极大影响。再次，在生产制造系统中，产品的加工特性往往在很大程度上决定设施布置的基本类型，生产管理人员一般只在基本类型选择的基础上进行设施布置。而在办公室布置中，同一类工作任务可选用的办公室布置有多种，包括房间的分割方式、每个人工作空间的分割方式、办公家具的选择和布置形式等。此外，组织结构、各个部门的配置方式、部门之间的相互联系和相对位置的要求对办公室布置有更重要的影响，在办公室布置中要予以更多的考虑。但在办公室布置中，也有一些考虑原则与生产制造系统是相同的，如按照工作流程和能力平衡的要求划分工作中心和个人工作站，使办公室布置保持一定的柔性，以便于未来的调整和发展等。

尽管办公室布置根据行业、工作任务的不同有多种，但是仍然存在几种基本的模式。一种是传统的封闭式办公室，办公楼被分割成多个小房间，伴之以一堵堵墙、一扇扇门和长长的走廊。显然，这种布置可以保持工作人员足够的独立性，但却不利于人与人之间的信息交流和传递，使人与人之间产生疏远感，也不利于上下级之间的沟通。而且，这种布置几乎没有调整和改变布局的余地。另一种是近 20 年来发展起来的开放式办公室布置，在一间很大的办公室内，可以同时容纳一个或者几个部门的十几人、几十人甚至上百人共同工作。这种布置方式不仅方便了同事之间的交流，也方便了部门领导与一般职员的交流，在某种程度上消除了等级的隔阂。但是这种方式的弊病是，有时候会相互干扰，职员之间容易闲聊等。因此，后来进一步发展起来的一种布置是带有半截屏风的组合办公模块。这种布置既利用了开放式办公室布置的优点，又在某种程度上避免了开放式布置情况下的相互干扰、闲聊等弊病。而且，这种模块式布置有很大的柔性，可以随时根据情况的变化重新调整和布置。有人曾估计过，采用这种形式的办公室布置，建筑费用能比传统的封闭式办公室布置节省 40%，改变布置的费用也低得多。

实际上，在很多组织中，封闭式布置和开放式布置都是结合使用的。20 世纪 80 年代，在西方发达国家又出现了一种被称为“活动中心”的新型办公室布置。在每一个活动中心，有会议室、讨论间、电视电话、接待处、打字复印、资料室等完成一项完整工作所需的各种设备。楼内有若干个这样的活动中心，每一项相对独立的工作集中在这样一个活动中心进行，工作人员根据工作任务的不同在不同的活动中心之间移动，但是每个人仍保留一个小小的传统式个人办公室。显而易见，这是一种比较特殊的布置形式，较适用于项目型的工作。

20 世纪 90 年代以来，随着信息技术的迅猛发展，一种更加新型的办公形式——“远程”办公正在从根本上冲击着传统的办公室布置方式。所谓“远程”办公，是指利用信息网络技术，将处于不同地点的人们联系在一起，共同完成工作。例如，人们可以坐在家里办公，也可以在出差地的另一个城市或者飞机、火车上办公等。

【本章小结】

作为企业发展的基础内容，生产服务设施是生产的基础内容，其选址以及布置是否科学合理，关乎企业生产质量和生产效率的高低，并且将直接影响到企业的经济效益。本章主要介绍了设施选址和设施布置的原理和方法。在设施选址方面，介绍了设施选址的基本内容及影响因素，然后重点介绍了单一设施选址和设施网络中的新址选址。在设施布置方面，介绍了设施布置的基本问题及其影响因素，讨论了设施布置的四种基本类型，并介绍了一些设施布置的方法，最后介绍了非制造业的设施布置。

【本章习题】

1. 请分析设施选址的影响因素。

2. 服务业和制造业的仓储选址决策有何不同?

3. 设施布置的基本类型是什么?它们各有什么特点?

4. 简述工艺对象专业化布置的基本步骤。

5. 某企业有5个销售点，现在要建一个中心仓库，试用重心法求中心仓库的位置，其坐标及销售量如表5-7所示。

表5-7 各销售点坐标及其销售量

销售点	X坐标	Y坐标	每月销售量
D_1	48	34	1350
D_2	62	29	1910
D_3	36	54	4300
D_4	49	56	3320
D_5	43	42	2120

6. 某公司筹建一家玩具厂，备选厂址有甲、乙、丙三处。各种生产成本因厂址的不同而有所区别，每年的费用归纳如表5-8所示。在选址时该公司还考虑了一些主观因素，包括公司在当地的竞争能力、气候条件、周围环境等。就竞争能力来说，丙地最强，甲乙两地相平；就气候来说，甲比乙好，丙地最好；就周围环境而言，乙地最优，其次为丙地，再次为甲地。上述三个主观因素的重要性指数依次为0.6、0.3和0.1。主、客观因素的总权重分别为0.3和0.7。请采用选址度量法确定该玩具厂的最佳厂址位置。

表5-8 各厂生产成本

	成本（千元）		
	甲	乙	丙
工资	250	230	248
运输费	181	203	190
租金	75	83	91
其他费用	17	9	22

7. 表5-9是一家工厂的生产设施关联分析表，请画出合理的工厂平面布

置图。

表 5-9　生产设施关联分析表

	锅炉房	食堂	办公室	原料库	生产车间	工具库	维修车间	成品库	车库
锅炉房		A	O	U	I	A	A	E	U
食堂	A		U	I	A	A	E	U	U
办公室	O	U		O	E	I	I	O	O
原料库	U	I	O		A	O	O	O	I
生产车间	I	A	E	A		A	A	I	I
工具库	A	A	I	O	A		E	O	O
维修车间	A	E	I	O	A	E		U	O
成品库	E	U	O	O	I	O	U		I
车库	U	U	O	I	I	O	O	I	

第六章　生产计划系统

【学习目标】

1. 了解生产计划的体系、内容及主要指标。
2. 熟悉需求预测方法。
3. 掌握生产计划的编制。
4. 熟悉综合生产计划和主生产计划的关系。

【导入案例】

红星电器厂的年生产方案决策

红星电器厂是一家生产家用电器产品的中小型企业。近年来家电产品市场竞争激烈，实力雄厚的大企业如长虹、康佳、海尔、美的等电子电器产品厂，它们既生产大型的电子电器产品，也生产小型的电子电器产品。面对激烈的市场竞争局面，为了求得生存，像红星电器厂这样的中小型企业，在年底制订第二年的生产方案时，必须建立在市场预测的基础上，精打细算，从定量与定性两个方面进行生产方案的制订与选择。

该厂在 1999 年 11 月底由厂长主持，召开了 2000 年生产方案讨论会，到会的有供销科、生产计划科、质检科、设备科、财务科、主辅车间、技术科的干部及有关人员。会上厂长指出，面对竞争日益激烈的市场形势，2000 年的生产与销售有一定的困难，但工厂没有退路，必须做好。从维持企业生存与发展的角度出发，2000 年的税前目标利润应高于 1999 年的目标利润，达到 400 万元。厂长要求大家根据本厂的实际情况，献计献策，制订可行的生产方案。

供销科提出，制造本厂主导产品的原材料，其 2000 年的购买价格预计比 1999 年的价格上涨 10%，而产品价格却要下降 5%。经过大家讨论，提出了两个比较可行的方案。

生产计划科与车间提出，在原材料价格上涨、产品价格下降的形势下，要使本厂的利润高于 1999 年，一个办法就是扩大生产量。但从实际看，本厂 1999 年的生产能力已经饱和，2000 年要靠现有设备来扩大产量、增加利润已不现实，且工厂现有生产线的一些设备使用多年，功能降低较大，因故经常停机，既影响生产效率，也常出不合格品，增加了产品的生产成本。他们提出，购进几台新设备，资金约需 40 万元，资金来源于银行贷款，根据目前形势，可以实行税前还款。投资资金分 4 年等额归还，年利率 5%，银行方面不会不同意。经测算，如果销售不出问题，可使销售收入达到 1 800 万元以上，购买设备虽然使固定费用增加到 280 万元，但却能降低废品率与提高生产率，这样可使单位产品成本费用降低 5%，保证 400 万元目标利润的实现。

质检部门与技术科认为，本厂目前产品的废品率高达 9%，而劳动生产率却比较低。造成这些问题的原因，既有设备方面的因素，也有生产组织管理方面的因素。他们提出应加强生产组织与企业管理工作，特别是加强质量管理工作，这些工作做好了，估计可使废品率降低 2.5%。经测算，在原材料涨价的情况下，至少可使每件产品变动成本降低 0.9 元以上。另外，分析本企业主导产品在市场上的情况，该产品进入市场4~5年，已经相当成熟，维持目前高需求的时间不会太长，所以应投入新产品，作为扩大销售收入、增加利润的新途径。技术科已经设计了一种新产品，这种产品在1999年的试销价格为117元，单位产品的变动成本为58元。从该产品在市场上试销的情况看，如果投产，预测2000年的订货量不会少于5万件。该产品可以在现有生产线上生产，不用购建新的生产线，因而固定费用不变。他们认为本厂应该在2000年投产新产品，用新老产品组合这个方案，组织2000年的生产。他们认为自己提出的方案是比较好的，400万元目标利润可以实现。

会上一些人认为，投放新产品可能影响本厂老产品在市场上的地位和销售，降低收入。但老产品是企业目前的主要收入产品，万一新产品失败，老产品又受冲击，对企业的损失就相当大。而对中小企业来说，他们认为主要是保证利润的实现。因此应推行模仿性的生产方案，不应推行产品创新这样风险大的生产方案，毕竟400万元利润完成是硬指标，关系到企业的生存与安危。

还有一些人提出，如按生产部门的方案组织生产，虽提高了设备的技术性能，但守着一棵树生财，在当前市场多变的情况下也不是很好。如果2000年市场对此产品的需求降低幅度较大，或者不需要这种产品，企业就不好办了。毕竟对于企业的经营来说，风险意识观念是不可少的。因此，一些人提出，将两种方法结合起来，即将生产新产品与扩大生产线同时在2000年的生产中使用。

财务科提供了本厂主导产品1996—1999年的费用资料，如表6-1所示。

表6-1　主导产品费用资料

年份	1996	1997	1998	1999
产品价格（元/件）	110	95	95	76
销量（万件）	9	12	14	17
变动费用（万元）	450	500	600	700
固定费用（万元）	190	195	205	240

（案例来源：周劲波．管理学案例研究［M］．长沙：中南大学出版社，2012.）

制造是一个复杂的过程。一个企业在生产过程中会使用不同的过程、机器、设备、技术人员和物料。如何将所有这些要素组织起来，以最佳的质量在适合的时间生产出适合的产品，并且尽可能节约成本，进而获利，是一个复杂的问题。因此，拥有一个好的计划和控制系统显得十分必要。

本章将介绍生产计划与控制系统（manufacturing planning and control，MPC），

之后介绍需求预测的主要方法，然后针对销售与运行计划、制造资源计划、企业资源计划及生产计划的制订进行讨论。

在学习生产计划与控制系统之前，我们需要先了解什么是优先权和产能。

优先权（priority）与下列因素相关：需要什么产品、需要多少产品，以及何时需要。优先权由市场设定。如有必要，生产部门有责任修改计划以满足市场的需求。

产能（capacity）是制造部门提供商品和服务的能力。它最终取决于公司的资源：设备、人力、财务资源，以及供应商的物料供给。在短期中，产能是在一个给定时间内，员工和设备能够从事的工作量。

优先权与产能的关系如图 6-1 所示。

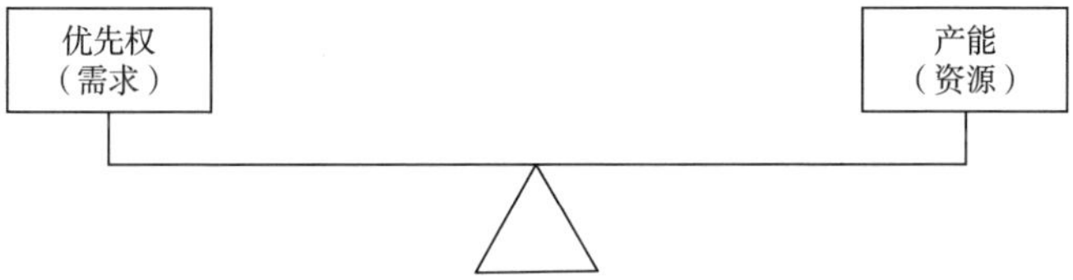

图 6-1　优先权与产能关系图

无论是从长期还是短期角度来看，制造部门都必须调整其生产计划，以平衡市场需求和其自身的资源及产能。对于长期的决策，如建造新厂房或购买新设备，则必须为未来的若干年制订计划。而对于未来几周的生产计划，时间跨度应是数天或数周。从长期到短期的不同计划等级将在第一节中讨论。

第一节　生产计划与控制系统

一、生产计划与控制系统的主要任务

在生产计划与控制系统中，主要包括以下三项任务。

（一）有效的物料管理

有效的物料管理是确保生产和运营流程顺畅的关键，它涉及对企业所需物料的需求预测、库存控制、供应链管理、物料分类、物料替代、物料跟踪、物料存储等。通过这些措施，企业可以有效地控制物料成本，提高生产效率，确保产品质量，同时满足客户需求和市场变化。

（二）充分利用人员和设备

充分利用人员和设备是提高生产效率、降低成本和提升竞争力的关键因素。

它涉及对人员的技能匹配、交叉培训、工作设计、激励机制、健康与福祉等，以及对设备选择、维护与保养、技术升级等等。企业通过对人员与设备的协同，可以最大化发挥人员和设备的潜力，实现生产效率的最大化和成本的最优化。

（三）快速响应顾客的需求

在竞争激烈的市场环境中，客户对企业的要求越来越高，而企业要想在市场中立于不败之地，就及时响应客户需求，满足客户的要求。因此，企业可以采取即时沟通、客户关系管理、客户反馈机制、个性化营销、客户参与等策略，从而提高客户满意度和忠诚度，增强市场竞争力。

二、生产计划与控制系统的主要层次

生产计划与控制系统大致可以分为五个层级：战略商业计划、生产计划、主生产计划、物料需求计划、采购和生产作业控制计划（如图 6-2 所示）。每个层次都必须解决以下三个问题：

（1）优先权问题：生产什么产品、生产多少、何时生产。

（2）可用产能问题：有什么资源。

（3）优先权与产能差异问题：解决优先权与产能之间的差异问题。

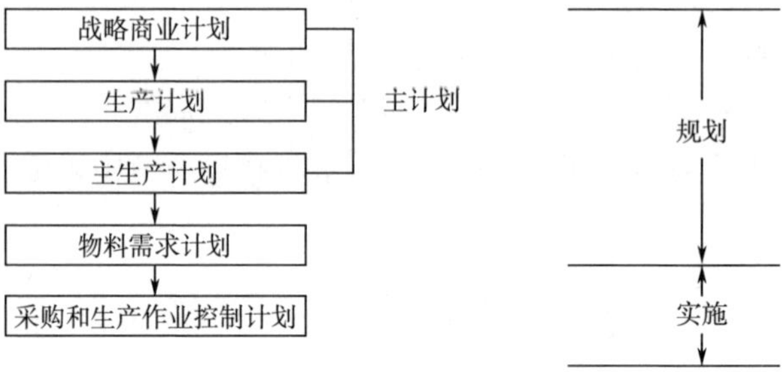

图 6-2　生产计划与控制系统

生产计划与控制系统中每一层次计划的目的、时间跨度及详细程度都不相同。从战略规划到生产作业控制，计划的目的由企业总体方向变为特定的细节规划；时间跨度从年减为天；其详细程度则从总体大类别变为单个的部件和工作站。

因为每一计划层次都有不同的时间跨度和不同的目的，所以每一层次在计划的目的、计划的时间跨度（计划涵盖的从现在到将来某一时间的跨度）、详细程度（计划所需要的产品细节）、计划周期（计划检查的频率）等方面都有差异。

图 6-2 说明了计划的等级结构，前四个等级属于规划级，计划结果是授权采

购或生产所需物品。最后一级是何时将计划通过生产作业控制和采购付诸行动。接下来我们将通过计划的目的、时间跨度、详细程度及计划周期来考察计划的每一个层次。

（一）战略计划

战略计划也称为长期计划，是为实现组织的长期目标而制定的有广泛意义的计划，通常表现为3年或5年以上的发展规划。战略计划是根据企业未来2~10年的发展目标而确定的，企业战略计划需要与企业内部能力水平和外部经济、技术、政治等环境结合，做出经营预测，最终确定企业的发展总目标，即企业的产品线（产品系列）、体现企业竞争战略的产品质量和价格水平以及市场渗透的目标。战略计划是对一个企业大体方向的描述，它表明企业希望在将来从事的业务种类，如产品线、市场等，以及企业打算如何去做。该计划给出了企业希望如何达成这些目标的总体方向，并真正体现了该企业意图采取各种行动来实现各方面的承诺，如增加利润、增强客户黏性、提高市场占有率和竞争力、改善财务业绩等。

制订战略计划是企业高层管理者的责任。战略计划应用来自市场、财务、生产和工程以及其他部门的信息建立架构，为市场、财务、工程和生产部门更深入的计划设定目标，并在市场、生产、财务和工程以及其他部门的计划之间提供指导和协调作用。

市场部门负责对市场进行分析，并决定公司如何响应市场，包括：服务于哪个市场，供应什么产品，所期望达到的客户服务水平，定价方针，促销策略，等等。

财务部门负责决定公司可用的资源和资金的使用、公司的现金流、利润、投资回报率及预算等工作。

生产部门必须生产满足市场需求的产品。它通过尽可能有效地利用工厂、机器、设备、人员和物料实现这一目标。

工程部门负责研究、开发和设计新产品或改进现有产品。工程部门必须与市场部门和生产部门协同合作，以设计出能够在市场上售出并能以最经济的方式生产的产品。

（二）战略商业计划

一旦战略计划制订出来，那么该计划常常会强调财务方面的问题，包括预计的收入、预计的资产负债表，以及预计的损益表等。这些以财务情况为基础的计划也叫作商业计划，有时叫作战略商业计划（strategic business plan）。每个职能部门都需要制订本部门的计划，以实现战略商业计划拟定的总目标。这些部门计划互相协调，并与战略商业计划保持一致，图6-3说明了这种关系。

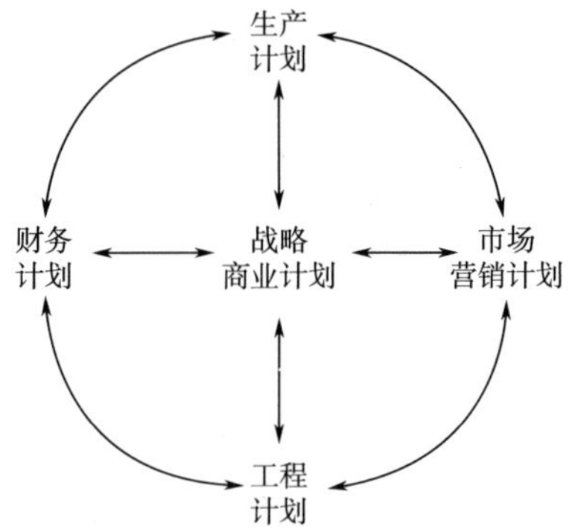

图 6-3　商业计划

战略商业计划的详细程度不高。它所关心的是总体市场和生产需求——有可能是主要产品类别或产品家族，而不是单个产品的销售。战略商业计划经常以金额而不是单位数来表述。战略商业计划通常每 6 个月到 1 年进行一次检查。

（三）生产计划

作为企业经营计划的重要组成部分，生产计划是企业对生产任务做出统筹安排，具体拟定生产的产品品种、数量、质量和进度的计划。它既是实现企业经营目标的重要手段，也是组织和指导企业生产活动有计划进行的依据。企业在编制生产计划时，不仅要了解并预测市场需求，还要考虑到生产组织及其形式。生产计划的合理安排有利于改进生产组织。

生产计划一方面是为满足客户要求的三要素“交期、品质、成本”而制订的；另一方面又是为了使企业获得适当利益，而对生产的三要素“材料、人员、机器设备”的确切准备、分配及使用所做的计划。

生产计划的详细程度也不高。例如，一个公司生产不同型号的儿童自行车、三轮车和踏板车，每一个型号都有许多品种，生产计划只需要列出主要产品类别或产品族——自行车、三轮车和踏板车。由于生产计划多半会将各产品族而不是单个产品综合在一起，所以有时也被看作是集合生产计划。

一个优化的生产计划必须具备以下三个特征：

（1）有利于充分利用销售机会，满足市场需求。

（2）有利于充分利用盈利机会，实现生产成本最低化。

（3）有利于充分利用生产资源，最大限度地减少生产资源的闲置和浪费。

为了企业的良好发展，通常企业需要一个有效的分层计划体系。以制造企业为例，图 6-4 中展示了制造企业的分层计划体系。这些分层计划按照计划跨度的长短可以分为长期计划、中期计划以及短期计划。

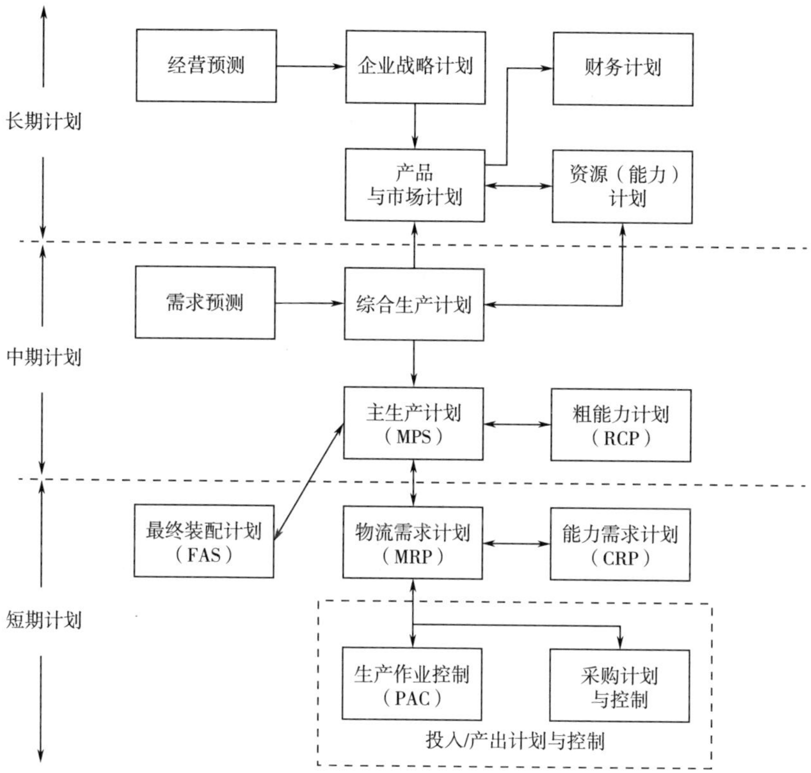

图 6-4 制造企业的分层计划体系

长期计划通常每个计划年度滚动更新一次，也就是说，每年都要根据企业内外部环境的变化以及生产计划的执行情况，对生产计划调整和更新一次。长期计划的计划跨度一般为一年以上，具体的计划跨度随着企业的不同而有所不同。例如，需要数年时间进行规划和建筑厂房以及安装特殊设备的行业（石化行业），计划跨度在 5~10 年，或者更长；而那些可以不断扩大能力的行业（服装行业或服务行业），计划跨度一般在 2~5 年，或者更短。

中期计划的计划跨度一般是 6~18 个月，较为常见的是一年，所以也可以称为年度计划，一般情况每隔一个月或者一个季度滚动更新一次（一般在生产计划的初期按月滚动更新，在生产计划的末期按季滚动更新）。中期计划通常是每隔一个季度滚动更新一次。

短期计划的计划跨度在 6 个月以下，一般为月计划或者跨月计划，通常每隔一周滚动更新一次。与长期计划相同，中期计划和短期计划的具体计划跨度也是随着企业的不同而有所不同。

（四）主生产计划

主生产计划（master production schedule，MPS）是为单个最终产品的生产所作的计划。它将生产计划进一步细分，确定了每一个具体产品在每一个具体的时间段内生产的数量以及日期。主生产计划在短期内（一般是6~8周）通常是固定不变的，在6~8周后，它可能会发生变化，而在6个月以后，它可能还会发生根本性的改变。从图6-4中可以看出，主生产计划编制的依据是综合生产计划的输入文件，也就是产品与市场计划以及资源能力计划。通常，主生产计划每周或每月进行一次检查和修改。

（五）物料需求计划

物料需求计划（material requirement planning，MRP）指的是根据市场需求预测和顾客订单制订产品的生产计划，然后基于产品生成进度计划，组成产品的材料结构表和库存状况，通过计算机计算所需物料的需求量和需求时间，从而确定材料的加工进度和订货日程。物料需求计划展示了所需部件的数量，以及生产部门将何时制造或使用这些部件。采购和生产作业控制部门使用物料需求计划来决定采购或者制造特定的部件。

物料需求计划的详细程度较高。该计划确定何时需要零部件来生产每一个最终产品。计划的时间跨度至少与采购和制造的提前期之和一样长。与主生产计划一样，物料需求计划的时间跨度通常也是3~18个月。

（六）采购和生产作业控制

采购和生产作业控制（production activity control，PAC）指的是生产计划与控制系统的实施和控制阶段。采购负责建立原材料流并对其流入工厂进行控制。生产作业控制负责计划并控制工厂内的工作流。

计划的时间跨度很短，可能是从1天到1个月。计划的详细程度很高，因为它所关心的是每一个部件、工作站和订单。计划要每天进行检查和修改。

图6-5展示了不同计划工具、计划时间跨度和详细程度之间的关系。

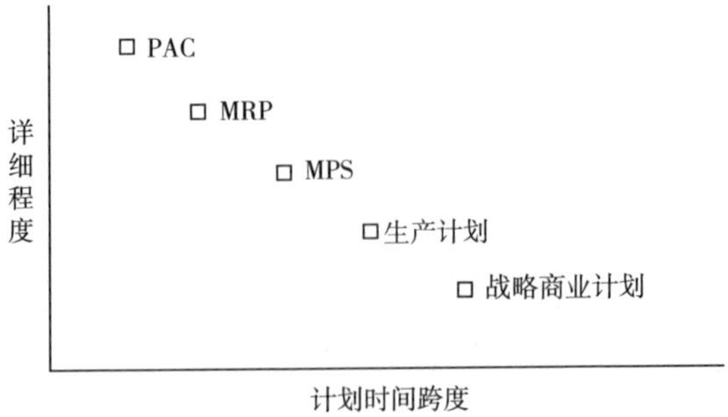

图6-5　详细程度与计划时间跨度

第二节　需求预测

需求预测是对企业开发与设计产品的市场需求数量进行预测，它是生产策略决策中必不可少的组成部分，也是生产计划的前提条件。

需求预测中主要的决策问题包括预测对象和预测方法选择，以及预测结果的评价方法选择。

一、需求预测对象

需求预测的对象可以分为两个层次：第一个层次是面向未来一段较长时间，对企业产品系列做出的预测，这些产品系列中包括了多个产品品种，但是其需求类似，生产制造工艺以及需要的原材料零部件也类似；第二个层次是面向未来一段较短时间，对某个具体品种的预测。

二、需求预测方法

需求预测方法也有多种，大体可以分为定性预测方法和定量预测方法。定性预测方法也称为主观预测法，常用的方法有德尔菲法、主管意见法、用户调查法以及销售人员意见法等。定量预测方法也称为统计预测法，可以分为两大类：一类是时间序列分析法；另一类是因果分析法。这两类又可以具体细分为多种，如图 6-6 所示。

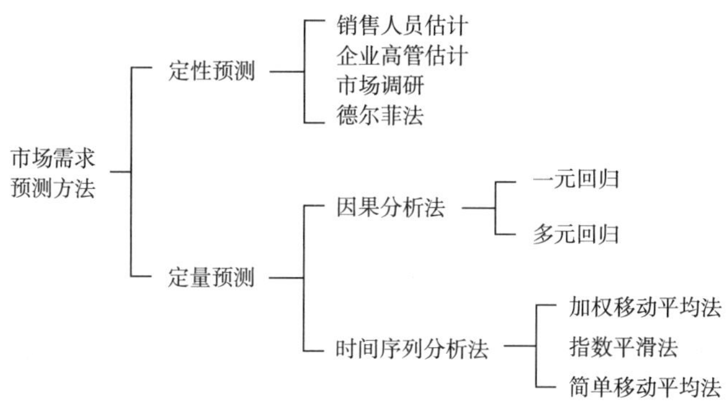

图 6-6　需求预测的方法分类

预测结果的评价主要是利用预测误差进行衡量的，但是其中需要考虑如何选取预测误差的指标。不同的预测误差指标分别侧重不同的评价要素，这也是管理者需要认真考虑的一个问题。

需求预测中这几个主要问题的决策取决于预测对象的特点、预测时间的长短、数据的可得性、期望实现的预测精度等几个因素。通常定性预测方法适用于第一层次预测对象的预测，以及一些新上市产品、过去没有相关数据的产品预测；而定量预测方法更适用于在过去已经有相关销售数据、未来同类需求仍将继续的第二层次预测对象的预测。但是这并不是绝对的，有时候也需要采用多种预测方法的组合。此外，在信息技术、互联网技术高度发展的今天，管理者有了更便捷的手段掌握大量的数据，可以方便地比较不同预测方法的优劣和适用性，在预测方法的选择上有了更大的余地。

（一）定性预测方法

定性预测是指预测者依靠熟悉业务知识、具有丰富经验和综合分析能力的人员与专家，根据已掌握的历史资料和直观材料，运用个人的经验和分析判断能力，对事物的未来发展做出性质和程度上的判断，然后，再通过一定形式综合各方面的意见，作为预测未来的主要依据。

定性预测主要用于研究和探讨对象在未来所表现的性质、状态，如事物发展的总体趋势、事件发生和发展的各种可能性及其造成的影响，以及确定并将要执行的决策是否会达到制定决策的目的等。这类预测主要是凭借预测者的主观经验和逻辑推理能力，对事物未来表现的性质进行推测和判断。

1. 德尔菲法

德尔菲法又称为专家调查法，1946 年由美国兰德公司创始实行。它是对一组彼此互不交流的专家进行匿名调查进而预测相关信息的方法，其本质是一种反馈匿名函询法。具体的操作步骤如下：

（1）明确调查题目，拟定调查提纲，准备提供给专家的材料（如预测目的、期限、调查表以及填写方法等）。

（2）组成专家小组。根据企业调查问题的范围，确定专家。具体的专家人数可以根据预测问题的大小及涉及面的范围进行确定，通常不超过 20 人。

（3）向所有专家提出所要预测的问题及有关要求，并附上有关这个问题的所有背景材料，同时请专家提出还需要补充什么材料。然后，由专家做书面答复。

（4）各个专家根据他们所收到的材料，提出自己的预测意见，并说明自己是怎样利用这些材料提出预测值的。

（5）将各位专家的第一次判断意见汇总，列成图表，进行对比，再分发给各位专家，让专家比较自己与其他人的不同意见，修改自己的意见和判断。还可以把各位专家的意见进行整理，或者邀请身份更高的其他专家进行评论，然后再把这些意见分别发给各位专家，以便他们参考后修改自己的意见。

（6）将所有专家的修改意见收集起来，汇总后再次分发给各位专家，以便做第二次修改。逐轮收集意见并为专家反馈信息是德尔菲法的主要环节。收集意见和信息反馈一般要经过三四轮。在向专家进行反馈的时候，只给出各种意见，但并不说明发表各种意见的专家的具体姓名。这一过程重复进行，直到每一个专家不再改变自己的意见为止。

（7）对专家的意见进行综合处理。德尔菲法同常见的召集专家开会、通过集体讨论出一致预测意见的专家会议法既有联系又有区别。德尔菲法能发挥专家会议法的优点：能充分发挥各位专家的作用，集思广益，准确性高；能把各位专家意见的分歧点表达出来，取各家之长，避各家之短。同时，德尔菲法又存在一定的缺点：缺少思想沟通交流，可能存在一定的主观片面性；易忽视少数人的意见，可能导致预测的结果偏离实际；存在组织者主观影响。

因此，在实际的生产运营中，德尔菲法适用于没有过多历史数据可以参考且企业管理者没有经验知识的情形。

2. 主管意见法

主管意见法是指企业的主管人员根据其知识、经验、悟性等对市场需求做出估计的方法。这种方法一般适用于预测新上市的产品或者技术的变化，但是对于市场上已有的产品的预测，该方法存在一定的不足。因为企业主管根据其在行业中长期积累的经验，虽然可以保持对市场变化的敏感性，但是也不能完全正确评估市场的变化。这种方法的优点是简单方便操作；缺点是当通过召开主管会议收集意见时，主管之间容易互相影响。

3. 用户调查法

用户调查法是指企业人员通过信函、电话或者访问的方式对现实的或潜在的顾客进行调查，了解他们对本企业产品相关的产品及其特征的期望，再考虑本企业的可能市场占有率，然后对各种信息进行综合整理，得到所需的预测结果的一种定性预测方法。这种方法的优点有：预测来源于顾客期望，较好地反映了市场需求情况；可以了解顾客对产品优缺点的看法，也可以了解一些顾客不购买这种产品的原因，有利于改进或完善产品、开发新产品和有针对性地开展促销活动。缺点有：很难获得顾客的通力合作；顾客期望不等于实际购买，而且其期望容易发生变化；由于对顾客知之不多，调查时需耗费较多的人力和时间。

4. 销售人员意见法

销售人员意见法是利用销售人员对未来销售进行预测的一种方法。有时是由每个销售人员单独做出这些预测，有时则是与销售经理共同讨论而做出这些预测。预测结果以地区或行政区划汇总，逐级汇总，最后得出企业的销售预测结果。

销售人员最接近消费者和用户，知道商品是否畅销、滞销，对商品花色、品种、规格、式样的需求等都比较了解。所以，许多企业都通过听取销售人员的意见来预测市场需求。这种方法相对来说更具普遍性。

因此，它的优点是：比较简单明了，容易进行；销售人员经常接近客户，对客户意向有较全面深刻的了解，对市场比其他人有更敏锐的洞察力，因此，所作预测值可靠性较大，风险性较小；适应范围广；对商品销售量、销售额和花色、品种、规格都可以进行预测，能比较实际地反映当地需求；销售人员直接参与公司预测从而对公司下达的销售配额有较大信心去完成；运用这种方法，也可以按产品、区域、顾客或销售人员来划分各种销售预测值。但是这种方法也存在很大的缺点：销售人员可能对宏观经济形势及企业的总体规划缺乏了解；销售人员受知识、能力或兴趣影响，其判断总会有某种偏差，有时受情绪的影响，也可能估计过于乐观或过于悲观；有些销售人员为了能超额完成下年度的销售配额指标，获得奖励或升迁机会，可能会故意压低预测数字。

以上这四种定性预测方法各有利弊，适用的范围也有所不同，需要根据不同的预测对象进行选择。另外，根据预测的不同需要，也可以将以上四种方法组合起来进行使用，同时可以与下面介绍的定量预测方法相结合。

（二）定量预测方法

定量预测是使用一组历史数据或因素变量来预测需求的数学模型，是根据已掌握的比较完备的历史统计数据，运用一定的数学方法进行科学的加工整理，借以揭示有关变量之间的规律性联系，用于推测未来发展变化情况的一类预测方法。

定量预测的方法基本上可分为两类：一类是时间序列分析法。它是以一个指标本身的历史数据的变化趋势，去寻找市场的演变规律，作为预测的依据，即把未来作为过去历史的延伸。时间序列分析法包括平均平滑法、趋势外推法、季节变动预测法和马尔可夫时间序列分析法等。另一类是因果分析法，它包括一元回归法、多元回归法和投入产出法等。回归预测法是因果分析法中很重要的一种，它从一个指标与其他指标的历史和现实变化的相互关系中，探索它们之间的规律性联系，作为预测未来的依据。

在这里只对其中的几种定量预测方法进行介绍。

1. 时间序列分析法

时间序列分析法的基本假设是该变量的变化趋势在未来仍然持续，所以这种方法的基本原理是根据某个变量过去需求随时间变化的关系来估计其未来的需求。下面介绍三种主要的时间序列分析模型。

（1）简单移动平均法。基本公式为：

$$F_{t+1} = \frac{n\text{期需求之和}}{n} = \frac{D_t + D_{t-1} + D_{t-2} + \cdots + D_{t-n+1}}{n}$$

其中，D_t 为 t 期的实际需求；n 为期数；F_{t+1} 为第 $t+1$ 期的预测值。

从该公式可以看出，预测值与所选取的期数 n 有关。期数 n 越大，预测的稳定性越好。但是反过来，较小的 n 对近期的变化比较敏感。

（2）加权移动平均法。基本公式为：

$$F_{t+1} = W_1 D_1 + W_2 D_2 + \cdots + W_n D_{t-n+1}$$

其中，W_t 为 t 期的加权系数，$\sum W_t = 1$；其余符号含义不变。

简单移动平均法对各期数据不分远近，同样对待，但是加权移动平均法弥补了这一缺陷，若近期的数据更多地反映了需求的未来变化趋势，通过为近期数据赋予较大权重就可以更好地在预测值中反映这一变化。如果每期的加权数均相同，加权移动平均值就变成了简单移动平均值。所以，简单移动平均是加权移动平均的一种特例。与简单移动平均法相似，期数 n 同样会影响预测结果。

（3）指数平滑法。基本公式为：

$$F_{t+1} = \alpha D_t + (1 - \alpha) F_t$$

其中，α 为平滑系数，取值在 0 和 1 之间；其余符号含义不变。

指数平滑法的公式实际上是一个递推公式，第 $t+1$ 期的预测值可以看作前 t 期实测值指数形式的加权和。随着实测值期数的增大，其权数以指数形式递减。这也是指数平滑法的由来。由此可以看出，这种方法对近期、远期数据的不同强调程度也是通过平滑系数 α 进行调节的。此外，从公式中可以看出，这种方法需要一个预测的初始值，可以将第一期的实际需求值当作初始预测值，也可以将前两期的实际需求值的均值作为初始预测值，随着预测期数的增加，初始值的影响会越来越小，因此，对预测精度的影响不大。

实际生产中，到底应该选择哪种方法进行预测，预测中需要的加权系数、平滑系数应该怎么确定，也不可以一概而论。下面用一组数据来比较这三种方法各自的特点。为了进行比较，首先介绍一个预测误差的简单衡量指标：

$$E_t = D_t - F_t$$

其中，E_t 为 t 期的预测误差；D_t 为 t 期的实际需求；F_t 为 t 期的预测值。

【例题 1】

对于如表 6-2 所示的实际需求数据，分别用三种方法预测第 4 期的需求，结果如表 6-3 所示。表 6-3 中还假设了第 4 期的实际需求为 420，计算了三种预测结果得到的简单误差值。

表 6-2 一组需求数据

期	实际需求
1	379
2	405
3	416

【答案】

表 6-3 三种时间序列预测方法对比

<table>
<tr><td></td><td>简单移动平均法</td><td>加权移动平均法</td><td colspan="2">指数平滑法</td></tr>
<tr><td>公式</td><td>$F_{t+1}=\frac{D_t+D_{t-1}+D_{t-2}+\cdots+D_{t-n+1}}{n}$</td><td>$F_{t+1}=W_1D_1+W_2D_2+\cdots+W_nD_{t-n+1}$</td><td colspan="2">$F_{t+1}=\alpha D_t+(1-\alpha)F_t$</td></tr>
<tr><td rowspan="2">第 4 期的预测值</td><td rowspan="2">400</td><td>$W_1=0.6$，$W_2=0.3$，$W_3=0.1$</td><td>$\alpha=0.7$</td><td>$\alpha=0.3$</td></tr>
<tr><td>409</td><td>410.4</td><td>395.6</td></tr>
<tr><td>第 4 期的简单误差值</td><td>20</td><td>11</td><td>9.6</td><td>24.4</td></tr>
</table>

假设第 4 期的实际需求为 420。

从上面的示例中可以明显地看出，加权移动平均法的预测精度要优于简单移动平均法，但是指数平滑法的预测值则因为平滑系数的不同而出现截然不同的结果。由此可知，实际中预测方法的选择以及预测方法中相关系数的选择对预测值都会产生影响。因此，我们需要利用已有的数据以及预测方法和预测方法中相关系数的选择进行比较，不断改进预测的精确度。

2. 因果分析法——一元线性回归

如果两种因素相互影响且这两种因素的历史数据都可以得到，就可以用因果分析法进行预测。这两种因素之间的关系可能是线性相关，也可能是非线性相关。以下主要介绍最常用的方法——一元线性回归模型。

一元线性回归是分析只有一个自变量（自变量 x 和因变量 y）线性相关关系的方法。一个经济指标的数值往往受许多因素影响，若其中只有一个因素是主要的，起决定性作用，则可用一元线性回归进行预测分析。

图 6-7 展示了典型的一元线性回归模型。

其中，x 为自变量，如产品的需求量；y 为因变量，如产品的价格。数据显

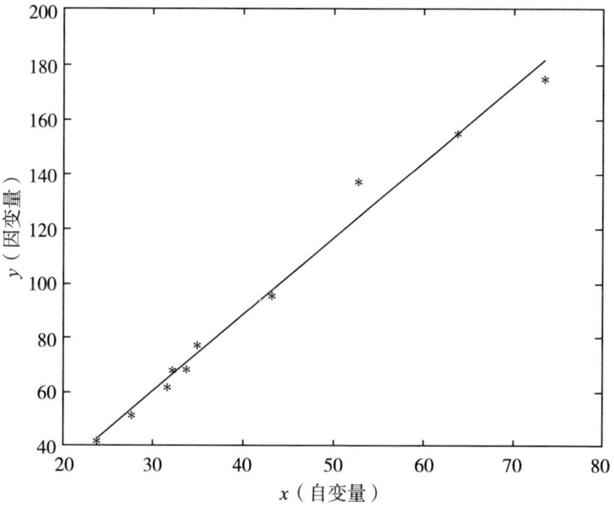

图 6-7　一元线性回归模型

示，这二者之间存在线性相关关系，这种关系可以表达为：

$$y = a + bx$$

其中，a 为截距，b 为斜率。表达式分别为：

$$\bar{a} = \bar{y} - b\bar{x}$$

$$b = \frac{\sum xy - n\bar{x} \cdot \bar{y}}{\sum x^2 - n\bar{x}^2}$$

其中，$\bar{x}$ 和 $\bar{y}$ 分别为变量 x 和 y 的均值。

为了衡量 x 和 y 之间的相关方向和相关强度，还可以计算相关系数 r，计算公式为：

$$r = \frac{\sum (x - \bar{x})(y - \bar{y})}{\sqrt{\sum (x - \bar{x})^2 (y - \bar{y})^2}}$$

r 的取值范围为 $-1 \leqslant r \leqslant 1$。$r = 1$ 时，意味着 x 和 y 呈正相关，也就是说 x 增大 y 也随之增大；$r = -1$ 时，意味着 x 和 y 呈负相关，也就是说 x 增大 y 反而减小；$r = 0$ 时，意味着 x 和 y 之间不相关。图 6-8 展示了 r 的取值不同时两个变量之间的相关关系，即 r 的值越接近 1 或者-1，实际值与做出的直线越接近。

还可以用估计的标准差 S_{yx} 衡量预测模型的误差，计算公式为：

$$S_{yx} = \sqrt{\frac{\sum (y - Y)^2}{n - 2}}$$

S_{yx} 的值越小，表示预测值与直线的距离也就越接近。

只要根据以往的历史数据计算出系数 a 和 b，就可以根据该方程进行预测，

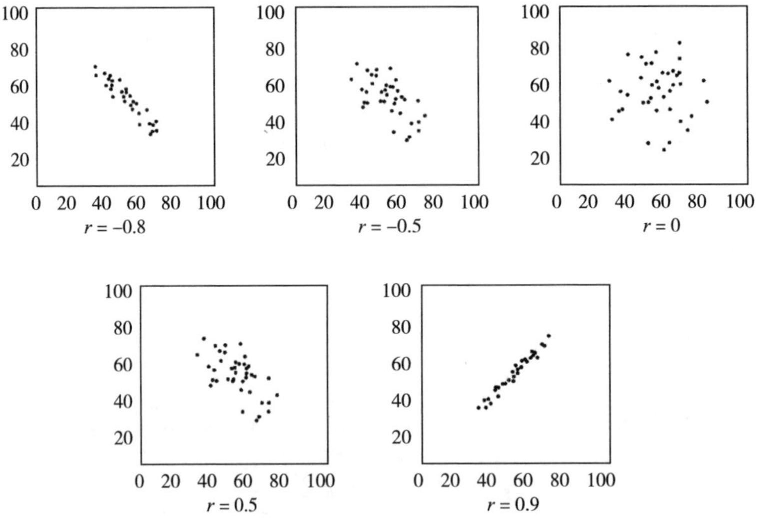

图 6-8　线性相关模型中不同相关系数下的图形显示

并通过计算相关系数 r 和标准差 S_{yx} 来估计预测模型的精确度。借助计算机，这些指标都可以很方便地进行计算。

【例题 2】

某个商店拟预测一种产品的需求，根据从前的经验，认为这个产品的销售与广告费用有直接的相关关系。表 6-4 中给出了过去 5 个月该产品的销售量和广告费用。利用线性回归模型预测：如果下个月广告费的预算是 1 750 元，那么该产品的需求是多少？

表 6-4　过去 5 个月产品的销售量和广告费用

月份	产品的销售量（千个）	广告费用（千元）
1	264	2.5
2	116	1.3
3	165	1.4
4	101	1.0
5	209	2.0

【答案】

利用 Excel 中的函数计算可得：

$$a = -8.135$$

$$b = 109.229$$

$$r = 0.980$$

$$S_{yx} = 15.603$$

回归模型为：

$$Y = -8.135 + 109.229x$$

相关系数高达0.98，表明广告费用和产品的销售量之间有着非常强的正相关关系。如果6月份的广告费用是1 750元，计算可得6月份产品的需求量为18.301 6万个。

三、预测误差的评价

在预测过程中，总是会存在一定的误差，因此在实际中需要认真斟酌根据不同的情形选取合适的预测方法，尽可能地减少预测中产生的误差。对预测误差的衡量，可以从两个方面考虑：一是误差的大小，即预测的精度；二是误差的无偏性，即误差是有正负之分，当预测值大于实际值时，误差为正值，反之为负值。无偏的预测模型应该是正负误差出现的概率大致相同，否则就说明预测的方法存在系统性的缺陷。

下面主要介绍了5个重要的评价预测误差的指标，这些指标通常是用多期预测误差的平均值表示的，因为单纯地考虑某一期的预测误差的话，难以判断是随机因素所致还是系统因素所致。

（一）平均预测误差（average forecast error，MFE）

基本公式为：

$$MFE = \frac{\sum E_t}{n}$$

如果预测值持续地高于或者低于需求，也就是说是有偏的，MFE的值就会非常大。若预测模型是无偏的，那么MFE的值接近零。因此，这个指标可以很好地衡量预测模型的无偏性，但是不能反映预测值和实际值偏离的程度。

（二）平均绝对偏差（mean absolute deviation，MAD）

基本公式为：

$$MAD = \frac{\sum |E_t|}{n}$$

这一指标反映了每次的预测值与实际值的绝对值之间的绝对偏差均值，不区分偏差值的正负，只考虑偏差值的大小。因此，这个指标可以较好地反映预测的精确度，但是反映不了预测的无偏性。

（三）平均平方误差（mean square error，MSE）

基本公式为：

$$MSE = \frac{\sum E_t^2}{n}$$

这一指标与 MAD 类似，能够较好地反映预测的精确度，但是反映不了预测的无偏性。

（四）误差的标准偏差（standard deviation of the errors，σ）

基本公式为：

$$\sigma = \sqrt{\frac{\sum (E_t - \bar{E})^2}{n-1}}$$

可以看出，MAD、MSE 和 σ 衡量的都是预测误差的偏离，如果 MAD、MSE 或者 σ 的值较小，就意味着预测值与实际值比较接近。但是这几个指标都不能反映预测的无偏性，无法判断误差是对需求的高估还是低估。

（五）平均绝对百分误差（mean absolute present error，MAPE）

基本公式为：

$$MAPE = \sum \frac{|E_t|}{D_t} \cdot \frac{100}{n}$$

MAPE 描述的是预测误差与需求值的相对大小，是把预测误差放在一个相对的场景下考虑的。例如，平均绝对偏差同样是 200，但是当平均需求分别为 400 和 5 000 时，其含义是截然不同的。这个指标适用于比较不同产品的预测结果。

【例题 3】

表 6-5 给出了某公司一种椅子过去 3~10 月的销售值。基于这些数据，用指数平滑法预测 4~10 月的需求，其中，$\alpha = 0.2$，5 月的初始预测值是 105，并且计算预测结果的 *MFE*、*MAD*、*MSE*、σ 和 *MAPE*，讨论这个预测方法的适应性。

表 6-5　某公司椅子过去 3~10 月的销售值

月份	销售值
3	100
4	80
5	110
6	115

续表

月份	销售值
7	105
8	110
9	125
10	120

【答案】

利用指数平滑法对 4～10 月的需求进行预测，预测结果的 *MFE*、*MAD*、*MSE*、σ 和 *MAPE* 的有关计算如表 6-6 所示。

表 6-6　某公司椅子 4～10 月的预测值以及预测误差相关值

t	D_t	F_t	$E_t=D_t-F_t$	E_t^2	$\lvert E_t\rvert$	$\frac{\lvert E_t\rvert}{(D_t)100}$
4	80	104	-24	576	24	30.00%
5	110	99	11	121	11	10.00%
6	115	101	14	196	14	12.17%
7	105	104	1	1	1	0.95%
8	110	104	6	36	6	5.45%
9	125	105	20	400	20	16.00%
10	120	109	11	121	11	9.17%
合计			39	1451	87	83.75%

根据表 6-6 所示，计算如下：

$$MFE=\frac{\sum E_t}{n}=\frac{39}{7}=5.57$$

$$MAD=\frac{\sum\lvert E_t\rvert}{n}=\frac{87}{7}=12.43$$

$$MSE=\frac{\sum E_t^2}{n}=\frac{1451}{7}=207.29$$

$$\sigma=\sqrt{\frac{\sum(E_t-\bar{E})^2}{n-1}}=\sqrt{\frac{\sum(E_t-5.57)^2}{7-1}}=14.34$$

$$MAPE = \sum \frac{|E_t|}{D_t}\frac{100}{n} = \frac{83.75\%}{7} = 11.96\%$$

从以上结果可以看出，MFE 的值是正的，表明预测值有偏，对实际需求的估计值偏低。从其他几项指标可以看出，预测的绝对偏差的均值是 12.43，和实际需求相比，预测误差大约是实际需求的 12%。这一个预测结果可以说不令人满意。其实仔细分析数据，可以看出这 8 个月的需求有逐渐上升的趋势，因此，可以尝试选择线性趋势模型等其他的预测方法。

上面的示例说明了几个重要的问题。首先，许多时间序列是由几种成分叠加在一起的，如趋势成分（按照规律稳步上升或者下降）、季节成分（在一年中按照通常的频率有规律地波动）、周期成分（在较长的时间内①有规律地上下波动），以及随机波动成分（如图 6-9 所示）。在企业现实的需求预测中，周期成分往往要几年甚至十几年才可以看出来，可以不进行考虑，而随机波动成分没有办法控制，因此，在预测中主要需要考虑的是趋势成分以及季节成分。关于趋势成分，像上面的示例，通过描点以及预测误差的评价可以看出，而季节成分相对来说也容易把握（许多产品的季节性特点是非常明显的）。其次，面对同一个预测对象，不同的预测方法以及其中参数的选择均可能影响预测的结果。现实中，为了获得更好的预测结果，需要通过预测误差的衡量来反复比较、鉴别不同预测方法的优劣以及适用性。此外，根据预测对象的不同，有时候将几种预测方法结合起来使用可以获得更好的预测结果。

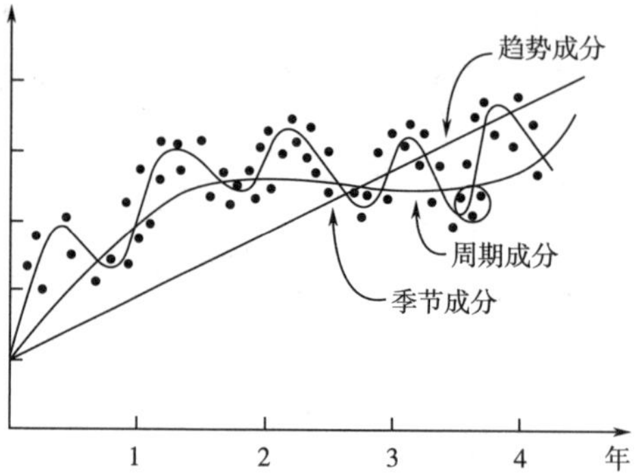

图 6-9 时间序列的构成

① 通常在一年以上。

第三节　销售与运营计划

一、销售与运营计划

销售与运营计划（sales and operations planning，S&OP）是企业最高领导与各大部门高层主管进行例行的（每月一次）、频繁的讨论与沟通，通盘考虑销售与行销的计划，以及制造、研发、采购和财务等方面的有效资源，每月对其进行综合平衡，从而不断更新各部门计划，以实现公司总体经营战略目标的过程。

销售与运营计划是一个由高层管理者领导的决策流程，每月一次或视需要对需求（客户/市场驱动的产品需求）和供应进行平衡。

销售与运营计划通过更高的满足需求和管理资源的能力，改善客户服务水平、满足公司业务目标及支持自身的管理。

销售与运营计划保持产量稳定性及采购订单的相对稳定性，通常，销售与运营计划展望期为 12~18 个月。

二、销售与运营计划的目标

S&OP 的目标在于通过各部门的协同和业务集成实现需求与供应、成本与收入、公司目标与单个部门目标的平衡。S&OP 目标如图 6-10 所示。

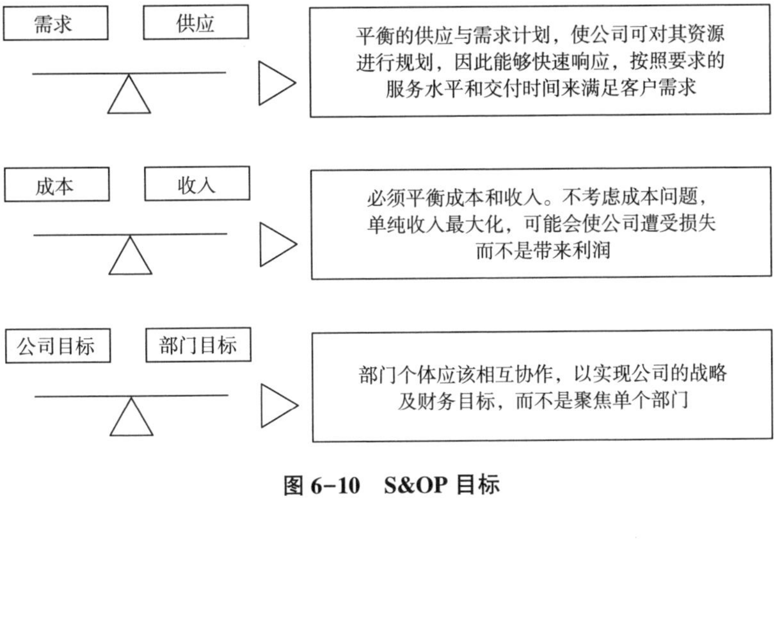

图 6-10　S&OP 目标

三、销售与运营计划运作流程

经过多年的应用和发展，销售与运营计划运作模式已经非常成熟。每个公司都会结合自己的实际业务模式梳理出自己的运作流程，图 6-11 从销售与运作、需求与供应反映了 S&OP 在企业中的运作流程。

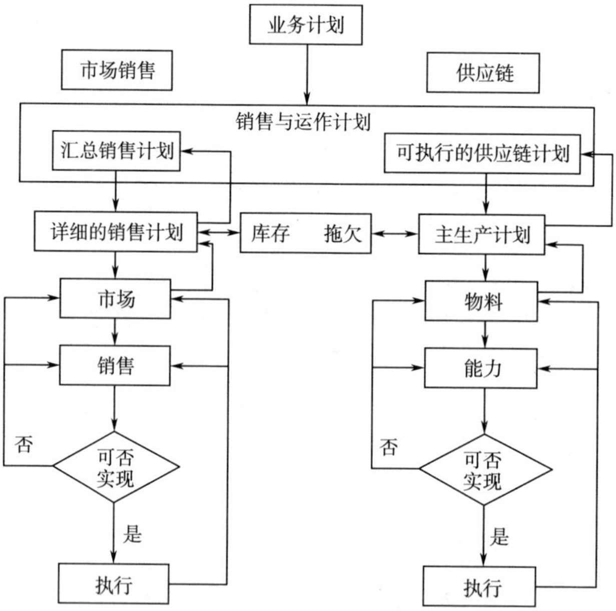

图 6-11　销售与运营计划运作流程图

四、销售与运营计划和战略商业计划的关系

战略商业计划将一个企业内所有部门的计划整合为一体，通常每年更新。然而随着时间的推移，各部门的计划都应该进行更新，从而使最新预测、市场和经济状况都纳入考虑范畴。销售与运营计划是一个持续不断地修正战略商业计划和协调不同部门计划的过程。销售与运营计划是跨职能部门的商业计划，它涉及销售和市场营销、产品开发、运营及管理高层等。在这里，运营代表供应，市场营销却代表需求。销售与运营计划是制订生产计划的基础。

尽管战略商业计划每年都进行更新，销售与运营计划却是一个动态的过程，在这一过程中，该计划定期更新，通常至少每月一次。该过程始于销售和市场部，它们将实际需求与销售计划进行比较，评估市场潜能，并预测未来需求。更新之后的市场营销计划传达给制造、工程和财务部门，后者调整它们的相关计划，以支持修正了的市场营销计划。如果这些部门发现它们无法适应新的市场营销计划，则必须对营销计划进行调整。这样，战略商业计划在全年中不断修正，不同部门的活动也由此协调起来。图 6–12 显示了战略商业计划和销售与运营计划之间的关系。

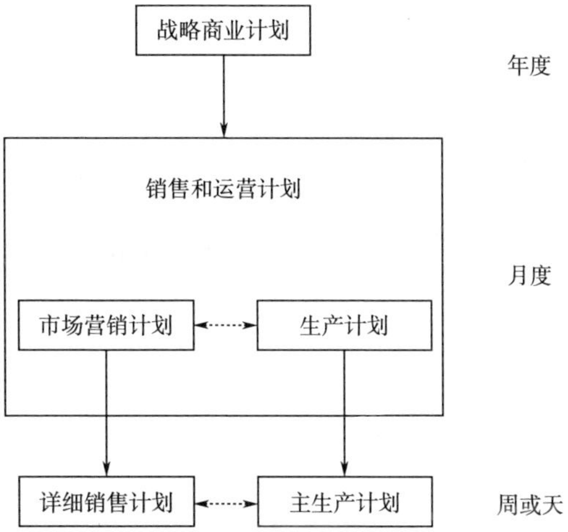

图 6–12　战略商业计划和销售与运营计划关系图

五、销售与运营计划的优点

销售与运营计划是中期计划，它包括了市场营销、生产、工程和财务等部门的计划。销售与运营计划有以下几个优点：

（1）当形势发生变化时，为战略计划和战略商业计划的更新提供途径。

（2）这使得管理者或决策者处于主动地位，而不至于在市场或经济状况发生变化后才被动地应付，不得不改变计划。

（3）销售与运营计划确保不同部门的计划切实可行、互相协调，并支持战略商业计划。

（4）提供能够达成公司目标的、切实可行的计划。

（5）使更好地管理生产、库存和积欠订单（backlog，即业务伙伴未完成交货的订单）成为可能。

销售与运营计划是由各级主管来制订的计划，该计划过程涉及在不同职能/部门间做出重要权衡的可能性。这样，主管们能够确保得出生产产品数量和产品类别组合的最佳方案，并用可能的最佳方法来平衡供需。

销售与运营计划实际上并不规定生产进度，而是关注更好地制订出一份如何使用公司资源的高水平计划。这些资源不仅包括生产资源，还包括人力资源、销售资源、财务资源等，以及公司内所有部门的资源。销售与运营计划应当反映出战略计划中所指出的愿景和战略，并且应当作为跨部门的核心和唯一的计划，以及全公司的工作基准。

六、制订销售与运营计划

在《销售和运营计划》一书中，作者汤姆·瓦拉斯（Tom Wallace）给出了制订销售与运营计划的五个步骤，简述如下：

第一步：数据收集。收集的数据包括上个月的实际销售量、现有的库存数、市场/销售数据、财务数等。

第二步：需求计划。用这些数据，以及来自其他所有可能来源所获得的资料，确定管理预测。可以用统计学方法进行预测，但也要对其他资料加以评估。这些资源可能包括新产品的出现、价格变化的影响、竞争状况，以及经济形势等。我们将在本书第八章详细讨论需求计划和需求管理问题。

第三步：供应计划。将需求预测与现有产能的约束情况加以比较。

第四步：销售与运营计划预备会。该会应当用来平衡需求和供应问题，如果两者有差距，则应考虑如何解决。同时，制定一份工作建议和议题表，供高管层开会使用。

第五步：高管层会议。会议将考虑所有的数据和建议，并考虑如何使得销售和运营计划符合公司战略和战略商业计划要求，从而就公司应当如何开展下一步工作做出最终决定。

第四节　制造资源计划

制造资源计划简称为 MRP Ⅱ，它是 manufacturing resource planning 的英文缩写。MRP Ⅱ是以物料需求计划（MRP）为核心，覆盖企业生产活动所有领域、有效利用资源的生产管理思想和方法的人—机应用系统。制造资源计划是基于整体最优，运用科学方法，对企业的各种制造资源和企业生产经营各环节实行合理有效的计划、组织、控制和协调，达到既能连续均衡生产，又能最大限度地降低各种物品的库存量，进而提高企业经济效益的管理方法。

在考虑企业实际生产能力的前提下，以最小的库存保证生产计划的完成，同时对生产成本加以管理，实现企业物流、信息流和资金流的统一。

MRP Ⅱ是对制造业企业资源进行有效计划的一整套方法。它是一个围绕企业的基本经营目标，以生产计划为主线，对企业制造的各种资源进行统一的计划和控制，使企业的物流、信息流、资金流流动畅通的动态反馈系统。可以简单理解为在闭环 MRP 的基础上，集成财务管理功能。

制造资源计划系统图解如图 6-13 所示。

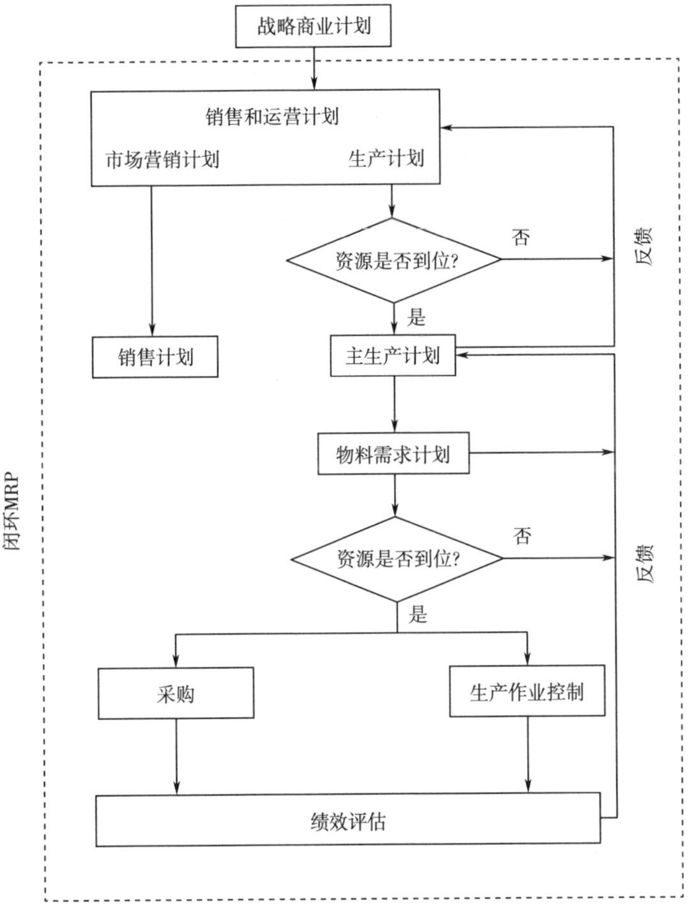

图 6-13 制造资源计划系统

第五节 企业资源计划

企业资源计划（enterprise resource planning，ERP）由美国 Gartner Group 公司于 1990 年提出。企业资源计划是 MRP Ⅱ下一代的制造业系统和资源计划软件。除了 MRP Ⅱ已有的生产资源计划、制造、财务、销售、采购等功能外，还有质量管理，实验室管理，业务流程管理，产品数据管理，存货、分销与运输管理，人力资源管理和定期报告系统。目前，在我国，ERP 所代表的含义已经被扩大，用于企业的各类软件已经统统被纳入 ERP 的范畴。它跳出了传统企业边界，从供应链范围去优化企业的资源，是基于网络经济时代的新一代信息系统。它主要用于改善企业业务流程以提高企业核心竞争力。

通过前馈的物流与反馈的物流和资金流，把客户需求和企业内部的生产活动，以及供应商的制造资源结合在一起，体现完全按用户需求制造的一种供应链管理思想的功能网链结构模式。

作为一项重要的供应链管理的运作技术，ERP 在整个供应链管理过程中，更注重对信息流和资金流的控制；同时，通过企业员工的工作和业务流程，促进资金、物料的流动和价值的增值，并决定了各种流的流量和流速。ERP 已打破了 MRPⅡ只局限在传统制造业的格局，并将触角伸向各行各业，如金融业、高科技产业、通信业、零售业等，从而使其应用范围大大扩展。为给企业提供更好的管理模式和管理工具，ERP 还在不断地吸收先进的管理技术和 IT 技术，如人工智能、Internet/Intranet、数据库、精益生产、并行工程等。未来的 ERP 将在动态性、集成性、优化性和广泛性方面得到发展，若将 ERP 与供应商管理库存技术（VMI）相结合，可以开发出下一代的 ERP 产品——供应链规划（SCP）。SCP 可以将企业所在的供应链中的所有职能都集成到单一的框架中，使得整个供应链就像一个扩展企业一样运作。

企业资源计划系统图解如图 6-14 所示。

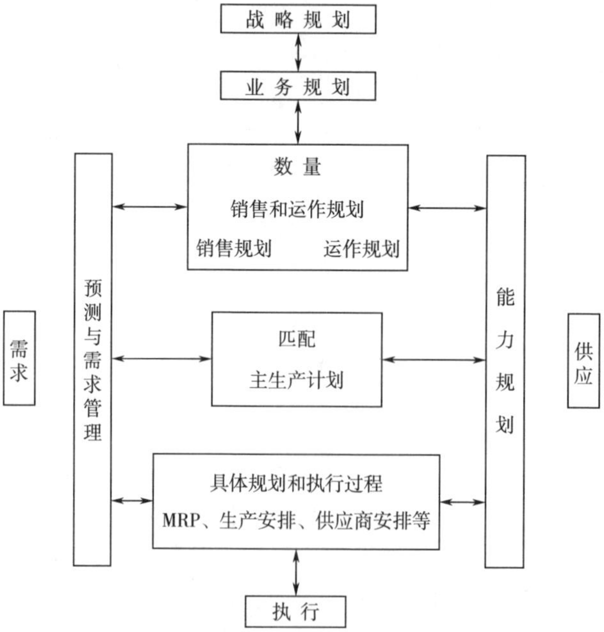

图 6-14　企业资源计划系统

第六节　制订生产计划

一、生产计划的信息集成

信息是制订生产计划时需要考虑的最重要的因素之一，那么制订生产计划需要考虑哪些决策信息呢？

（一）需求信息

需求信息包括预测的需求信息和订货的需求信息。需求预测是一个非常重要的问题，如何准确有效地预测市场需求的变化，对于制订生产计划是非常重要的。

（二）资源信息

资源信息包括原料、资金、燃料与动力等。掌握资源，对于生产计划的有效性非常重要。生产计划的目的就是充分利用现有的资源，并将它们转化成产品与服务。

（三）能力信息

企业的能力是指企业将资源转化成产品的能力，包括内部生产能力（劳动力能力、设备能力）、外部协作能力、库存水平、工艺技术水平等。其中，企业的生产能力包括了物的能力因素与人的能力因素。

因此，需要综合考虑以上决策信息，才能制订出一个完善的生产计划（如图 6–15 所示）。

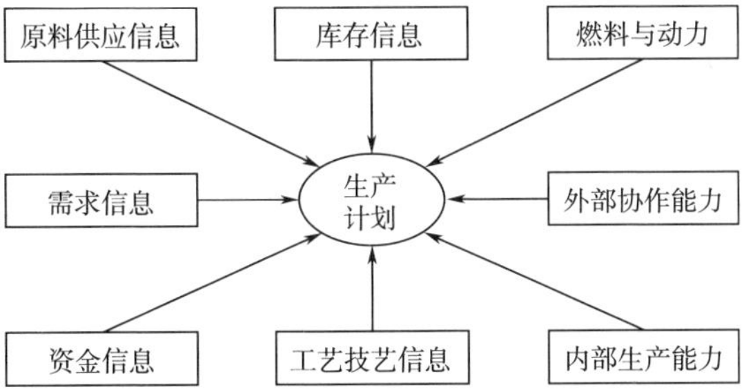

图 6–15　制订生产计划需要考虑的决策信息

此外，要确保制订的生产计划是有效的，首先必须使用准确可靠的信息。要想做到这一点，一方面，企业要有完善的制度；另一方面，要建立企业自己的信息化系统，管理好企业的信息，确保信息的准确、可靠、一致。

二、制订生产计划的原则

在制订生产计划时，应当遵循以下原则。

（一）最少项目原则

用最少的项目数进行生产计划的安排。如果生产计划中的项目数过多，就会使预测和管理都变得困难。因此，要根据不同的制造环境，选取产品结构不同的级，进行生产计划的编制。使得在产品结构这一级的制造和装配过程中，产品（或）部件选型的数目最少，以改进管理评审与控制。

（二）独立具体原则

要列出实际的、具体的可构造项目，而不是一些项目组或计划清单项目。这些产品可分解成可识别的零件或组件。生产计划应该列出实际的要采购或制造的项目，而不是计划清单项目。

（三）关键项目原则

列出对生产能力、财务指标或关键材料有重大影响的项目。对生产能力有重大影响的项目，是指那些对生产和装配过程起重大影响的项目，如一些大批量项目、造成生产能力瓶颈环节的项目或通过关键工作中心的项目。对财务指标而言，指的是对公司的利润效益具有重要影响的项目，既包括制造费用高、含有贵重部件和昂贵原材料、高费用的生产工艺或有特殊要求的部件项目，也包括那些作为公司主要利润来源的、相对不贵的项目。而对于关键材料而言，是指那些提前期很长或供应厂商有限的项目。

（四）全面代表原则

计划的项目应尽可能全面代表企业的生产产品，反映关于制造设施，特别是瓶颈资源或关键工作中心尽可能多的信息。

（五）适当裕量原则

在制订生产计划时，要留有适当余地，并考虑预防性维修设备的时间。可把预防性维修作为一个项目安排在生产计划中，也可以按预防性维修的时间，降低工作中心的能力。

（六）适当稳定原则

生产计划制订后在有效的期限内应保持适当稳定。那种只按照主观愿望随意改动的做法，将会破坏系统原有的合理正常的优先级计划，削弱系统的计划能力。

三、生产计划的制订

生产计划的编制程序一般分为如下步骤：

第一步：了解生产状况，掌握市场信息。销售计划是生产计划的基础，但不等于生产计划，还要根据企业生产能力、企业的资源及客户需求的情况做修正；同时，销售计划对生产计划也有影响，初步制订的销售计划也要根据企业的能力和资源做进一步修改。销售计划与生产计划都是企业总体经营战略的具体体现。

第二步：结合生产状况和外部市场条件，分析研究，提出初步生产计划指标。生产计划是为生产出符合市场需要或顾客需求的产品，所确定的在什么时候生产，在哪个车间生产以及如何生产的总体计划。因此，必须根据企业的经营目标和销售计划初步提出生产计划指标，包括品种、产量、质量水平和交货期等。

第三步：综合平衡，确定生产计划指标。将初步制定的生产计划指标与生产能力、劳动力、技术准备工作、物资供应和资金占用等企业内部条件进行综合平衡，确定生产计划指标。

第四步：编制生产计划大纲，组织实施生产作业目标。生产计划大纲的内容包括：生产计划的主要指导思想、生产计划指标、完成计划的难点及重点环节、采取的关键措施，以及生产计划表。

下面将从四个方面介绍生产计划的制订。

（一）确定产品类型

生产单一产品或相似产品的公司可以直接通过生产的单位数目来度量其产量。例如，一个酿酒厂可以用啤酒桶数来作为通用的指标。然而，许多公司生产多种不同的产品，衡量总产量的通用指标可能很难或者根本找不到，这就需要建立所谓的产品类别（即产品品族）。尽管市场部门很自然地从客户的角度（如产品功能和应用）来看待产品，但是制造部门是从生产过程的角度来看待产品。因此，公司需要基于制造过程以及所使用资源的相似性来建立产品类别。

制造部门必须提供生产所需产品的产能。相对于产品的需求来说，制造部门更关注对于生产产品所必需的特定种类产能的需求。

产能是提供产品和服务的能力，它意味着拥有可满足需求的资源，在生产计划的时间跨度内，它可以表示为可用时间，或者有时候表示为在给定时间内可以生产的产品的数量或金额，对产品的需求必须转化为对产能的需求。在不需要很多细节的生产计划层，这就要求根据制造过程的相似性识别单个产品的产品类别或产品族。例如，几种不同型号的计算器或许需要同样的生产过程和同一种产能，而无论型号间的差异如何，它们可能被认为属于同一个产品家族。

在生产计划的时间跨度内，通常不太可能有大的产能变化。在这一期间内，车间和设备的增减是不可能实现或者很难实现的。然而，有些东西是可以改变的，识别并评估它们是制造部门主管的责任。通常，以下事物是可以改变的：

（1）可以聘用或解雇工人；可以延长或缩短工作时间；可以增加或取消工作班次。

（2）可以在淡季囤积库存，并在需求高峰期销售或使用存货。

（3）工作可以转包，或者租用额外的设备。

每一个选择都有其好处和成本。制造部门主管有责任找到与企业总体目标一致而成本最低的选择。

（二）选择基本战略

通常，生产计划问题有以下四个典型特征：一是计划的时间跨度为 12 个月或更长，或许需要每月或每季度定期更新。二是生产需求包括一个或几个产品族或通用单位，需求是波动的或季节性的。三是在计划时间内车间和设备固定不变。四是设置多个管理目标，如低库存、高效的车间作业、优质的客户服务和良好的员工关系等。

假设有一个产品类别的需求预测如图 6-16 所示。请注意需求有季节性变化。

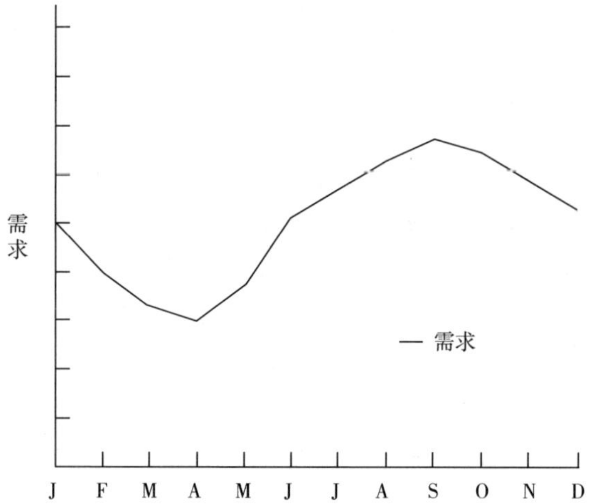

图 6-16　假设需求曲线

有四种基本战略可以用来制订生产计划。

1. 追赶（需求匹配）战略（chase strategy）

追赶战略是指在任一给定时间内只生产所需要的数量。在生产为满足需求而变化时，库存水平保持稳定。图 6-17 显示了这种战略。公司在任何时间都只生产恰好满足需求的产品数量。在某些行业，这是唯一可遵循的战略。例如，农民在农作物生长的季节必须耕作；邮局不管在旺季还是淡季都必须处理邮件；餐馆在顾客需要时必须供餐。这些行业不能囤货或是储存其产品或服务，它们必须能够在需求发生时满足需求。

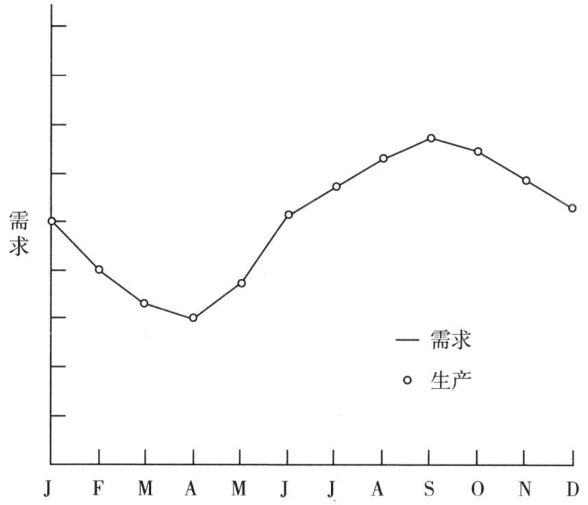

图 6-17 需求匹配战略

在这些例子中，公司必须拥有足够的产能来满足高峰期的需求。农民必须有足够的机器和设备以在作物生长的季节进行收割，虽然这些设备会在冬季闲置。公司要在旺季雇用和培训员工，而在旺季过后解雇他们。而有时候他们又不得不增加额外班次或者加班。所有这些变化都增加了成本。

追赶战略的优点是，库存量能够维持在一个最低水平。有需求发生时才开始生产产品，因此没有产品的积压，从而避免了相关的库存持有成本。这种成本有时候可能会很高。

2. 均衡生产（production leveling）

均衡生产是按照平均需求量进行持续生产。在这种战略下，需求和生产之间的关系如图 6-18 所示。有些公司计算其在计划时间内的总需求，然后按其平均值安排生产以满足需求。当需求低于所生产的数量时，库存量就会增加；而当需求高于所生产的数量时，库存量就会减少。

均衡生产战略的优点是能维持平稳的运营水平，避免改变生产水平所花费的成本。公司不再需要储备额外产能以满足高峰期的需求。公司也不需要在旺季雇用和培训员工，而在淡季又解雇他们，因此公司能够建立起一支稳定的员工队伍。均衡生产战略的缺点是，库存量在需求低的时期会增加，而库存的持有会产生费用。此外，如果对需求的预测低了的话，会导致在需求高峰期时产成品的库存不足。

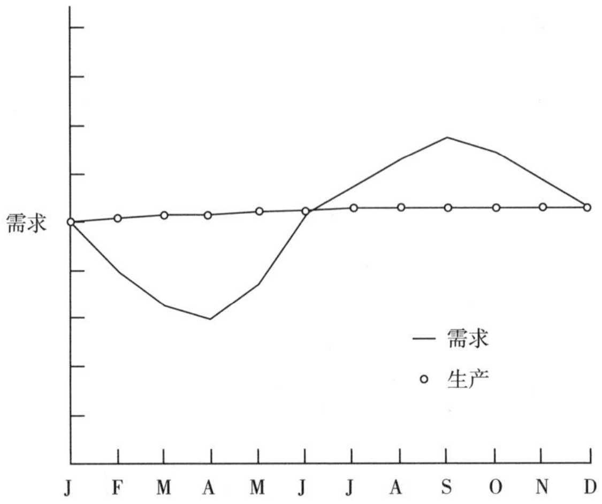

图 6-18　均衡生产战略

均衡生产意味企业将以均衡速率使用其资源，并且每天生产同样数量的产品。但每月生产的产量（有时候是每周）将会有所不同，因为每月的工作天数不尽相同。

对一些季节性需求很高的产品（如春节时的春联）来说，某种形式的均衡生产战略是必要的。如果一个公司采用追赶战略，其产能闲置成本——雇用成本、培训成本和解雇成本——将会非常高。

3. 转包合同（subcontracting）

作为一种纯战略，均衡生产意味着始终按一定需求水平进行生产。对于任何超过该水平的需求，假如库存也不足以提供，那就意味着需求将得不到满足，或需要通过某种其他的方法来满足这额外的需求。在这种情况下，通常的做法是通过转包合同来满足市场额外需求。转包也意味着从外面的来源购买额外的需求量。另一个选择是故意将额外需求拒之门外。后者可以通过在大量需求时提高价格，或者通过延长交货期来做到。图 6-19 显示了该战略。

该战略的主要优点是在成本方面，它能避免与多余产能相关的成本，并且由于生产得到均衡，所以不会产生与改变生产水平相关的成本。转包合同战略的主要缺点是采购成本（部件成本、采购、运输及检验成本）有可能会高于在自己厂内生产部件。转包合同也可作为追赶战略的一部分而加以使用。

很少有公司自己生产或购买它所需要的一切东西，购买何种部件或者生产何种部件主要取决于成本，但是也有一些其他因素需要考虑。

公司可能选择自己制造，以便将机密工艺保留在公司内部，确保质量水平，

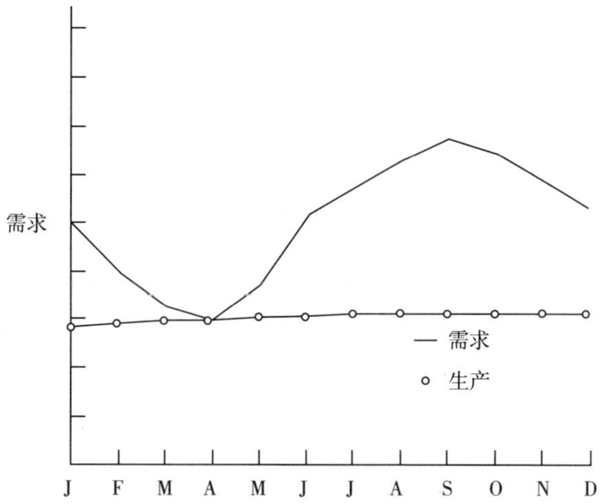

图 6-19　转包合同

并保留住员工队伍。

公司或许从有专门技术设计和制造某一部件的供应商处购买产品，从而使公司专注于自身的专业领域，或提供众所周知的、有竞争力的价格。

对许多东西，如螺帽、螺栓或者公司通常不生产的零部件来说，决定是显而易见的。对其他属于公司专长范围内的部件，是否转包则需进行斟酌。

4. 混合战略（hybrid strategy）

以上讨论的三种战略都属于纯战略。每个战略都有自己的一系列成本，如设备、雇用/解雇、加班、库存和转包等的成本。在现实生活中，一个公司可能会使用各种可能的混合或组合战略。每个战略将有其自己的一系列成本特性。生产管理者有责任找出合适的战略组合，它使所涉及的成本总和最小，且又能提供所要求的服务水平，以满足财务和市场计划的目标。

图 6-20 显示了一种可能的混合战略。在混合战略下，需求能在一定程度上得到匹配，生产也表现出部分的平滑，而在高峰期，则采用一部分转包合同的做法。这只是可能制订的多个计划之一。

（三）制订备货型生产的生产计划

在备货型生产的环境中，在收到客户订单之前，产品就开始进行生产并储存。产品的销售和交付都由库存而来。成衣、冷冻食品和自行车等都是这种类型制造的例子。总的来说，企业在这样几种情况下采用备货型生产：①需求相当稳定，并且可以预测。②产品选择很少。③市场所要求的产品交付时间大大短于产品制造所需时间。④产品保存期限很长。

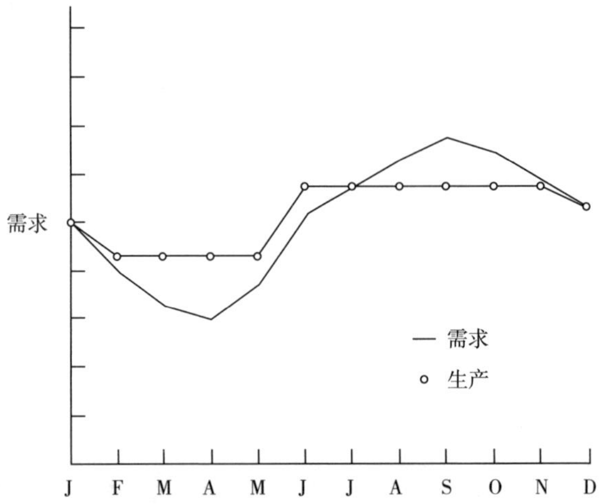

图 6-20　混合战略

制订生产计划所需要的信息有以下几方面：

（1）计划时间内按时段进行的预测。

（2）期初库存量。

（3）所希望的期末库存量。

（4）任何过期订单。这些订单是来不及交付的订单，有时称为脱期订单（back orders）。请注意脱期订单和积欠订单（backlog）这两个术语之间的区别。积欠订单是指收到了客户订单，但还没有开始做；而脱期订单是指超过了发货期才发运的客户订单，或可以按期立即发出，但因为库存不足以满足订单所规定的数量要求而暂时无法装运的订单。

制订生产计划的目的是最大限度降低库存持有成本，以及由于改变生产水平和缺货现象（未在客户所需要的时间供给其所需要的产品）所带来的成本。

下面将展示如何制订均衡生产计划和追赶战略。

1. 均衡生产（level production）计划

制订一个均衡生产计划的大致程序如下：

（1）汇总计划时间内的预测需求。

（2）确定期初库存量和所希望的期末库存量。

（3）用以下方式计算所需总产量：总产量 = 总预测 + 积欠订单 + 期末库存量 - 期初库存量。

（4）用总产量除以该计划期内的期数，计算出每期所需产量。

（5）计算出每期的期末库存量。

【例题 4】

某制造公司生产铅锤系列产品，该公司希望制订一个生产计划。期初库存为 100 箱，公司希望在计划期末将库存减少到 80 箱。每期的工作天数都相同。没有未交付订单。该铅锤系列产品的预计需求如表 6-7 所示。

表 6-7　预计需求量

生产期	1	2	3	4	5	总计
预测需求（箱）	110	120	130	120	120	600

（1）每期应生产多少箱？

（2）每期的期末库存是多少？

（3）如果库存管理成本是每期每箱 5 美元，其库存数量根据期末库存量确定，则库存持有总成本是多少？

（4）该生产计划的总成本是多少？

【答案】

（1）每期生产量计算如下：

所需总产量 = 600+80−100 = 580（箱）

每期生产量 = 580/5 = 116（箱）

（2）每期期末库存如下：期末库存 = 期初库存 + 产量 − 需求量

第 1 期之后的期末库存量 = 100+116−110 = 106（箱）

同样地，每期期末库存量的计算结果如表 6-8 所示，第 1 期的期末库存量成了第 2 期的期初库存量。所以，第 2～5 期期末库存量分别为 102 箱、88 箱、84 箱和 80 箱。

表 6-8　均衡生产计划：备货型生产

生产期		1	2	3	4	5	总计
预测需求（箱）		110	120	130	120	120	600
生产量		116	116	116	116	116	580
期末库存	100	106	102	88	84	80	

（3）库存持有总成本为：

（106+102+88+84+80）×5 = 2 300（美元）

（4）因为没有缺货现象，生产水平也没有改变，所以库存持有的总成本就是计划总成本。

2. 追赶战略

还是例题 4 中的制造公司要生产另一种金属系列产品。然而，该产品是易腐烂产品，公司不能储存产品供日后销售。公司必须采用需求追赶战略，每期仅生产满足市场需求的数量。这样库存成本可降至最低，也没有缺货成本。但是会产生与生产水平改变相关的成本。

假设在例题 4 中，改变生产水平的成本为每箱 20 美元。例如，从 50 箱变为 60 箱的成本为：

$$(60-50)\times 20=200\text{（美元）}$$

期初库存量是 100 箱，公司希望在第 1 期将库存减少到 80 箱。第 1 期需要生产的量将是：

$$110-(100-80)=90\text{（箱）}$$

假设第 1 期之前生产期的产量是 100 箱，生产水平和期末库存量的变化如表 6-9 所示。

该计划的成本是：

$$\text{生产水平变化成本}=60\times 20=1\ 200\text{（美元）}$$

$$\text{库存持有成本}=80\times 5\times 5=2\ 000\text{（美元）}$$

$$\text{计划总成本}=1\ 200+2\ 000=3\ 200\text{（美元）}$$

表 6-9　需求平衡计划：备货型生产

生产期	0	1	2	3	4	5	总计
需求（箱）		110	120	130	120	120	600
产量	100	90	120	130	120	120	580
产量变化		10	30	10	10	0	60
期末库存	100	80	80	80	80	80	

应当指出，上面的例子给出了对于一个备选生产计划的货币成本。但是在最终选定一个计划之前，还需要考虑其他一些因素，而这些因素有时很难用货币来衡量，主要包括以下几方面：

（1）在均衡生产过程中，如果周期性的需求引起了短缺，这对顾客产生的影响。

（2）在追赶战略中，当生产工人加入或退出生产时对他们的影响，这种影响往往会导致生产效率的下降。

（3）如果顾客的购买偏好发生变化，或者去购买竞争对手的产品，可能对利润造成的影响。

（四）制订订货型生产的生产计划

在订货型生产的环境中，制造商在接到客户订单之后才开始进行生产。这类制造的例子有量身定做的服装、机床，或任何按客户指定规格制成的产品。昂贵的产品通常都是订货型生产。总的来说，公司在以下情形中采用订货型生产：①产品按客户指定规格参数生产。②客户愿意在订单制作之时等待。③产品制造和储存成本高。④有几种产品可供选择。

当市场上有多种产品可供选择，或者客户不愿意在产品的生产之前有任何等待时，制造商就会生产并储存标准化部件。一旦公司收到客户的订单，他们就根据订单从存货中组装部件。因为部件有存货，因此公司在交付给客户前只需要花时间将其组装起来。按订单装配产品的例子包括汽车和电脑。按订单装配是订货型生产的一种形式。

制订按订单装配的生产计划需要以下信息：①计划时间内按时段进行的预测；②期初客户积欠订单；③期望的期末积欠订单。

在订货型生产的环境中，公司没有建立成品库存，取而代之的是尚未完成的客户积欠订单。积欠订单通常要在未来交付给客户，它并不代表拖期或过期的订单。例如，一个木制品定做厂可能会接到很多客户的订单，这将让它忙上好几个星期，这就会成为它的积欠订单。如果还有人想订购，订单将加入等待队列或积欠订单。制造商希望能对积欠订单加以适当控制，以使他们能够提供高水平的客户服务。

以下是制订一个订货型生产环境下均衡生产计划的大致程序：

（1）汇总计划时间内的预测需求。

（2）确定期初积欠订单和所希望的期末积欠订单。

（3）用以下方式计算需要的总产量：

总产量＝总预测+期初积欠订单−期末积欠订单

（4）用总产量除以期数，计算出每期需要生产的数量。

（5）根据每期的到期日，将现有积欠订单分摊在计划时间之内。

【例题 5】

某印刷公司提供定制化印刷服务。由于每一个工作都不相同，市场需求按照每周的小时数进行预测。在未来 5 周，公司期望需求是每周 100 小时。目前有 100 小时的积欠订单，在第 5 周末，公司希望将积欠订单减少到 80 个小时。每周需要多少小时的工作来减少积欠订单？每个周末的积欠订单是多少？

【答案】

总产量＝500+100−80＝520（小时）

周产量＝520/5＝104（小时）

每周积欠订单的计算如下：

预计积欠订单＝原有积欠订单+预测−产量

第 1 周：

预计积欠订单 = 100+100−104 = 96（小时）

第 2 周：

预计积欠订单 = 96+100−104 = 92（小时）

生产计划的结果如表 6-10 所示。

表 6-10　均衡生产计划：订货型生产

生产期		1	2	3	4	5	总计
销售预测		100	100	100	100	100	500
计划产量		104	104	104	104	104	520
预计积欠订单	100	96	92	88	84	80	

【本章小结】

企业在生产过程中会使用不同的工艺、机器、设备、技术人员和材料。如何把所有这些要素组织在一起，以最好的质量在合适的时间生产出合适的产品，并尽可能节约成本，进而获得利润，是一个复杂的问题。因此需要有一个合理的生产计划系统。本章主要介绍了生产计划与控制系统的主要构成，介绍了需求预测的方法，分析了销售与运营计划的构成，并对制造资源计划和企业资源计划的流程进行了简要说明，最后重点介绍了如何制订生产计划的相关知识。

【本章习题】

1. 生产计划与控制系统主要分为哪几个层次？
2. 什么是制造资源计划（MRP Ⅱ）？
3. 需求预测主要有哪几种方法？
4. 制订生产计划需遵循哪些原则？
5. 期初积欠订单是 800 单位，需求预测如下表所示。如果积欠订单减少到 100 单位，计算每周生产量应为多少，才能达到均衡生产，并完成下列表格（见表 6-11）。

表 6-11

周数		1	2	3	4	5	6	总计
预测需求		750	700	550	700	600	500	
计划生产量								
积欠订单	800							

6. 某公司希望制订一个均衡生产计划，期初库存量为零。未来 4 期的需求见表 6-12。

(1) 每期生产多少产品将使第 4 期期末库存量为零？

(2) 何时缺货？缺货量是多少？

(3) 每期产量是多少将避免缺货？第 4 期期末库存量是多少？

表 6-12

周数		5	6	7	8	总计
预测需求		9	5	9	9	
计划生产量						
计划库存	0					

7. 某公司希望为一个产品族制订一个均衡生产计划，期初库存量是 100 单位。在计划结束时期末库存量预计增加到 130 单位。每月需求预测见表 6-13，完成下列表格。

表 6-13

周数		5	6	7	8	总计
工作天数		21	19	20	10	
预测需求		115	125	140	150	
计划生产量						
计划库存	100					

8. 一条生产线每月生产 1 000 单位，销售预测见表 6-14。期初库存量为 600 单位。每期的工作天数相同。计算预计期末库存量。

表 6-14

周数		1	2	3	4	5	6
预测需求		750	800	1 050	1 600	1 000	850
计划生产量		1 000	1 000	1 000	1 000	1 000	1 000
积欠订单	600						

第七章　主生产计划

【学习目标】

1. 理解什么是主生产计划。
2. 了解主生产计划与生产计划的关系。
3. 掌握制订主生产计划的步骤。
4. 了解生产计划、主生产计划以及销售之间的关系。

【导入案例】

L公司的主生产计划系统

随着中国工业的迅速发展，工业计算机在2000年之后迅速发展，国内工业级计算机早期采用拿来主义，中国台湾、美国、欧洲、日本品牌的工业计算机在国内热销，尤其是中国台湾和日本品牌的工业计算机因价格较低，性价比高，在国内市场中占有重要地位。进入新世纪后，多个本地公司努力打破进口产品在市场上的垄断地位，在技术瓶颈逐渐缩小的背景下，如何在竞争中缩短交货期、快速提供产品受到企业重视，企业的生产运营模式越来越受到关注。

一、L公司简介

L公司成立于1996年，是一家面向工控行业提供全线产品和服务的公司。公司集研发、生产、销售一体化，拥有山东省最大的工业级计算机产业化基地。公司2008年通过ISO 9001：2008国际质量体系认证，由此进入飞速发展阶段，年复合增长率达到35%，公司营业额每三年翻一番，现在公司营业额已经达到8亿元，产品覆盖全国20余省市，部分设备还远销南美洲、非洲。L公司的客户分为行业客户和地区用户，行业客户多集中在北京地区，分为六大行业客户；地区客户遍布20多个省市，销售划分为10个省区。

L公司产品需求具有以下特点：

（1）客户对产品的需求各式各样，同一客户需要的同种类型产品，也存在硬件接口和软件的不同，批量小，品种多。

（2）客户偶发性需求多，供货周期短。

（3）特殊定制要求多。

二、L公司的产品介绍

目前公司的主要产品分为12个系列、200多个型号，主要产品是工业计算机和安全计算机，其中工业计算机占比达到80%，所有产品组成具有相通性。

L公司现在使用三级BOM管理方法，L公司BOM中的一级模块分为电气部件、结构部件、包装材料三大类。二级模块电气部件由主板模块、存储模块、电源模块、显示模块等组成，结构部件由机体模块、面板模块等组成，包装材料包括纸箱、泡沫、塑料袋等。

三、L公司的生产经营

L公司以市场为龙头，从市场提出销售预测及签订销售合同开始，公司制定相应的应对策略，制订销售评审计划、制作物料需求计划和采购计划，通过物料采购、加工、检验手续，办理物料的入库，制造部再根据任务需求从仓库领料到加工、装配、检验，直到产品最后合格入库发货。

(1) 销售计划编制：每个月市场部及各行业部经理收集销售预测及已经确认的订单，市场管理部将销售预测进行筛选，将合理的销售预测及订单提供给运营计划部门。

(2) 销售计划评审与审批：经过公司各部门的评审和领导审批后，将需求传递给运营计划部。

(3) 需求计划制订：运营计划部按照市场需求，结合库存、采购评审情况、制造部生产能力，制订需求计划。

(4) 采购部根据物料需求计划制订采购计划，分配给采购员执行。

(5) 采购物料到货入库，根据采购计划制作采购订单，按照采购订单执行物料到货，入厂检验，运营部仓储处负责入库。

(6) 产品装配，检验入库：根据运营计划部下达的生产指令单、技术部出具的技术文件及工艺部出具的工艺文件，制造部按照计划装配整机，在此过程中，检验处全程跟踪产品生产过程，最终产品组装完成后，提交试验申请单，通过检验合格后，包装入库。

(7) 根据销售计划，运营部仓储处根据发货指令，将产品发出。

四、L 公司的生产计划管理系统

L 公司的生产计划管理系统主要由销售预测和订单计划、综合计划、物料需求计划、生产作业计划四部分组成，围绕着一切以客户需求为中心的宗旨开展各项工作。L 公司的生产计划体系结构如图 7-1 所示。

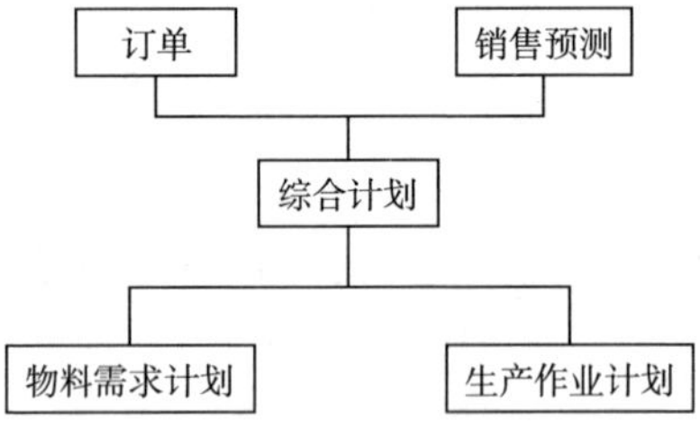

图 7-1　L 公司生产计划体系结构图

(1) 销售预测和订单计划：公司需求以通用工业级计算机和专用项目产品为主，需求信息根据市场收集的资料和项目进展情况得出，一般市场提前 1~2 个月给出预估，很难给出准确的预估。1 个月以内形成订单的预测仅占 40%，超出 1 个月以外的销售预测很难给出，且成功率往往低于 10%，L 公司当前的预测成功率低。销售预测一旦转化为订单，合同签订后，供货时间经常短于 30 天，给生产加工和采购造成极大压力。

(2) 综合计划：计划岗每个月根据销售预测及订单情况，将产品库存及在途数量考虑在内来计算总的需求量，进而生成物料需求计划及生产作业计划。

(3) 物料需求计划：运营计划部根据销售预测及订单，以产品BOM为基础，剔除在途和库存数量，核算形成新需求的零部件数量，从而生成物料需求计划。此物料需求计划用来指导编制生产作业计划和物料采购计划。

(4) 生产作业计划：运营计划部根据客户订单的需求，对物料加工和采购的时间做出安排。L公司的运营部每周根据订单需求安排一个月的生产计划，将产品的生产完工时间具体到每一天，形成生产指令单；制造部根据生产指令单将产品的生产计划安排到某一台机器或某个岗位，时间具体到小时。当出现周期不满足的情况时，采用加班和外协的方式保证各个时间节点按时完成任务要求，从而满足客户需求。

五、L公司生产计划管理系统存在问题的分析

(一) 主要问题

1. 合同履约率低

近三年以来，L公司的合同履约率在75%左右，未按期交付的产品平均交付周期长达65天，与公司承诺的产品交付时间45天相比延长了20天，造成客户项目延期，同时造成了公司信誉的损失，甚至造成部分合同牵涉到经济处罚，给公司带来不必要的经济损失。L公司对生产计划的安排全凭借计划人员的经验，因此造成产品生产时机极不合理，有些产品需要提前交货，但是却迟迟无法产出，有些产品交付时间还很长，却已经早早生产完毕。

2. 均衡生产情况很差

如表7-1所示，近两年L公司设备年度利用率仅有66%，资源浪费极其严重。2015年6至9月份L公司的设备负荷严重超标，一大部分物料加工转为外协加工，但是在其他月份，设备空置相当严重。由此可见，L公司的均衡生产安排非常不合理，造成了公司资源的极大浪费。

表7-1　2015年L公司设备利用率统计表

月份	1月	2月	3月	4月	5月	6月	7月	8月	9月	10月	11月	12月	平均
利用率（%）	80	95	34	45	35	100	100	100	100	25	48	35	66

3. 物料呆滞积压过多

当前L公司库存积压额大约在6 000万元，库存周转时间长达270天，主要原因是L公司的生产计划实际是综合生产计划，公司目前生产计划制订的时间间隔是30天，时间跨度较长，当市场需求变化较大时不能快速反应，不能及时增

加或者减少物料的库存。因综合计划周期为一个月，不能及时适应市场需求，不能及时调整在制产品和在途物料的种类和数量，很容易导致产品供应不及时或者库存积压。

L公司物料需求计划是根据综合计划形成的月度需求计划来制订的，物料采购计划完全按照物料需求计划制订，以月度为单位执行月采购计划或按订单需求采购，部分物料采购周期长达3个月或者更久，由此导致物料不能及时到货，造成产品的延期交货。

（二）原因分析

近些年L公司合同履约率一直维持在75%左右，库存呆滞积压越来越高，达到可怕的6 000万元，库存积压呆滞问题越发严重，引起公司管理层的关注，为此各级领导在积极寻找问题的原因并思考解决办法。通过分析得出具体核心问题原因有以下三方面。

1. 需求预测方法不科学

L公司的销售人员统计需求信息，信息汇总后经过商务部传送给运营部，运营部为了满足客户需求，在拿到销售预测后，在需求预测的基础上会再增加10%，以确保能及时交货。但是市场的预测成功率仅达到30%。因对市场考核不严格，市场提出的预测过于随意，由此造成公司大量的库存积压。之后公司要求市场人员必须拿到客户确认函才能认可为有效的预测信息，但是这种预测信息会很快会转化为订单，造成采购和加工时间非常紧张的局面，最终还没办法满足交付，不科学的预测一方面造成公司大量库存积压，另一方面导致供应过度紧张。

2. 缺乏主生产计划环节

L公司目前主生产计划环节缺失，计划人员完全按照订单要求及月采购计划安排物料需求计划和生产作业计划，生产计划的对象均是最终产品，没有提前安排标准模块的加工和采购。因订单波动性较大，往往造成生产负荷不均，时而负荷过重，时而空闲严重，导致生产作业计划不能按时执行。因物料采购的提前期各不相同，部分物料采购计划往往不能按时完成。

3. 缺乏模块化计划BOM

L公司目前根据订单和月采购计划中的最终产品BOM下达物料需求计划，因最终产品的需求量与下达物料需求计划中的物料不可能完全一致，当订单出现较大波动时，往往造成物料呆滞和物料不能满足生产计划的事情。

综上所述，L公司计划管理的主要问题包括缺乏科学的预测方法，缺失主生产计划环节，在制订物料需求计划过程中缺少模块化计划BOM的指导，因此造成物料需求计划不能满足实际的生产的结果，部分物料积压呆滞，部分物料不满足生产进度要求，在生产过程中生产能力核算不准确，无法识别瓶颈环节，当出现瓶颈环节时，束手无策，面对延误却没有有效的解决办法。

六、解决方案

L公司在生产计划管理系统中增加主生产计划环节，设计双层MPS，在主生产计划制订过程中识别瓶颈，提前应对薄弱环节，缩短产品交期，新的财年将产品平均交期缩短到30天，提高合同履约率，使得合同履约率由75%提高到92%。

L公司根据公司具体需求建立科学预测流程，提前90天提供相对准确的预测数据，为主生产计划提供相对准确的输入数据。

为了减少库存积压，L公司通过设计模块化BOM，使得备货物料机构合理，将主生产计划与物料需求计划更好地衔接，在保证及时交货的同时控制库存水平，将库存积压额由6 000万元减低到3 000万元，将库存周转天数由265天减少到了180天。

（案例来源：任自凯.L公司主生产计划系统研究［D］.济南：山东大学，2016.）

完成生产计划后，生产计划和控制过程的下一个步骤是准备主生产计划（master production schedule，MPS）。本章将探讨制订和管理主生产计划时考虑的一些基本要素。主生产计划是根据销售计划预先建立，由主生产计划员负责维护，确定每一具体的最终产品在每一具体时间段内生产数量的计划。主生产计划是极为重要的计划工具，也是销售和生产部门沟通的基础。

第一节　主生产计划与生产计划的关系

主生产计划，顾名思义，就是主要的生产计划，也是总计划的一种叫法，是根据预期产品到达量、订货提前期和现有库存等因素规定的计划，即必须完成的具体产品的数量和进度。MPS的时间跨度为2～3个月，并按照月进行更新。MPS的实质是保证销售规划和生产规划对规定的需求（需求什么、需求多少和什么时候需求）与所使用的资源取得一致。MPS考虑了经营规划和销售规划，使生产规划同它们相协调。它着眼于销售什么和能够制造什么，这就能为车间制订一个合适的“主生产进度计划”，并且以粗产能数据调整这个计划，直到负荷平衡。因此，我们可以有以下的总结：

一是主生产计划是生产计划系统中的重要环节。

（1）主生产计划是生产计划部门和生产部门实际生产什么的联系纽带。它构成了客户需求和生产设施之间的主要纽带。

（2）主生产计划为计算产能和所需资源提供了基础。

（3）主生产计划推动产生物料需求计划。

（4）为了要确立产品计划，主生产计划和物料清单一起决定了生产所需要制造和采购的部件。

（5）主生产计划确保优先权得以有效实现。

二是主生产计划也是销售部门和生产部门之间的重要纽带。

（1）主生产计划做出可行的订单承诺。主生产计划是一个生产什么、何时生产的计划，它告知销售部门和生产部门产品何时能够交付。

（2）主生产计划是营销部门和生产部门的契约，是双方认可的计划。

（3）主生产计划是销售部门和生产部门确定生产什么的基础。

（4）主生产计划是沟通的工具，是各部门为与市场需求、生产能力保持一致而做出改变的基础。

以某自行车厂的生产计划以及它对应的主生产计划为例（如表 7-2 和表 7-3 所示）。我们可以清楚地看出这两种不同计划之间的区别与关系。生产计划是企业对自己未来较长时间内具有相同特性的产品族所做的概况性安排，它不是针对具体产品而制定的具体操作的实施计划。而主生产计划，正是把生产计划具体化为可操作的实施计划。

表 7-2　某自行车厂的生产计划

月份	1	2	3
24 型产量（辆）	10 000	15 000	20 000
28 型产量（辆）	30 000	30 000	30 000
总工时（小时）	68 000	68 000	75 000

表 7-3　某自行车厂的主生产计划

月份	1				2				3			
周次	1	2	3	4	5	6	7	8	9	10	11	12
C 型产量（辆）		1 600		1 600		2 400		2 400		3 200		3 200
D 型产量（辆）	1 500	1 500	1 500	1 500	2 250	2 250	2 250	2 250	3 000	3 000	3 000	3 000
R 型产量（辆）	400		400		600		600		800		800	
月产量（辆）	10 000				15 000				20 000			

如表 7-2 所示，在该厂的生产计划中，未来 3 个月 24 型系列产品的月产量分别为 10 000 辆、15 000 辆和 20 000 辆。但是实际上，24 型自行车又可以分为三种不同车型：C 型，带有辅助小轮的儿童用车；D 型，耐用型自行车，适用于道路条件不好的情况；R 型，带有装饰的豪华型自行车。这三种车型的车轮大小是一样的，同属于 24 型。而所谓"24 型"车是无法抽象生产的，只能具体生产出 C 型、D 型或者 R 型。表 7-3 是根据表 7-2 的生产计划制订的主生产计划。从这个表中可以看出：D 型车的需求量较大，是连续生产的；而其他两种车型的需求量较小，生产是断续的，即分批轮番生产。

可以看出，生产计划中的产品或服务是抽象的。实际中并不存在抽象的钢材，只存在某一钢种、某一型号的钢材；并不存在抽象的自行车，只存在不同规格的自行车；不存在抽象的新生，只存在某一专业、攻读某一学位的新生。因此，需要对生产计划进行分解。分解生产计划的结果就是主生产计划。

下面再看一个例子，表 7-4 是一个有三个产品的产品族的生产计划。

表 7-4　三个产品的产品族的生产计划

周	1	2	3	4	5	6
综合预测（单位）	160	160	160	160	215	250
生产计划（单位）	205	205	205	205	205	205
总体库存（单位）	545	590	635	680	670	625

其中，产品 A、B 和 C 的期初库存是：产品 A 350，产品 B 100，产品 C 50，总计 500。

接下来，要进行的是预测产品族中每一个产品的需求量。需要记住的是：生产计划的预测数据是建立在总数据（产品族）上的，然而对于主生产计划来说，它需要的是该产品族中每种产品的具体预测数。销售和运营计划所使用的是对产品族的预测，这是因为对产品族的预测常常要比对单个产品的预测来得更为准确。销售与运营计划之所以需要对产品族的预测，是因为可以以它为基础来确定生产产品族而不是单个产品所需要的资源。还应当指出的是，将单个产品的预测加在一起并不正好等于对产品族的预测，而针对产品族的生产计划体现的是对该产品族中各种产品生产总量的约束。这里的三个产品需求量的预测值如表 7-5 所示。

表 7-5　每一个产品需求量的预测值

周	1	2	3	4	5	6
产品 A	70	70	70	70	70	80

续表

周	1	2	3	4	5	6
产品 B	40	40	40	40	95	120
产品 C	50	50	50	50	50	50
总计	160	160	160	160	215	250

有了这些数据，计划人员必须制订适应约束的计划。因此，主计划表和库存量分别如表 7-6 和表 7-7 所示。

表 7-6　主计划表

周	1	2	3	4	5	6
产品 A						205
产品 B	205	205	205			
产品 C				205	205	
总计	205	205	205	205	205	205

表 7-7　库存量

周	1	2	3	4	5	6
产品 A	280	210	140	70	0	125
产品 B	265	430	595	555	460	340
产品 C	0	-50	-100	55	210	160
总计	545	640	735	680	670	625

观察表 7-6 的主生产计划，可以找到令人满意的地方在于：①它告诉工厂生产各个产品的开始时间及结束时间。②产能与生产计划相符。

但是，这个计划表中也有令人不满意的地方：①与总库存相比，库存平衡较差。②产品 C 在第 2 周和第 3 周缺货。

需要说明的是，制订出的“主生产计划”是指表 7-6 表示的矩阵中的最后一行，“主计划”指得到最后一行的过程，因此，整个矩阵就称为主计划表。

【例题 1】

某公司生产两种属于同一产品族的不同型号的产品：型号 H 和型号 I 产品。公司以周为单位制订生产计划。当月均衡生产 1 000 单位。期初库存 500 单位，计划在月底减少到 300 单位。主生产计划以周为单位，这个月有 4 周，每周生产量平均为 250 单位。产品族和两种型号的预测量如表 7-8 所示。同时两种型号（型号 H 和型号 I）产品的期初库存分别为 200 单位和 300 单位。试计算每个产品的主生产计划。

表 7-8　预测量

周	1	2	3	4	总计
产品族的预测	300	350	300	250	1 200
型号 H 的预测	200	300	100	100	700
型号 I 的预测	100	50	200	150	500

【答案】

生产计划如表 7-9 所示，型号 H 和型号 I 产品的主计划分别如表 7-10 和表 7-11 所示。

表 7-9　生产计划

周		1	2	3	4	总计
预测		300	350	300	250	1 200
预计可用库存余额	500	450	350	300	300	
生产计划		250	250	250	250	1 000

表 7-10　主计划（型号 H）

周		1	2	3	4	总计
预测		200	300	100	100	700
预计可用库存余额	200	250	200	100	100	
生产计划		250	250		100	

表 7-11　主计划（型号 I）

周		1	2	3	4	总计
预测		100	50	200	150	500
预计可用库存余额	300	200	150	200	200	
生产计划				250	150	

第二节　制订主生产计划

制订主生产计划主要有三个目的：第一，通过维持一定的成品库存水平及制订满足客户交付要求的计划，来维持预期的客户服务水平。第二，充分利用物料、人工和设备。第三，维持库存投资在必需的水平。

为了达到这些目的，主生产计划既要满足客户需求，也不能超出生产能力，还要符合生产计划的指导方针。

一、主生产计划的编制程序与约束条件

MPS 编制的主要程序如图 7-2 所示。MPS 的编制是从生产计划开始的，是对生产计划的分解与细化。MPS 方案的编制也是一个反复试行的过程。一个方案制订出来之后，需要与所拥有的资源（如设备能力、人员、加班能力、外协能力等）进行对比，如果超出了资源限度，那么就必须修改原来的方案，直到获得符合资源约束条件的方案，或者获得不可能满足资源条件的结论。在后者的情况下，就需要对综合生产计划做出修改，或者增加资源。最终，方案需要拿到决策机构去审批，然后作为物料需求计划的输入（或者前提条件）来制订制造资源计划。制造资源计划将确定每一个零部件生产与装配的具体时间。

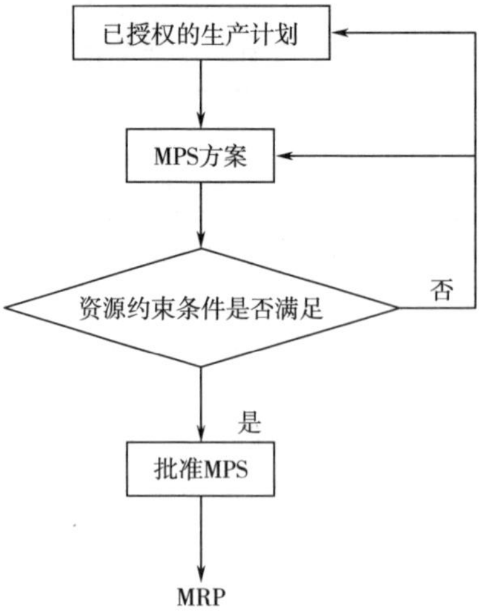

图 7-2　主生产计划（MPS）编制程序图

MPS 需要满足的第一个约束条件是 MPS 所确定的生产总量必须等于生产计划确定的生产总量。这一点从表 7-2 与表 7-3 所示的某自行车厂的例子中可以看得很清楚。这个约束条件包括两个方面：第一个方面是每个月 C、D、R 三种型号的自行车生产总量必须等于生产计划中所确定的每个月 24 型自行车的生产总量。如果生产计划的生产总量不是用产品件数而是用钱数或者人工数来表示的，MPS 也必须转换成相应的单位。但是为了有利于库存管理，依旧应该有用产品件数表示的 MPS。第二个方面是，生产计划需要确定的某种产品在某个时间段内的生产总量（也就是需求总量）应该以一种有效的方式分配在这个时间段内的不同时间生产。例如，在这个示例中，1 月份的生产总量被划分为 C 型 3 200 个、D 型 6 000 个、R 型 800 个，总量与生产计划一致，共 10 000 个。这种组合应该是基于多个方面考虑的，如需求的历史数据、对未来市场的预测、订单以及企业经营方面的其他考虑。此外，在这个示例中，其 MPS 是以周为单位的，但是也可以以日、旬或者月为单位。在选定以周为单位之后，必须根据周考虑生产批量（断续生产的情况下）的大小，其中，重要的考虑因素是作业交换成本与库存成本。

MPS 需要满足的第二个约束条件是，在决定产品批量与生产时间时必须考虑资源的约束。和生产量相关的资源约束有若干种，如设备能力、人员能力、库存能力（仓储空间的大小）、流动资金总量等。

在制订 MPS 时，必须首先清楚地了解这些约束条件，根据产品的轻重缓急分配资源，将关键资源用于关键产品。

二、主生产计划的计算

将图 7-2 中主生产计划的编制程序进一步细化，在对主生产计划进行计算时，往往有三个步骤：首先，确定初步的主生产计划；其次，将初步的主生产计划与可用产能进行对比；最后，解决初步主生产计划与可用产能之间存在的差异问题。

（一）初步的主生产计划

为了说明计算主生产计划的过程，看下面例子。假设产品是备货型生产，持有一定库存，并且产品批量生产。

某产品按每批次 100 单位进行生产，预计期初库存为 80 单位。需求预测、预计现有可用量及初步主生产计划如表 7-12 所示。

表 7-12 主生产计划示例

周数	1	2	3	4	5	6
预测	60	60	60	60	60	60

续表

周数		1	2	3	4	5	6
预计可用库存余额	80	20	60	0	40	80	20
生产计划			100		100	100	

第1周开始时库存量为80单位，在满足预测需求60个单位后，预计可用库存余额还有20单位。第2周60单位的预测需求没有满足，因此主生产计划必须确定第2周收到100单位。这样，第2周末预计可用量就有60单位（20+100-60=60）。第3周，预测需求60单位可以满足，因为现有预计可用量是60单位，这时预计可用库存余量为0。第4周必须接收100单位，满足预测需求60单位之后，库存还有40单位。第5、第6周以此类推。

产品族中的每个产品都要经过这样计算主生产计划的过程。如果产品族中所有产品的计划生产总量及最终库存总量与生产计划不相符，单个计划就要调整，这样生产总量才能相等。

初步主生产计划的计算完成之后，必须与可用产能对比。这个过程称为粗产能计划（rough-cut capacity planning）。

【例题2】

某公司生产坚果粉碎器产品族，其中最受欢迎的型号是核桃粉碎器。销售部门准备了为期6周的预测，期初库存量是50打（“打”是计划单位），预测销售量如表7-13所示。作为计划人员，你必须计算出主生产计划。其中，核桃粉碎器的生产批量为100打。

表7-13 预测量

周	1	2	3	4	5	6
预测销售量	75	50	30	40	70	20

【答案】

经过计算，主生产计划如表7-14所示。

表7-14 主生产计划

周		1	2	3	4	5	6
预测销售量		75	50	30	40	70	20
预计可用库存余额	50	75	25	95	55	85	65
主生产计划		100		100		100	

（二）粗产能计划

得到初步的主生产计划之后，就需要和公司现有的资源进行比较，而这正是粗产能计划需要进行的工作。

粗产能计划需要检查的是支持初步主生产计划的关键资源是否可以获得。其中，关键资源包括瓶颈作业、人工及关键物料（如稀缺的或提前期较长的物料）。

粗产能计划的制订过程与生产计划制订过程中所使用的资源需求计划相似，它们的区别是现在的对象是产品而非产品族。资源需求计划中使用的资源单假定产品族中一件有代表性的产品，而粗产能计划的资源清单针对单个产品。二者的相同点是瓶颈工作中心和关键资源。

该方法之所以称为“粗”，其原因不仅是它对资源的预测是初步的，还有其他几个会对具体产能需求产生影响的因素。这些因素包括现有库存、现有的部分完成的订单以及提前期等。

假设某一公司生产四种不同型号的笔记本电脑，在同一个被视为瓶颈作业的工作中心进行组装。该公司希望根据工作中心的产能安排生产而不能超出。表 7-15 为该工作中心的资源清单，即组装一台电脑所需的时间。

表 7-15 资源清单

电脑	组装时间（标准工时）
型号 D24	0. 203
型号 D25	0. 300
型号 D26	0. 350
型号 D27	0. 425

假设某一周主生产计划列出以下电脑需要组装：

型号 D24 200 台

型号 D25 250 台

型号 D26 400 台

型号 D27 100 台

那么，这个关键资源所需产能就是：

型号 D24 200×0. 203＝40. 6（标准工时）

型号 D25 250×0. 300＝75. 0（标准工时）

型号 D26 400×0. 350＝140. 0（标准工时）

型号 D27 100×0. 425＝42. 5（标准工时）

所需总工时＝298. 1（标准工时）

【例题3】

某钳子公司生产两种不同型号的钳子：普通钳和精密钳。瓶颈作业在第20个工作中心，其资源清单如表7-16所示。

表7-16 资源清单

	工时（打）	
工作中心	普通钳	精密钳
20	0.5	1.2

未来4周的主生产计划如表7-17所示。

表7-17 主生产计划

周	1	2	3	4	总计
普通钳	40	25	40	15	120
精密钳	20	10	30	20	80

【答案】

利用资源清单和主生产计划，计算未来4周20号工作中心每周所需要的工时数。该工作中心需要的产能如表7-18所示。

表7-18 工作中心所需产能

周	1	2	3	4	总计
普通钳	20	12.5	20	7.5	60
精密钳	24	12	36	24	96
总工时	44	24.5	56	31.5	156

（三）差异解决方法

下一步是将所需要的总工时与工作中心的可用产能进行比较。如果可用产能大于所需产能，主生产计划就可行；反之，就需要想办法增加产能。如，是否可以通过加班、雇用额外员工、利用其他工作中心的工艺或是外包来调整可用产能？如果不可以，就必须修改主生产计划。

最后，主生产计划必须以三个标准来评估：

一是资源利用。即在计划的每个阶段，主生产计划是否处于产能约束的范围之内？主生产计划是否充分有效地利用了资源？

二是客户服务。即交货期能否满足？所交付产品的性能是否被客户所接受？

三是成本。即计划是否最为经济？是否因加班、外包、加急或运输产生了额外成本？

（四）主计划决策

主生产计划应该尽可能有效地表现生产部门要生产什么。如果包括太多的项目，将会导致预测和管理主生产计划困难。每一生产环境下——备货型生产、订货型生产、根据订单组装、根据订单配置以及根据订单设计等，主生产计划都应选择针对最小数量的产品进行。图 7-3 说明了产品必须进行主生产计划决策的层次。

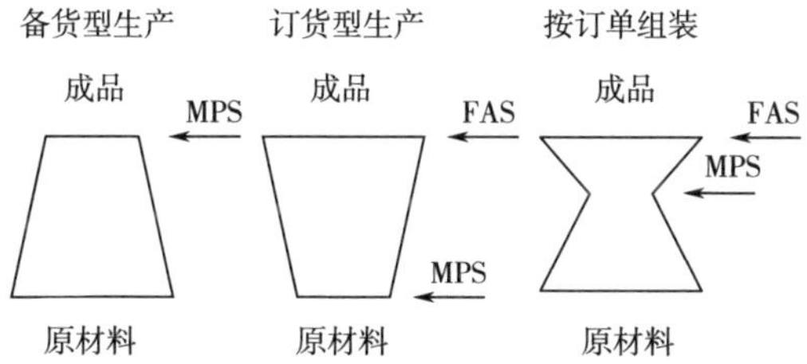

图 7-3　不同的 MPS（主生产计划）环境

1. 备货型生产（make-to-stock，MTS）

在这一环境下，常常是由多个部件组装成数量有限的标准件，电视和其他消费品即是这方面的例子。主生产计划通常是成品计划表。

2. 订货型生产（make-to-order，MTO）

在这个环境中，很多类型的最终产品由较小数量的部件组装而成，如为客户量身定做的服装。主生产计划通常是补充原材料的计划表。

3. 按订单组装（assemble-to-order，ATO）或按订单配置（configure-to-order，CTO）

在这个环境中，很多最终产品可以由基本部件或子部件组装而成。例如，一家公司生产基色颜料，然后通过添加各种色素得到最终颜色。假如总共有 10 种色素，最后的颜色由其中任何 3 种与基色混合而成，这样就可能有 720 种颜色（$10\times9\times8=720$）。预测及计划生产 720 种产品是一项艰难的任务。如果生产在基色和 10 种色素层级进行计划，任务就简单得多，这样就只需处理基色和 10 种色素中的每个色素。接到客户订单时可以根据订单将基色与需要的色素进行混合（组装）。

4. 最终组装计划（final assembly schedule，FAS）

根据客户订单组装的工作通常使用最终组装计划进行安排。最终组装计划是组装什么的计划表，通常用于有多种选择而且难以预测客户想要哪种产品组合的情况。主生产计划在零部件层级进行，如上面例子中的基色和色素层，只有当接到客户订单时，才进行最后组装。

在接到客户订单时，最终组装计划将根据主生产计划的零部件安排从主生产计划到最终组装以及发货给客户。最终组装计划通常用于按订单组装和订货型产品两种情况。

5. 按订单设计（engineer-to-order，ETO）

这是订货型产品的一种形式。按订单设计是指按特定客户的要求来设计，在这种环境下，产品在生产前根据客户的特殊要求进行设计，如桥梁施工。

图 7-4 说明了 MPS、FAS 和其他计划活动之间的关系。

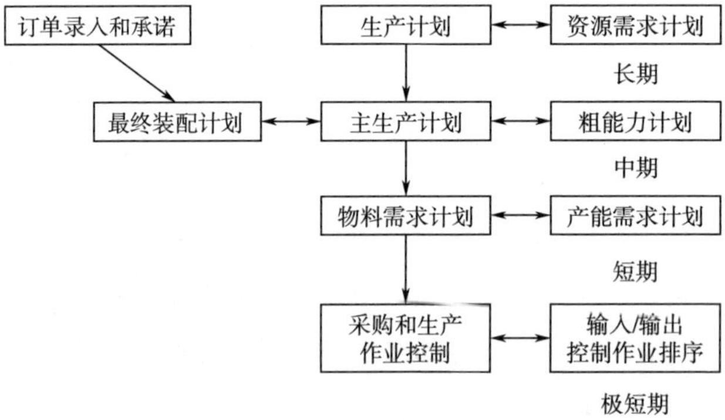

图 7-4　MPS、FAS 与其他计划活动

应当注意的是，主生产计划通常应当使生产计划尽可能“靠近”客户。例如，备货型产品的主生产计划应当使得最终产品设计能迅速响应客户的要求。它的另一个优点还在于，该产品本身的生产能“隔绝”客户的影响，这意味着具有更多的内部稳定性。另外，订货型产品包含了客户对最终产品多方面的要求。订货型产品主计划的制订常常是在原材料阶段就开始了，这意味着客户的影响和对生产的干预程度都是很高的。按订单组装的产品处于上述两者之间。主生产计划常常是针对型号和选项（以及所有产品的通用部件）进行的。而针对客户具体要求的设计则是反映在最终的组装计划内。客户多半对各种选项的具体设计影响甚小，从而隔绝了那些选项的生产过程。例如，你是一个购买特定型号汽车的客户，尽管你可以选择是要六缸发动机还是要八缸发动机，但是你无法影响到这些发动机是如何生产出来的。一些公司想方设法将客户的影响转移到最终的设计考虑上去，也就是尽量使得客户的要求处于供应链的最远端。这种设计战略也被称作延迟（postponement）。

（五）计划期

计划期是指计划覆盖的时间范围，包含的时间至少要等于完成计划所需要的时间。对于主生产计划，最短的计划期等于最长的累积提前期（lead time，LT）或端到端（end-to-end）的提前期。例如，图 7-5 中最长的累积提前期路径是 A-D-F-G，累积提前期为 12 周（1+2+3+6=12）。因此，最小的计划期是 12 周，否则原料 G 就不能及时订购以满足交货期。

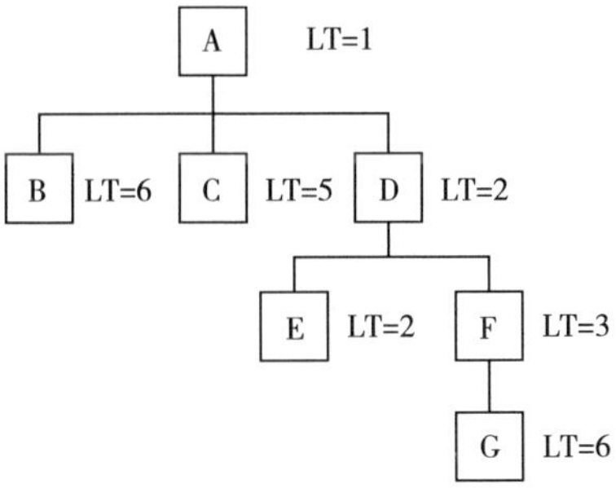

图 7-5　产品结构：关键提前期

通常，由于多种原因，计划期会长一些。计划期越长，计划的适应性越高，避免将来出现问题或利用特殊情况的管理能力就越好。例如，公司可以利用更经济的采购计划，避免将来出现产能问题，或者以更经济的批量进行生产。

最终装配计划的计划期最短也必须包含组装客户订单的时间。最终装配计划不需要包括生产部件所需要的时间，这部分时间将包含在主生产计划的计划期内。

三、主生产计划编制中的技巧问题

（一）MPS 和生产计划的连接

在计算 MPS 的过程中，并没有考虑利用生产速率的改变、人员水平的变动或者调节库存进行权衡、折中。生产计划要考虑生产速率、人员水平等折中的因素，因此，在实际的 MPS 编制中，是以生产计划确定的生产量而不是需求预测量计算 MPS 量，即以生产计划中的生产量作为 MPS 模型中的预测需求量。生产计划中的产量是按照产品系列来规定的（例如，表 7-2 中的 24 型自行车多少辆或 28 型自行车多少辆），为了使之转换成 MPS 中的市场需求量，首先需要将它分解成每一计划期内对每一个具体型号产品的需求（例如，表 7-3 中对 24 型自行车 C、D 和 R 型的不同需求）。在进行这样的分解时，必须考虑不同型号与规格的适当组合、每种型号的现有库存量与已有的顾客订单量等，然后，将分解结果作为 MPS 中的需求预测量。

总之，MPS 应该是对生产计划的一种具体化，当 MPS 用上述方式体现了生产计划的意图时，MPS 就成为企业整个经营计划中一个不可或缺的部分。

（二）MPS 的"冻结"（相对稳定化）

MPS 是所有部件、零件等物料需求计划的基础。由于这个原因，MPS 计划的改变，特别是对已经开始执行但是还没有完成的 MPS 计划进行修改的时候，将会引起一系列计划的改变和成本的增加。当 MPS 量增加的时候，可能会由于物料短缺而导致交货期延迟或者作业分配变得复杂；当 MPS 量减少的时候，可能会导致多余物料或者零部件的产生（直至下一期 MPS 需要它们），还会导致将宝贵的生产能力用于现在并不需要的产品。当需求改变，从而要求 MPS 量改变的时候，类似的成本也会发生。

为此，很多企业采取的做法是，设定一个时间段，使得 MPS 在这一期内不变或者轻易不得变动，即使得 MPS 相对稳定化，有一个"冻结"期。

"冻结"的方法可以有多种，表示不同的"冻结"程度。一种方法是规定"需求冻结期"，它可以包括从本期开始的若干个单位计划期，在此期间，没有管理决策层的特殊授权，不得随意修改 MPS。例如，将 MPS 的冻结期设定为 8 周。在这段时间内，没有特殊授权，计划人员和计算机（预先装好的程序）均不能随意地改变 MPS。另一种方法是规定"计划冻结期"。计划冻结期一般比需求冻结期长，在此期间，计算机没有自主改变 MPS 的程序与授权，但是计划人员可以在两个冻结期的差额时间段内根据情况对 MPS 进行必要的修改。在这两个期间之外，可以进行更自由的修改，如让计算机根据预先制定的原则自行调整 MPS。

这几种方法实质上只是对 MPS 的修改程度不同。例如，某个企业使用 3 个冻结期：8 周、13 周和 26 周。在 8 周以内，是需求冻结期，轻易不得修改 MPS；从 8 周到 13 周，MPS 依旧呈刚性，但是只要零部件不缺，则可以对最终产品的型号略做变动；从 13 周到 26 周，可以改变最终产品的生产计划，但是前提依旧是物料不会发生短缺；26 周以后，市场营销部门可以根据需求变化情况随时修改 MPS。

总之，应周期性地审视 MPS 冻结期的长度，不应该总是固定不变。此外，MPS 的相对冻结虽然使得生产成本降低，但是同时也减弱了响应市场变化的柔性，而这同样是要发生成本的。因此，还需要考虑这两者之间的平衡。

（三）不同生产类型中 MPS 的变型

MPS 是要确定每一个具体的最终产品在每一个具体时间段内的生产数量，因此就需要考虑产品的生产类型，然后根据不同生产类型的特点进行主生产计划的编制，具体内容在本节中主生产计划的计算里的主计划决策中已经详细阐述，这里不再重复介绍。

第三节　生产计划、主生产计划和销售

生产计划协调总的预测需求和可用资源，它从战略商业计划和市场预测中获取信息，对生产什么以满足市场预测做出总体计划。同时，生产计划还需要满足产能约束，但是它并不关注实际生产什么等细节问题，而是倾向于提供一个框架，然后根据主生产计划制订出详细的计划。

主生产计划依据单个终端产品的预测和实际需求而建立，它协调需求与生产计划及产能之间的关系，制订出生产部门可以执行的计划。主生产计划关心的是实际生产的产品、数量和时间，这样才能满足预期需求。

生产计划和主生产计划通过制订制造计划将销售预测与制造活动分离。它们共同平衡预测需求与工厂可用资源、设备、人工和物料，但它们并不是销售预测，也不必是期望的目标。主生产计划只是生产部门能够做并且将要执行的计划。图 7-6 表现了销售预测、生产计划和主生产计划之间的关系。

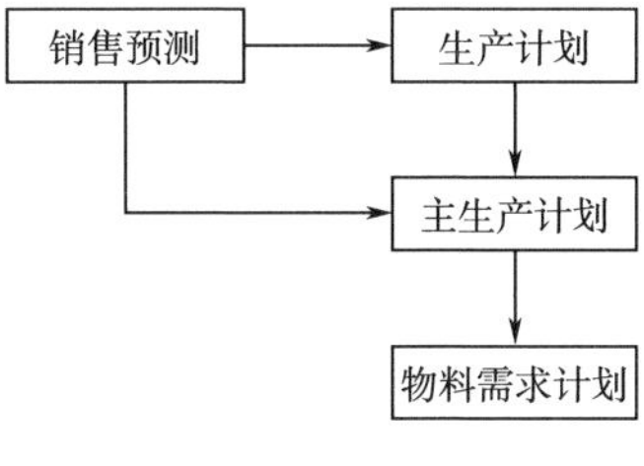

图 7-6　生产计划、主生产计划和销售预测之间的关系

对生产部门能够做并且将做什么，主生产计划必须切实可行。如果不是这样，就会导致超负荷的产能计划、过期的生产计划、不可靠的交货承诺、波动的出货以及缺乏责任感。

主生产计划是具体的终端产品计划，或者说是生产部门预计将来可以生产的“可制造”部件的计划。主生产计划是生产部门和市场部门针对将来生产哪种最

终产品所达成的共识点，生产部门努力生产，市场部门努力销售。但是主生产计划并不是非常严格不变的。需求会变化，生产会出现问题，有时零部件稀缺，这些都使得修改主生产计划变得非常必要。改变必须在销售部门和生产部门完全理解和认同的情况下进行，主生产计划为这种改变提供基础，从而达成一个双方都认可的计划。

一、主生产计划和交付承诺

在备货型生产情况下，客户订单由库存满足；而在订货型或按订单组装环境中，需求则由产能满足。在任何一种情况下，销售和配送部门都必须知道有什么可用的产品来满足客户需求。由于需求可能由库存满足，也可能由计划收到的产品来满足，因此，主生产计划就可以为二者提供计划。图 7-7 阐明了这一概念。当接到客户订单时，订单就“消耗”可用库存或产能。没有被实际客户订单消耗掉的计划部分就可用来做出新的订单承诺，这样，主生产计划就为交货承诺提供了现实基础。需要注意的是，对于每个阶段，主生产计划的产品数量被假定为该阶段开始时可用的数量。

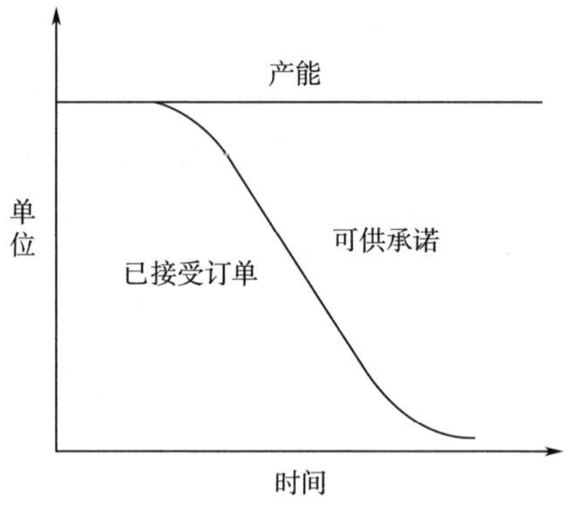

图 7-7 MPS 和交付时间

应用主生产计划，销售和配送部门可以决定可承诺供货（available to promise，ATP）。可承诺供货是指还没有承诺但可承诺给客户的库存和计划生产中的部分，这使得交货承诺可以做出，客户订单和交付能够准确排定。

可承诺供货是这样计算的：期初库存加上计划收到量，然后减去下一个计划收到量之前的实际订单。计划收到量（scheduled receipt）是指已经分配给生产部门或供应商的订单。表 7-19 是一个计算可承诺供货的示例。

表 7-19 可承诺供货量的计算

现有库存：100（单位）

生产期	1	2	3	4	5
客户订单	80	10	10		30
主生产计划（MPS）		100		100	
可承诺供货（ATP）	20	80		70	

第 1 期 ATP＝现有库存－下一个 MPS 之前到期的客户订单＝100－80＝20（单位）

第 2 期 ATP＝MPS 计划收到量－下一个 MPS 之前到期的客户订单＝100－（10+10）＝80（单位）

第 4 期 ATP＝100－30＝70（单位）

这种方法假设在下一个计划收到量到达前可承诺供货将会被消耗完。将要被消耗就假定会被消耗完；如果没有被消耗完，剩下的就变成了下期可用的现有库存。

继续考虑前面例题 2 某公司的例子，该公司接到了客户订单。接到订单的计划及相应可承诺供货的计算如表 7-20 所示。

表 7-20 可承诺供货量的计算

现有库存：50（单位）

周	1	2	3	4	5	6
客户订单	80	45	40	50	50	5
主生产计划（MPS）	100		100		100	
可承诺供货（ATP）	25		10		45	

有时候，客户订单大于计划收到量。在这种情况下，前期的可承诺供货根据需要量而减少。在该例子中，计划人员能否接受在第 3 周再交付 20 个单位的订单？第 3 周有 10 个单位可用，第 1 周的可承诺供货还有 10 个。因此，这个订单可以接受，如表 7-21 所示。

表 7-21 可承诺供货量的计算

现有库存：50（单位）

周	1	2	3	4	5	6
客户订单	80	45	60	50	50	5
主生产计划（MPS）	100		100		100	
可承诺供货（ATP）	15		0		45	

【例题 4】

如表 7-22 所示，计算下面例题的可承诺供货量。能否接受第 5 周再交付 30 个单位的订单？如果订单被接受，ATP 是多少？

表 7-22　可承诺供货量的计算数据

周	1	2	3	4	5
客户订单	50	20	30	30	15
主生产计划（MPS）	100		100		
可承诺供货（ATP）	30		25		

【答案】

表 7-23 为可承诺供货量的计算。

表 7-23　可承诺供货量的计算

周	1	2	3	4	5
客户订单	50	20	30	30	45
主生产计划（MPS）	100		100		
可承诺供货（ATP）	25		0		

二、预计可用库存余额

目前的计算是将预计可用库存余额（projected available balance，PAB）建立在预测需求上，现在还要考虑客户订单。客户订单有时候大于预测，有时候小于预测。预计可用库存余额基于二者中较大的一个进行计算。例如，如果期初预计可用库存是 100 单位，预测客户订单是 40 单位，而实际客户订单是 50 单位，那么期末预计可用库存余额是 50 单位而不是 60 单位。预计可用库存余额有两种计算方式，采用哪种方式取决于当前生产期处在需求时界（demand time fence）之前还是之后。需求时界是期数，从第 1 生产期开始，在这一时期内由于计划中断产生的超额成本带来的变化除外。

需求时界前的生产期，预计可用库存余额计算如下：

预计可用库存余额（PAB）＝前期 PAB 或现有库存余额+MPS-客户订单

这个过程不考虑预测，并假设唯一的影响来自客户订单。任何新的订单都必须经过管理高层批准。需求时界之后的生产期，预测将影响预计可用库存余额（PAB），因此使用预测和客户订单之中较大的进行计算。

PAB 的计算方式如下：

PAB＝前期 PAB+MPS−客户订单或预测需求中的较大者

【例题 5】

假定数据如表 7−24 所示，计算预计可用库存余额。需求时界是第 3 周末。订购量是 100 单位，期初 40 单位可用。

表 7−24　预计可用库存余额的计算数据

周	1	2	3	4	5
预测	40	40	40	40	40
客户订单	39	42	39	33	23

【答案】

表 7−25 为预计可用库存余额的计算。

表 7−25　预计可用库存余额的计算

周		1	2	3	4	5
预计可用库存余额	40	1	59	20	80	40
主生产计划（MPS）			100		100	

到目前为止，已经讨论了如何计算预计可用库存余额和可承诺供货量。现在可将例题 2 该公司例子的两种计算并在一起，需求时界是第 3 周末，如表 7−26 所示。

表 7−26　两种计算合并结果

周		1	2	3	4	5	6
预测需求		75	50	30	40	70	20
客户订单		80	45	40	50	50	5
预计可用库存余额	50	70	25	85	35	65	45
可承诺供货（ATP）		25		10		45	
主生产计划（MPS）		100		100		100	

三、时界

参考图 7−8 所示的产品结构。A 是主生产计划产品，由 B、C 和 D 组装而成。相应的，D 由原料 E 制成。组装 A 的提前期是 2 周，B 和 C 的采购提前期分别为 6 周和 5 周，生产 D 需要 8 周，原材料 E 的采购提前期是 16 周。因此，最长的累计提前期是 26 周（A+D+E＝2+8+16＝26）。

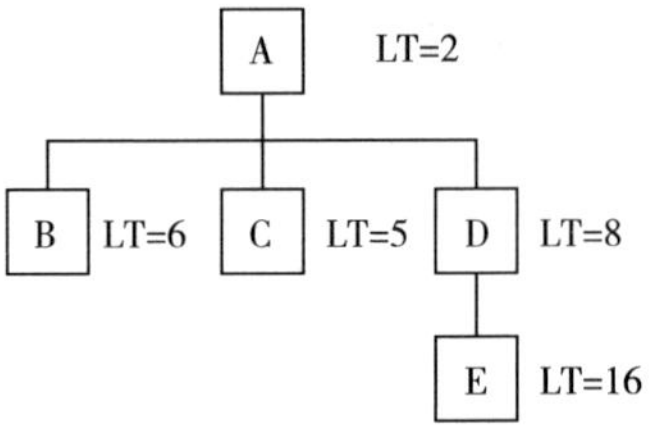

图 7–8　产品结构

由于累计提前期是 26 周，所以主生产计划的计划期至少为 26 周。如果计划的时界少于 26 周（如 24 周），那么，当在 24 周有了新的主生产计划订单时（也就是计划跨度的末尾），则在 24 周制订主生产计划时，关于部件 E 的订单就已经晚了 2 周。

假设 E 是提前期较长的电子器件，用在 D 和其他电路板的组装上。当 E 在订购之后 16 周收货时，必须决定 E 是用于生产 D 还是用于其他电路板。再过 8 周，必须决定 D 用于 A 的最终组装。公司直到交付 A 前 10 周才能决定 E 用于生产 D。在每一个阶段，公司都受到增加成本和减少可选择面的约束。因此，生产越是接近交货期，变更成本就越高，公司的灵活性也越低。

需求时界的建立或使用基本上是一种管理层的决策。依据产品的性质和管理过程的灵活性，管理层可以确定一个时间范围来“冻结”主生产计划。例如，如果他们设定的时间范围是三个星期，那么，在没有管理人员的分析和干预的情况下，就不得添加新的订单或对主生产计划做出变更。使用需求时界的好处在于为生产过程提供了稳定性，同时使得那些与订单即将完成时所做变更相关的成本降到最低程度。显然，其缺点是，失去了那个时间段内的灵活性而无法做出相应的反应。因此，在做出使用一个需求时界的决策前，应当对其成本和效益予以仔细斟酌。

主生产计划也会发生变化，例如：客户取消或修改订单；机器故障或增添新机器，从而使得产能改变；供应商出问题，不能按时供货；加工过程的废品率高于预期。

公司都希望最小化生产成本，也希望有足够的灵活性应对变化的需求。生产计划的改变可能造成以下后果：

其一，成本增加，这是由于变更工艺路线、变更计划、额外的生产设备、加急及在制品库存堆积造成的。

其二，客户服务水平降低。交货数量的改变可能扰乱其他订单的安排。

其三，降低了计划的严肃性。主生产计划和计划流程的可信度降低。

离计划跨度期较远的变更成本极小，甚至为零，对生产也没什么影响。但越接近交货期，变化带来的破坏性越大，成本越高。为协助决策过程，很多公司建立了时界分隔的区域。图 7-9 说明了这个概念如何应用于产品 A。

图 7-9　主生产计划和时界

(1) 冻结区 (frozen zone)。产能和物料已分配给某些订单。由于变更会导致超额成本、生产效率降低及客户服务水平不高，因此变更前通常必须征得管理高层批准。冻结区的范围由需求时界确定。在需求时界之内，需求通常基于客户订单而不是市场预测。

(2) 宽松区 (slushy zone)。产能和物料较小程度分配。这是营销部门和生产部门协商确定的区域。物料已经订购，产能已经确立，这是难以改变的，但优先级容易改变。宽松区的范围由计划时界 (planning time fence) 确定。在计划时界之内，计算机不会重新安排主生产计划。在这个区域内，任何改变主生产计划订单的建议都必须在做出改变决定前仔细加以评估。通常，最小的计划时界长度是由产品的累计提前时间来决定的。

(3) 可变区 (liquid zone)。只要在生产计划设定的范围内，就可以对主生产计划进行任何改动。变更是司空见惯的事情，通常由计算机程序完成，而不需要计划人员的参与。

主生产计划也会发生变化，因而必须对此进行管理，决策前也必须充分了解所涉及的成本。

四、差错管理

客户订单会随时发生差错，因而需要不断对此保持警惕。常见的差错有 3 种：①错误的产品或规格；②错误的数量 (太少或太多)；③错误的出货日期 (太早或太迟)。

针对不同的差错可以采用不同的解决方法，如重新设计，采用替代品或协商部分出货，或者加快送货等。

【本章小结】

主生产计划（MPS）是生产单个最终产品的计划。其主要功能有：建立生产计划和车间之间的联系，是计划产能的前提，是物料需求计划的前提，协助确定订单承诺等。它使优先权有效，并且是营销部门和生产部门之间的主要联系纽带。本章主要明确了主生产计划与生产计划的关系，详细说明了如何制订主生产计划，最后对生产计划、主生产计划和销售之间的关系进行了解释。

【本章习题】

1. 主生产计划（MPS）在生产计划系统中的功能是什么？

2. 主生产计划针对的是产品族还是单个产品？

3. 制订主生产计划的三个步骤是什么？

4. 生产计划和主生产计划是如何与销售及销售预测发生联系的？

5. 某公司生产一系列扫帚，其中最畅销的型号是36英尺（1英尺=0.304 8米）的，销售部门做出了未来6周的预测（见表7-27）。期初库存是30单位。作为公司计划人员，你必须制订主生产计划。扫帚以100单位为批量进行生产。

表 7-27

周数		1	2	3	4	5	6
销售预测		10	50	25	50	10	15
预计可用库存余额	30						
主生产计划							

6. 假设以下数据，在第4周交付20单位的订单能否接受？用表7-28中数据计算ATP。现有库存量为50单位。

表 7-28

周数	1	2	3	4	5	6	7	8
客户订单	50	50	30	40	50	40	30	15
主生产计划		100		100		100		100
可承诺供货量								

7. 产品A是一种按订单组装产品。它的生产批量为150单位，而现有库存为110单位。现有2周的需求时界和12周的计划时界。表7-29给出了今后12周最初的预测需求量和实际客户订单量。

表 7-29

周数		1	2	3	4	5	6	7	8	9	10	11	12
预测量		80	80	80	70	70	70	70	70	70	70	70	70
需求量		83	78	65	61	49	51	34	17	11	7	0	0
MPS													
PAB	110												
ATP													

（1）制订一份实际可行的主生产计划，求出相应的可承诺供货。

（2）说明你将如何响应下述的客户订单要求。假设这些要求都是独立的，不产生累积效果。

第 3 周 20 单位

第 5 周 40 单位

第 7 周 120 单位

8. 假设某产品的提前期为 1 周，需求时界为第 3 周末。现有 20 单位，批量为 60 单位。

请完成表 7-30。

表 7-30

周		1	2	3	4	5	6
销售预测		20	21	22	20	28	25
客户订单		19	18	20	18	30	22
预计可用库存余额	20						
主生产计划							
可承诺供货量							

第八章　物料需求计划

【学习目标】

1. 理解和掌握物料需求计划（MRP）的概念和特点。
2. 理解物料需求计划的基本原理。
3. 理解和掌握低层码的特点和作用。
4. 理解和掌握物料需求计划的运算过程。
5. 认识制造资源计划（MRP Ⅱ）的基本原理和功能。
6. 了解企业资源计划（ERP）的功能。

【导入案例】

椅艺公司的物料需求计划

椅艺公司的生产部门位于某市南部的一个小社区内，由生产经理吴先生领导。椅艺不允许有成品库存，为了迎合顾客的需要，椅子的生产量因季节而异。

一、客户订单的处理

每份顾客订单都有一个指定的送货日。公司收到订单后，就按顾客指定的日子安排当月的生产量。那些要求在指定月份送货的订单，一般会在前一个月的15日之前收到（椅艺公司很少在三个星期内处理完订单）。当一个月的订货量达到生产极限（这由当月的生产计划进度决定）时，吴先生就得决定停止接收订单或提高生产量。每周都有一份经过修正的为期三个月的报告，该报告记载了顾客来单情况、现存订单情况和计划生产能力。

椅艺公司运货方式包括铁路货车和公路卡车。为了便于安排货运，每月的生产安排根据运输计划，被细分为每周的生产安排（运输计划是用来说明哪个单位、在哪一周将哪一批货品运走的计划）。生产控制部门新编的下三个月的运输计划如表8-1所示。

表8-1　弹簧垫椅的运输计划

周	1	2	3	4	5	6	7	8	9	10	11	12	13
豪华型		350	250	400	150	350	300	400	140	350	300	350	150
超级型		150	150	150	75	150	160	100	100	160	150	120	75

二、物料需求规划

生产控制部有一个经理和三个职员。他们根据运输计划和标准部件结构清单（BOM），决定需要哪些零件组装订单要求的椅子。根据每周的要求，针对每一种零件以它的标准批量（SOQ）或SOQ的倍数发出物料需求指令。

吴先生知道框架零件的生产控制体系需要做一番修改。他的烦恼是：某些零件库存积压，另一些零件却供不应求。每天总有工人报告1~3种零件无货。当这种情况发生时，生产控制记录却显示几百种零件已生产完毕，应该有存货。这是由于组装工人在某种零件短缺时情急之下使用非标准零件以作替代①。有时也

① 组装工人知道有时用一种零件代替另一种会加快组装速度。为赚得更多计件工资，某些组装工人经常使用非标准件。

是因为过多浪费以至超过标准用量，那些零件的使用情况没有记录。送货工人按规定应该报告这部分额外的变动，而且只应送标准件给组装工人，但这些规定很少被执行。

如果框架车间短缺了某种零件，那么公司逾期交货和有额外运费发生的可能性就会大大增加。尽管车间可以发出加快指令，但这需要主任和助手的合作。

三、物料需求计划改善

椅艺公司的弹簧垫椅产品系列给公司带来的利润最高，且产品的结构比较简单，所以被选为研究的试点。因为利润高，如果存在缺货或销售部门对顾客招待不周，将会严重地影响公司的盈利。

以下是生产控制部提供的有关弹簧垫椅产品系列的资料。椅艺生产的两种弹簧垫椅由三个主要部件组成：框架、装潢物和椅罩。每个主要部件是由几个小零件组合而成的。表 8-2、表 8-3 展示了成品的部件结构清单，表 8-4 展示了各种材料的存货状态和批量准则。

假定你为某咨询公司工作，吴先生决定雇用贵公司为椅艺改善物流需求计划，并推荐适当的改善措施，你应该怎么做?

表 8-2　豪华型弹簧垫椅的部件结构清单

编号	等级	项目叙述	父母代	单位需求	前置时间（周）
001	0	成品 DELUXE	001		1
004	1	框架 RM-DLX	001	1	2
005	1	装潢物 UPHLSTRY	001	1	1
006	1	椅罩 CVR-DLX	001	1	1
017	1	五金组件 HRDWRE	004	12	2
007	2	配件 RM-1	004	4	1
008	2	配件 RM-B1	004	2	1
009	2	配件 RM-C1	004	1	1
010	2	配件 RM-D1	004	1	1
011	2	配件 RM-E1	004	4	1
012	2	配件 RM-2	005	4	1
013	2	配件 RM-G2	005	1	1
014	2	配件 RM-H2	005	1	1

表 8-3　超级型弹簧垫椅的部件结构清单

编号	等级	项目叙述	父母代	单位需求	前置时间（周）
002	0	成品 SUPER			1
003	1	框架 RNI-SPR	002	1	2
005	1	装潢物 UPHLSTRY	002	1	1
015	1	震动器组件 VBRTR	002	1	2
016	1	椅罩 CVR-SPR	002	1	1
017	1	五金组件 HRDWRE	002	12	2
007	2	配件 RM-1	003	4	1
009	2	配件 RM-C1	003	1	1
011	2	配件 RM-E1	003	4	1
018	2	配件 RM-J1	003	2	1
019	2	配件 RM-K1	003	2	1
012	2	配件 UPH-2	005	4	1
013	2	配件 UPH-G2	005	1	1
014	2	配件 UPH-H2	005	1	1
020	2	配件 VBR-02	015	1	1
021	2	配件 VBR-P2	015	1	1
022	2	配件 VBR-Q2	015	1	1

表 8-4　各种材料的存货状态和批量准则

材料	等级	SOQ	现有存货	前期拖欠	计划收货	收货时间
DELUXE	1	LL	0	0	350	第 1 周
SUPER	2	LL	0	0	550	第 1 周
RM- SPR	3	LL	0	0	0	
RM-DLX	4	LL	400	0	400	第 1 周
UPHLSTRY	5	500	500	0	0	
CVR-DLX	6	500	350	0	0	
RM-1	7	LL	2 000	0	0	

续表

材料	等级	SOQ	现有存货	前期拖欠	计划收货	收货时间
RM-B1	8	LL	700	0	0	
RM-C1	9	LL	400	0	0	
RM-D1	10	LL	600	0	0	
RM-E1	11	LL	1 800	0	0	
UPH-2	12	500	1 800	0	0	
UPH-G2	13	500	450	0	0	
UPH-H2	14	500	450	0	0	
VBRTR	15	LL	0	0	150	第 4 周
CVR-SPR	16	500	0	0	0	
HRDIRE	17	2 500	4 000	0	4 000	第 2 周
RM-J1	18	LL	250	0	0	
RM-K1	19	LL	150	0	0	
VBR-02	20	250	250	0		
VBR-P2	21	250	150	0		
VBR-Q2	22	500	1 000	0		

注：LL 为逐批法的订购。

（案例来源：https：//ishare. iask. sina. com. cn/f/32am0ZIUvRm. html. ）

物料需求计划（material requirements planning，MRP）是用于避免缺料的系统，它制订一个计划表（优先权计划），说明在每个组装阶段所需的部件，并且根据提前期计算需要这些部件的时间。产品由零部件制造或组装而成，零部件必须在正确的时间有正确的数量可用，这样才能满足主生产计划的需求。缺少任何一个零部件都不能准时进行生产，也不能准时出货。

本章将讨论物料清单（物料需求计划的主要组成部分），详细探讨物料需求计划的制订过程，说明物料需求计划如何应用。

第一节　物料清单

一、物料清单概念

物料清单（bill of materials，BOM）也称为产品结构表、产品结构树、零件清单，它是描述企业产品组成的技术文件。在生产产品前必须知道需要什么零部件，比如烘焙糕点需要制作原料，配制化学药剂需要配方，组装手推车需要零件清单。虽然名字不同，但制作原料、配方和零件清单都是说明生产最终产品需要的东西，这些都是物料清单。

物料清单将用图表示的产品组成改用数据表格的形式表示出来，它是 MRP Ⅱ 系统中计算 MRP 过程的重要控制文件。

二、物料清单的主要构成要素

（一）BOM 层次

物料清单是按反工艺路线进行编制的。物料的层次反映出产品加工次序，最底层是原材料，次低一层是毛坯件，再向上是半成品，最顶层是产品，也即是第 0 层。参与最后装配的外购零部件处在第一层。

（二）物料编码

物料编码是按照一定的编码规则编排的物料顺序号。编码规则有多种方法，如阿拉伯数字法、英文字母法、暗示法、混合法等，一个物料只能有一个物料编码。同样，一个物料编码只能代表一种物料，正如我们的身份证号码一样，虽然有相同的名字，但是身份证号是不一样的，这就是物料编码的唯一性要求。

（三）物料描述

物料描述也叫物料名称，是对物料特征的描述。

（四）规格或型号

一种产品可能有多种规格，不同规格的物料，即使有微小的差别，也应视为另一种物料，要分别计算产品成本。产品规格为物料的最小单位，有的 ERP 系统将“名称+规格”设定为“物料描述”，放在一个字段里处理。

（五）计量单位

计量单位为克、千克、个、套、升、包等。一种物料可能同时拥有多个计量单位，一般将最小单位作为基本单位，也即库存单位。在采购或者销售时，在ERP 软件中要设置计量单位的转换系数（或者称之为转换因子）。

（六）标准用量

BOM 表上的标准用量可分为投入量和产出量。产出量是构成产成品的净用量。同一种产品在不同的生产阶段，标准用量设置可以不同。比如，生产塑胶底壳需要一次投入 ABS 料 2.2 吨、色粉 0.51 吨，这时，材料用量设定最好用投入量，如果组装过程中损坏了某一个零件，开出领料单（有些公司叫散料单）补领一个就可以了。

投入量与产出量的关系为：投入量=产出量×（1+废品率）。

表 8-5 为一个简化的物料清单。

表 8-5　简化物料清单

品名：餐桌　　零件号：100		
零件号	说明	所需数量
203	桌腿	4
411	腿帽	2
622	边框	2
023	桌面	1
722	五金用品	1

三、物料清单的基本功能

物料清单是产品结构的技术性描述文件，它不仅列出最终产品的所有构成项目，同时还表明这些项目之间的结构关系，即从原材料到零件、组件，直到最终产品的层次隶属关系，以及它们之间的数量关系。BOM 是制造企业的核心文件，各个不同的部门和系统都要用到 BOM，从 BOM 中获取特定的数据。

四、物料清单的表现形式

（一）产品树（product tree）

产品树是考虑物料清单的便捷方式（如图 8-1 所示），但是除了用于教学或考试外，很少使用。本书中就是用于这一目的。

（二）母件-部件关系（parent-component relationship）

图 8-1 中的产品树和表 8-5 中的物料清单称为单层结构。组装成的部件叫做

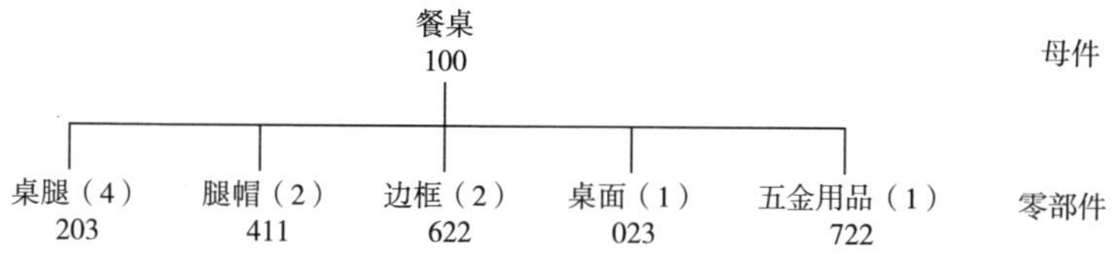

图 8-1　产品树

母件（parent），用来组装母件的物品叫做部件（component items）。图 8-1 说明了餐桌（P/N 100）的母件—部件关系。不同的零件号已经分配给每个部件，这使得部件标识绝对准确。

（三）多层物料清单（multilevel bill）

多层物料清单是基于产品组装方式将零部件合理分组到子部件形成的。例如，组装汽车需要车架、底盘、车门、车窗和发动机，每一部分形成合理的零部件分组。反过来，每个零部件又有自己的物料清单。

决定如何生产产品是制造工程部门的责任，如进行的作业、顺序和分组以及生成的子部件就是由此而来的。生产部门决定将餐桌（P/N 100）的边框、腿帽及桌腿支架（五金零件的一部分）组装成框架（P/N 300）（如图 8-2 所示），然后将桌腿、螺钉和框架组装成桌架（P/N 200）。桌面（P/N 023）由 3 块木板黏合而成。注意：所有的原始部件都在，但是它们都已分组成子部件，并且每个子部件都有自己的零件号。

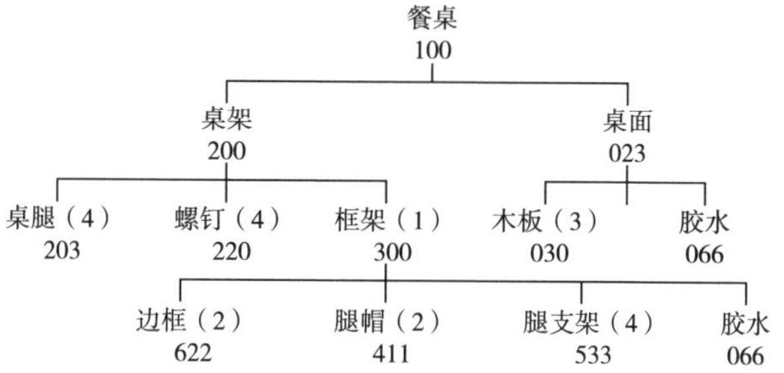

图 8-2　多层物料清单

多层物料清单的一个惯例是产品树上的最后一级物品（桌腿、螺钉、腿帽、边框、胶水和木板）都是采购而来的。一般而言，直到产品结构树的所有分支都已采购结束时，物料清单才完成。

物料清单的每一层都自上而下分配一个号码。最高层或称最终产品层为零层，它的部件为第一层。

（四）多个物料清单（multiple bill）

公司经常生产多种产品，并且多个产品用到相同的部件，这时就会使用多个物料清单。产品族的生产尤其如此。仍旧使用餐桌的例子，假定公司生产两种型号的餐桌，它们基本相似，只是桌面不同。两种餐桌的物料清单分别如图 8-3 和图 8-4 所示，因为桌面所用的木板不一样，所以每个桌面都有一个不同的零件号，但两种型号餐桌的其他部件都是一样的。

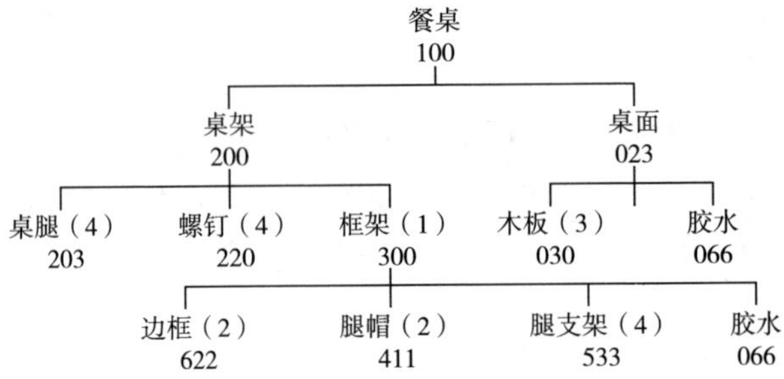

图 8-3　餐桌 a 物料清单

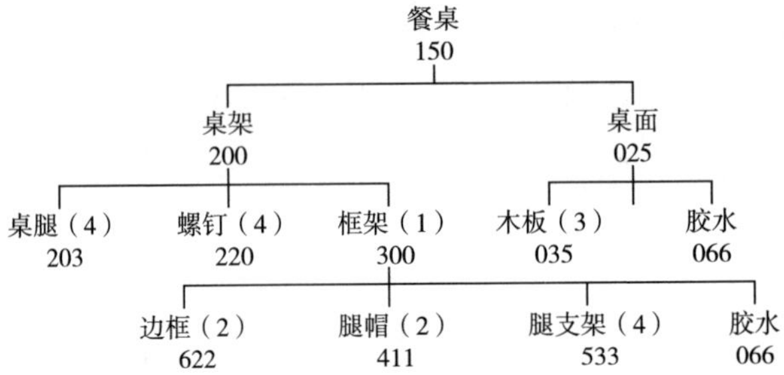

图 8-4　餐桌 b 物料清单

（五）单层物料清单（single-level bill）

顾名思义，单层物料清单只包括母件和它的直接部件。图 8-5 中的餐桌有 6 个单层物料清单。注意：多个部件对两种型号通用。

计算机中储存的信息就是以单层物料清单形式描述产品结构的。完整定义一个产品需要一系列单层物料清单，如餐桌需要四个单层物料清单，每个物料清单的对象分别是餐桌、桌架、桌面和框架。这些单层物料清单可以连在一起构成一个多层物料清单或多级物料清单。应用这种方法时，信息只能储存一次，如框架（P/N 300）可能用于其他桌腿或桌面不同的餐桌。

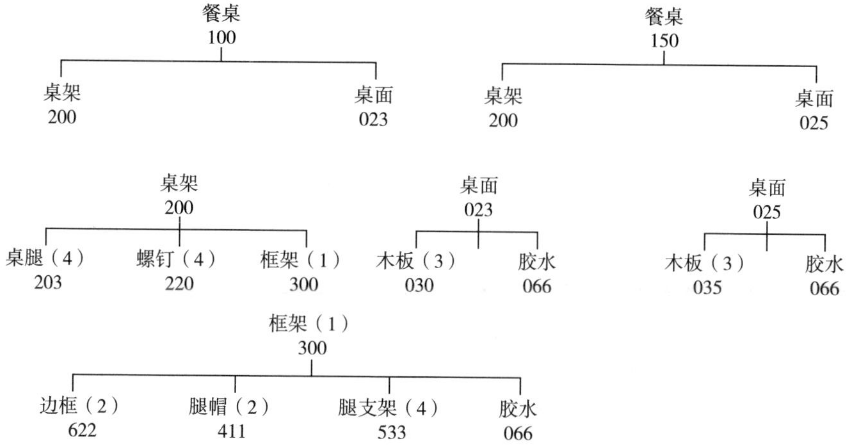

图 8-5　单层物料清单

使用单层物料清单有以下三个好处：

第一，避免重复记录。例如，桌架 200 用在餐桌 100 和餐桌 150 上，只需要保存一个桌架 200 的记录，而不是餐桌 100 和餐桌 150 两个都要保存。

第二，通过避免重复记录减少了记录数量，计算机系统的文档数量也得以减少。

第三，物料清单的维护工作得以简化。例如，如果桌架 200 有变化，只需在一个地方进行修改。

【例题 1】

用以下产品树建立合适的单品物流清单，生产 100 单位的 X 和 50 单位的 Y 共需要多少 K?

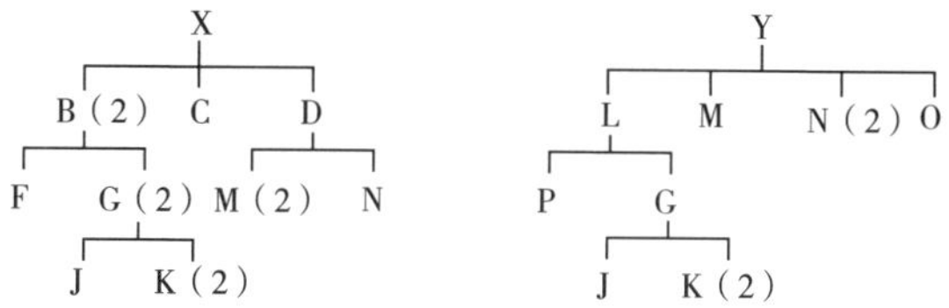

【答案】

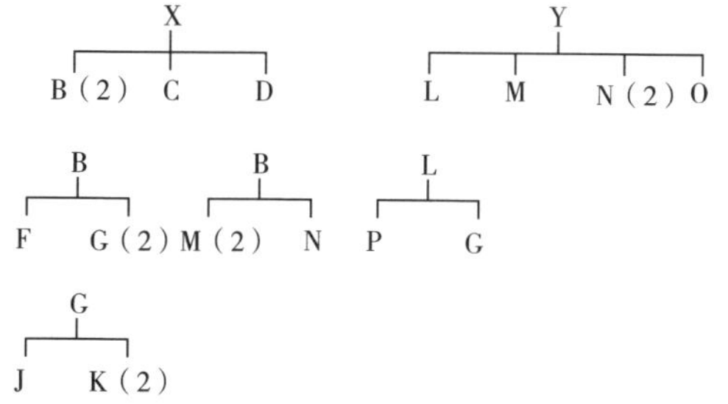

每个 X 需要 2 个 B
每个 B 需要 2 个 G
则每个 X 需要 4 个 G：$2\times2=4G$
100 个 X 需要 400 个 G
每个 Y 需要 1 个 L
每个 L 需要 1 个 G
则每个 Y 需要 1 个 G：$1\times1=1G$
50 个 Y 需要 50 个 G
总计所需要 $G=400+50=450$
每个 G 需要 2 个 K
总计所需要 $K=2\times450=900$

（六）多级物料清单（indented bill）

多层物料清单也可以表示为多级物料清单，采用缩行排列的形式来区分母件与部件。表 8-6 是图 8-2 中餐桌的多级物料清单。

表 8-6　多级物料清单

零件号	描述	所需数量
200	桌架	1
203	桌腿	4
220	螺钉	4
300	框架	1
622	边框	2
411	腿帽	2
533	腿支架	4
066	胶水	
023	桌面	1
030	木板	3
066	胶水	

母件餐桌的部件顶头排在左侧，其他所有的部件都缩行排列。桌架的部件（桌腿、螺钉和框架）直接缩行排列于桌架下面。框架的部件又缩行排列在下面。这样，零部件通过缩行为分项并且排列于下面的形式与母件关联。

（七）简化物料清单

简化物料清单（summarized parts list）。表 8-5 所示物料清单叫作简化物料清单，它列举了完成整个组装所需要的所有部件。物料清单由产品设计工程师制作，不包括任何产品生产或组装信息。

（八）计划物料清单

计划物料清单（planning bill）。物料清单主要用于制订生产计划。计划物料清单是为了计划目的而人为地将零部件分组，用来简化预测、主生产计划及物料需求计划。计划物料清单并非代表要制造的产品，而是平均产品。再次使用餐桌的例子，假设公司制造 3 种桌腿、3 种边框和腿帽，以及 3 种桌面的桌子，共计 27 种（$3\times3\times3=27$），每种都有自己的物料清单。为了制订生产计划，可以将这 27 种物料清单简化成一张清单，然后标示每种部件的百分比，就如图 8-5 所示的产品结构那样。部件使用的百分比通过预测或者过去使用情况得到，注意同类部件百分比总和等于 100%。

五、物料清单的用途

（一）成本计算

如果将各采购件的采购成本与各成品的人工成本按照 BOM 的结构从最低层逐层往上汇总，即可以得到其上各阶成品及其半成品的直接制造成本；如果再将制造费用也纳入逐层的计算中，就可以得到产成品的制造总成本，我们将这种成本数字称为卷叠成本（rolled-up cost）。

（二）物料需求计划展开时的依据

物料清单是生产产品所需配件、材料等物料的数量目录。物料清单提供产品结构方面的信息，同时也提供物料被使用的顺序。物料清单不仅细化需求，而且有益于确定成本。

（三）生产订单和委外单领料与发料的依据

在生产订单或委外单审核时，电脑系统可通过产品的 BOM，自动生成领料或发料明细，节省作业时间，同时避免手工作业下容易发生的错误。

（四）维护料品的管理

如果将生产设备及其维修用零部件之间的对应关系以 BOM 方式建立，则通过“由子件反查母件”（where-use）的功能，或称作“追溯”（pegging，后面会进行详细介绍）的功能，就可以随时查询到各个维护用料品是供维修哪些设备使用的，从而比较容易建立起适当的备品存量。

（五）规划性 BOM

有些产品拥有特性件或选用件的性质，比如购买电脑时要用多大的硬盘，是否需要光驱、鼠标，采用什么彩色的显示器等，是产品“特性”或“选用”项的选择，供客户购买时的选择参考。我们可以将特性件与选用件都建立在该产品的 BOM 中，形成一种“规划性 BOM”（planning BOM），供销售部门接单时按照客户要求配置产品结构用，以简化和加速供应部门的规划工作。

六、物料清单管理要点

（一）物料清单内容的准确性

物料清单输入时，应先按母件的结构批量，再据以建立其各子件料品的基本用量、损耗率等，如果发现错误或变化，应该尽快修改。正确的物料清单，可作为生产订单及委外用料的依据，而错误的物料清单则会造成许多发料错误，后果甚为严重。尤其在设计变更前后，应该特别注意检讨各生产订单用料及委外用料的预约内容，以免出现错误。

（二）物料清单的设计变更

设计变更时，应该在新的生产订单、委外单审核前完成物料清单的修改，以免带出原有的用料内容。如果在设计变更期间，已经带出不正确的用料内容，应在生产订单用料及委外用料中修改。

生效日期功能可以协助用料更换过程的管理，可设定原有子件的有效截止日（失效日，如到 2002-06-31 止），以及设定新子件的生效日（如自 2002-07-01 起）。从新子件的生效日起，销售订单、生产订单、委外单、采购订单、MRP、MPS 等都以新的子件为准，不考虑再使用原有的旧子件。

（三）物料清单的设计方式

物料清单包含用料的内容、加工先后顺序、用料数量。所有各工序中的半成品，属于以下 3 种情况之一的，都应编订料品代号：①进入仓库，需要定期盘点数量；②需要统计在制中的数量，或者会销售给客户（购买的委外商或供应商也是客户）；③需要委外加工，或者需要进出厂房。而那些需要计算成本、需要依销售订单或生产计划（生产订单、委外）而备料、应预测其需求量的料品，都应该建立在物料清单中。列入物料清单的各料品，MRP、MPS 展开时，都会依各时点而规划其需求量，以及时满足供应所需，保证客户销售订单可以准时交货，而不积压库存。未列入物料清单的料品，应该是较不重要、容易进货、单价不高的料品。

七、反查表和追溯表

反查表（where-used report）提供的信息和物料清单相同，但是反查表为部件提供母件信息，而物料清单为母件提供部件信息。一个部件可能用于制造多个母件，如汽车轮胎可用于多种型号的汽车。列举使用同一部件的所有母件的报表称为反查表。反查表有多种用途，如进行设计变更、检查物料稀缺状态、核算产品成本等。

追溯表（pegging report）类似于反查表，但是追溯表只列出目前有实际需求的母件，而反查表显示使用一个零部件的所有母件。追溯表的内容包括有零部件需求的母件、需求量及需求时间，而且追溯表追踪需求源头。图 8-6 展示了一个产品树和一张追溯表，在这里部件 C 使用了两次。

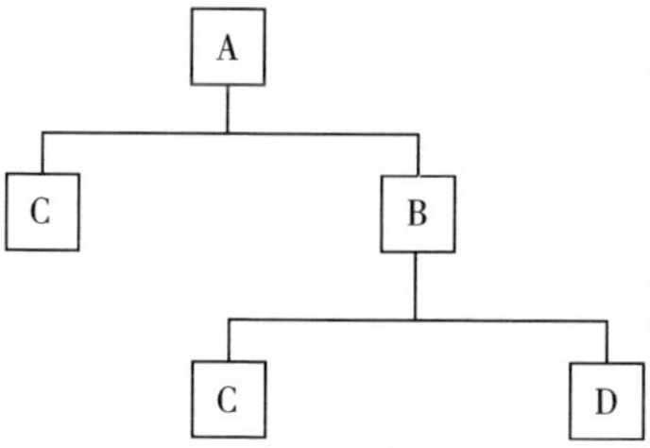

需求追溯					
零件号	周				
	1	2	3	4	5
C	50	125	25	50	250
需求来源					
A	50	25	25	50	50
B		100			100

图 8-6　需求追溯

第二节　物料需求计划概述

一、需求特征

需求分为两种类型：独立需求和相关需求。独立需求与其他产品的需求无关。例如，公司生产木制餐桌，对餐桌的需求就是独立的。它基本上独立于公司内部的任何行为；反之，它只取决于外部对该餐桌的需求。主生产计划产品都是独立需求产品，对边框、腿帽、桌腿、桌面等的需求则取决于对餐桌的需求，这些称为相关需求部件。

如图 8-7 所示的产品树说明了独立需求物品和相关需求物品之间的关系，括号内的数字是每个零件的需求数量。

由于独立需求与其他零部件、产品的需求无关，所以独立需求肯定是预测值。而相关需求直接与高一级的零部件或产品需求相关，所以它可以通过计算得

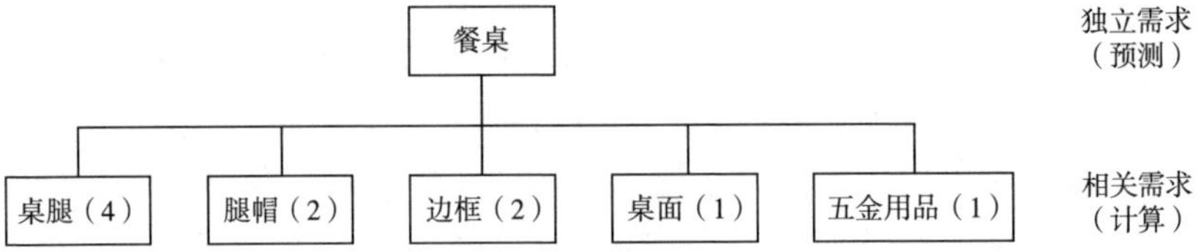

图 8-7　产品树

到，物料需求计划就是用来进行这种计算的。

产品可能既是独立需求又是相关需求，备用零件就是一个例子。真空吸尘器厂商生产吸尘器时使用软管，在组装吸尘器时，软管是相关需求产品，但是软管极容易破损，厂商必须有备用软管可用，备用软管的需求就是独立需求，因为其需求并不直接取决于所生产的吸尘器数量。

相关性可以是横向的，也可以是纵向的。部件对母件的依赖是纵向的，但是部件之间也彼此互相依赖。如果某个部件晚到一周，最终组装也要晚一周，而其他部件也直到那时候才需要。这也是一种依赖，称为横向相关性。当有零件延期或短缺时，计划人员必须关注横向相关性，因为那个时候其他部件也必须重新安排。

二、物料需求计划的概念

物料需求计划（material requirement planning，MRP）是指根据产品结构各层次物品的从属和数量关系，以每个物品为计划对象，以完工时期为时间基准倒排计划，按提前期长短安排各个物品下达计划时间的先后顺序，是一种工业制造企业内物资计划管理模式。MRP 是基于产品生成进度计划，组成产品的制造数据和库存状况，通过计算机计算所需物料的需求量和需求时间，从而确定材料的加工进度和订货日程的一种实用技术。MRP 是以生产计划为中心，把与物料管理有关的产、供、销等各个环节的活动有机地联系起来，形成一个解决产供销脱节问题的信息化管理系统。可以说，MRP 是一种管理方法、一种实用技术和一种信息化管理系统。这里的“物料”泛指所有的材料、在制品、半成品、外购件和产成品。

三、MRP 的基本思想

（一）MRP 的基本原理

MRP 主要用于加工装配式生产行业，对于流程式生产则难以应用或者应用中并没有什么优势。对于加工装配式企业，如果确定了产品出产数量和出产时间，就可按产品结构确定所有零件和部件的数量，并可按各种零件和部件的生产周期，反推出它们的出产时间和投入时间。

MRP 计划是以零件为对象的生产计划。但它并不是孤立地去安排各种零件的生产进度，而是以产品结构为依据，保持各零件在产品结构中的层次关系，以此来编排各零件的生产进度。

（二）MRP 的处理逻辑

物料需求计划是一种以计算机为基础的生产计划与控制系统，它根据总生产进度计划中规定的最终产品的交货日期编制构成最终产品的装配件、部件、零件的生产进度计划以及对外的采购计划和对内的生产计划。它可以用来计算物料需求量和需求时间，从而降低库存量。MRP 的处理逻辑如图 8-8 所示。

图 8-8 MRP 的处理逻辑

四、MRP 的目标

物料需求计划有两个主要目标：确定需求和保持优先权准确。

（一）确定需求

任何生产计划和控制系统的主要作用都是确保正确的物料在正确的时间有正确的数量可用，这样才能满足公司生产需求。物料需求计划的作用是确定需要什么部件来满足主生产计划，并且根据提前期计算部件必须到手的时间。具体来说，物料需求计划必须确定：订购什么；订购多少；何时订购；何时安排交付。

（二）保持优先权准确

零件的需求和供应每天都在变化，比如：客户下达订单或改变订单；零件用完了；供应商交货延迟了；出现废品了；订单完成了；机器出现故障了；等等。在这个不断变化的世界中，物料需求计划必须能够重新安排优先权，以保持计划的适时性，它必须能够增加、删除、加快、延期以及改变订单。

五、MRP 与其他生产计划和控制功能的联系

主生产计划推动产生物料需求计划。物料需求计划是生产主生产计划产品所需部件的优先权计划。只有当需要用于生产部件的产能到手时，物料需求计划才有效。物料需求计划必须与可用产能进行核对，这个过程叫做产能需求计划。

物料需求计划推动生产作业控制（production activity control，PAC）和采购，或者说，它是生产作业控制和采购的输入项。物料需求计划对订单的下达和接收日期做出计划，而生产作业控制和采购则必须对订单的执行加以计划和控制，以满足交货期。

生产计划和控制系统及其输入、输出如图 8-9 所示。

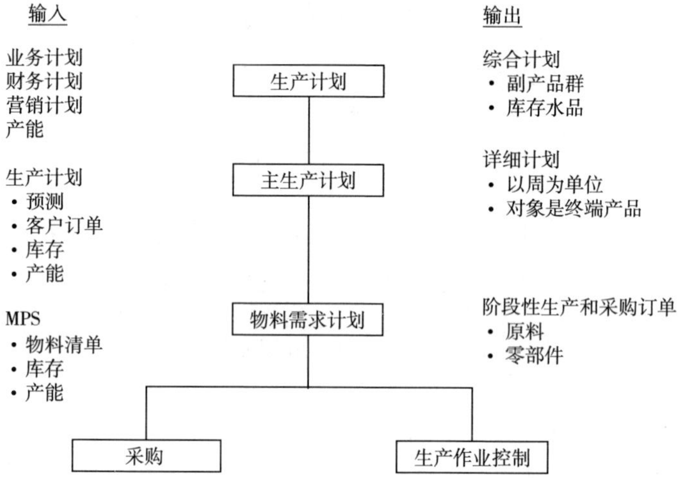

图 8-9　生产计划和控制系统及其输入、输出示意图

第三节　物料需求计划流程

一、物料需求计划系统的输入

物料需求计划有三个输入：主生产计划、库存记录、物料清单。

（1）主生产计划。主生产计划说明将要生产的最终产品、生产数量及产品完成日期。它通过为所需产品提供原始输入数据而推动产生物料需求计划。

（2）库存记录。物料需求计划系统的一个主要输入数据就是库存信息。当计算需求量时，必须考虑现有的可用量。

需要的信息有两类。第一类叫作计划因素（planning factors），包括订购量、提前期、安全库存及废品率等。这类信息变化不是很频繁，然而为了能按时交货，计划订购量及订购时间是必须考虑的。第二类必要信息是每个物料的当前状况。物料需求计划系统需要知道目前可用量、已分配量，以及供未来需求的可用数量。这类信息不断更新，每次交易后都会发生变化。

这些数据保存在库存文档（inventory file）中，也叫作零件主文档或部件主文档。每个零件都有一个记录，所有记录就构成了一个文档。

（3）物料清单（BOM）。物料清单指明了物料之间的结构关系，以及每种物料需求的数量，它是物料需求计划系统中最为基础的。

二、物料需求计划的输出

MRP 输出表主要包括以下 9 个部分：

（1）批量（lot size）：每次订货数量的最小批次。

（2）LT（lead Time，LT）：从发出订单到物料到库的时间。

（3）OPD（past-due）：超期订单，无效的订货。

（4）毛需求（gross requirements，GR）：物料的总需求数量。

（5）在途的订货（scheduled receipts，SR）：正式有效并即将到货的订单。

（6）预计库存（projected on hand）：预计的在手库存数。

（7）净需求量（net requirements，NR）：物料真正需要订货的数量。

（8）计划应收到的订货（planned receipts，PR）：在交货期内需到库的数量。

（9）计划应下达的订货（planned released）：计划应该发出的采购申请。

需要注意的是，以上 9 个部分不是每次都会出现在 MRP 输出表中，表 8-7 展示了一个 MRP 的输出信息示例。

表 8-7　MRP 的输出信息

定制批量	LT	PD	1	2	3	4	5	6	7	8	9	10
总需求量												
计划接收量												
预计可用库存余额												
净需求量												
计划订单接收												
计划订单下达												

三、物料需求计划编制的一般方法步骤

MRP 的目的是决定所需要的部件、数量及交货期，以便主生产计划安排的产品能够按时生产。基本物料需求计划流程如下。

（一）需求展开和提前期补偿

图 8-10 中的产品树和前面用到的相似，但包含了另外一个重要信息——提前期（LT）。

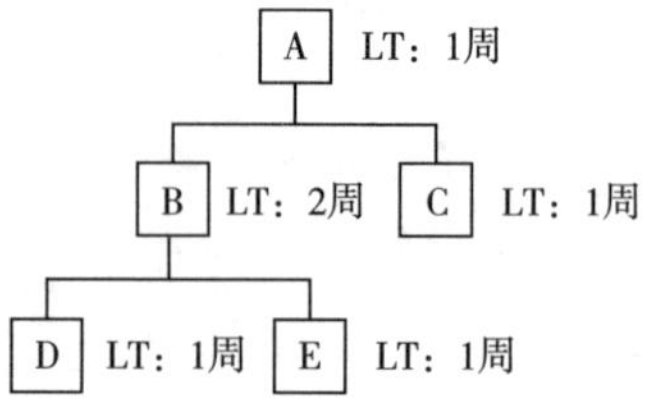

图 8-10　有提前期的产品树

提前期（lead time）是指流程需要的总时间。生产提前期包括订单准备时间、等待时间、加工时间、搬运时间、收获和检验时间及任何可预期的延迟时间。在图 8-10 的例子中，如果 B 和 C 可用，组装 A 需要 1 周时间，因此 A 的提前期是 1 周。同样，如果 D 和 E 可用，生产 B 需要的时间是 2 周。D、E 和 C 的采购提前期都是 1 周。

在这个特例中，用量——组装一个母件需要的各个部件的数量都是 1。生产 1 个 A 需要 1 个 B 和 1 个 C，生产 1 个 B 需要 1 个 D 和 1 个 E。

需求展开（exploding the requirements）是将需求量乘以用量，并在整个产品树中记录相应需求量的过程。

提前期补偿（offsetting）是根据提前期将已展开的需求安排适当的生产期的过程。例如，如果在第 5 周需要 50 个 A，那么组装 A 的订单必须在第 4 周下达，50 个 B 和 50 个 C 在第 4 周也必须可供使用。

计划订单（planned order）要求：如果计划在第 5 周接收 50 个 A，组装 A 的提前期是 1 周，那么订单下达和开始生产时间不能迟于第 4 周。

因此，在第 5 周应该有一个 50 单位的计划订单接收（planned order receipt），并且第 4 周应该有一个同样数量的计划订单下达（planned order release）。如果 50 个 A 的订单在第 4 周下达，那么 50 个 B 和 50 个 C 必须在第 4 周可用。因此，在第 4 周必须有这些部件的计划订单接收。组装 B 的提前期是 2 周，所以在第 2 周必须有 B 的计划订单下达。而生产 C 的提前期是 1 周，所以在第 3 周必须有 50 个单位的计划订单下达。D 和 E 的计划订单接收和计划订单下达以同样的方

式确定。表 8-8 展示的是订单必须在什么时候下达和接收，以便满足交货日期。

表 8-8 展开和补偿

零件号	计划订单	周				
		1	2	3	4	5
A	计划订单接收					50
	计划订单下达				50	
B	计划订单接收				50	
	计划订单下达		50			
C	计划订单接收				50	
	计划订单下达			50		
D	计划订单接收		50			
	计划订单下达	50				
E	计划订单接收		50			
	计划订单下达	50				

【例题 2】

用图 8-10 中的产品树和提前期确定部件的计划订单接收和计划订单下达。其中，在第 5 周需要 50 个 A，第 6 周需要 100 个 A。

【答案】

表 8-9 展示了部件的计划订单接收和计划订单下达。

表 8-9 部件的计划订单接收和计划订单下达

零件号	计划订单	周					
		1	2	3	4	5	6
A	计划订单接收					50	100
	计划订单下达				50	100	
B	计划订单接收				50	100	
	计划订单下达		50	100			
C	计划订单接收				50	100	
	计划订单下达			50	100		
D	计划订单接收		50	100			
	计划订单下达	50	100				
E	计划订单接收		50	100			
	计划订单下达	50	100				

（二）总需求和净需求

上一部分假设 A 没有库存可用，A 的部件也没有库存，但实际上通常有库存可用，在计算生产量时必须考虑进去。例如，如果库存有 20 个 A，那么只需生产 30 个，对部件的需求也随之减少。计算如下：

总需求＝50

可用库存＝20

净需求＝总需求－可用库存

净需求＝50－20＝30（单位）

由于只需要生产 30 个 A，因此对 B 和 C 的总需求也只有 30。

母件的计划订单下达成为部件的总需求。

表 8-8 中所示的该时段性库存记录现在可以修改，以考虑可用库存量。例如，假设库存有 10 个 B、20 个 A 可用，部件 D 和 E 的需求就要发生变化。表 8-10 说明了物料需求计划记录中的变化。需要注意的是，预计可用库存给出的就是该时间段结束时预计能拿到手的数量。

表 8-10 总需求和净需求

零件号	需求	周				
		1	2	3	4	5
A	总需求					50
	预计可用库存余额 20	20	20	20	20	0
	净需求					30
	计划订单接收					30
	计划订单下达				30	
B	总需求				30	
	预计可用库存余额 10	10	10	10	0	
	净需求				20	
	计划订单接收				20	
	计划订单下达		20			
C	总需求				30	
	预计可用库存余额		0		0	
	净需求				30	
	计划订单接收				30	
	计划订单下达			30		

续表

零件号	需求	周				
		1	2	3	4	5
D	总需求		20			
	预计可用库存余额	0	0			
	净需求		20			
	计划订单接收		20			
	计划订单下达	20				
E	总需求		20			
	预计可用库存余额	0	0			
	净需求		20			
	计划订单接收		20			
	计划订单下达	20				

【例题 3】

完成表 8-11 所示的内容。部件的提前期是 2 周，订购量（批量）是 100 单位。

表 8-11　某公司的需求计划

周	1	2	3	4
总需求		50	45	20
预计可用库存余额 75				
净需求				
计划订单接收				
计划订单下达				

【答案】

表 8-12 展示了该公司的物料需求计划。

表 8-12　物料需求计划

周	1	2	3	4
总需求		50	45	20
预计可用库存余额 75	75	25	80	60

续表

周	1	2	3	4
净需求			20	
计划订单接收			100	
计划订单下达	100			

（三）订单下达

到目前为止，我们已经讨论了订单下达时的计划流程，这样工作才能及时完成，从而满足总需求。很多情况下需求都是每天变化的。基于计算机的物料需求计划系统将自动重新计算子部件和部件需求；重新计算计划订单下达，以满足需求变化。

计划订单下达仅仅是计划，但还没有下达。下达计划订单是物料计划人员的职责，而不是计算机。

因为物料需求计划的目标是物料在需要时可用，而不是供给，所以物料订单直到计划订单下达日期时才下达。因此，在正常情况下，订单直到计划订单的当周（第1周）才下达。

订单下达意味着授权采购部门购买需要的物料，或者授权生产部门生产部件。

生产订单下达之前，必须检查所需部件是否已经具备。计算机程序检查部件库存记录以确保足够的物料可用，若是如此，就把必要的数量分配给工作订单，如果所需物料不足，计算机程序会通知计划人员物料短缺情况。

在采购或制造的指令下达之后，计划订单接收就会被取消，取而代之的是已安排的接收量。在表8-10的例子中，部件D和E在第1周各有计划订单下达20个单位，这些订单将被计划人员下达，然后部件D和E在物料需求计划中的记录将会如表8-13所示。注意，计划订单接收已加入其中，取代了计划订单下达。

表8-13　计划接收

零件号	需求	周				
		1	2	3	4	5
D	总需求		20			
	计划接收量		20			
	预计可用库存余额	0	0			
	净需求		0			
	计划订单接收					
	计划订单下达					

续表

零件号	需求	周				
		1	2	3	4	5
E	总需求		20			
	计划接收量		20			
	预计可用库存余额	0	0			
	净需求		0			
	计划订单接收					
	计划订单下达					

下达生产订单时，计算机将母件所需部件数量分配给这个订单。这并不是说部件已经从库存提走，而是意味着预计可用数量减少。已分配的部件仍在库存里，但不能用于其他订单。这些部件将保存在仓库中直到被领取使用。

计划接收（scheduled receipts）是下达给生产部门或供应商的订单，代表生产或采购承诺。对工厂订单来说，必须承诺具备所需物料，并将工作中心的产能分配给该订单。对采购件来说，这个承诺由供应商做出。计划接收量这一行说明订购数量及预计完成时间或可以拿到手的时间。一般要求这些计划接收量能在计划需要的时期的一开始时就收到。

物料需求计划记录中的计划接收量就是工厂或供应商的未结订单（open orders），它由采购和生产活动控制负责。产品验收入库可供使用时，订单完成，计划接收不再存在，而转变为现有库存的一部分。

净需求的计算可以在考虑计划接收量后加以修改。

净需求=总需求-计划接收量-可用库存

【例题 4】

完成表 8-14 的物料需求计划，部件的提前期是 2 周，订购量是 200 单位。应该采取什么措施？

表 8-14　不完整的物料需求计划

周	1	2	3	4
总需求	50	250	100	50
计划接收量		200		
预计可用库存余额 150				
净需求				
计划订单接收				
计划订单下达				

【答案】

表 8-15 展示了计算后的物料需求计划。

表 8-15 物料需求计划

周	1	2	3	4
总需求	50	250	100	50
计划接收量		200		
预计可用库存余额 150	100	50	150	100
净需求			50	
计划订单接收			200	
计划订单下达	200			

因此，在第 1 周应该下达 200 单位的订单。

（四）基本物料需求计划记录

表 8-16 是一个基本物料需求计划记录。

表 8-16 基本物料需求计划记录

零件号	需求	周				
		1	2	3	4	5
	总需求					35
	计划接收量				20	
	预计可用库存余额 10	10	10	10	30	
	净需求					5
	计划订单接收					5
	计划订单下达				5	

这里需要说明几点非常重要的内容：

（1）当前时间是指第 1 周的开始。

（2）第 1 行是时间期，叫作时段（time buckets）。通常以周为单位，也可以是适合公司的任何其他时间单位。如今，物料需求计划通常用天作时段。

（3）生产期的期数称为计划期（planning horizon）。计划期表示计划涵盖的未来生产期的期数，它至少应该等于累计产品提前期，否则物料需求计划系统就不能在正确的时间下达计划订单。

（4）部件应在需求时段的期初就已经准备就绪了。

(5) 预计可用库存余额那一行里给出的数量就是期末预计手头可用的库存的余额。

(6) 紧接或最靠近当前的那个时间段叫作行动期 (action bucket)。行动期之中的数量意味着现在应该采取行动了，以避免将来可能出现问题。

(7) 非时段系统 (bucketless system) 表明只有物料需求计划活动的那些时间段才称为时段，而不包括没有这些活动的时间段。

(五) 产能需求计划

如前面的计划层次一样，物料需求计划优先权计划也必须与可用产能进行核对，在物料需求计划层次，这个过程叫作产能需求计划 (capacity requirements planning，CRP)，第十章将详细探讨这一问题。只有产能具备，计划才能实施；反之，则要想方设法具备相应的产能，或者修改优先权计划。

(六) 低层次编码和净需求计算

同一个部件可能在物料清单中的多个层次出现。如果是这种情况，就必须确保对部件的总需求都已记录完毕之后再进行净需求计算。考虑图 8-11 中的产品，部件 C 在产品树中出现两次，并且位于不同的层次。如果在计算产品 B 对该部件的总需求之前就对部件 C 进行净需求计算，就会出错。

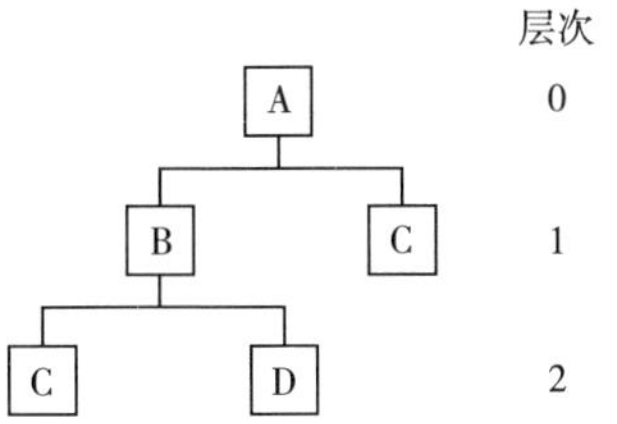

图 8-11　多级产品树

计算总需求和净需求的过程可以通过使用低层码进行简化，低层码 (low-levelcode) 是部件在物料清单中出现的最低层次。每个部件只有一个低层码。图 8-11 中产品树部件的低层码为：

部件	低层码
A	0
B	1
C	2
D	2

进行低层次编码的步骤为：从物料清单的最低层次开始，自下而上记录部件出现的层次。如果零部件也在较高层次出现了，其在低层次出现时就已被记录。

低层码一旦确定，每个部件的净需求就可以按照以下步骤进行计算。为便于练习，假设在第 5 周对部件 A 的总需求是 50 单位，所有提前期都是 1 周，现有库存量为 A：20 单位；B：10 单位；C：10 单位。

步骤一：从产品树的 0 层开始，确定该层部件是否有低层码为 0 的，如果有，该部件就不会在更低层次出现，所有的总需求就记录下来，因此这些部件可以进行净需求计算，然后展开到下个层次，即展开到它们的部件层。如果低层码大于 0，就有更多的总需求，该部件就不能进行净需求计算。在这个例子中，A 的低层码是 0，所以对 A 没有更多需求，A 可以进行净需求计算并展开到它的部件，结果如表 8-17 所示。

表 8-17　0 层部件净需求计算和展开

低层码	零件号	需求	周				
			1	2	3	4	5
0	A	总需求					50
		计划接收量					
		预计可用库存余额 20	20	20	20	20	0
		净需求					30
		计划订单接收					30
		计划订单下达				30	
1	B	总需求				30	
		计划接收量					
		预计可用库存余额 10					
		净需求					
		计划订单接收					
		计划订单下达					
2	C	总需求				30	
		计划接收量					
		预计可用库存余额 10					
		净需求					
		计划订单接收					
		计划订单下达					

步骤二：移到产品树的第 1 层，重复步骤 1 的过程。B 低层码是 1，所有对 B 的需求都已记录，B 可以进行净需求计算并展开。B 的物料清单说明 B 由 1 个 C 和 1 个 D 构成。表 8-18 是 B 的净需求计算和展开结果。部件 C 低层码是 2，这说明对 C 还有更多需求，在这个层次不进行净需求计算。

表 8-18　第 1 层部件净需求计算和展开

低层码	零件号	需求	周				
			1	2	3	4	5
1	B	总需求				30	
		计划接收量					
		预计可用库存余额 10	10	10	10	0	
		净需求				20	
		计划订单接收				20	
		计划订单下达			20		
2	C	总需求			20	30	
		计划接收量					
		预计可用库存余额 10					
		净需求					
		计划订单接收					
		计划订单下达					
2	D	总需求			20		
		计划接收量					
		预计可用库存余额					
		净需求					
		计划订单接收					
		计划订单下达					

步骤三：继续转移到产品树的第 2 层，发现 C 有低层码 2，这说明对 C 的所有总需求都已经计算，可以继续确定其净需求。注意：在第 4 周需要 30 个 C 用于 A，在第 3 周需要 20 个 C 用于 B。查看物料清单发现 C 是采购零件，不需要展开。

表 8-19 是一个完整的物料需求计划。通过对每一个部件使用低层码完成了对部件逐层净需求计算。低层码用来确定部件何时适合进行净需求计算和展开。这样每个部件只能进行一次净需求计算和展开，因此，每次满足新需求都不会在重新计算净需求和重新展开上浪费时间。

（七）多个物料清单

大多数公司都生产多种产品，并且在多种产品中使用相同的部件。物料需求计划系统汇集所有母件的计划订单下达，然后生成一份部件总需求计划。图 8-12 说明了这一情况，其中零件 F 是 B 和 C 的部件。

表 8-19　完整的物料需求计划

低层码	零件号	需求	周 1	周 2	周 3	周 4	周 5
0	A	总需求					50
		计划接收量					
		预计可用库存余额 20	20	20	20	20	0
		净需求					30
		计划订单接收					30
		计划订单下达				30	
1	B	总需求				30	
		计划接收量					
		预计可用库存余额 10	10	10	10	0	
		净需求				20	
		计划订单接收				20	
		计划订单下达			20		
2	C	总需求			20	30	
		计划接收量					
		预计可用库存余额 10	10	10	0	0	
		净需求			10	30	
		计划订单接收			10	30	
		计划订单下达		10	30		
3	D	总需求			20		
		计划接收量					
		预计可用库存余额	0	0	0		
		净需求			20		
		计划订单接收			20		
		计划订单下达		20			

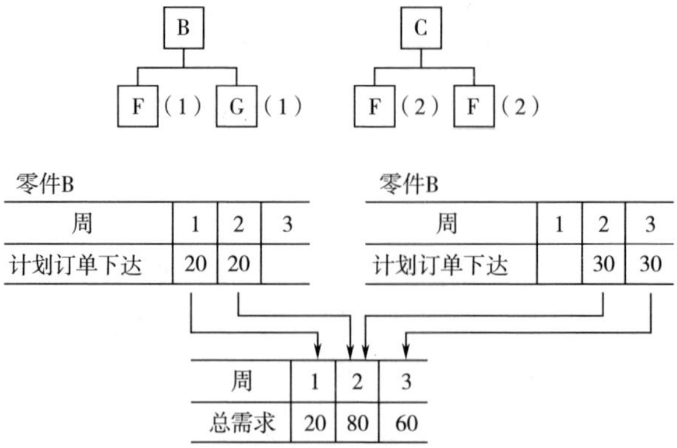

图 8-12　多个产品的物料需求计划展开

用于单个物料清单的相同过程也可以用于生产多个产品。所有的物料清单都必须逐层计算净需求和展开，就像对单个物料清单所做的那样。

图 8-13 是两个产品的产品树，两个产品都由多个部件组装而成，但为了简便起见，只有包括 F 的部分才在产品树中标出。注意：两个产品都有 F 作为部件，但处于不同层次，提前期都是 1 周，括号中的数字是所需数量，即生产 1 个 A 需要 2 个 C，生产 1 个 C 需要 1 个 F，生产 1 个 B 需要 2 个 F。表 8-20 是一个完整的物料需求计划，该结果为在第 5 周需求 50 个 A，在第 3 周需求 30 个 B 的计算。

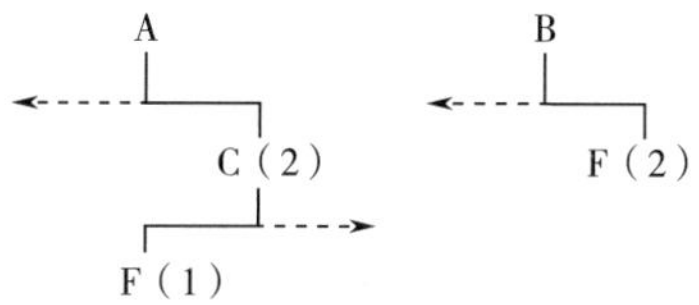

图 8-13　多个产品的产品树

表 8-20　部分物料需求计划

低层码	零件号	需求	周				
			1	2	3	4	5
0	A	总需求					50
		计划接收量					
		预计可用库存余额 20	20	20	20	20	0
		净需求					30
		计划订单接收					30
		计划订单下达				30	
1	B	总需求			30		
		计划接收量					
		预计可用库存余额 10	10	10	0		
		净需求			20		
		计划订单接收			20		
		计划订单下达		20			
1	C	总需求				60	
		计划接收量					
		预计可用库存余额 10	10	10	10	0	
		净需求				50	
		计划订单接收				50	
		计划订单下达			50		

续表

低层码	零件号	需求	周				
			1	2	3	4	5
2	F	总需求		40	50		
		计划接收量					
		预计可用库存余额 10		0	0		
		净需求		40	50		
		计划订单接收		40	50		
		计划订单下达	40	50			

在某些加工过程中，往往会由于出错或工艺问题而必然出现废品。例如，在烘烤火鸡时，由于注意不够、果汁不对或蒸发等问题，其损失率可以高达 50%。那些混合与配置液体的行业，通常会在系统中流失一定量的产品。鉴于上述例子中都会产生废品，因此为了生产出所需要的最终产品，就必须额外多生产一些产品。为了应对废品问题，物料需求计划必须在原先的计划接收量的基础上加大计划的订单下达量。例如，某产品生产流程可能产生 15%的废品，如果该产品的净需求是 400 单位，那么流程就需要生产：

$$400 \div (1.0-0.15) = 471 \text{（单位）}$$

也就是：

$$\text{计划订单下达量} = \text{计划订单接收量} \div (1-\text{废品率})$$

第四节　物料需求计划的应用

一、物料需求计划管理人员

管理物料需求计划系统的人员是计划员。他们负责做出详细的决策，保证流进、流经、流出工厂的物料流动。在很多公司，有数以千计的零部件需要管理，计划员通常根据零部件或供应的相似性进行逻辑分组。

物料计划员的基本职责包括：①发出（下达）订单给采购部门或生产部门。②根据需求重新安排未结（现有）订单的交货期。③协调误差，努力找出错误根源。④通过提前或重新计划解决关键物料短缺。⑤协调其他计划员、主生产计划员、生产作业控制及采购部门解决问题。

物料计划员主要处理计划订单、已下达订单和确定订单这 3 种订单，以及例外信息和交易信息。

（一）计划订单（planned orders）

计划订单（planned orders）由计算机自动安排和控制。总需求、预计可用库存余额和计划接收量发生变化时，计算机重新计算计划订单下达的时间和数量。当订单进入行动期时，MRP 系统建议计划员下达订单，但不是自己下达。

（二）下达订单（release orders）

下达或发出计划订单是计划员的责任。订单下达之后成为工厂或采购部门的未结订单，并且作为计划接收量出现在 MRP 记录中。在此之后，订单就属于计划员的控制范围，可以加快、推迟甚至取消。

（三）确定计划订单（firm planned orders）

物料需求计划软件计算净需求、提前期补偿和展开需求，做出计划订单下达指令，它根据部件总需求的变化，使所有计划订单保持准确的优先权。物料需求计划系统并不签发采购订单或生产订单，也不重新安排未结订单，然而，物料需求计划却会提示计划员需要采取行动或显示出例外信息，并就应该采取的行动及可能适合的行动方案，向计划员提出建议。

（四）例外信息（exception messages）

如果生产流程在控制之中，物料需求计划系统正常工作，系统将按计划工作。然而，有时候会出问题，需要引起计划员的注意。好的物料需求计划系统在事件需要注意时会生成例外信息告知计划员。以下是一些将会产生例外信息的情况：

（1）已在行动期的部件计划订单，以及应该考虑下达订单的部件。

（2）未结订单的计划接收量的时间或数量不能满足计划，这可能是计划接收量安排的时间太早或太晚，应该修改其交货期。

（3）标准提前期导致 0 层部件延期交货。这种情况可能需要应急措施以缩短标准提前期。

（五）交易信息（transaction messages）

交易信息是指计划员必须告知物料需求计划系统所有影响物料需求计划记录的行为。例如，计划员下达订单、收到计划接收量，或数据发生变化时必须告知物料需求计划程序；否则，物料需求计划记录将不准确，从而使计划变得不可行。

物料需求计划员必须妥善管理他所负责的部件。这不仅包括下达订单给采购部门和工厂，重新计划未结订单的交货期，调解差异和不一致；而且包括设法改善系统，清除潜在问题的根源。要使合适的部件于合适的时间在合适的地点出现，计划员必须妥善管理这一过程。

二、物料需求计划的管理

计划员可以从以下3个渠道得到反馈信息：一是采购过程中供应商的行为；二是工厂未结订单的变化，如提早或延期完成订单、数量上的差异等；三是管理层行为，如改变主生产计划等。

计划员必须评估这些反馈信息，在需要时采取纠正措施。计划员在管理物料需求计划时必须考虑以下三个重要因素。

(1) 优先权。优先权是指通过不断评估已下达订单真正的按时交货期需求，来维持正确的交货期，并在必要时加快或减慢进程。

考虑表8-21的物料需求计划记录，订购量是300单位，提前期是3周。

表8-21　物料需求计划记录

周	1	2	3	4	5
总需求	100	50	100	150	200
计划接收量			300		
预计可用库存余额150	50	0	200	50	150
净需求					150
计划订单接收					300
计划订单下达		300			

如果第2周的总需求由50单位变为150单位，将会出现什么情况？物料需求计划记录将如表8-22所示。

表8-22　变化后的物料需求计划记录

周	1	2	3	4	5
总需求	100	150	100	150	200
计划接收量			300		
预计可用库存余额150	50	-100	100	250	50
净需求				50	
计划订单接收				300	
计划订单下达	300				

注意：第2周有100单位的短缺，原来在第2周的计划订单下达现在改在第

1 周。计划员能够做什么呢？一个方法是将第 3 周 300 单位的计划接收提前到第 2 周。如果这不可能，第 2 周需要的额外 100 单位必须重新安排在第 3 周。现在第 1 周也有计划订单下达，而且这一订单应该下达。

（2）自下而上重新计划（bottom-up replanning）。因条件改变而采取的修正行动应该尽可能在产品结构树的低层发生。假设前面例子中的零件是另一个部件的零件，第一个选择是将 300 单位的计划接收提前到第 2 周。如果可以这样做，就不需要对母件做任何变更。如果 300 单位不能提前，母件的计划订单下达和净需求就必须修改。

（3）降低系统敏感性（reducing system nervousness）。有时候变化很快，但数量很小，导致物料需求计划变来变去。计划员必须判断变化是否足以做出反应以及订单是否应该下达。降低系统敏感性的方法之一是确定计划订单。

【例题 5】

作为物料需求计划的计划员，星期一早上你来上班，看到某部件的物料需求计划记录如表 8-23 所示。其中，订单量为 30 单位，提前期为 2 周。

表 8-23 物料需求计划记录

周	1	2	3	4	5	6
总需求	35	10	15	30	15	20
计划接收量	30					
预计可用库存余额 20	15	5	20	20	5	15
净需求			10	10		15
计划订单接收			30	30		30
计划订单下达	30	30		30		

计算机提示你第 1 周需要下达 30 单位的计划订单。要么下达订单，否则到第 3 周将发生零部件短缺。假设有以下情况发生：

①第 1 周只有 25 单位的计划接收计入库存，其余都是废品。

②第 3 周的总需求变为 10 单位。

③第 4 周的总需求增加到 50 单位。

④第 7 周需求 15 单位。

⑤库存盘点发现实际库存比记录多出 10 单位。

⑥第 1 周 35 单位的总需求从仓库发出。

⑦第 1 周 30 单位计划订单下达已发出，变成第 3 周的计划订单接收。

那么，应当如何安排物料需求计划？

【答案】

由于这些情况发生，你必须将第 1 周的变化输入计算机。在下一周的第一天，物料需求计划记录如表 8-24 所示。

表 8-24 变化后的物料需求计划记录

周	2	3	4	5	6	7
总需求	10	10	50	15	20	15
计划接收量		30				
预计可用库存余额 20	10	30	10	25	5	20
净需求			20	5		10
计划订单接收			30	30		30
计划订单下达	30	30		30		

第 2 周期初现有库存是 20 单位（20+25+10−35＝20）。原先安排在第 4 周的计划订单下达已经改到第 3 周，另一个计划订单安排在第 5 周下达。更重要的是，第 3 周的计划接收直到第 4 周才需要，你应该将其重新排在第 4 周。第 2 周的计划订单应该下达，并变成第 4 周的计划。

三、管理物料需求计划应关注的问题

在管理物料需求计划时，对物料有条不紊、有系统地进行需求控制是非常重要的，这主要依靠人为的管理制度。下面着重讲述在控制过程中与需求计划密切相关的几个方面：

首先，指定生产任务的物料一旦进入仓库，就要及时开出领料清单，并通知施工单位人员领料。如果已被生产任务分配的物料不出库，它将变成库存被新的生产任务再分配，从而造成生产计划的混乱；如果是专项物料，其他生产单位不能使用，将造成库存积压，物料周转缓慢，甚至报废。

其次，设置物料的安全库存、调拨周期、物料平均提前期。一定要认真仔细，不能草率地填上数字。这些基础数据对企业的库存、生产与资金运转有着重大的影响。

最后，进入生产系统的物料要现场跟踪，生产完工后，对能回收复用的材料及时组织人员回收，并积极组织修复利用。

第五节　制造资源计划与企业资源计划

一、从 MRP 到 MRP Ⅱ

MRP 主要面对的是制造业的“产供销”信息集成管理。众所周知，制造业的基本流程是从供应方购买原材料，经过加工或装配，制造出产品，销售给需求方。MRP 就是从产品的结构或物料清单出发，实现了物料信息集成一个上窄下宽的锥状产品结构：其顶层是出厂产品，是属于企业销售部门的业务；底层是采购的原材料和配套件，是企业物资供应部门的业务；介于其间的是制造件，是生产部门的业务。MRP 是一种保证既不出现短缺又不积压库存的计划方法，解决了制造业所关心的缺件与超储的矛盾。MRP 解决了企业的物料信息，是管理信息的一大进步。但 MRP 对于企业的重要业务——资金管理却无能为力。为了实现对企业资金信息的管理，MRP Ⅱ应运而生。

在闭环 MRP 的基础上，围绕物料需求计划的分析思想，企业对财务管理、采购管理、库存管理、设备管理等方面提出了全面规划、整体安排的要求，将它们与原来的物料需求计划、能力需求计划相连接，构成了 MRP Ⅱ的总体结构，如图 8-14 所示。

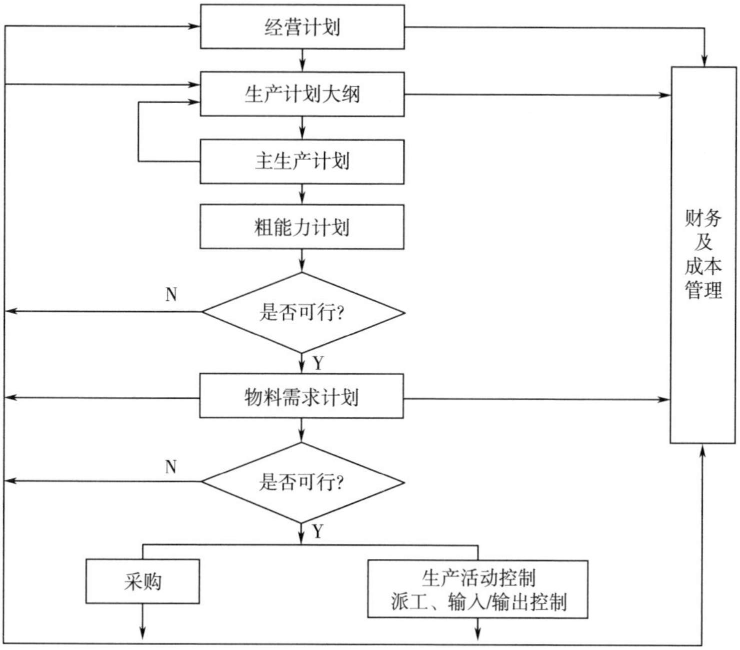

图 8-14　MRP Ⅱ示意图

MRP Ⅱ是 MRP 的进一步延伸。它运用管理会计的概念，用货币形式说明了执行企业“物料计划”带来的效益，实现了物料信息同资金信息的集成。衡量企业经营效益首先要计算产品成本，产品成本的实际发生过程，还要以 MRP 系统的产品结构为基础，从最底层采购件的材料费开始，逐层向上将每一件物料的材料费、人工费和制造费累积，得出每一层零部件甚至最终产品的成本。最后，再进一步结合市场营销，分析各类产品的获利性。

二、ERP 对 MRP 的超越

ERP 和 MRP、MRP Ⅱ是一脉相承的，但 ERP 的功能更强大，适应性更强，应用更广泛。ERP 采用了计算机和网络通信技术的最新成就，实现了面向供需链的管理，不仅适用于制造业，而且适用于各行各业。ERP 是在 MRP Ⅱ的基础上发展起来的，目前是最先进、最科学的管理信息系统。它不仅扩充了企业的人力资源、产品研制、服务等信息，实现了企业内部全部信息的集成，而且包括供应商和客户资源的信息，实现了企业内部资源和与企业相关外部资源的信息集成。

ERP 在 MRP Ⅱ的基础上，主要扩展了以下几方面的功能：

（1）决策支持。提供高层领导信息系统，支持专家系统与人工智能或基于规则的决策支持系统；针对行业和企业特殊需要进行裁剪，提供有效的解决方案。

（2）市场与销售管理。市场分析、开拓客户关系和供应商管理；销售分析、多维数据查询、联机分析处理和实时决策支持；MRP Ⅱ与 CRP（客户关系管理）同步运算，各地销售人员对企业的远程访问和模拟操作；售后现场服务和维修支持，备品备件管理。

（3）组织与流程管理。满足敏捷制造和虚拟企业的需要；适应企业的业务流程重组（BRP）和组织机构变革。

（4）生产经营保障。质量管理、实验室管理和设备维修管理等；运输管理和地区仓库管理。

（5）项目与投资管理。企业投融资和资本运作管理；股东财富增长分析。

（6）协同管理。支持集团化和跨地区、跨国界运行；多语种实时切换，适应多币制、多税制。

（7）工厂实时管理。

（8）人力资源与知识管理

（9）法规、条例与标准管理。

三、ERP 系统与 MRP Ⅱ的区别

ERP 是在 MRP Ⅱ基础上进一步发展起来的企业管理信息系统，为了进一步理解 ERP 系统的概念及其主要功能，需要弄清 ERP 与 MRP Ⅱ之间的区别。

（一）在资源管理范围方面的区别

MRP Ⅱ主要侧重对企业内部人、财、物等资源的管理。ERP 系统提出了供应链（supply chain）的概念，即把客户需求和企业内部的制造活动以及供应商的制造资源整合在一起，并对供应链上的所有环节进行有效管理，这些环节包括订单、采购、库存、计划、生产制造、质量控制、运输、分销、服务与维护、财务管理、人事管理、实验室管理、项目管理、配方管理等。

（二）在生产方式管理方面的区别

MRP Ⅱ系统把企业归类为几种典型的生产方式来进行管理，如重复制造、批量生产、按订单生产、按订单装配、按库存生产等，针对每一种类型都有一套管理标准。而在 20 世纪 80 年代末 90 年代初期，为了紧跟市场的变化，多品种、小批量生产以及看板式生产成为企业主要采用的生产方式，ERP 则能很好地支持和管理这种混合型制造环境，满足了企业多元化经营需求。

（三）在管理功能方面的区别

ERP 除了具备 MRP Ⅱ系统的制造、分销、财务管理功能外，还增加了更多管理功能：支持各个环节之间的运输管理和仓库管理；支持生产保障体系的质量管理、实验室管理、设备维修和备品备件管理；支持对工作流（业务处理流程）的管理。

（四）在事务处理控制方面的区别

MRP Ⅱ是通过计划的及时滚动来控制整个生产过程，它的实时性较差，一般只能实现事中控制。而 ERP 系统支持在线分析处理（online analytical processing，OLAP）、售后服务及质量反馈，强调企业的事前控制能力，它可以将设计、制造、销售、运输等通过集成来并行地进行各种相关的作业，为企业提供了对质量、适应变化、客户满意、效绩等关键问题的实时分析能力。在 MRP Ⅱ中，财务系统只是一个信息的归结者，它的功能是将供、产、销中的数量信息转变为价值信息，是物流的价值反映。而 ERP 系统则将财务计划功能和价值控制功能集成到整个供应链上，如在生产计划系统中，除了保留原有的主生产计划、物料需求计划和能力计划外，还扩展了销售执行计划和利润计划。

四、ERP 实施的运作流程及其关键点

ERP 是指建立在信息技术基础上，以系统化的管理思想，为企业决策层及员

工提供决策运行手段的管理平台。ERP 不仅仅是一个软件，更重要的是一个管理思想，它实现了企业内部资源和企业相关外部资源的整合。通过软件把企业的人、财、物、产、供、销及相应的物流、信息流、资金流、管理流、增值流等紧密地集成起来，实现资源优化和共享。

（一）ERP 实施的运作流程

ERP 是一个集组织模型、企业规范和信息技术、实施方法于一体的综合管理应用体系。所以，在考虑实施 ERP 之前应该考虑各方面的因素，要进行有效的规划。在实施的过程中，要根据实施 ERP 的条件和要求转变思想，进行各方面必要的改革。

一个典型的 ERP 实施进程主要包括以下几个阶段。

1. 项目的前期工作

这个阶段也就是软件安装之前的阶段，它非常重要，关系到项目的成败，但往往为实际操作所忽视。这个阶段的工作主要包括：

（1）领导层培训及 ERP 原理的培训。主要的培训对象是企业高层领导及今后 ERP 组成员，培训目的是使他们掌握 ERP 的基本原理和管理思想。

（2）企业诊断。由企业的高层领导和今后各项目组人员用 ERP 的思想对企业现行管理的业务流程和存在的问题进行评议和诊断，找出问题，寻求解决方案，用书面形式明确预期目标，并规定评价实现目标的标准。

（3）需求分析，确定目标。企业在准备应用 ERP 系统之前，还需要理智地进行立项分析。

（4）软件选型。在选型过程中，首先要对企业本身的需求进行细致的分析和充分的调研，然后要弄清软件的管理思想和功能是否满足企业的需求。

2. 实施准备阶段

这一阶段主要是对数据和各种参数进行准备和设置，要建立的项目组织和所需的一些静态数据可以在选定软件之前就着手准备和设置，在这个准备阶段中，要具体做以下几项工作：

（1）确定项目组织。包括领导小组、项目实施小组、业务组，每一层的组长都是上层的成员。

（2）数据准备。在运行 ERP 系统之前，要准备和录入一系列基础数据，这些数据主要包括一些产品、工艺、库存等信息，还包括一些参数的设置，如系统安装调试所需信息、财务信息、需求信息等。

（3）系统安装调试。在人员、基础数据已经准备好的基础上，就可以将系统安装到企业中来了，并进行一系列的调试活动。

（4）软件原型测试。这是对软件功能的原型测试（prototyping），也称计算机模拟（computer pilot）。由于 ERP 系统是信息集成系统，所以在测试时，应当是全系统的测试，各个部门的人员都应该同时参与。

3. 模拟运行

这一阶段的目标和相关的任务是：模拟运行及用户化、制定工作准则与工作规程和验收。

4. 切换运行

在这个阶段，所有最终用户必须在自己的工作岗位上使用终端或客户机操作，处于真正应用的状态，而不是集中于机房。如果手工管理与系统还有短时并行，可作为一种应用模拟看待（live pilot），但时间不宜过长。

5. 新系统运行

一个新系统被应用到企业后，实施的工作其实并没有完全结束，而是将转入业绩评价和下一步的后期支持阶段，通过对系统实施的结果作出自我评价，以判断是否达到最初的目标，从而在此基础上制定下一步的工作方向。

（二）成功实施 ERP 的关键

1. 分析需求，确定目标

企业在准备应用 ERP 系统之前，需要理智地进行立项分析，然后将分析的结果写成需求分析和投资效益分析正式书面报告，从而作出是否实施 ERP 项目的正确决策。

2. 领导重视，全员参与

领导者决定企业的经营目标，实施 ERP 是为了配合企业经营目标的实现，因此作为企业经营目标的决策者当然应该对此给予足够的重视。职工对新的管理思想与方法的学习热情高，对改革有信心是成功实施 ERP 的关键条件之一。

3. 供应商与咨询商服务、支持到位

ERP 不是一个简单的软件应用问题，而是代表着先进的业务流程和管理思想。其实施是一个复杂的工程，是技术创新和管理创新的有机融合。这需要 ERP 供应商和企业长期共同努力，甚至需要第三方专业咨询服务商的参与才能够真正完全实现 ERP 应用，达到预期目标。

4. 加强培训，提高认识

培训是成功实施 ERP 系统的重要因素。通过培训，用户的各级管理人员不仅要明确什么是 ERP，而且要明确实施 ERP 后各个岗位的人员如何采取新的工作方式。

5. 完善企业信息的基础工作

为了提高系统的运行效率，企业对相应的数据应进行合理编码，这样有利于系统的信息跟踪与查询。

6. 建立与 ERP 管理思想相一致的企业文化

实施 ERP 这种管理系统软件，必然要带来企业文化的变革。在引入 ERP 美国式的企业文化时还要注意汲取中华民族自身的优秀文化，在兼收并蓄的基础上进行融合，最终形成中国特色的企业文化。

【本章小结】

物料需求计划（MRP）是生产计划的核心内容之一，其基本思想是从最终产品的生产计划导出相关物料的需求量和需求时间，根据物料的需求时间和生产（订货）周期来确定其开始生产（订货）的时间。本章首先介绍了物料需求计划和物料清单的相关概念。其次，重点介绍了物料需求计划展开及提前期补偿过程。然后介绍了 MRP 的应用，包括管理 MRP 时应关注的问题。最后，介绍了 MRP 的扩展，包括制造资源计划（MRP Ⅱ）和企业资源计划（ERP）。

【本章习题】

1. 什么是物料需求计划？
2. 物料需求计划的作用是什么？
3. 什么是物料清单？物料清单有哪些作用？
4. 简述 ERP 与 MRP、MRP Ⅱ 的区别与联系。
5. 完成表 8-25。部件的提前期是 2 周，生产批量是 100 单位。

表 8-25

周		1	2	3	4
总需求		20	65	25	25
计划接收量			100		
预计可用库存余额	30				
净需求					
计划订单接收					
计划订单下达					

6. 产品树展开及补偿如图 8-15 和表 8-26 所示，请确定部件 H、I、J、K 的

总需求和净需求。其他部件和目前的问题无关。所需部件数量标注在括号中。主生产计划要求在第 3 周生产 60 单位 H、第 5 周生产 80 单位 H。第 2 周 I 的计划接收量为 120 单位，现有 400 单位 J 和 400 单位 K 可用。所有订购量是逐批订购。

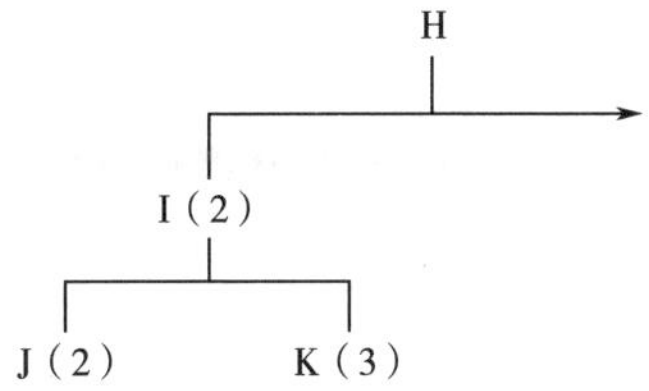

图 8–15

表 8–26

部件	周	1	2	3	4	5
部件 H 提前期：1 周	总需求					
	计划接收量					
	预计可用库存余额					
	净需求					
	计划订单接收					
	计划订单下达					
部件 I 提前期：2 周	总需求					
	计划接收量					
	预计可用库存余额					
	净需求					
	计划订单接收					
	计划订单下达					
部件 J 提前期：1 周	总需求					
	计划接收量					
	预计可用库存余额					
	净需求					
	计划订单接收					
	计划订单下达					
部件 K 提前期：1 周	总需求					
	计划接收量					
	预计可用库存余额					
	净需求					
	计划订单接收					
	计划订单下达					

7. 现在是星期一早晨，你刚来上班。完成以下表 8-27 所示的物料需求计划记录，周一早上就要使用。提前期为 2 周，批量为 100 单位。

表 8-27 初始物料需求计划

周		1	2	3	4	5
总需求		70	40	80	50	40
计划接收量		100				
预计可用库存余额	50					
净需求						
计划订单接收						
计划订单下达						

这一周发生以下事情，请将它们输入物料需求计划记录。

（1）第 1 周 100 单位的计划订单已经下达。

（2）第 1 周的计划接收量中有 30 单位是废品。

（3）收到 1 个 30 单位的订单，第 3 周交货。

（4）收到 1 个 50 单位的订单，第 6 周交货。

（5）第 1 周 70 单位的总需求已经发出。

要求：

（1）完成上述物料需求计划。

（2）完成第 1 周周末的物料需求计划。

第九章　作业计划和排序

【学习要点和要求】

1. 理解作业计划的基本概念。
2. 掌握排序问题的任务与目标。
3. 理解流水车间作业排序的几种算法的使用。
4. 理解单件车间作业排序的几种算法的使用。
5. 掌握单班次问题的几种算法。
6. 了解服务业中的服务作业排序。

【导入案例】

航空公司的作业计划

作业计划对于一个航空公司有多么重要呢？显然，在这样一个空运竞争激烈的行业，旅客对准时起飞方面的满意度是关键因素。此外，如果在像飞机这类昂贵的设备处于空闲的状态时，航空公司将会有巨大的损失。但是航班以及机组人员的调度是一个复杂的过程。如，新西兰航空公司拥有 9 000 名员工，每天运行着 85 个以上国内航班以及 50 个国际航班。作业计划首先要从为期 5 年的市场规划开始，这个规划需要确定保持行业竞争地位而安排新航线以及现有航线。这个总体规划可以进一步细化成 3 年计划，然后再转换成年度计划，在年度计划中，这些航线已经有了具体的起飞时间以及到达时间。

此外，航空公司所拥有的机组人员应该和航班计划相匹配。机组人员分成两类：飞行员以及乘务员，他们都有各自的约束条件。如，在一个为期 7 天的工作周内，为飞行员安排的飞行时间不能超过 35 个小时，每 28 天不能超过 100 个小时，而且每隔 7 天必须要有 36 个小时的休息时间，在每 84 天里面要有 30 天的休息时间，可以使用复杂的最优化模型来设计使得总费用最小的排班表，这个表要覆盖所有的航班，并且考虑到所有的约束条件。每次排班的开始与结束地点都要在机组人员的基地，值班表通常由不同的当班以及休息时间序列组成，而当班时间可以包括一个或者多个航班。将排班表张贴出来，在一段特定的时期内由机组成员安排指标。实际上，机组人员的值班名册的形成就来源于收到的标书。这个名册必须确保每个航班有足够的合格机组人员，而且每位机组成员都有合理的分工。从机组人员的角度来看，尽可能多地满足机组人员的要求和偏好也十分重要。

虽然航班以及机组值班名册已经确定了，但是调度工作并没有结束。一些经常性导致航班中断的因素，如恶劣的天气条件或者机械故障等，都会导致乘务员、飞行员甚至是飞机的调度计划发生变更。乘客们希望问题能够得到快速地解决，而航空公司需要找出成本最低的解决方案。在航空业，作业计划决定着一个企业的长期竞争力。

（案例来源：Ryan David M. Optimization Earns its wing. OR/MS Today（April 2000），Service Scheduling at Air New Zealand. Operations Management in Action Video Series［M］. Upper Saddle River，NJ：Prentice Hall，2000：26-30.）

物料需求计划将以月为单位的年度综合生产计划分解到每周，作业计划将进一步分解，并且安排好任务的顺序。作业计划作为指导企业日常生产活动的执行性计划，有着丰富的工作内容。本章首先介绍生产作业计划的基本内容、作用以及期量标准；其次引入在制订生产作业计划时涉及的重要概念——作业排序，分别介绍了排序的概念、表示方法以及任务和目标，并介绍了制造业中的生产作业排序的相关内容；再次重点介绍了流水作业排序与单件作业排序的一些方法；最后介绍了服务业中的服务作业排序问题。

第一节　作业计划

生产作业计划，简称作业计划，是企业年度生产计划以及 MRP 输出的具体执行计划，是协调企业日常生产活动的中心环节。它根据年度生产计划的要求对每个生产单位（车间、工段、班组等）在每个具体的时期（月、旬、周、日、轮班、小时等）内的生产任务做出详细的安排并且规定实现的方法，从而保证企业按照数量、品种、质量、交货期的要求全面地完成生产计划。计划制订完成后，在具体的实施过程中还需要对生产作业过程实施有效的控制，以确保实际生产以及计划的要求相一致。

一、作业计划的概述

（一）作业计划的主要内容

作业计划的主要任务是将主生产计划或者 MRP 中的零部件投入出产计划细化，它是 MRP 的具体执行计划，具体且详细地规定了各个车间、工段、班组以及各个工作地在较短的时间内（月、旬、周、日、轮班、小时）的生产运作任务。因此，它不是站在企业整体的角度，而是站在企业的每个生产运作单位或者工作地的角度解决生产什么、生产多少、何时完成的问题。车间月度生产作业计划、班组周生产作业计划、工地轮班作业计划等，都是生产作业需要安排的内容。生产作业计划在时间上细化到每个工作日甚至每个小时，在单位上落实到每台设备每个人，即把计划工作负荷分解成一个个精确且具体的短期计划。企业生产作业管理主要包括以下内容。

（1）把生产任务（在这里主要是工序）落实到执行人员、设备、工作中心或者工作地上面，并且要避免资源负荷的超载，即要达到资源负荷的平衡，避免瓶颈现象。

（2）确定零部件的加工顺序。

（3）按照已经排好的顺序将零部件安排到具体的工作中心、工作地或者设备上面，即实际中的派工。

(4) 生产作业控制，即车间控制，不断地检查任务的执行情况，检查设备的负荷情况，及时为延后的任务制定相应的赶工单，以保证计划的如期完成。

(5) 根据设备运转的好坏以及新指令的到来，不断地修订作业计划来适应变化。

(6) 控制作业过程中的质量问题。

(二) 作业计划的作用

作业计划是生产计划的继续、延伸以及补充，和生产计划组成一个紧密联系的体系。因此，没有一个好的生产作业计划，就不可能保证很好地实现主生产计划，特别是对加工装配型企业。具体来讲，生产作业计划的作用主要表现在两个方面。

1. 保证主生产计划规定的生产运作任务的完成

生产作业计划把生产运作任务在空间上细分到车间、工段、班组、工作地以及个人；在时间上细分到月、旬、周、日、轮班、小时；在计划对象上把整台产品细分到总成、部件、零件。因此，生产作业计划有着具体落实主生产计划的作用。生产作业计划具有更强的可操作性，为组织日常生产运作活动提供了依据与标准，有利于保证主生产计划任务的顺利完成。

2. 保证企业获得更好的经济效益

编制 MRP 的时候虽然也经过了综合平衡计算，但是由于时间跨度较长，且影响因素较多，因此工作比较粗略。然而生产作业计划的“细分”特性使得企业既有必要也有可能更加细致、具体地进行综合平衡，针对企业当前的实际情况科学安排生产运作任务，努力实现资源的合理配置，提高企业的经济效益。

二、作业计划的期量标准

作业计划工作由作业计划编制和作业控制两个部分组成。前者主要包括制订期量标准、开展生产运作能力核算和平衡、编制各种形式的生产作业计划等内容；后者主要包括生产运作调度、生产运作作业统计和分析等内容。

期量标准是生产作业计划工作的重要依据，因此，也被称为生产作业计划标准。它是对劳动对象在生产运作过程中的运作所规定的时间与数量的标准。“期”是指时间，如制造一件产品需要多长时间、相隔多长时间产出一件产品等。“量”是指数量，如一次同时投入生产运作的制品数量、库存在制品数量等。先进合理的期量标准，正确地反映了生产运作过程中各生产运作环节在生产运作时间与数量上的客观内在联系，据此可以正确且迅速地编制生产作业计划，合理组织生产运作活动，保证产品整个生产运作过程的高度连续性、均衡性以及准时性。

（一）批量与生产间隔

在成批生产的企业中，按照批量来组织生产是一个十分重要的特征。批量的大小对其生产效益有着直接影响。在生产计划制订出来后，产品的年生产任务已经基本明确。在这种情况下，生产采用的批量越大，那么生产组织的轮番次数就越少，生产过程相对稳定，产品品种更换的次数也就相应地减少，花费在调整设备以及工艺装备等准备结束工作上的时间与费用也较少，有利于提高劳动生产率与设备利用率。但是批量大，每批产品的生产周期比较长，生产中占用在制品数量以及占用的生产面积与仓库面积就会增加，从而增加流动资金占用量与在制品库存保管费用等。如果批量小，生产中在制品占用的数量就可以减少，与在制品数量相关的各项费用支出就可以相应地减少，但是生产中产品更换的次数就会增加，准备结束工作的工作量会加大，进而使准备结束工作费用增加，在组织管理不利的情况下，会降低劳动生产率。因此，为了提高成批生产的经济效益，必须用科学的方法来确定产品的生产批量。

批量和生产间隔期有着密切的关系，在确定它的标准时需要同时考虑。确定批量与生产间隔期的常用方法有以量定期法和以期定量法。

1. 以量定期法

以量定期法包括经济生产批量与最小批量法两种方法。经济生产批量又称经济生产量或经济制造量。由于生产系统调整准备时间的存在，在补充成品库存的生产中有一个一次生产多少最为经济的问题，这就是经济生产批量。最小批量法是以保证设备的合理利用以及提高生产率为主要目标的一种批量计算方法。这种方法的重点就是把设备的调整时间控制在允许的范围内，它的计算公式为：

最小批量＝更换品种的设备调整时间/（设备调整允许损失系数×单价工序加工时间）

设备调整允许损失系数通常取值在 0.02～0.12 间，主要是根据经验确定，如表 9-1 所示。这种方法在确定批量的时候，通过选取不同的系数，既考虑了零部件价值对流动资金的影响，又考虑了不同生产类型对设备利用率的约束。

表 9-1　设备调整允许损失系数

零部件价值	生产类型		
	大批	中批	小批
低	0.02	0.03	0.05
中	0.03	0.05	0.08
高	0.05	0.08	0.12

2. 以期定量法

以期定量法就是根据标准的生产间隔期确定批量的一种方法。在产品的年产量确定后，生产间隔期与批量的关系可以下面的公式表示：

$$批量 = 生产运作间隔期 \times 平均日产量$$

从上面的公式可以看出，批量和生产运作间隔期成正比。当计划期的生产运作任务一定时，计划期定量和计划期之比所得到的平均日产量是一个常量，只要确定了批量与生产运作间隔期中的一个，另一个就可以根据上式求出。

（二）生产周期

某种产品的生产周期是指从原材料投入开始到产成品出产为止的全部日历时间。生产周期是编制生产作业计划以及确定产品与零部件在各个工艺阶段生产进度的主要依据。缩短生产周期能更好地保证产品的交货期，提高劳动生产率，减少在制品占用量，加速流动资金周转，降低产品成本，提高生产的经济效益。

生产过程组织的一个重要内容是时间组织，追求的目标就是提高时间利用率，缩短产品的生产周期。而产品生产周期的长短取决于多方面的因素，如生产设备的先进程度、工艺技术水平、生产组织与管理水平、劳动组织设计以及计划管理工作水平等。从生产组织与计划管理工作来讲，可以通过确定合理的批量，尽可能地采用平行移动方式或者平行顺序移动方式、减少产品加工过程的等待时间、加强工序之间协调配合等来缩短产品的生产周期。

确定生产运作周期，通常首先根据生产运作流程确定各个工艺阶段的生产运作周期，然后以此为基础确定产品的生产运作周期。例如，对于机械产品而言，生产运作周期构成如图 9-1 所示。其中，每个工艺阶段的生产运作周期包括基本工序时间、检验时间、运输时间、等待工作地时间、自然过程时间以及制订规定的停歇时间。

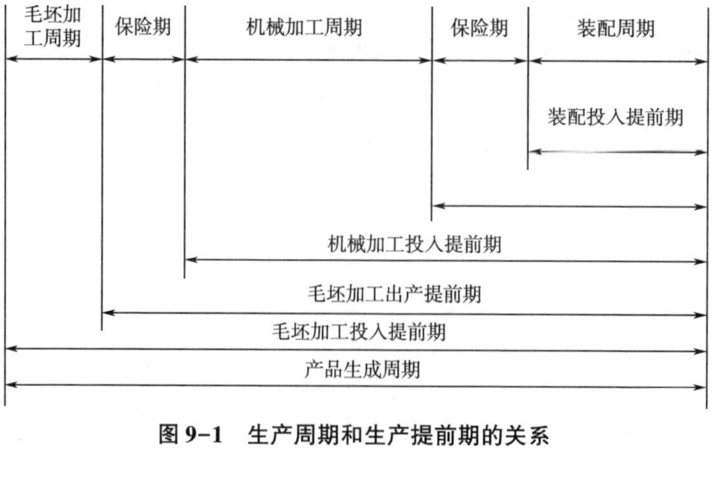

图 9-1　生产周期和生产提前期的关系

加工一批产品的时候，在制品在生产运作过程中的移动方式对生产运作周期有着直接的影响。其中，三种典型的移动方式是顺序移动、平等移动以及平行顺序移动。在制订生产运作计划的时候，必须首先清楚零件在工序间或者部门间采用的移动方式。

（三）生产提前期

生产提前期是指产品（毛坯、零件）在各个生产环节出产（或者投入）的时间比成品出产时间要提前的时间量。每一种产品在每一个生产环节都有投入与出产之分，因而提前期也分成投入提前期与出产提前期。

生产提前期是成批生产企业编制生产作业计划不可或缺的期量标准。生产提前期与生产周期有着密切的关系（如图 9-1 所示），它是在各个生产环节生产周期确定的基础上制订的。正确地制订生产提前期，对于组织各个生产环节的生产活动在时间上的紧密衔接、缩短生产周期、减少在制品占用量、提高企业生产活动的经济效果有着重要的作用。生产提前期的制订，有两种不同的情况。

1. 前后车间生产批量相等的情况下生产提前期的制订

车间投入提前期=本车间出产提前期+本车间生产周期

车间出产提前期=后车间投入提前期+保险期

提前期的计算是按照反工艺过程顺序进行的。因为装配车间出产的时间也就是成品出产的时间，所以装配车间的出产提前期是零。然后根据装配车间的生产周期计算装配车间的投入提前期，根据装配车间的投入提前期以及半成品的保险期计算机械加工车间的出产提前期，以此类推，一直计算到各个毛坯车间的投入提前期。装配车间的提前期以及它们的相互关系如图 9-1 所示。

2. 前后工序车间生产批量不相等的情况下生产提前期的制订

当前后工序的两个车间生产批量不相等的时候（前工序车间的批量是后工序车间批量的若干倍），计算各个车间投入提前期的公式和上面公式相同，即某个车间投入提前期等于这个车间出产提前期和这个车间生产周期之和。但是在计算出产提前期时就有所差别。前后车间生产批量不相等的时候，一般应该是前车间的批量大于后车间的批量，这样前工序车间出产一批就可以供给后工序车间若干批投入使用，这时正确的出产提前期应该比用前面公式计算出产提前期的结果要大一些。由于前后车间批量不相等而增加的时间，等于前车间生产间隔期和后车间生产间隔期之差，所以出产提前期的计算公式为：

车间出产提前期 = 后车间投入提前期 + 保险期 + 本车间生产间隔期 − 后车间生产间隔期

第二节　作业排序

一、排序的基本概念

排序已经被广泛地应用于生产管理、计算机系统、运输调度等领域。排序问题是一类重要的组合优化问题，通常来讲，凡是有多个不同的任务要完成，就有作业排序与作业计划的问题，如几批不同的工件要加工、几个程序等待运行、几个问题要处理等，都涉及作业排序。这些问题的共同特征是将不同的工作任务安排一个执行的顺序与时间，使得目标最优化。因此，作业排序实质上是要解决怎么样按照时间的先后，将有限的资源分配给不同的工作任务，使得预定的目标最优化的问题。

二、排序问题的描述

最初的排序研究和应用是针对加工制造企业，通常使用机器、工件、加工路线、工序以及加工时间来描述一个排序作业的任务，即假定有 n 个工件要按照一定的加工路线经过 m 台机器加工，其中，加工路线由工件加工的工艺过程决定，是工件加工在技术上的约束，是工件需要的加工工序的顺序。而排序就是确定这 n 个工件在 m 台机器上加工的先后顺序。随着排序在其他各行各业的应用，原有的“机器”“工件”“工序”与“加工时间”的意义已经发生了变化，“机器”的意义已经扩展到“服务者”，“工件”泛指“服务对象”，“工序”泛指“服务活动”，“加工时间”泛指“服务时间”。例如，计算机网络的服务器（机器）同时接到多个电邮请求（工件）经过处理并且发到请求的用户信箱，多艘轮船（工件）同时要停靠码头（机器），维修工人（机器）维修多个机器设备（工件）等。

（一）机器

只有一台机器的排序问题称为单机排序问题，否则就称为多机排序问题。

在多机问题中机器分成两大类：通用平行（parallel）机与专用串联（dedicated）机。如果所有机器的功能相同，称为同类机或者平行机，即一个工件需要在多台平行机中的一个机器上加工一次；而串联机则是机器具有不同的功能，工件需要在不同的机器上加工。

平行机又可以分成三类：具有相同速度的同速（identical）机；具有不同加工速度，但是此速度不依赖于工件的恒速（uniform）机；随着加工的工件不同，加工速度也不同的变速（unrelated）机。

串联机也可以分成三类：第一个工件以特定的相同机器顺序加工的流水作业（flow shop）；工件依次在机器上加工的次序并不指定可以任意的开放作业（open shop）；每一件以各自特定的机器次序进行加工的单件作业（job shop）。

还有一类更加复杂的情况，就是柔性流水作业（flexible flow shop），它是流水作业与平行机的结合。在柔性流水作业中，有多类机器，每个工件有多道工序，每道工序需要在每类机器中的一台机器上加工，并且每个工件的加工顺序相同。机器的分类情况如图 9-2 所示。

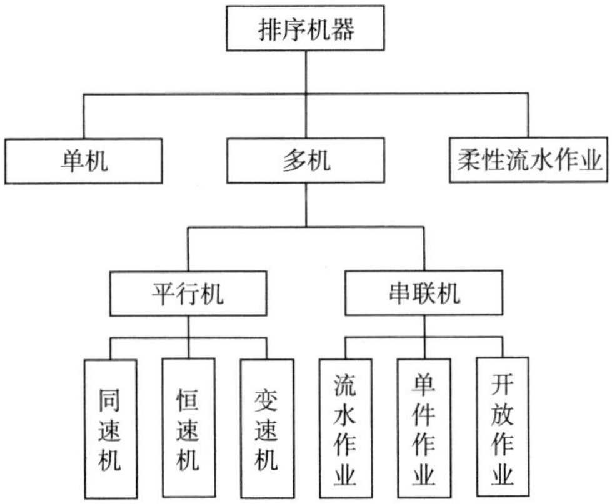

图 9-2　机器类型

（二）工件与工序

对于不允许中断加工的情况来讲，一个工件（J_j，$j=1, 2, \cdots, n$）在一台机器（M_i，$i=1, 2, \cdots, m$）上连续加工的过程称为工序（operation）。按照工件到达车间的不同，可以将排序分成静态与动态两种。当进行排序的时候，所有工件都已经到达，可以一次对它们进行排序，这是静态排序问题；如果工件是陆续到达的，要随时对它们进行排序，这是动态排序问题。

排序中的约束条件，主要指的是工件的性质以及它们在加工过程中的要求与限制。

1. 加工时间

一个工件的加工时间用公式表示为：

$$p_j = (p_{1j}, p_{2j}, \cdots, p_{nj})$$

n 个工件的加工时间可以用矩阵来表示：

$$P=\begin{bmatrix} p_{11} & p_{12} & \cdots & p_{1n} \\ p_{21} & p_{22} & \cdots & p_{2n} \\ \vdots & \vdots & & \vdots \\ p_{m1} & p_{m2} & \cdots & p_{mn} \end{bmatrix}$$

其中，p_{ij} 是工件 J_j 在机器 i 上需要加工的时间。

2. 到达时间（arrival time）或者就绪时间（ready time）

到达时间或者就绪时间 r_j 是工件已经准备好可以立刻被加工的时间。如果所有工件的就绪时间相同，那么取 $r_j=0$，$j=1,2,\cdots,n$，则

$$r=(r_1, r_2, \cdots, r_n)$$

3. 工件工期（due date）或者截止期限（deadline）

工件工期 d_j 表示对工件 J_j 限定的完工时间。如果不按期完工，就会受到一定的惩罚。绝对不允许将延误的工期称为截止期限。工件工期公式表示如下：

$$d=(d_1, d_2, \cdots, d_n)$$

4. 工件权重（weight）

工作权重是相对于其他工件来说的，工件的重要性程度表示如下：

$$W=(w_1, w_2, \cdots, w_n)$$

（三）目标函数

用 $C=(C_1, C_2, \cdots, C_n)$ 表示工件的完工时间，通常来讲，要极小化的目标函数问题是完工时间 C_j 的函数。在排序问题中，目标函数主要有下面几种。

1. 最大完工时间（make span）或者时间表长（maximum schedule length）

时间表长可以定义为：

$$C_{\max}=\max_{1\leqslant j\leqslant n}\{C_j\}$$

即最后一个被加工完的工件的完工时间。

2. 加权流程时间（weighted flow time）与加权完工时间

一个工件的流程时间是指工件从到达系统开始一直到加工完成为止的时间，包括两个部分：

（1）在系统中的等待时间与加工时间，公式表示如下：

$$F_j=C_j-r_j$$

（2）系统的平均加权流程时间公式表示如下：

$$F=\sum_{j=1}^{n}\omega_j F_j / \sum_{j=1}^{n}\omega_j$$

将上述的平均流程时间转换一下：

$$F=\sum_{j=1}^{n}\omega_j C_j / \sum_{j=1}^{n}\omega_j-\sum_{j=1}^{n}\omega_j r_j / \sum_{j=1}^{n}\omega_j$$

由于第二项是常数，第一项的分母也是常数，因此，极小化平均加权流程时间相当于极小化加权总完工时间（total weighted completion time）：

$$C = \sum_{j=1}^{n} \omega_j C_j$$

3. 最大延误时间（maximum lateness）

工件的延误时间定义为：

$$L_j = C_j - d_j$$

最大延误时间：

$$L_{\max} = \max_{1 \leqslant j \leqslant n} \{L_j\}$$

4. 加权总误工（total weighted tardiness）

当一个工件的完工时间大于它的完工期限时称为误工：

$$D_j = \{C_j - d_j,\ 0\} = \{L_j,\ 0\}$$

加权总误工为：

$$D = \sum_{j=1}^{n} \omega_j D_j$$

5. 加权误工件数（weighted number of tardy jobs）

用0/1来表示某道工件加工是否误工：

$$U_j = \begin{cases} 1,\ C_j > d_j \\ 0,\ C_j \leqslant d_j \end{cases}$$

加权误工件数为：

$$U = \sum_{j=1}^{n} \omega_j U_j$$

总之，在排序中，工件是被加工的对象，是要完成的任务；机器是提供加工的工具，是完成任务需要的资源；排序是安排一个时间表，在一定的约束条件下，对工件与机器按照时间进行分配与安排次序，使得某一个或者一些目标达到最优。

（四）排序问题的分类和表示方法

排序问题的类别有很多种划分方法，如前面按照机器、工件有不同的划分方法。另外，根据参数的性质还可以划分成确定型排序和随机型排序：加工时间与其他有关参数是已经知道确定的量，就称为确定型排序；而加工时间与相关参数是随机型的量，则称为随机型排序。由机器、工序、加工参数与目标函数的不同特征以及其他方面的差别，组成了多种不同的排序问题。这里采用国际上使用的三参数表示方法来描述排序问题 $\alpha/\beta/\gamma$ 。

α 域表示机器的数量、类型与环境：

$$\alpha = \alpha_1\alpha_2$$

其中，$\alpha_1 = \{\cdot, P, Q, R, O, F, J, FF\}$，各个符号分别代表单机、同速机、恒速机、变速机、开放作业、流水作业、单件作业以及柔性流水作业；$\alpha_2 = \{\cdot, m\}$，分别表示机器的数目不确定与有 m 台机器。

β 域表示工件的性质、加工要求与限制，资源的种类、数量以及对加工的影响等，它可以同时包含多项，可能的主项有：r_j（工件有不同的到达时间）、s_{jk}（工件顺序加工的设备调整时间）、$prmp$（允许中断）等。

γ 域表示要优化的目标函数，包括：$C_{\max}$（时间表长）、$\sum \omega_j C_j$（加权总完工时间）、$L_{\max}$（最大延误时间）、$\sum \omega_j D_j$（加权总误工）、$\sum \omega_j U_j$（加权误工件数）等。

例如，$1 \| \sum D_j$ 表示单机排序问题，目标函数是总延误时间最小；$Pm \| C_{\max}$ 表示有 m 台同速机的排序问题，目标函数是极小化时间表长；$Fm | p_{ij} = p_j | \sum \omega_j C_j$ 表示一个有 m 台机器构成的流水作业排序问题，每个作业所有工序的加工时间都相等，目标是加权总完工时间最小；$J_2 | m_j \leqslant 2 | C_{\max}$ 表示两台机器单件作业排序问题，每个工件在每台机器上至多加工一次，它的目标函数是时间表最长。

（五）排序问题的求解

1. 可行排序和最优排序

排序问题是一类组合优化问题。由于在实际的生产中，排序问题中的机器、工序、资源都是有限的，因此绝大部分排序问题是从有限个可行解中找出一个最优解，使得目标函数达到极小。

【例题 1】

给定排序问题 $1 | r_j | \sum C_j$，其中，

$$p = (3, 2, 5, 1), \ r = (0, 1, 0, 0)$$

$[J_1, J_3, J_4, J_2]$ 是一个可行排序，对应的总完工时间是 31；而 $[J_4, J_2, J_1, J_3]$ 是一个极优排序，最优总完工时间是 21。

2. 三种计划

车间作业计划可能存在着许多可行的作业计划安排方法。其中，各道工序都按照最早可能开工或者完工时间安排的作业计划称为半能动计划（semi-active schedule）；若半能动计划中任何一台机器的每段空闲时间都不足以加工一道加工工序，称为能动作业计划（active schedule）；如果在能动计划中，没有任何的延迟（delay）现象出现，那么称为无延迟作业计划（non-delay schedule）。这里的“无延迟”是指如果有准备好的被加工工序，不准许有空闲的机器出现，这个计

划相当于不允许强迫机器空闲。

对于大多数排序问题，包括所有可中断排序问题，最优排序是无延迟排序，但是也有一些不可中断的排序问题是延迟排序。

【例题 2】

求解排序问题 $1|r_j|\sum \omega_j C_{\max}$，$n=2$，$P=(10, 5)$，$r=(0, 1)$，$\omega=(1, 5)$。

【答案】

这是一个到达时间不一致、目标函数是加权时间表长的单机排序问题。这个问题有两个可行排序，图 9-3 中给出了它们的甘特图。图 9-3（a）所示的可行排序的目标值是 85。图 9-3（b）所示的可行排序的目标值是 46，这是最优排序，但它是延迟排序。

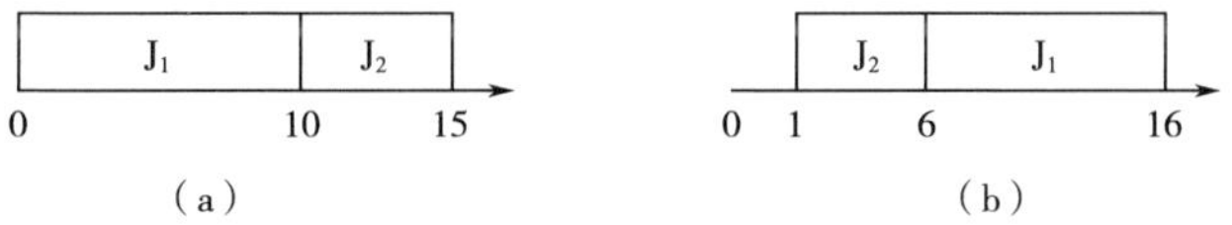

图 9-3　两个可行排序的甘特图

三、排序的任务与目标

企业应该有一个行之有效的作业排序系统，这样才能保证生产计划的顺利执行。因此，在作业排序系统的设计中，必须满足各种不同功能活动的要求。有效的作业排序系统应该能够做到以下几点：

（1）对将要做的工作进行优先权设定，使得工作任务按照最有效的顺序排列。

（2）针对具体设备分配任务以及人力，一般以可利用以及需要的能力作为基础。

（3）以实施为目标分配工作，使得工作任务按期完成。

（4）不断地监督以确保任务的完成。周期性检查是保证已分配的工作按期完成的最常用方法。

（5）对于实施过程中出现的问题或者异常情况进行辨识。这些问题或者异常情况有可能改变已排序工作的状况，故需要探索、运用其他解决问题的方法。

（6）基于现状或者订单变化情况对目前的作业排序进行回顾与修改。

作业排序系统的设计必须反映企业以及运用系统的工作过程的需要。很多组织运用各种作业排序技术的组合来管理需要进行的工作。如果一种作业排序系统缺乏确保计划时间按期发生的监督跟踪体制和应对事件偏离计划的纠偏行动机制，这个系统将是无效的。作业排序系统的设计应该能够处理计划的偏离、纠正操作中的问题，并且尽快地返回原计划状态，以便维护计划与作业排序过程的有效性。

第三节　制造业中的生产作业排序

本节对生产作业排序的讨论主要集中在下面的情况，即许多工作（如零件生产）要在一个或者几个工作地加工，每个工作地都安置不同的机器与工人。通常来讲，每一个工作地都可以执行多种任务，因此有可能导致排队等待。

一、甘特图

本书第三章简单地提及甘特图并介绍了其优缺点。本章主要针对甘特图在作业排序中的应用进行介绍。

甘特图有两种基本形式：作业进度图与机器图。作业进度图表示了一项工作的计划开始日期、计划完成日期及现在的进度。例如，假设某家汽车零件制造公司有三项工作在进行中，它们分别是加工三种汽车零件 A、B 与 C。这些工作的预定计划与现在的完成情况如图 9-4 所示。

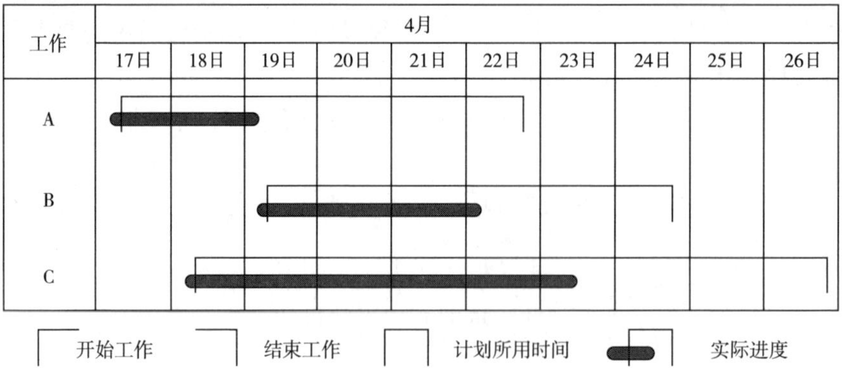

图 9-4　汽车零件公司的作业进度甘特图

在当前日期（以记号标出的 4 月 21 日），这张甘特图显示，A 的完成情况滞后于计划，B 在按照计划完成，而 C 的完成情况超前于计划。假设如果截至 4 月 26 日，需要零件 A 的公司依旧不能收到订货，其装配线就要停工，那么这种情况就需要新的作业计划并更新甘特图。如果这三项工作都在等待进行磨削加工，之后要进行抛光才能最后交货，那么图 9-5 表示三种工作在两种不同设备上的需要时间、时间安排以及现在的进度。这种形式的甘特图就称为机器图，它描述了不同工作在每一台机器上的工作次序，也可以用来管理生产进度。这个图中各个符号的含义和图 9-4 中的相同。

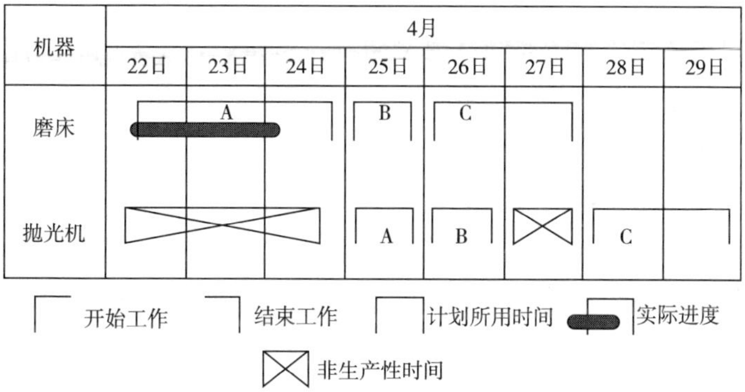

图 9-5　汽车零件公司的机器甘特图

如图 9-5 所示，在 4 月 23 日当天，A 刚好按照计划完成，因为实际进度和当今的日期一致，而抛光机是空闲的。和图 9-4 所示的当初的计划交货期相比，图 9-5 中显示，三项工作都将超期才能完成，但是需要 A 的公司其装配线却不必停工。这样，生产管理者能够很容易地从机器甘特图中看到错综复杂的计划结果。

二、作业排序方案的评价标准

通常来说，对于 n 种工作，每一种需要在 m 台机器上加工，那么可能的排序方案共有（n！）m 种。例如，在上面的例子中，三种零件在两台机器上加工，共有 36 种可能的排序方法。由于工艺上的限制以及零件间的相互关系，有些排序方案是不可行的。但是即便如此，依旧有相当数量的可能方案。而且如前所描述的，不同方案可能导致很多不同的结果，因此，必须慎重选择。但是在选择之前，首先要确定选择、评价的标准。有很多标准可以用来评价作业排序方案，下面介绍一些最为常用的标准。

（一）工作流程时间

工作流程时间是指从工件可以开始加工（不一定是实际的开始时间）到完工的时间。它包括在各个机器之间的移动时间、等待时间、加工时间，以及由于机器故障、部件无法得到等问题导致的延迟时间等。

（二）全部完工时间

全部完工时间是指完成一组工作需要的全部时间。它是从第一个工件在第一台机器上开始加工时算起，到最后一个工件在最后一台机器上完成加工时为止经过的时间。

（三）延迟

延迟可以用比预定完工时间延迟了的时间部分来表示，也可以用未按照预定时间完工的工件数占总工件数的百分比来表示。

（四）在制品库存

一个工件从一个工作地移向另外一个，由于一些原因被拖延加工或正在被加工或放置于零库存中，都可以被看作在制品库存。它是在途库存的一个例子，但是其物料项目是制造出来的，而不是购买来的。这种度量标准可以用工件个数、其货币价值或者可供应的周数来表示。

（五）总库存

计划入库量与现有库存量的总和为总库存量。

（六）利用率

利用率用一台机器或者一个工人的有效生产时间占总工作时间的百分比来表示。

上述标准都可以用具有平均值与偏差的统计分布来表示。但是这些标准彼此之间并不完全独立。例如，使工件流程时间的平均值较小，也就是要减少在制品库存以及提高利用率。在流水车间（所有工件的加工路线都一致），使得一组工作的全部完工时间最短也就意味着要提高设备利用率。

三、优先调度规则

如同在一组机器上有很多种可能的排序方案来加工一组工件，排序方法也有很多种，从简单的手工方法（如甘特图），直至完全计算机化的求最优的数学模型。这里介绍一类用于单件车间的启发式排序方法，称为调度方法（dispatching），这是实际中使用最多的一类方法。这类方法的基本描述为：对于某一个工地，在给定的一段时间内，顺次决定下一个被加工的工件。通常来讲，一个工地可以选择的下一个工件会有很多种，因此，按照什么样的准则来挑选，对排序方案的优劣有十分大的影响。为了得到希望的排序方案，需要借助一些优先顺序规则。当几项工作在一个工作地等待的时候，运用这些优先规则就可以决定下一项应该进行的工作。因此，这里提到的调度方法就是运用若干个预先规定的优先顺序规则，顺次决定下一个应该被加工的工件的排序方法。这种方法的一个最主要优点就是，可以根据最新的实际运作情况来决定下一步需要做的工作。优先顺序规则也可以预先存入计算机化的排序系统，利用它自动产生工作的调度清单以及工件加工的优先顺序，以便管理者用来为工作地分配工作。以下是在实际中常用的优先顺序规则。

（1）FCFS（first come first served）规则：优先选择最早进入可排序集合的工件。

（2）EDD（earliest due date）规则：优先选择完工期限最紧的工件。

（3）SPT（shortest processing time）规则：优先选择加工时间最短的工件。

（4）SCR（smallest critical ratio）规则：优先选择临界比最小的工件，其中，临界比是工作允许停留时间与工件剩下加工时间的比值。

（5）MWKR（most work remaining）规则：优先选择剩下加工时间最长的工件。

（6）LWKR（least work remaining）规则：优先选择余下加工时间最短的工件。

（7）MOPNR（most operations remaining）规则：优先选择剩下工序数量最多的工件。

（8）RANDOM 规则：随机挑选下一个工件。

到目前为止，人们已经提出了 100 多个优先调度规则，上面提到了其中主要的 8 种。这 8 种优先规则各有特色。例如：SPT 规则可以使工件的平均流程时间最短，从而减少在制品库存；FCFS 规则来自排队论，它对于工件较为公平；EDD 规则与 SCR 规则可以使得工件延误时间最短；MWKR 规则使得不同工作量的工作完工时间尽可能地接近；LWKR 规则使得工作量小的工件尽快地完成等。有时运用一个优先规则还不能唯一地确定下一个应该选择的工件，这时候可以使用多个优先规则的组合，如 SPT+MWKR+RANDOM。它的含义为：首先按照 SPT 规则选择下一个工件，如果有多个工件具有相同的优先级，那么运用 MWKR 规则再选择，如果依旧存在多个工件满足条件，那么再运用 RANDOM 规则随机地选择其中的一个。

按照这样的优先调度方法，可以赋予不同工件不同的优先级，从而使得生成的排序方案按照预定目标优化。

四、局部优先规则和整体优先规则

优先调度规则可以分为局部优先规则与整体优先规则两大类。局部优先规则决定工作的优先分配顺序仅以在单个工作地队列中的工作代表的信息为依据。例如，EDD、FCFS 与 SPT 都是局部优先规则。相比之下，整体优先规则决定工作的优先分配顺序不仅依据正在排序的工作地，而且还要考虑其他工作地的信息。SCR、MWKR、LWKR 与 MOPNR 都是整体优先规则的例子。整体优先规则可以看作更好的选择，但是由于需要较多的信息，而且信息的获取也是需要付出成本的，因此，在某些情况下不一定能够提供足够的优势。下面通过几个例子对这两种规则进行说明。

（一）局部优先规则

一个加工车间负责加工发动机机壳，现在共有 5 个机壳等待加工，只有一名技工在岗做这项工作。现在已经估算出各个机壳的标准加工时间，顾客也已经明确提出了他们希望的完工时间。表 9-2 显示了周一上午的情况，顾客的取货时间根据从周一上午开始。还有多少工作小时进行计算。现在分别利用 SPT 与 EDD 规则确定排序方案，并对两种规则下得到的排序方案进行比较，最后计算这两种方案的平均提前时间、延迟时间、在制品库存与总库存。

表 9-2　发动机机壳的加工和取货信息

发动机机壳	需要的标准加工时间（包括机器调整）单位：小时（h）	预计顾客取货时间（从现在开始计算的需要工作时间）单位：小时（h）
机壳 1	8	10
机壳 2	6	12
机壳 3	15	20
机壳 4	3	18
机壳 5	12	22

表 9-3 中显示了使用 SPT 规则计算出的作业排序，每一项作业的流程时间等于等待时间加上加工时间。例如，机壳 1 需要等待 9 h，才能开始被加工。由于标准加工时间是 8 h，它的流程时间是 17 h。

表 9-3　SPT 规则排序结果

机壳加工次序	开始工作	加工时间（h）	结束工作	流程时间（h）	预计顾客取货时间	顾客实际取货时间*	提前小时数（h）	拖延小时数（h）
机壳 4	0	3	3	3	18	18	15	
机壳 2	3	6	9	9	12	12	3	

续表

机壳加工次序	开始工作	加工时间（h）	结束工作	流程时间（h）	预计顾客取货时间	顾客实际取货时间*	提前小时数（h）	拖延小时数（h）
机壳 1	9	8	17	17	10	17		7
机壳 5	17	12	29	29	22	29		7
机壳 3	29	15	44	44	20	44		24
总数				102		120	18	38
平均数				20.4			3.6	7.6
平均在制品库存 = 102/44 = 2.32(个) 平均总库存 = 120/44 = 2.73(个)								

注：*该时间基于下面的假设：顾客不会在预定取货时间之前来取货；如果有拖延发生，他们将在加工结束的时候立刻取走。

平均在制品库存可以用各个工件流程时间之和除以全部完工时间（第一件工件开始加工直到最后一个工件加工结束时间）来得到。总库存应该是全部在制品库存再加上已经完成、正在等待顾客取货的完成品库存。这样，类似于平均在制品库存的计算，平均总库存应该等于各个工件实际取货时间之和除以全部完工时间。其中，各个工件的实际取货时间等于等待加工时间、加工时间与等待取货时间之和。例如，第一个被取走的是机壳 2，它在生产系统中花费了 12 小时以后被取走。任何在系统中花费的时间仅仅是实际的顾客取货时间，这是由于在时间等于 0 的时候，所有的各项工作都可以开始进行。当使用这个总和除以总的消耗时间（即全部完工时间）时，就可以得到平均总库存。在这个排序方案中，平均在制品库存是 2.32，平均总库存是 2.73，这意味着平均有 0.41(2.73 − 2.32) 个完成品库存在等待顾客来取走。

表 9-4 中显示了由 EDD 规则得出的排序结果。

表 9-4　EDD 规则排序结果

机壳加工次序	开始工作	加工时间（h）	结束工作	流程时间（h）	预计顾客取货时间	顾客实际取货时间*	提前小时数（h）	拖延小时数（h）
机壳 1	0	8	8	8	10	10	2	
机壳 2	8	6	14	14	12	14		2
机壳 4	14	3	17	17	18	18	1	
机壳 3	17	15	32	32	20	32		12

续表

机壳加工次序	开始工作	加工时间（h）	结束工作	流程时间（h）	预计顾客取货时间	顾客实际取货时间*	提前小时数（h）	拖延小时数（h）
机壳 5	32	12	44	44	22	44		22
总数				115		118	3	36
平均数				23.0			0.6	7.2
平均在制品库存 = 115/44 = 2.61(个) 平均总库存 = 118/44 = 2.68(个)								

注：*该时间基于下面的假设：顾客不会在预定取货时间之前来取货；如果有拖延发生，他们将在加工结束的时候立刻取走。

对比表 9-3 与表 9-4 可以看出，使用 SPT 规则排序，它的平均流程时间更短，在制品库存更少；然而，使用 EDD 规则排序可以给顾客提供更好的服务（它的平均延迟时间与总延迟时间都较少）。它也提供了更低的总库存水平，这是由于工件加工完成以后等待顾客取货的时间较短。和其他规则相比，SPT 规则可以更快地推动工作完成，但是只有在工件可以提前交货、可提前得到货款的情况下，速度快才能够算是优势，否则完成的工件必须放在完成品库存中，会抵消使平均在制品库存减少的优点。因此，优先规则以及在此基础上制订的生产作业计划会极大地影响管理绩效。值得注意的是，两种排序方案的完工时间相同，都是 44 小时。在单个工作地、固定工作数的排序问题中，不论采用什么优先规则，这个结果都是成立的，原因是在任何两个工件间，工作地（机器）都没有空闲。

局部优先规则也可以用于多个工作地的排序问题，每一个工作地被看作独立于其他工作地。当工作地空闲的时候，优先规则被应用于那些在此等待加工的工件，其中，具有最高优先级的首先被加工。在加工结束以后，这个工件会按照工艺路线转向下一个工作地，在那里需要等到它又具有了该工作地的最高优先级时才能被加工。在任何一个工作地，随着时间的推移，等待行列中的工件会发生变化，所以优先规则的选择会使得加工次序非常不同。

（二）整体优先规则

整体优先规则可以用来解决多个工件在多个工作地的作业排序问题。在设定一项工作的优先级之前，整体优先规则需要考虑下一个工作地操作的相关信息，因此，这些规则适用于两个或者两个以上工作地的作业排序。在这里主要讨论多个工件、两台机器的流水车间作业排序问题（详细的流水车间问题会在后续的章节中进行介绍）。

假设有很多工件要经过两台机器的加工来完成，并且所有工件的加工路线都相同。在这种情况下，全部完工时间是一个重要的评价标准。前面曾介绍过，在一组工件、单一机器的排序问题中，不论选择哪种次序，全部完工时间都是相同的。但是这个结论对于两种或者两种以上机器的作业排序问题不再适用。

S. M. Johnson 在 1954 年提出了一个有效的算法，用于解决一组工件经两台机器加工的流水车间排序问题，它的目标函数就是使得全部完工时间最短。这就是著名的 Johnson 方法。这个方法假设工件在两台机器上的加工顺序是相同的，所有的工件在第一台机器开始加工的时候都可以获得。在这种情况下，调度过程实际是以在两台机器上的运行时间为基础对各个工件赋予优先级的过程。

在每种工件在每台机器上的加工时间都已知的情况下，Johnson 方法的步骤为：

步骤 1：设 a_{ij} 是工件 i（$i=1, 2, \cdots, n$）在机器 j（$j=1, 2$）上的加工时间。在 a_{ij} 矩阵中找出最小的 a_{ij} 值。如果有两个相同的最小值，那么任选一个。

步骤 2：如果最短加工时间（最小的 a_{ij}）出现在机器 1 上，那么对应的工件尽可能地往前排；如果最短加工时间出现在机器 2 上，那么对应的工件尽可能往后排。

步骤 3：从加工时间矩阵中划去已经安排的工序，然后重复步骤 1 和步骤 2，直至全部工件被安排。如果最短加工时间有多个，那么任选一个。

【例题 3】

5 台仪器修复作业排序

某家公司在一次火灾中损坏了 5 台仪器，这些仪器的修复需要经过下面两道工序：

（1）将损坏的仪器运至修理车间，然后拆卸开。

（2）清洗仪器部件，更换报废部分，装配，测试，并且送回原车间。

每台仪器在两道工序中各自需要的时间如表 9-5 所示。两道工序分别由不同的人员负责。由于原车间没有这 5 台仪器就无法恢复正常生产，因此希望找到一个较好的排序方案，使得全部修理时间尽可能短。

表 9-5　修理时间　　单位：h

仪器	Y1	Y2	Y3	Y4	Y5
工序 1	12	4	5	15	10
工序 2	22	5	3	16	8

现在，运用 Johnson 方法来得出使得全部修理时间最短的作业排序方案。如表 9-5 所示，最短工序时间是 3 小时，它出现在仪器 Y3 的工序 2，因此，将仪器 Y3 排在最后。其次的最短工序时间是 4 小时，出现在仪器 Y2 的工序 1 中，故将仪器 Y2 排在最前面，以此类推，最后的排序结果如表 9-6 所示。这一排序加

工可以保证全部修理时间最短。为了求出全部修理时间，可以画出如图 9-6 所示的甘特图，由该图可知，全部修理时间是 65 小时。

表 9-6　仪器修理的排序结果

步骤	工作次序	备注
1		将 Y3 排在第 5 位
2		将 Y2 排在第 1 位
3		将 Y5 排在第 4 位
4		将 Y1 排在第 2 位
5		将 Y4 排在第 3 位

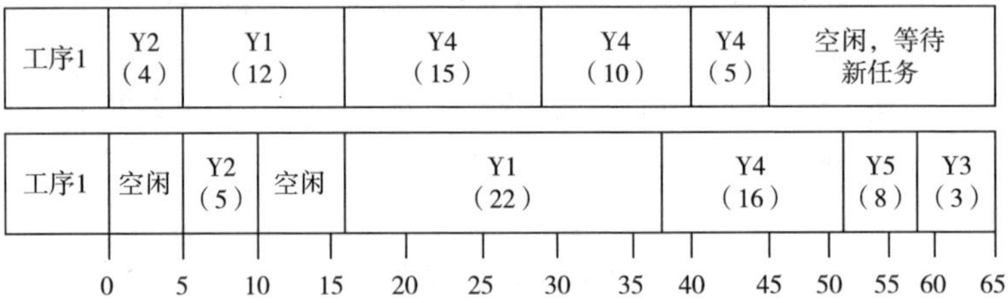

图 9-6　仪器修理的甘特图

对于多个工件、两台以上机器的流水车间排序问题，到目前为止，只有几种多个工件、3 台机器的特殊类型的问题找到了有效算法。而对于一般的 n 个工件、m 台机器（$m > 3$）的流水车间排序问题，虽然可以用分支定界算法保证获得最优解，但是随着问题规模的扩大，计算量也是非常大，甚至有的连计算机都难以求解，因此，无法应用于实际生产中。此外，还需要考虑经济性，如果求最优解付出的代价超过了这个最优解带来的好处，那么就得不偿失了。为了做到求解的最优性和经济性的统一，人们提出了很多启发式算法，来以最小的计算量获得足够好的结果，因而在生产实际中较为实用。

五、作业排序中的两种不同约束环境

有两种不同约束环境会影响到作业排序的复杂程度：一是设备数有限，人员无限。上述的局部优先规则与整体优先规则的假设都属于这种情况，即可以利用的设备有限，但是只要有空闲机器，工作就不会因操作人员短缺而等待。二是人员数量有限，设备无限，或者说人员数量小于设备数量。这种约束条件给作业排序又增添了一项决策内容。在这种作业排序中，当计划人员安排工作的下一个设备的时候，必须同时安排相应的人员。计划人员可以用类似前面介绍的调度规则来制定人员安排决策（具体的内容后续章节会详细介绍），但是应该注意的是，在人员有限的情况下，设备调度与人员调度政策以及调度优先规则的选择会同时影响生产进程与综合绩效。此外，在人员有限的情况下，还可以通过培养“多面手”使得人员技能多样化，从而提高作业的灵活性。

常用的人员调度规则包括：

（1）把人员优先安排到已经排队等待时间最长的工作地。

（2）把人员优先分配到等待工作数量最多的工作地。

（3）把人员优先分配到最大标准工作量的工作地。

（4）把人员优先分配到需要最早完工的工作地。

第四节　流水车间作业排序

前面已经简单地提及流水车间排序问题。本节将对这一内容进行详细的介绍。流水车间排序问题的特征是每个工件的加工路线都是一样的，或者称为同顺序作业排序问题，表示为 $F_m \| g$，其中，g 是完工时间的不减函数，常见的目标函数有时间表长与加权总完工时间。流水车间作业排序是一类重要的作业排序问题，各个工件依次在机器上完成各道工序，但是对于同一台机器，各个工件在其上面的加工顺序可能不同。如果在全部机器上各个工件的加工顺序也相同，那么称为排列排序（permutation schedule）。对于 n 个工件、m 台机器的流水车间作业排序问题，由于每台机器上 n 道工序的可能排序数是 $n!$，因此，全部可能的排序数是 $(n!)^m$。如果仅仅考虑排列排序，那么排序数量只有 $n!$，然而，对于 $m \geq 4$ 的情况，流水车间排序作业问题未必是排列排序，即排列排序中可能不包含最优排序，见例题 4。

【例题 4】

按照排序问题 $F_2 \| C_{max}$，$n=2$，$P = \begin{bmatrix} 1 & 4 \\ 4 & 1 \\ 4 & 1 \\ 1 & 4 \end{bmatrix}$

例题 4 中排列排序只有两个，即，$[J_1, J_2]$ 和 $[J_2, J_1]$，有相同的时间表长 $C_{max}=14$，但是最优排序不包含其中，即不是排列排序，最优排序如图 9-7 所示，其时间表长 $C_{max}=12$。

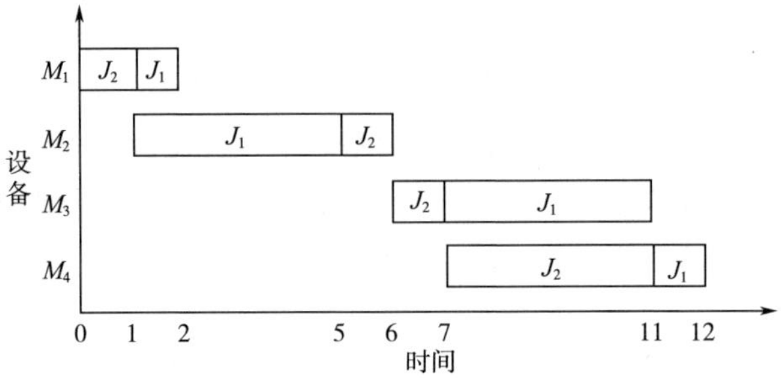

图 9-7　非排列排序的最优示例的甘特图

由于排列排序中可能不包含最优排序，因此，不能仅仅在排列排序中考虑问题，但是关于流水作业排序问题依旧有以下的结论：流水作业排序问题中至少存在着一个最优排序，在此最优排序中，它最前面的两台机器上各个作业的加工顺序相同，在它最后两台机器上各个作业的加工顺序也相同。

从上面的结论可知，对于 3 台以下的机器，排列排序中的最优排序也是原问题的最优排序，然而 4 台以上机器的排序问题就不一定。从简化问题的角度考虑，本节讨论的都是排列排序问题，即 $F_m | prmu | g$，其中，$prmu$ 表示排列排序。

一、时间表长的计算

对于给定的 n 个工件、m 台机器的排列排序问题 $F_m | prmu | C_{\max}$，如果工件顺序是［J_1，J_2，…，J_m］，那么工件 J_j 在机器 M_i 上的完工时间 C_{ij} 满足下面的式子：

$$C_{i1} = \sum_{l=1}^{i} p_{l1},\ (i = 1,\ 2,\ \cdots,\ m)$$

$$C_{1j} = \sum_{l=1}^{j} p_{1l},\ (j = 1,\ 2,\ \cdots,\ n)$$

$$C_{ij} = \max\{C_{i-1,\ j},\ C_{i,\ j-1}\} + p_{ij},\ (i = 2,\ 3,\ \cdots,\ m;\ j = 2,\ 3,\ \cdots,\ n)$$

对于给定的加工顺序［J_1，J_2，…，J_m］的排列排序，可以构造一个对应的有向图：工件 J_j 在机器 M_i 上的加工工序和节点 $(i,\ j)$ 对应，该节点的权因子是工序的加工时间 $p_{ij}(1 \leqslant i \leqslant m;\ 1 \leqslant j \leqslant n)$，如图 9-8 所示。节点 $(i,\ j)$ $(1 \leqslant i \leqslant m-1;\ 1 \leqslant j \leqslant n-1)$ 有弧通向节点 $(i,\ j+1)$ 与节点 $(i+1,\ j)$，排序时间表长的计算可以通过和问题对应的有向图的关键线路的计算获得，即节点 $(1,\ 1)$ 到节点 $(m,\ n)$ 的最大加权关键路径的总加权和与排序［J_1，J_2，…，J_n］的时间表长相对应。

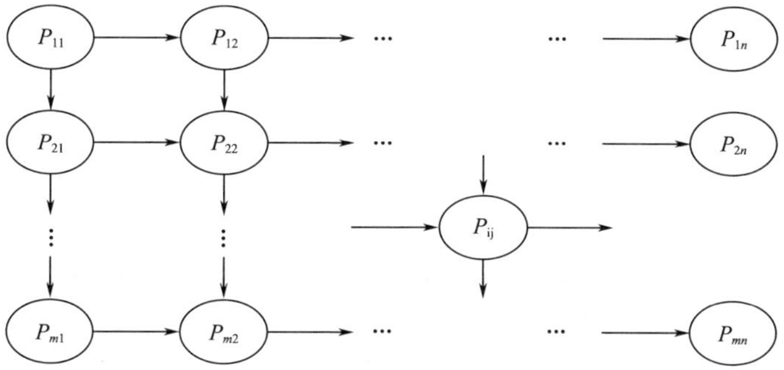

图 9-8　排列排序的有向图

【例题 5】

有一个 $F_4 \mid prmu \mid C_{\max}$，$n=6$，$P=\begin{bmatrix}4&2&3&1&4&2\\4&5&6&7&4&5\\5&8&7&5&5&5\\4&2&4&3&3&1\end{bmatrix}$，当按照顺序［$J_6$，$J_1$，$J_5$，$J_2$，$J_4$，$J_3$］加工时，计算加工时间表长。

【答案】

按照加工顺序［J_6，J_1，J_5，J_2，J_4，J_3］重新排列出加工时间矩阵（如矩阵 P_1），并且按照本节时间表长的计算公式进行递推，将每个工件的完工时间标记在其加工时间的右上角。对于第一行第一列只需要把加工时间的数值作为完工时间标记在加工时间的右上角，而第一行的其他元素，从左到右依次将前面一列右上角的数字加上计算列的加工时间，将结果标记在这列的右上角。对于其他行，第一列的算法和前面相同，只要把上一行右上角的数字加上本行的加工时间，将结果填写在本加工时间的右上角；而其他的列就要按照顺序计算，从本行前一列右上角与本列上一行的右上角数字中取大者，再加上本加工时间，将结果填写在右上角。按照这个方法一直计算下去，最后一行最后一列的右上角的数字就是本排序问题的加工时间表长，即 $C_{\max}=46$。

$$P_1=\begin{bmatrix}2^2&4^6&4^{10}&2^{12}&1^{13}&3^{16}\\5^7&4^{11}&4^{15}&5^{20}&7^{27}&6^{33}\\5^{12}&5^{17}&5^{22}&8^{30}&5^{35}&7^{42}\\1^{13}&4^{21}&3^{25}&2^{22}&3^{38}&4^{46}\end{bmatrix}$$

二、问题 $F_2 \parallel C_{\max}$ 的排序算法

对于 2 台机器的流水排序问题，只需要考虑排列排序，这个问题可以用

Johnson 算法求解，也称为 SPT－LPT 算法（shortest processing time－longest processing time），这个算法建立在 Johnson 法则基础上，并且是最优排序。

由于上面对这个问题已经简单介绍了，因此在这里简单描述一下 Johnson 法则。Johnson 法则是指：如果 $\min(p_{1i}, p_{2j}) < \min(p_{2i}, p_{1j})$，那么工件 J_i 应该排在 J_j 之前；如果中间是等号，那么可以随意地安排。

Johnson 算法：

（1）把工件按照工序加工时间分成两个子集 $\varphi_1 = \{J_j \mid p_{1j} < p_{2j}\}$，$\varphi_2 = \{J_j \mid p_{1j} > p_{2j}\}$，对于两个工序加工时间相等的工件可以分在两个子集的任意一个。

（2）先将第一个子集 φ_1 中的工件按照第一台机器上加工时间 p_{1j} 的不减顺序（SPT 规则）排列，再将第二个子集 φ_2 中的工件按照第二台机器上加工时间 p_{2j} 的不增顺序（LPT 规则）排列。

【例题 6】

$$P = \begin{bmatrix} 5 & 1 & 8 & 5 & 3 & 4 \\ 7 & 2 & 2 & 4 & 7 & 4 \end{bmatrix}$$

求 $F_2 \| C_{\max}$，$n = 6$。

【答案】

根据 Johnson 算法，可以求得 $\varphi_1 = \{J_1, J_2, J_5, J_6\}$，$\varphi_2 = \{J_3, J_4\}$，再按照 SPT 与 LPT 规则分别排列，得到 $\varphi_1 = \{J_2, J_5, J_6, J_1\}$，$\varphi_2 = \{J_4, J_3\}$，这样最优排序是 $[J_2, J_5, J_6, J_1, J_4, J_3]$，时间表长 $C_{\max} = 28$。

不过 Johnson 算法只是最优算法中的一个充分条件，不是必要条件，不符合这个算法的一些排序也可能是最优排序。例如，示例 4 中的排序 $[J_2, J_5, J_6, J_4, J_1, J_3]$ 不符合 Johnson 算法，但是也是一个最优解。

三、一般 $F_m \mid prmu \mid C_{\max}$ 排序算法

对于流水作业排序中机器数量大于 2 的排序问题，通常不存在多项式算法，属于 NP-hard 问题。常用的算法包括分支定界法与启发式算法。分支定界法可以求得最优解，但是计算量大，尤其是当实际生产规模很大的时候，计算量十分大，以至于计算机都没有办法在短时间内求解。启发式算法虽然只能求得近似最优解，但是由于计算工作量相对较小，因此非常实用。这里简单介绍几种启发式算法。

（一）Palmer 算法

Palmer 在 1965 年对流水作业排序问题提出了按照斜度指标排列工件的启发式算法，这个算法先定义工件的斜度指标 $\lambda_j = \sum_{k=1}^{m}\left(k - \frac{m+1}{2}\right)p_{kj}$，$j = 1, 2, \cdots, n$，然后将工件按照其斜度指标不增进排序。

（二）CDS 算法

Campbell 等学者在 1970 年对流水作业排序问题提出了一个基于 Johnson 算法的启发式算法，这个算法首先产生 $m-1$ 个排列，然后从中选优。

首先定义

$$\alpha_j=\sum_{k=1}^{i}p_{kj},\ \beta_j=\sum_{k=1}^{i}p_{m-k+1,\ j},\ i=1,\ 2,\ \cdots,\ m-1;\ j=1,\ 2,\ \cdots,\ n$$

依次令 $i=1,\ 2,\ \cdots,\ m-1$，可以得到 $m-1$ 组 α_j 与 β_j，将每一组的值看作分别在两个机器上的加工时间，根据 Johnson 算法可以得到一个排序，一共可以求得 $m-1$ 个排序，从中选优。

（三）关键工件法

陈秋荣在 1983 年对流水车间作业排序问题提出了一个基于关键（最长加工时间）工件的启发式算法，它的具体步骤是：

（1）计算每个工件的总加工时间 $P_j=\sum_{i=1}^{m}p_{ij},\ j=1,\ 2,\ \cdots,\ n$，找出加工时间最长的工件 $J_L[P_L=\max\limits_{1\leqslant j\leqslant n}(P_j)]$，将它作为关键工件。

（2）对于剩下的工件，如果 $p_{1i}\leqslant p_{mi}$，那么按照 p_{1i} 不减的顺序排列成一个序列 φ_1；如果 $p_{1i}>p_{mi}$，那么按照 p_{mi} 不增的顺序排列成一个序列 φ_2，$[\varphi_1,\ J_L,\ \varphi_2]$ 就是所求排序。

（四）Gupta 算法

Gupta 在 1987 年对流水作业排序问题提出了另外一个启发式算法，这个算法首先对工件定义其优先因子：

$$\lambda_j=\frac{[e_j]}{\min_{k=1}^{m-1}(p_{kj}+p_{k+1,\ j})},\ j=1,\ 2,\ \cdots,\ n$$

其中，

$$e_j=\begin{cases}1,\ p_{1j}\geqslant p_{mj}\\-1,\ p_{1j}<p_{mj}\end{cases}$$

然后将工件按照优先因子的不增顺序排序。

【例题 7】

分别利用上面介绍的几种启发式算法求解：$F_3\|C_{\max}$，$n=5$，

$$P=\begin{bmatrix}6&4&3&9&5\\8&1&9&5&6\\2&1&5&8&6\end{bmatrix}$$

【答案】

1. Palmer 算法

$$\lambda_j = \sum_{k=1}^{m}(k - \frac{3+1}{2})p_{kj} = p_{3j} - p_{1j},\ j = 1, 2, 3, 4, 5$$

$$\lambda_1 = -4, \lambda_2 = -3, \lambda_3 = 2, \lambda_4 = -1, \lambda_5 = 1$$

按照上述不增顺序排序，得到 $[J_3, J_5, J_4, J_2, J_1]$，排序时间表长 $C_{max} = 37$。

2. CDS 算法

$i=1$，$\alpha_1 = (6, 4, 3, 9, 5)$，$\beta_1 = (2, 1, 5, 8, 6)$，利用 Johnson 算法，求得排序 $[J_3, J_5, J_4, J_1, J_2]$，排序时间表长 $C_{max} = 35$。

$i=2$，$\alpha_2 = (14, 5, 12, 14, 11)$，$\beta_2 = (10, 2, 14, 13, 12)$，利用 Johnson 算法，求得排序 $[J_5, J_3, J_4, J_1, J_2]$，排序时间表长 $C_{max} = 36$。

经过比较取 $[J_3, J_5, J_4, J_1, J_2]$，排序时间表长 $C_{max} = 35$。

3. 关键工件法

$$P_1 = 16, P_2 = 6, P_3 = 17, P_4 = 22, P_5 = 17$$

所以 J_4 是关键工件，$p_{1i} \leqslant p_{mi}$ 的工件按照不减的顺序排列成序列 $\varphi_1 = [J_3, J_5]$；$p_{1i} > p_{mi}$ 的工件按照不增的顺序排列成序列 $\varphi_2 = [J_1, J_2]$，那么 $[J_3, J_5, J_4, J_1, J_2]$ 就是所求的排序，排序时间表长 $C_{max} = 35$。

4. Gupta 算法

$$e_1 = -1, e_2 = -1, e_3 = 1, e_4 = -1, e_5 = 1$$

$$\min_{k=1,2}\{p_{k1}, p_{k+1,1}\} = 10, \min_{k=1,2}\{p_{k2}, p_{k+1,2}\} = 2$$

$$\min_{k=1,2}\{p_{k3}, p_{k+1,3}\} = 12, \min_{k=1,2}\{p_{k4}, p_{k+1,4}\} = 13$$

$$\min_{k=1,2}\{p_{k5}, p_{k+1,5}\} = 11$$

依次求得优先因子是：$-\frac{1}{10}$，$-\frac{1}{2}$，$\frac{1}{12}$，$-\frac{1}{13}$，$\frac{1}{11}$，从而可以求得排序 $[J_5, J_3, J_4, J_1, J_2]$，排序时间表长 $C_{max} = 36$。

上面的各种排序结果可以用甘特图进行表示，读者可以自行画出并进行比较分析。

第五节 单件车间作业排序

单件车间作业排序是最为一般的排序问题，它的一般模型是：假设有 m 台机器 $M = \{M_1, M_2, \cdots, M_m\}$，$n$ 个工件 $J = \{J_1, J_2, \cdots, J_n\}$，各个工件都要经过每台机器的加工，工件在机器 M_i 上的加工工序记作 T_{ij}，加工时间是 p_{ij}($p_{ij} \geqslant 0$，$i = 1, 2, \cdots, m$；$j = 1, 2, \cdots, n$)。各个工件间没有次序，同一个工件的各道

工序间有次序，并且不同的工件间的次序可能不同，每个工件都可能有独特的加工路线，工作流向不同。对于流水车间作业来说，由于工件流向相同，工序号和机器号是一致的，因而没有必要分开。对于一般的单件车间作业来讲，要想描述一道工序，需要用 3 个参数：k，i，j，即工件 j 的第 k 道工序在机器 i 上进行加工。预算可以用加工描述矩阵表示整个排序问题。其中，每列表示一个工件的加工，每行的工件工序序号相同。例如，加工描述矩阵

$$D = \begin{bmatrix} 1 & 3 \\ 3 & 1 \\ 2 & 2 \end{bmatrix}$$

这个矩阵的第一列表示工件 J_1 的第一道工序是在机器 1 上加工，而第二道工序是在机器 3 上加工，第三道工序是在机器 2 上加工，而第二列表示工件 J_2 按照顺序分别在机器 3、机器 1 和机器 2 上加工。

单件车间作业排序问题是最为复杂的一类排序问题，多数情况下属于 Np-hard 问题，只有几种特殊的情况存在着多项式算法。本节只介绍两台机器的最优算法与一般单件车间作业排序 $J_m \| C_{\max}$ 的启发式算法。

一、两台机器的单件作业排序 $J_2 \| C_{\max}$

对于只有两台机器的单件作业排序问题，Johnson 算法是一个较为常用的算法。

步骤 1：把工件按照工序情况分成 4 个子集，即 φ_1，φ_2，φ_{12}，φ_{21}，分别表示只在机器 1 上加工的工件、只在机器 2 上加工的工件、先在机器 1 再在机器 2 上加工的工件、先在机器 2 再在机器 1 上加工的工件。

步骤 2：φ_{12} 中的工件在机器 1、机器 2 上按照流水作业排序问题 $F_2 \| C_{\max}$ 排序，φ_{21} 中的工件在机器 2 和机器 1 上按照流水作业排序问题 $F_2 \| C_{\max}$ 排序。

步骤 3：全部工件在机器 1 上加工次序是［φ_{12}，φ_1，φ_{21}］，在机器 2 上加工次序是［φ_{21}，φ_2，φ_{12}］，其中，φ_{12} 与 φ_{21} 在步骤 2 中已经排好序，其他两个子集中工件任意排序。

【例题 8】

$$D = \begin{bmatrix} 1 & 1 & 2 & 2 & 1 & 1 & 2 & 2 \\ 0 & 0 & 0 & 0 & 2 & 2 & 1 & 1 \end{bmatrix},\ P = \begin{bmatrix} 2 & 1 & 0 & 0 & 4 & 9 & 3 & 3 \\ 0 & 0 & 1 & 1 & 2 & 3 & 4 & 2 \end{bmatrix}$$

求排序问题 $J_2 \| C_{\max}$，$n = 8$

【答案】

(1) $\varphi_1 = \{J_1, J_2\}$，$\varphi_2 = \{J_3, J_4\}$，$\varphi_{12} = \{J_5, J_6\}$，$\varphi_{21} = \{J_7, J_8\}$。

(2) 对于后两个子集排序 $\varphi_{12} = \{J_5, J_6\}$，$\varphi_{21} = \{J_7, J_8\}$。

(3) 最后工件在机器 1 上排序 $[J_6, J_5, J_1, J_2, J_8, J_7]$，在机器 2 上排序 $[J_8, J_7, J_3, J_4, J_6, J_5]$，总的时间表长 $C_{max}=22$，如图 9-9 所示。

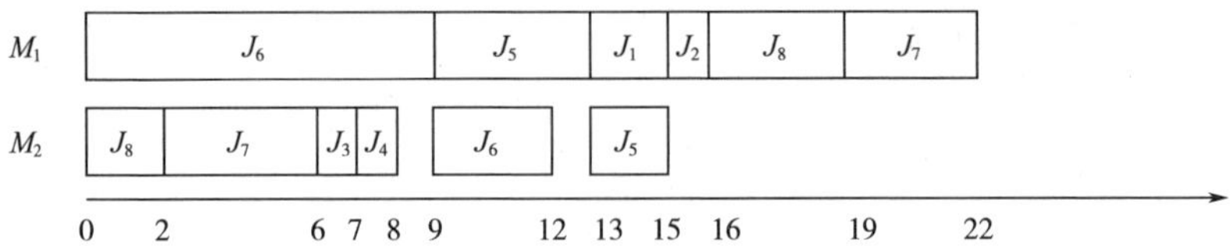

图 9-9 例题 8 的甘特图

二、一般单件车间作业排序 $J_m \| C_{max}$ 的启发式算法

对于一般单件车间作业问题，可以使用分支定界或者整数规划法进行求解，但是由于大部分问题都属于 NP-hard 问题，不能在短时间内求解，因而都是无效算法，不能应用到实际生产中。启发式算法可以在短时间内求出满意解，因而是针对这一问题使用最多的方法。

（一）两种作业计划的组成

能动计划与无延迟作业计划在研究一般单件作业计划的时候非常重要，下面是计划的一种生成方法。

符号说明：

假设 t 表示计算步骤；S_t 表示第 t 步前已经排序工序组成的部分作业计划集；O_t 表示第 t 步可以排序工序组成的集合；T_k 表示 O_t 中工序 O_k 最早可能的开工时间；T_k' 表示 O_t 中工序 O_k 最早可能的完工时间。

1. 能动作业计划算法

步骤 1：设 $t=1$, $S_1=\{\varphi\}$，O_1 是各个工件第一道工序的集合。

步骤 2：设 $T^*=\min\{T_k'\}$，并计算出加工这道工序的机器 M^*。如果有多台，那么任选一台。

步骤 3：从 O_t 中挑选出满足两个条件的工序 O_j，即需要机器 M^* 加工，并且 $T_j < T^*$。

步骤 4：将确定的工序 O_j 放入 S_t 中，并且从 O_t 中删去，将 O_j 的紧后工序放入 O_t 中，令 $t=t+1$。

步骤 5：如果还有没有安排的工序，转到步骤 2；否则，停止。

2. 无延迟作业计划算法

步骤 1：设 $t=1$, $S_1=\{\varphi\}$，O_1 是各个工件第一道工序的集合。

步骤2：设 $T^* = \min\{T_k\}$，并计算出加工这道工序的机器 M^*。如果有多台，那么任选一台。

步骤3：从 O_t 中挑选出满足两个条件的工序 O_j，即需要机器 M^* 加工，并且 $T_j = T^*$。

步骤4：将确定的工序 O_j 放入 S_t 中，并且从 O_t 中删去，将 O_j 的紧后工序放入 O_t 中，令 $t = t + 1$。

步骤5：如果还有没有安排的工序，转到步骤2；否则，停止。

【例题 9】

有一个 $J_3 \mid r_j \mid C_{\max}$，$n = 2$，$r = (0,\ 2)$，$D = \begin{bmatrix} 1 & 3 \\ 3 & 1 \\ 2 & 2 \end{bmatrix}$，$P = \begin{bmatrix} 3 & 4 \\ 2 & 1 \\ 6 & 3 \end{bmatrix}$，分别构造能动计划与无延迟计划。

【答案】

求解过程分别如表 9-7 和表 9-8 所示，两种作业计划的甘特图分别如图 9-10（a）和图 9-10（b）所示。

表 9-7　能动作业计划的构成

t	O_t	T_k	T_k'	T^*	M^*	O_j
1	J_1-1 J_2-1	0 2	3 6	3	M_1	J_1-1（表示工件1的第一道工序，下同）
2	J_1-2 J_2-1	3 2	5 6	5	M_3	J_1-2
3	J_1-3 J_2-1	5 5	11 9	9	M_3	J_2-1
4	J_1-3 J_2-2	5 9	11 10	10	M_1	J_2-2
5	J_1-3 J_2-3	5 10	11 13	11	M_2	J_1-3
6	J_2-3	11	14			J_2-3

表 9-8　无延迟作业计划的构成

t	O_t	T_k	T_k'	T^*	M^*	O_j
1	J_1-1 J_2-1	0 2	3 6	0	M_1	J_1-1

续表

t	O_t	T_k	T_k'	T^*	M^*	O_j
2	J_1-2 J_2-1	3 2	5 6	2	M_3	J_2-1
3	J_1-2 J_2-2	6 6	8 7	6	M_1	J_2-2
4	J_1-2 J_2-3	6 7	8 10	6	M_3	J_1-2
5	J_1-3 J_2-3	8 7	14 10	7	M_2	J_2-3
6	J_1-3	10	16		M_2	J_1-3

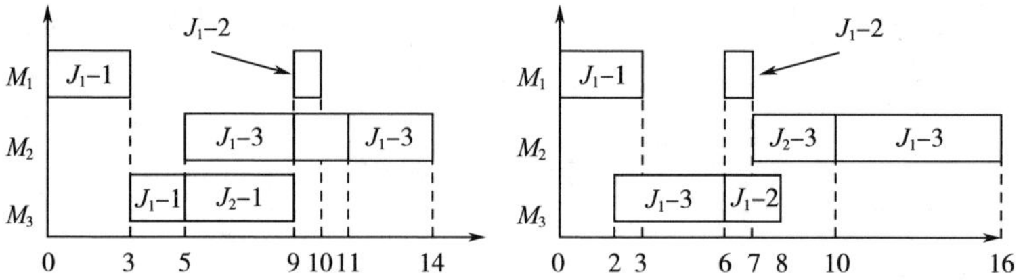

（a）　　　　　　（b）

图 9–10　两种作业计划的甘特图

（二）随机抽样法

用穷举法或者分支定界法求解一般车间作业计划只是比较了全部能动作业计划；然而采用第三节中介绍的优先调度法则，只是选择了一种作业计划，并不能保证它是最优解。这两种方法是两个极端，而随机抽样法是介于这两个极端间的方法。它从全部能动作业计划或者无延迟作业计划中进行抽样，得到多个作业计划，并从中选优。应用随机抽样法的时候，实际是对同一问题进行 RANDOM 法则来决定挑选的工序，从而得出多个作业计划。通过这种方法不一定能得出最优作业计划，但是可以保证得出较为满意的方案，而且计算量要远远小于分支定界；并且对于优先调度法则，它的计算量虽然要大些，但是得到的方案会更好一些。

（三）概率调度法

概率调度法假设所有可选的工序概率是相同的，它没有考虑不同工序的不同特点，有一定的盲目性。而优先调度法中的一些法则针对不同的目标函数其效果明显要强于 RANDOM 法则，因而如果把 RANDOM 法则使用多次来产生多种能动计划再进行选择，不如给不同的工序按照某一个优先调度法则分配不同的选择概率，再来产生多个能动计划，就可以避免随机抽样的盲目性。例如，在构造能动作业计划的第 3 步中有 3 道工序可以选择，它们的加工时间分别为 3、4 和 7。如果使用 RANDOM 法则，那么每道工序被选中的概率就是 1/3；如果使用 SPT 法则，那么只能挑选第一道工序，不能产生多个能动作业计划；如果按照概率调度法则，将这 3 道工序按照加工时间从小到大排列，然后给每道工序从小到大分配一个被选择的概率，如分别是 6/14、5/14 和 3/14，这样既保证了 SPT 法则可以起到作用，又可以产生多个能动作业计划可供选择。

第六节　服务业中的服务作业排序

一、服务作业排序和生产作业排序的主要区别

在服务业和制造业中，给作业排序带来极大不同的根本原因在于：服务不能储存，没有办法预先做出来，因此导致了安排方法上的根本不同。具体来讲，这些不同主要是由下面几个因素造成的。

（一）提供的产品类型

由于服务生产过程中有顾客的参与，作业排序对他们有着直接的影响，并且因此成为服务的一个部分；而在制造业中，生产作业排序对产品的最终使用者或者消费者没有直接的影响。

（二）排序内容

在服务业中，作业排序要定义服务交易的时间或者消耗点；而在制造业中，作业排序仅需要定义产品生产的操作步骤。

（三）过程控制

在服务业中，用户参与服务过程，并且对全部操作时间施加影响；而在制造业中，用户仅和最终产品或者交货时间有关。

（四）人员规模

在顾客化的服务中，服务输出和劳动力最佳规模之间的关系十分难确定；而在制造业中，两者之间有着紧密的联系，因此，最优的作业排序可以被计算出来。

二、安排顾客需求

这种方式就是根据不同的时间内可以利用的服务能力为顾客安排。在这种方式下，服务能力保持一定，而顾客需求被适当地安排，来提供准时服务以及充分利用能力。一般有三种方法：

（一）预约

一个预约系统给予顾客特定的服务时间。这种方法的优点是保证及时的顾客服务以及服务人员的高效率。医生、律师与汽车修理厂是使用预约系统提供服务的典型例子。使用这种方法容易出现的一个问题是：如果预约好的顾客由于排序出错而需要等待较长的时间，他们就会变得很恼火。这个问题可以通过为每位顾客安排足够的时间，而不是仅仅采用相等的时间间隔来安排。另一个可能出现的问题是：如果有很多位顾客迟到，或者预约后不来，预约系统的运作绩效就会受到很大的影响。

（二）预订

预订系统与预约系统相似，但是它一般被用于顾客接受服务时需要占据或者使用相关的服务设施的情况。例如，顾客预订宾馆房间、火车或者飞机座位。购买音乐会门票实际上也是一种预订系统。预订系统的主要优点是：它给予服务管理者一段提前期来计划设施的充分利用；而且这种方法一般要求预付一定的款项，这样就可以减少预约后不来的问题。例如，很多宾馆在预订房间的时候需要交一天的房租，会议一般有注册的最后期限等。

（三）排队等待

一种为顾客排序的不太准确的方式是允许需求积压，让顾客排队等待。例如，餐厅、银行、零售商店、理发店等一般都采用这种方式。使用这种方式，顾客到达服务系统以后不知道什么时候轮到自己服务，提出服务要求以后就等待。各种优先故障可以用来决定服务顺序，常见的规则是先到先服务。在一些特殊的情况下，也允许某些顾客有特殊的优先权。使用这种服务方式的一个重要的问题就是，应该尽量缩短顾客等待时间。例如，通过排队论等方法研究顾客的到达规律，采取相应的服务方法。

三、安排服务人员

服务作业排序的另一种方法就是将服务人员安排到顾客需求的不同时段内。当需要快速响应顾客需求并且需求总量大致可以预测的时候，通常采用这种方法。在这种情况下，可以通过服务人员的适当安排来调整服务能力，以满足不同时间段内的不同服务负荷。采用这种方式的典型例子有：邮局营业员、护士、警察的工作日和休息日的安排、一天营业 24 小时、一周 7 天都营业的商店的人员安排，以及有很多运行路线、日运行 20 小时、一年 365 日都运营的汽车公司的司机安排等。

通常来讲，和制造业企业的生产计划相似，服务业企业也要首先制订全年、每个月以至每周的人员需求计划，然后在此基础上通过作业排序方法把这样的人员计划转换成每一个人的日常排班计划。这就是所谓的人员班次安排问题。

（一）人员班次问题的常用术语

为了便于描述，所有给职工安排班次的企业、部门、单位统称为部门；所有被安排的对象统称为工人。

安排人员班次计划，通常以周作为时间单位。在人员班次安排问题中，一般采取周一到周日或者周日到周六这两种表示方式。本书采用周一到周日这种表示方式。一周内有 5 个工作日和 2 个休息日。每天可以由一个班次、两个班次或者三个班次构成。单班次人员班次问题是指每天只安排一个班次的问题（简称为单班次问题）；而多班次人员班次问题是指每天安排多个班次的问题（简称为多班次问题）。如果提到某个工人在哪天工作，实际上是指他在那天的某个班次工作。每个工人每天只能被分配一个班次，不同天可以被分配到不同种类的班次，如白班、晚班、夜班等。工人不被安排工作的日期称为休息日，连续两个休息日称为双休日。周末休息是指在两个周末日连续休息，即星期六与星期日休息。周末休息频率 A/B 的含义是指在任意连续的 B 周内，工人有 A 周在周末休息。工人在两个休息日之间的工作天数称为连续工作时间，所有连续工作时间中最长的就是最大连续工作时间。班次计划表示每名工人安排的休息日/工作日（班次）顺序的作业计划。

$R(i, j)$ 表示第 i 天第 j 班次需要的劳动力数量；N 表示总的人力需求，即需要部门雇用的工人数量；W 表示需要的劳动力下限。很明显，W 小于或者等于 N。

（二）单班次问题

单班次问题是指每天只有一个班次工人当班，不存在换班的情况。它具有如下几个特点：①它是最简单也是最基本的班次问题，通常比较容易寻找求解方法。②单班次问题的模型可以作为某些特殊的多班次问题的合理近似模型。例如，有些多班次问题允许工人固定班次种类，那么每种班次的工人可以看作独立的一组，按照单班次的方法进行求解。③求解单班次问题的思想与方法虽然不能直接应用于求解一般的人员班次安排问题，但是对于建立求解一般的人员班次安排问题的方法也能够提供一些启示。对于单班次问题的研究是更为一般、更为复杂的人员班次安排问题研究与发展的基础。

假设某个单位每周工作 7 天，每天一班，工作日需要 N 人，周末需要 2 人。

求在下面条件下的班次计划：①保证工人每周有两个休息日。②保证工人每周的两个休息日是连休。③在条件①的基础上，连续2周内，每名工人有一周在周末休息。④在条件②的基础上，连续2周内，每名工人有一周在周末休息。其中，条件①的情况最为简单，条件④的情况最为复杂。

假设 W_1 为条件①下最小的工人数量；$[x]$ 是大于等于 x 的最小整数；X 表示休息日。

条件①：每周休息2天。

对于条件①，需要的劳动力下限是

$$W_1 = \max\{n, N + [2n/5]\}$$

排班步骤：

步骤1：安排 $[W_1 - n]$ 名工人在周末休息。

步骤2：对剩下的 n 名工人从 $1-n$ 编号，1号到 n 号工人周一休息。

步骤3：安排紧接着的 $[W_1 - N]$ 名工人第二天休息，这里的工人1紧接着工人 n。

步骤4：如果 $5W_1 > 5N + 2n$，那么有多余的休息日可供分配，此时可以按照需要调整班次计划，只要保证每名工人一周休息2天，工作日有 N 人当班即可。

【例题10】

假设 $N=5$，$n=8$，求班次安排。

【答案】

$$W_1 = \max\{n, N + [2n/5]\} = \max\{8, 5 + [2 \times 8/5]\} = 9$$

按照上面的步骤排班，得到如表9-9所示的班次计划。由表9-9可知，1~4号工人每周一和周四休息，5~8号工人每周二和周五休息，9号工人周末连休。每名工人连续工作天数最多是5天。但是工人9的班次计划明显优于其他工人。

表9-9　条件①下的班次计划

工人号	一	二	三	四	五	六	日	一	二	三	四	五	六	日
1	×			×				×			×			
2	×			×				×			×			
3	×			×				×			×			
4	×			×				×			×			
5		×			×				×			×		
6		×			×				×			×		

续表

工人号	一	二	三	四	五	六	日	一	二	三	四	五	六	日
7		×			×				×			×		
8		×			×				×			×		
9						×	×						×	×

条件②：每周连休两天。

对于条件②，需要劳动力的下限是：

$$W_2 = \max\{n,\ N + [2n/5],\ [(2N + 2n)/3]\}$$

排班步骤：

步骤1：按照公式 $W_2 = \max\{n,\ N + [2n/5],\ [(2N + 2n)/3]\}$ 计算出 W_2，并将 W_2 名工人编号。

步骤2：取 $k = \max\{0,\ 2N + n - 2W_2\}$ 。

步骤3：$1 - k$ 名工人周五和周六休息，$(k + 1) - 2k$ 号工人周日和周一休息，接下来的 $[W_2 - n - A]$ 名工人周末周六和周日休息。

步骤4：对于剩下的工人，按照周一和周二、周二和周三、周三和周四、周四和周五的顺序安排连休，保证有 N 名工人在工作日当班。

（三）多班次问题

多班次问题是指每天有多种班次的工人需要换班，比单班次问题多了换班的约束条件，如规定任意连续两天工作内的班次必须相同。单班次问题中的班次计划是确定每名工人的休息日、工作日的顺序；而多班次问题中的班次计划除了确定每名工人的休息日、工作日的顺序以外，还需要确定每名工人在每个工作日的具体班次。因此，多班次问题要比单班次问题复杂得多。

在研究多班次问题的多个算法中，有些算法允许工人固定班次。可以将不同班次的工人划分成不同的组，如果有 J 种班次，那么工人可以划分成 J 组，每组工人按照单班次问题排班方法进行处理，得出每名工人的单班次计划。将第 i 组的工人在工作日的班次定为第 i 种班次，就可以得出每名工人的具体班次计划。采用这种算法解决多班次问题的优点就是简单，可以充分利用单班次问题的算法，但是缺点就是对于非白班人员存在着一系列生理以及社会问题。如果不采取固定班次的方法，那么就必须满足多班次问题的一个特殊约束条件：换班必须是休息某段时间以后，如至少休息 16 个小时以后，才能从白班换到晚班，这样安排班次计划的算法就比单班次问题要复杂。

【本章小结】

在确定了各车间的零部件投入、出产计划、将全厂的生产计划变成了各车间的生产任务后，各车间还应将零部件的投入、出产计划变成车间的作业计划，即将车间的生产任务变成各工段、班组、工作地的生产任务。本章首先介绍了作业计划的基本内容、作用和期量标准；然后引入了制订生产作业计划中的重要概念——作业排序，着重介绍了制造业中的生产作业排序。然后，针对加工顺序相同的车间，介绍了流水车间作业排序的一些方法。接着，针对加工顺序不同的车间，介绍了单件车间作业排序的一些方法。最后，介绍了服务行业的人员排班方法。

【本章习题】

1. 简述生产作业计划的作用与目的。
2. 生产作业计划的期量标准占有哪些？
3. 作业排序的任务和目标有哪些？
4. 利用甘特图进行作业排序的优缺点是什么？
5. 服务作业排序和生产作业排序的最大区别是什么？
6. 某自行车厂各车间作业计划如表 9-10 所示。

表 9-10

产品名称及出产数量			××电动机　15 000 台	
零件编号及零件名称			A1 —　001 轴	A1 — 002 齿轮
单位数量			1	4
装配车间	①	出产量	15 000	60 000
	②	废品及损耗	2 000	3 000
	③	在制品定额	3 000	9 000
	④	期初预计在制品结存量	1 500	2 000
	⑤	投入量		
零件库	⑥	本成品外销量	800	900
	⑦	库存半成品定额	1 000	8 000
	⑧	期初预计结存量	2 000	6 000
加工车间	⑨	出产量		

要求：根据以上表格所列数据，运用在制品定额法计算装配车间投入量和加工车间出产量，并填入表格中。

7. 某种零件的制造批量为120件，该零件生产计划大纲规定，月计划产量为440件，每月有效工作日为22天，计算该零件的生产间隔期。

8. 已知28马力拖拉机变速箱一轴的工艺过程和期量标准如表9-11所示。

表 9-11

工艺阶段	生产周期（工作日）	批量	投入提前期	出产提前期	平均日产量
锻压	6	800	55	47	—
机加	12	400	32	20	—
装配	5	—	5	—	32

如果5月1日开始出产第一号产品，请计算6月份（末）各车间的投入与产出累计数和机加车间6月份的投入量。

第十章　产能管理

【学习目标】

1. 掌握产能的定义。
2. 掌握制订产能计划的步骤。
3. 掌握不同层次的优先权计划和产能计划的关系。
4. 掌握产能需求计划的制订。
5. 掌握可用产能和所需产能（负荷）的计算。
6. 了解订单排程的计算。

【导入案例】

一汽解放汽车有限公司生产线效率管理

伴随着改革开放以及中国加入 WTO，我国汽车行业发展迅猛，汽车市场可谓发生了翻天覆地的变化。在卡车领域，各大车企与国外汽车行业纷纷联姻，一汽解放汽车有限公司作为完全自主的企业受到了巨大冲击，如何提高企业的行业竞争力已成为公司发展必须解决的关键问题。目前解放公司在生产现场管理中面临着这样的困境：一方面是产能过剩，公司的设计产能是 24 万辆份/年，而实际每年的产量为 15 万辆份左右，产能利用率仅为 62.5%，公司一直致力于如何提升产能利用率；另一方面是目前市场用户个性化需求强烈，大批量需求逐渐向小批量转换，然而小批量生产需要频繁更换冲压模具，调整涂装喷漆颜色，生产节拍难以统一，从而导致生产成本高、产品价格难以覆盖小批量生产成本，公司致力于如何减少小批量生产和降低生产运行成本。对于制造型企业来说，车间现场管理往往是企业管理的重中之重，车间里最小的业务单元是生产线，工厂依据生产计划编排向供应商提出要货计划，然后由车间组织生产，将各种资源（物料、人工、动能、物流、生产备件等）投入生产线，达到生产产品的目的。由此可见，生产线作为生产第一现场在制造型企业中有着举足轻重的地位。

（案例来源：辛士明．一汽解放汽车有限公司生产线效率管理案例研究［D］．长春：吉林大学，2017.）

我们之前已经讨论了优先权计划，即决定生产什么以及何时生产。优先权计划系统是有层次结构的，包括长期的几乎没有细节的计划（生产计划）、中期计划（主生产计划）和非常详细的短期计划（物料需求计划）。在系统的每一个层次，生产部门都制定了优先权计划以满足需求。然而，如果缺少完成优先权计划的资源，优先权计划就无法实施。产能管理关注的是提供必需的资源。本章将详细地讨论产能问题，即什么是产能，有多少产能可供使用，需要多少产能，以及如何平衡优先权与产能之间的关系等。

第一节　产能的定义

一、产能

产能（capacity）指在一定时间内能够完成的工作量。《APICS 词典》将产能定义为："工人、机器、工作中心、工厂或机构在一定时间内的产出能力。"产能是进行工作的速度（rate），而不是已完成工作的数量（quantity）。有两种类型的产能相当重要，即可用产能和所需产能。可用产能（capacity available）指在一定时间内系统或资源生产一定量产出的能力。所需产能（capacity required）指在一定时间内生产预期产出所需要的系统或资源的能力。与所需产能密切相关的一个术语是负荷（load）。负荷是指一定时间内分配给设备的已下达的和计划的工作量，它是所有所需产能的总和。

产能常被描述成如图 10-1 所示的漏斗。可用产能是系统处理工作的速率，负荷则是加载在该漏斗上的工作量。

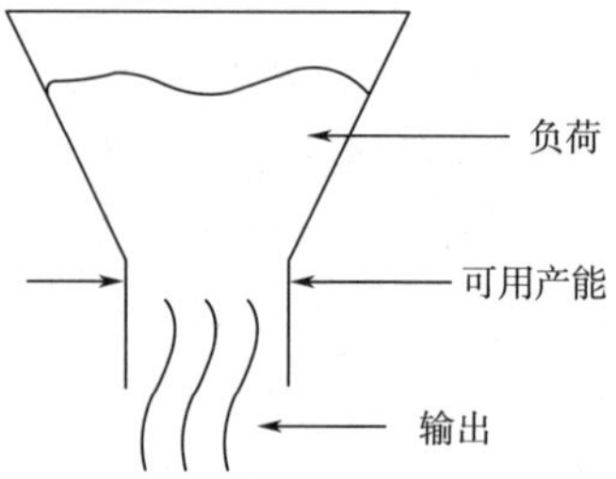

图 10-1　产能与负荷

产能的分类主要有以下几种，它们的关系如图 10-2 所示。

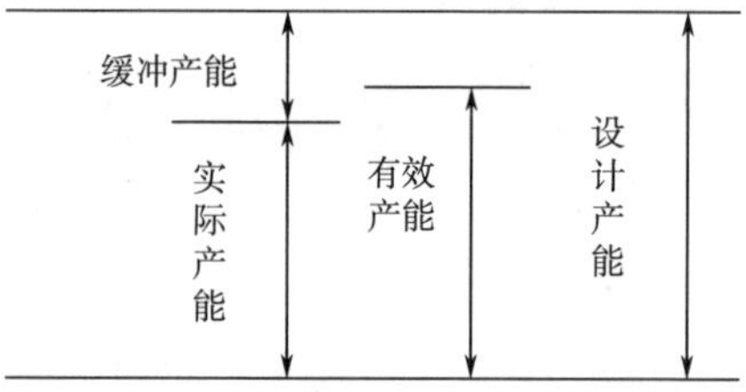

图 10-2　产能分类及其关系

（1）设计产能：即在完全理想的状态下，将所有的工时都用于生产，依照标准工时或标准产量计算其所能达到的合格产量。对于如何核定标准工时，不同企业可能有不同的算法，建议使用该工序的设备或人员的最高产量作为标准，根据配合及操作熟练程度等因素，给它赋予相关的工时系数（最大为 1.0），来平衡其他工位的工时。经常采用的方法有秒表计算法、动作分解法等。

（2）有效产能：即扣除维持系统运作所耗费的工时或不可避免的停滞时间，依照标准工时或标准产量计算其所能达到的合格产量。扣除的工时包括设备保养、定期盘点、会议沟通、人员培训、换线准备、清洁清扫等。

（3）实际产能：即工序实际生产的数量。在实际生产时有许多不可预期的状况出现，如不良品返工、缺料停线、生产线不平衡、工作分派不合理、设备故障、停水、停电、工作效率未达标等。实际产能是一个统计值。

（4）缓冲产能：指为避免客户需求临时增加或产能供给临时不足所建立的备用产能。缓冲产能一般以备用产能占设计产能的百分比来表示，计算公式为：

缓冲产能 =（1 - 实际产出 ÷ 设计产能）× 100%

一般企业可将缓冲产能设定为10%~20%。

二、产能分析

产能分析一般在公司年初制订全年工作计划时就要展开。在新产品开发、订单或需求变化较大时，以及公司人员、设备、物料等发生较大变化时也应该实施产能分析，以免因产品产能不足等影响公司业务发展。

产品产能分析的一般步骤见图10-3。根据公司年初制订的计划，收集客户的订单预测数据，根据不同产品线，调查公司设备使用情况，按照每个产品的加工工艺，得出该产品加工工时数据。如果公司产品较多，可以只选择主要零部件进行分析。通过加工工时数据的综合分析，列出整条线中每个工序的工时数据，选出加工链中产能最低的工序，该工序就是该产品的“瓶颈”（后续章节会对瓶颈进行详细介绍）。

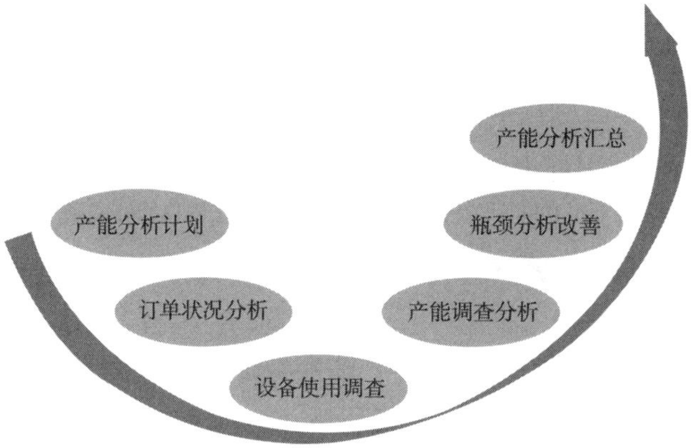

图10-3 产能分析的一般步骤

第二节　产能计划

产能计划（capacity planning）是确定完成优先权计划所需资源，以及找出使产能可用所需要方法的过程，它出现在优先权计划过程的每一个层次上。生产计划、主生产计划和物料需求计划决定了优先权、需要什么及何时需要。然而，除非公司有充足的产能满足需求，否则这些优先权计划将无法执行。因此，产能计划将各个生产优先权计划与生产资源联系了起来。

如果一个产能计划需要一段时间，可用时间超过负荷，就应该减少可用的时间，降低成本；如果负荷超过可用时间，就应该增加资源，增加成本。任何一个合格的排程或计划软件系统都应该能够在提供产能计划的同时，保证成本的最低水平。更精确的生产计划和产能计划是可以通过使用高级计划排程软件制订的。

主生产计划的一个关键产出是一个企业的库存和生产计划，俗称为可承诺交期（ATP）。从理论上讲，企业应该能够利用现有的状态承诺给客户的交付。

从历史上看，计划生产时间是在假设无限产能的基础上做产能计划的，如上讨论，这种做法充斥着不准确性和错误。因此，利用可承诺量计算预测生产计划完成时间的承诺交期达成效果很差。客户根据这些计算推出的交期会导致时间比预期的交货时间长，错过了交付，客户会不满，会给客户留下糟糕印象。

高级计划排程软件是在有限产能排程计算及可供选择的承诺交期计划基础上制订的排程计划。如果实际产能（机器、工具、劳动力、原物料）是在有限的主生产计划过程中考虑的，那么预计完成时间将更加准确，将为客户作出精准的承诺。能承诺（CTP）与 ATP 相反，能根据有限主生产库存和生产计划给客户承诺交期。

产能计划包括计算实现优先权计划所必需的产能，以及寻找使这些产能可用的方法。如果不能满足所需要的产能，就必须改变优先权计划。

优先权计划通常用产品数量或某些产出标准单位来表达。产能有时以相同的单位表示，如钢铁的吨位数或布匹的尺码数。如果没有共同的单位，产能必须以可用工时表示。优先权计划必须换算成所需工时数并与可用工时对比。制订产能计划的步骤如下：

首先，确定每个时期每个工作中心的可用产能。

其次，确定每个时期每个工作中心的负荷。一是将优先权计划换算成每个时期每个工作中心所需的工时；二是汇总每一物品在每个工作中心的所需产能，以确定每个时期每个工作中心的负荷。

最后，解决可用产能和所需产能之间的差异。如果可能，就调整可用产能来与负荷匹配；否则，必须改变优先权计划来匹配可用产能。

产能计划的制订发生在优先权计划过程的每个层次，只是涉及的详细程度和时间范围不同。

一、计划层次

（一）资源计划

资源计划（resource planning）包括长期产能资源需求，它直接和生产计划相连。一般情况下，资源计划包括把生产计划中的月、季、年产品优先权转换成一些总产能估算，如总人工时数。资源计划包括人员变化、资产设备、产品设计或其他需要较长时间获得或取消的设施。如果资源计划不能够满足生产计划，则必须改变生产计划。资源计划和生产计划设定了生产限制和水平，如果符合真实情况，主生产计划就是切实可行的。

（二）粗产能计划

粗产能计划（rough-cut capacity planning，RCCP）将产能计划带到一个更为详细的层次。主生产计划（MPS）是其主要信息来源。粗产能计划的目的是检验主生产计划的可行性，提供各个瓶颈警告，保证工作中心可用，并向供应商提供产能需求的建议。

（三）产能需求计划

产能需求计划（capacity requirements planning，CRP）直接与物料需求计划相连。由于这类计划的重心在零部件，所以比起粗产能计划更为详细。产能需求计划关注的是每个工作中心的单个订单，并计算每个工作中心在每个时期内的工作负荷和人工需求。图 10-4 展示了不同层次的优先权计划和产能计划的关系。注意：尽管较高层次的优先权计划是较低层次的输入，但不同的产能计划仅与它们同一层次的优先权计划相关，与下面的产能计划层次无关。资源计划与生产计划相关，但不是粗产能计划的输入。

计划完成之后，必须授权生产作业控制部门和采购部门处理和执行车间订单与采购订单，仍旧需要以最低的详细程度来考虑产能问题。

二、计划类型

产能计划指企业要决定自己生产规模的大小，在决定生产规模大小的时候要考虑多方面因素，其中重点就是企业所面对的市场需求要和企业的生产能力保持动态平衡。

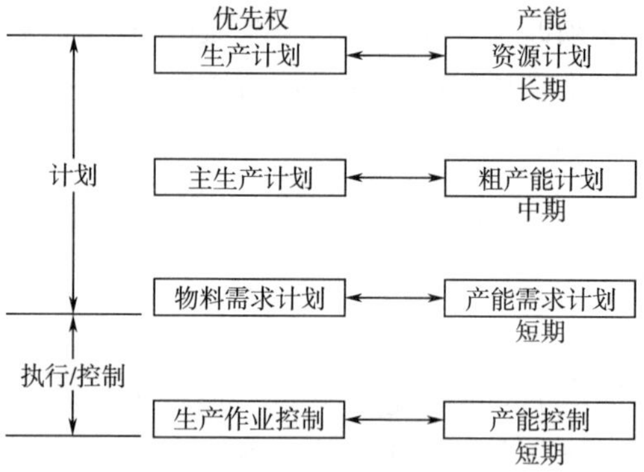

图 10-4　计划层次

如果不平衡会出现什么情况？第一，生产能力大于市场需求，说明企业生产能力出现闲置，生产成本就会上升。第二，生产能力小于市场需求，表现为企业生产连续运转，产品供不应求。乍一看好像第二种情况对企业有利，但是理智分析就会发现：如果生产能力小于市场需求，就说明企业因生产能力的限制，没有抓住市场需求所带来的机会，钱没有挣到，从某种角度来讲也是一种损失。

所以总体来讲，企业在决定生产能力大小的时候，要和市场需求保持动态的平衡。

产能计划有三种策略类型，包括领先策略、滞后策略和匹配策略。

（一）领先策略

领先策略也叫进攻型策略，根据对需求增长的预期增加产能。领先策略是指企业预见到未来需求会上升，在需求真的上升之前，企业就提前加大投资，扩大自己的生产能力。

领先策略的好处是，如果预测准确，未来需求真的上升了，而且已经提前布局扩大了产能，就可以抓住需求上升所带来的市场机会。其弊端在于，万一预测错了，需求没有上升，而企业已经提前扩大投资，把产能扩大了，增加的产能就会打水漂，造成闲置。

（二）滞后策略

滞后策略也叫保守型策略，仅当企业因需求增长而满负荷生产或超额生产时才增加产能。滞后策略就是企业不会先去扩大产能，而是等需求已经上升了，导致现有的生产能力满负荷，企业才会增加投资，扩大产能。总体来讲，在滞后策略下，生产能力的提高要滞后于需求的上升。

滞后策略的好处是可以降低投资的风险。但是弊端在于，当需求已经上升了，再去提高产能的时候，可能这个市场机会已经被对手抢走了。

（三）匹配策略

匹配策略也叫稳健型策略，少量地增加产能来应对市场需求的变化。也就是说，企业要争取产能的上升与需求的上升保持同步，当需求上升时，就少量地投资增加一些产能，需求再上升，再去少量投资增加产能，让产能一直与需求保持动态的平衡。这种策略在现实当中其实是很难真正实现的。

第三节　产能需求计划

产能需求计划（CRP）发生在物料需求计划层次，是具体决定完成必需的生产所需的人工和机器资源数量的过程。物料需求计划中的计划订单和未结车间订单（预定接收量）被转换成各个时期各工作中心对时间的需求。这个过程考虑作业提前期，随后在工作中心对其进行弥补。在考虑未结车间订单时，产能需求计划要说明工厂订单中哪些工作已经完成。产能需求计划是产能计划中最为详细、完整和准确的。越是最近的时期，准确度越是重要。由于详细程度要求很高，因此需要大量的数据和计算。

产能需求计划所需要的输入包括：未结车间订单、计划订单、工艺路线、时间标准、提前期和工作中心产能等。这些信息可以从以下资料中获得。

一、未结订单文档

未结车间订单在物料需求计划中作为预定接收量出现，是要进行生产并在某一指定日期完成一定数量的某一零件的已下达订单，包含了所有相关信息，如数量、交货期和作业。未结订单文档是所有未结车间订单的记录，可以手工维护或作为计算机文档。

二、计划订单

计划订单由物料需求计划基于某种零件的总需求确定，是评估将来某一时期所需总产能时产能需求计划过程的输入项。

三、工艺路线文档

工艺路线是工件在加工过程中从一个工作中心到另一个工作中心的路线。工艺路线在路线表（route sheet）或计算机系统的工艺路线文档中列出。生产的每一个零部件都应具有工艺路线文档，该文档包含以下信息：

（1）将要进行的作业。

（2）作业顺序。

（3）要使用的工作中心。

（4）可以备用的工作中心。

（5）每个作业需要的工具。

（6）标准工时：准备时间和单件加工时间。

表 10-1 是工艺路线文档的示例。

表 10-1　工艺路线文档

零件名称：齿轮轴　　零件编号：SG123　　图纸编号：D123X

作业号	工作中心	准备时间（标准工时）	单件加工时间（标准工时）	作业
10	12	1.50	0.20	车削轴
20	14	0.50	0.25	铣槽
30	17	0.30	0.05	打两个孔
40	03	0.45	0.10	打磨
50	仓库			入库

四、工作中心文档

工作中心由大量能够完成相同工作的机器和工人组成。机器通常都相同，这样每台机器能完成的工作以及产能没有什么差别。几台产能相近的缝纫机就可以看作一个工作中心。工作中心文档包含产能及与工作中心相关的工件搬运时间、等待时间、排队时间等信息。

（1）搬运时间（move time）是正常情况下将工件从一个工作中心移动到另一个工作中心所花费的时间。

（2）等待时间（wait time）是工件在工作中心加工完成之后，在搬运走之前的停留时间。

（3）排队时间（queue time）是工件在工作中心加工之前的等待时间。

（4）提前期（lead time）是排队时间、准备时间、加工时间、等待时间和搬运时间的总和。

另一个必需的信息是可用工作日数，也就是工厂日历（shop calendar）。公历（我们每天用的日历）在生产计划和控制中存在很大的缺陷，如每个月的天数不同，全年的节日并非均匀分布，并且日期也不是十进制的。假设某种产品的提前期是 35 个工作日，12 月 13 日我们被问及能否在 1 月 22 日交货。这是 6 周后的事情。用公历必须进行一些计算才能决定是否有足够的时间按期交货。这一时期内有假日，1 月份的第 1 个星期由于库存问题工厂要停工。实际有多少工作日可用？

由于这些问题的存在，制定工厂日历是必要的。有多种方式可用于设置工厂日历，表 10-2 的例子就是一个典型的计划日历。

表 10-2　计划日历

月份	周	周一	周二	周三	周四	周五	周六	周日
7月	27	2 / 123	3 / 124	④	5 / 125	6 / 126	⑦	⑧
	28	9 / 127	10 / 128	11 / 129	12 / 130	13 / 131	⑭	⑮
	29	16 / 132	17 / 133	18 / 134	19 / 135	20 / 136	㉑	㉒
	30	23 / 137	24 / 138	25 / 139	26 / 140	27 / 141	㉘	㉙
	31	30 / 142	31 / 143	1 / 144	2 / 145	3 / 146	④	⑤

注：7 月 2 日→ 2 / 123 ←工作日—123；○为非工作日。

资料来源：斯蒂芬·查普曼，托尼·阿诺德，等．物料管理入门［M］．8 版．北京：清华大学出版社，2018.

第四节　可用产能

可用产能是系统或资源在一定时期生产一定数量产出的能力，它受到下列因素影响：①产品规格（product specification）。产品规格变化时，工作内容（制造产品所需的工作）就要变化，因此产品规格会影响可以生产的单位数量。②产品组合（product mix）。每个产品都有自己的工作内容，以生产产品花费的时间来衡量。如果生产的产品组合变化，产品组合的总工作内容（时间）也会改变。③工厂和设备（plant and equipment）。工厂和设备与生产产品所使用的方法相关，如果方法改变，如使用更快的机器，产出就会改变。同样，如果工作中心增加更多的机器，产能也会变化。④工作努力状况（work effort）。工作努力状况与工作速度和节奏有关。如果工人改变速度，在同样的时间内或许可以生产更多产品，产能也就会改变。

所有这些因素都会影响产能，如果它们变化很大，则很难使用产品单位数来衡量产能。那么，应该用什么单位来衡量呢？

一、产能的度量

通常情况下，产能可以采用以下两种方式衡量。

（一）产出单位数（units of output）

如果工作中心或工厂生产的产品种类不多，通常可以对所有产品以通用的单位来衡量。例如，造纸厂使用吨衡量产能，啤酒厂用啤酒桶数量衡量产能，汽车厂用小汽车数量衡量产能。然而，如果生产的产品种类很多，可能就不会存在一个较好的通用单位。这种情况下，对所有产品通用的产能单位是时间。

（二）标准时间（standard time）

制造产品的工作可以表示为使用某种生产方法生产产品所需的时间。应用实践研究方法可以确定工作的标准时间，也就是一个合格员工以正常速度工作所需要的时间。标准时间提供了一个衡量工作量的标准，也是一个说明产能的单位。标准时间也用于负荷分配和排程。

二、产能层次

目前，根据任务的作业位置，对产能的衡量大概可以分为以下三个层次。

（一）工作中心组（或工厂）

层次结构的顶层是工作中心组（或工厂）。工作中心组（或工厂）是报告单位（例如生产或库存部门）而不是计划工作的设施。它们概要展示了工厂的产能或工作负荷。

企业必须设置至少一个工作中心组，但也可以使用多个组。

（二）工作中心

工作中心是执行工作的特定位置。可以为机器、机器组、人员等实体设置工作中心卡。

企业可以通过工艺路线在工作中心中设置生产订单工序。工作中心可以具有离散的机器中心，或者机器中心可以使用合并的日历进行汇总以表示工作中心的产能。通过在机器中心构建生产工艺路线，企业可以查看特定机器中心的负荷，以及工作中心聚合级别的负荷。

可以将各个工作中心分配到一个工作中心组。工作中心组日历是分配到工作中心组的所有工作中心的所有日历的总和。如果使用机器中心，则工作中心的总产能是分配到其所有机器中心的产能总和。

（三）机器中心（或单个工人）

机器中心是企业计划工作的特定位置。它们是产能层次结构的最低级别，表示一台机器、一组具有相同特征的机器、一个人、一组执行相同任务的人等实体。

企业可以通过工艺路线在机器中心设置生产订单工序，也可以定义机器中心的集中程度。通常，只有那些必须进行监视或经常出现瓶颈的资源才会被指定为机器中心。当企业在机器中心设置生产订单工序时将消耗产能。机器中心只有自己的产能，因为在层次结构中，没有其他设施定义在机器中心下方。

另外，企业还应该将各个机器中心分配到一个工作中心。机器中心是一个可选项，不是制造所必需的。

三、确定可用产能

一般情况下，可以用可用工时、利用率和效率等要素来确定三种可用产能：理论可用产能（theoretical capacity）、计算或额定产能（calculated or rated capacity）以及实际（测定）产能（demonstrated or measured capacity）。

（一）可用工时（available time）

可用工时是工作中心可以利用的小时数。例如，工作中心每周工作 5 天，每天工作一班 8 小时，其每周可用工时为 40 小时。可用工时取决于机器数、工人数和作业时间。

【例题 1】

工作中心有 3 台机器，每周工作 5 天，每天 8 小时。工作中心的可用工时是多少？

【答案】

$$可用工时 = 3 \times 8 \times 5 = 120(小时/周)$$

（二）利用率（utilization）

可用工时是工作中心可以期待的，但不一定总能达到最大工作小时数。机器故障、员工缺勤、物料缺乏都会导致停工，所有这些问题都会造成不可避免的延期。工作中心实际工作时间占可用工时的百分比称为工作中心利用率。公式表示如下：

$$利用率 = 实际工作时间 \div 可用工时 \times 100\%$$

【例题2】

工作中心可用工时是120小时，但是实际生产产品的时间是100小时。工作中心的利用率是多少？

【答案】

$$100 \div 120 \times 100\% = 83.3\%$$

通常，利用率可以通过历史记录或工作取样研究来加以确定。

（三）效率（efficiency）

工作中心可能每周使用100小时，但是并不能完成100个标准工时的工作。效率测量的是与标准产出相比较的产出。工人的工作速度可能高于或低于标准工作速度，这造成工作中心的效率可能高于或低于100%。例如，在一个工作班次内，希望的产出是100小时，或50个单位的产品，但实际的产出是120小时，生产了60个单位的产品。

$$效率 = 实际生产速度 \div 标准生产速度 \times 100\%$$

【例题3】

工作中心每班生产120单位产品，标准是每班100单位。工作中心的效率是多少？

【答案】

$$效率 = 120 \div 100 \times 100\% = 120\%$$

（四）生产率（productivity）

《APICS词典》第14版将生产率定义为："对生产一件物品或一项服务能力的总度量。"它将生产的实际产出与所有资源的实际投入加以比较，同时还考虑了可用时间的利用率，以及该段时间内的效率。测量生产率的方法有多种，对一个工作中心生产率进行计算的例子表现为以下公式：

$$生产率 = 利用率 \times 效率 \times 100\%$$

【例题4】

一个工作中心在可用时间40小时内工作了32小时，在此时间内，它的产出相当于工作30小时的产出。工作中心的生产率是多少？

【答案】

$$生产率 = (32 \div 40) \times (30 \div 32) \times 100\% = 75\%$$

（五）理论产能（theoretical capacity）

理论产能是指可用的最大产能，不考虑停工检修、利用率和效率等问题。

如果一家公司的某个工作中心每天工作2班，每班8小时，那么该中心每天的理论产能就是16小时。

（六）额定产能（rated capacity）

一个工作中心在某段时间内的可用产能，在考虑到该中心的平均利用率和效率后的产能就称为计算产能或额定产能。公式表示如下：

$$额定产能 = 可用工时 \times 利用率 \times 效率$$

【例题 5】

工作中心有 4 台机器，每周工作 5 天，每天 8 小时。过去的利用率是 85%，效率是 110%。工作中心的额定产能是多少？

【答案】

$$可用工时 = 4 \times 8 \times 5 = 160(小时/周)$$

$$额定产能 = 160 \times 0.85 \times 1.10 = 149.6(标准工时)$$

该工作中心平均每周预期进行 149.6 个标准工时的工作。

四、实际产能

一个工作中心历史数据里表现出来的产出或产能，就叫作实际产能（demonstrated capacity）或测定产能（measured capacity）。这类产能考察的是以往的生产记录，并以此作为该工作中心可用产能的依据。它部分取决于该工作中心实际输入的负荷，而不一定反映该中心能够生产出多少产出。

【例题 6】

在过去的 4 周，工作中心进行了 120、130、150、140 标准工时的工作，工作中心的实际产能是多少？

【答案】

$$实际产能 = (120 + 130 + 150 + 140) \div 4 = 135(标准工时)$$

注意：实际产能是平均产出而不是最大产出。实际产能也取决于工作中心的利用率和效率，虽然在这个计算中没有将它们包括在内，这是因为在生产记录中可能已经考虑了利用率和效率。

效率和利用率可以从历史数据中得到，如果该记录中包含一个工作中心生产的可用工时、实际工作小时和标准时间的话。

【例题 7】

在过去的 4 周，工作中心进行了 540 个标准工时的工作，工作中心可用工时是 640 小时，实际工作了 480 小时。计算工作中心的利用率和效率。

【答案】

$$利用率 = 实际工作时间 \div 可用工时 \times 100\% = 480 \div 640 \times 100\% = 75\%$$

$$效率 = 标准工时生产时间 \div 实际工作时间 \times 100\% = 540 \div 480 \times 100\% = 112.5\%$$

在这里还需要提到一种产能，就是安全产能（safety capacity），这也是公司经常使用的另一种产能。这种产能同样是一种可用产能，它是计划用于应对超出所需产能这种情况的。它的用处是针对一些意外事情的发生，如设备出了故障、质量出了问题、预防性维修等。它也被称作产能缓冲垫（capacity cushion），也可作为安全库存的一种替代方法。值得注意的是，在使用安全产能和安全库存时要小心，因为这会使企业增加额外的成本。

第五节　所需产能（负荷）

产能需求由优先权计划系统产生，包括把以产品单位数或通用单位表示的优先权换算成每个时期每个工作中心所需的工作小时数。这种换算发生在优先权计划的每一个层次，包括生产计划、主生产计划再到物料需求计划。详细程度、计划期和使用方法随每个计划层次的不同而变化。

确定所需产能包括两个步骤：首先，确定每个订单在每个工作中心需要的时间；其次，汇总单个订单所需的产能以便计算出负荷。

一、每个订单需要的时间

每个订单需要的时间等于准备时间与加工时间的总和。加工时间等于单件加工时间乘以订单的件数。

【例题 8】

工作中心准备加工第 333 号订单的 150 件操作杆 SG123，准备时间是 1.5 小时，加工时间是每件 0.2 小时。加工该订单需要的标准时间是多少？

【答案】

$$\text{总标准工时} = \text{准备时间} + \text{加工时间} = 1.5 + (150 \times 0.2) = 31.5(\text{标准工时})$$

【例题 9】

在上面的例题中，如果工作中心的效率是 120%，利用率是 80%，加工该订单实际需要多少时间？

【答案】

$$\text{所需产能} = \text{实际时间} \times \text{效率} \times \text{利用率}$$

$$\text{实际时间} = \text{所需产能} \div (\text{效率} \times \text{利用率}) = 31.5 \div (1.2 \times 0.8) = 32.8(\text{小时})$$

二、负荷

一个工作中心的负荷等于该工作中心某个特定时间段中加工的所有计划订单和实际订单需要的时间总和。计算负荷的步骤如下：

首先，确定每个时期工作中心的每个计划订单和下达订单的作业时间的标准工时。

其次，汇总每个时期工作中心的所有标准工时，结果即为每个时期工作中心所需的总计划产能（负荷）。

【例题 10】

工作中心第 20 周的未结订单和计划订单如表 10-3 所示，计算这周工作中心需要的总标准工时（负荷）。

表 10-3　下达订单和计划订单情况

订单	订单量	准备时间（小时）	加工时间（小时/件）	总时间（小时）
下达订单				
222	100	0	0.2	
333	150	1.5	0.2	
计划订单				
444	200	3	0.25	
555	300	2.5	0.15	
总时间				

【答案】

已下达订单 222：

$$总时间 = 0 + (100 \times 0.2) = 20.0(标准工时)$$

已下达订单 333：

$$总时间 = 1.5 + (150 \times 0.2) = 31.5(标准工时)$$

计划订单 444：

$$总时间 = 3 + (200 \times 0.25) = 53.0(标准工时)$$

计划订单 555：

$$总时间 = 2.5 + (300 \times 0.15) = 47.5(标准工时) = 152.0(标准工时)$$

因此，第 20 周的负荷（需求）是 152 个标准工时。

三、工作中心的负荷报表

现在必须将负荷与可用产能加以比较。方法之一就是使用工作中心的负荷报表。

工作中心的负荷报表根据计划内各个时期已下达订单和计划订单来展示未来的产能需求。

【例题 11】

中计算的负荷 152 小时是第 20 周的。同样地，其他各周的负荷也能计算出来并且记录在表 10-4 所示的负荷报表上。图 10-5 则以图形方式表示这些数据。

表 10-4 工作中心负荷报表

周	20	21	22	23	24	总计
已下达负荷	51.5	45	30	30	25	181.5
计划负荷	100.5	120	100	90	100	510.5
总负荷	152	165	130	120	125	692
额定产能	140	140	140	140	140	700
超出/不足产能	-12	-25	10	20	15	8

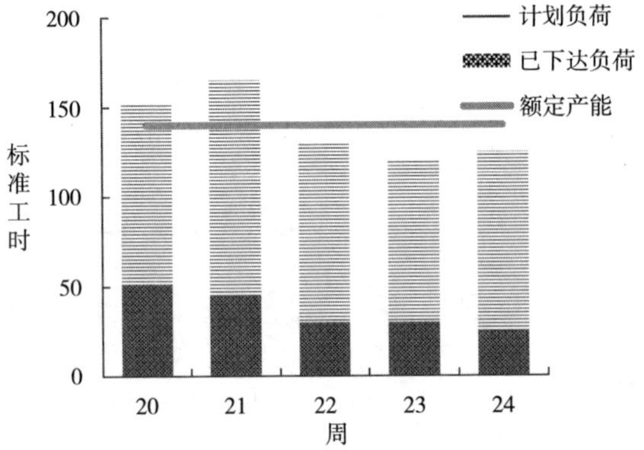

图 10-5 负荷图

注意：表 10-4 中包括了已下达负荷、计划负荷、总负荷、额定产能和超出/不足产能。其中，超出产能（overcapacity）是指工作中心超负荷；不足产能（undercapacity）是指工作中心负荷不足。这种表示方法给出信息，用以调整可用产能或通过改变优先权计划调整负荷。在这个例子中，第 20 周和第 21 周超负荷，其余各周都是负荷不足，累计负荷低于可用负荷。对计划人员来说，这意味着计划期内还有足够的总产能，可用产能或优先权能够勉强满足计划需要。

第六节　订单排程

一、倒排程

到目前为止，一直假设生产能力需求计划知道订单应当何时在工作中心开始加工。多数订单要经过多个工作中心加工，因此必须计算订单在每个工作中心的开始时间和完工时间，这样最后的交货期才能得以保证。这个过程称为排程（scheduling）。《APICS 词典》第 14 版将排程定义为“计划事件发生的时间表”。

倒排程（back scheduling）是从交货期开始，使用提前期向前计算每个作业的开始日期。这个过程也被称为后向排程（backward scheduling）。进行倒排程时需要知道每个订单的以下信息：①数量和交货期；②作业顺序和需要的工作中心；③每个作业的准备时间和加工时间；④排队、等待和搬运时间；⑤工作中心可用产能（额定产能或实际产能）。

需要的信息可从以下资料中获得。

（1）计划订单和未结订单文档：数量和交货期。

（2）工艺路线文档：作业顺序、需要的工作中心、准备时间和加工时间。

（3）工作中心文档：排队、搬运和等待时间，以及工作中心产能。

排程过程为：首先，计算每个订单在每个工作中心的所需产能（时间）；其次，从交货期开始，从后向前排程计算每个作业的完工日期和开始日期。

下面我们通过一个例题来看一下具体的排程过程。

【例题 12】

假设有一个订单是需求 150 件操作杆 SG123，交货期是第 135 天。工艺路线文档如表 10-1 所示，给出了作业信息和准备时间、加工时间。工作中心文档如表 10-5 所示，给出了每个工作中心的提前期数据。计算每个作业的开始日期和完工日期，应用以下排程规则：

（1）作业时间近似到最近的 8 小时，表示为单班制的天数。也就是说，如果作业需要 6.5 标准工时，将其“近似”到 8 小时，代表 1 天。

（2）假定订单开始于一天的开始，结束于一天的结束。例如，订单在第 1 天开始第 5 天结束，那么订单需要 5 天完成。如果搬运时间是 1 天，订单在下一个工作中心就是第 7 天的开始。

表 10-5　工作中心文档中的提前期数据　　单位：天

工作中心	排队时间	等待时间	搬运时间
12	4	1	1
14	3	1	1
17	5	1	1
03	8	1	1

【答案】

每个工作中心的作业时间计算如下：

准备时间+加工时间=总时间（标准工时）

作业 10，工作中心 12：

1. 5+0. 20×150 =31. 5（标准工时）≈4（天）

作业 20，工作中心 14：

0. 50+0. 25×150 =38. 0（标准工时）≈5（天）

作业 30，工作中心 17：

0. 30+0. 05×150 =7. 8（标准工时）≈1（天）

作业 40，工作中心 03：

0. 45+0. 10×150 =15. 45（标准工时）≈2（天）

下一步是从交货期（第 135 天）后向排程，计算出每个作业的完工日期和开始日期。这项工作不仅需要上面计算的作业时间，也需要排队、等待和搬运时间，这些都在工作中心文档中。假定表 10-5 所示信息来源于这些文档。

计算过程开始于最后一个作业。产品在第 135 天必须进库，需要 1 天的搬运时间，所以订单的作业 40 必须在第 133 天完工。减去等待、排队和作业时间(11 天)，订单必须在第 123 天开工。再扣除 1 天的搬运时间，作业 30 必须在第 121 天完成。使用这种方法，可以计算出整个作业的开始日期和完工日期。表 10-6 是计算得到的进度表，图 10-6 为图形描述。

表 10-6　工作排程　　单位：天

作业号	工作中心	到达日期（上午）	排队时间	作业时间	等待时间	完工日期（下午）
10	12	95	4	4	1	103
20	14	105	3	5	1	113
30	17	115	5	1	1	121
40	03	123	8	2	1	133
50	仓库	135				

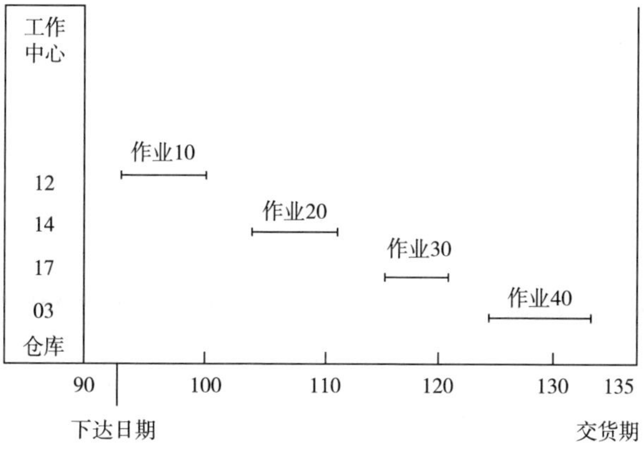

图 10-6　图示工作进度

另一个方法是前向排程（forward scheduling），它从第一个作业开始，然后向后逐次算出每个作业的开始日期和结束日期，从而求出最后的完工日期。

二、订单排程的基本要求

（1）对于评审中的订单，生产部在进行模拟排程时一定要遵循以下几点基本要求：

第一，以客户的要求为第一标准进行排程生产；

第二，以品管开发部已确定的生产工艺和流程进行生产编排；

第三，以生产线不停顿的满负荷的生产来尽可能地满足客户的要求；

第四，以最长的生产流程的完工日期为订单的完成时间；

第五，以不影响已确定的订单生产秩序为前提条件（除非是特别订单）；

第六，以最接近客户要求的且生产可确保的日期为“建议日期”。

（2）订单排程确定后销售部的处理方法如下：

一是经审核通过且能满足客户要求的订单，应第一时间确认客户订单已接受，进入生产安排中；

二是经评审，出现与客户要求不一致时，须第一时间紧急和客户进行磋商，并将磋商结果以及最后决定明确告知各相关部门。

三是一经订单评审通过，即表示生产排程正式确定。

销售、品管、采购、仓储、生产车间等各相关单位的各项工作，都必须全力以赴地围绕已确定好的订单排程进行部署，以不影响订单排程的顺利实现为最高原则。

三、订单排程七大原则

（一）交期优先原则

订单交期在前的排在前，交期在后的排在后。

（二）大客户优先原则

在交期相同或者相近时，当然是大客户优先，新客户优先，客户越重要越排在前面。

（三）物料到位优先原则

物料已经到位/配套的优先排产，物料信息越明确的越排在前。

（四）利于生产原则

排产时尽量有利于生产，有利于提升员工产量，有利于发挥设备产能，有利于稳定生产品质，有利于减少产品转换。

（五）预留余量原则

有经验的计划员排产，都会留一定余量，不会排得满满当当。这主要是为了应对客户/业务的紧急插单，突发生产状况，突发物料供应状况等意外情况。至于余量多少，则视工厂情况或经验而定，一般在10%~20%。

（六）外发衔接原则

与外发加工衔接，能保证需要外发加工的订单/工序本厂能按时外发出去，外发回来后的产品接得上自身工厂所排的订单工序，前后衔接顺畅。

对此，企业需要做好外发计划，加强外发管控跟踪，保证外发物料/产品按时发出，外发成品按时完成回厂，外发进度按委外加工生产计划顺序进行，做到工厂计划与外发计划的完美对接。

（七）重视评审原则

生产计划员做生产计划的重点，不应只局限在生产计划排程上，而是要将工作重点放在订单评审阶段。

在正式订单排产阶段，各个订单排序的先后，要考虑诸多因素或制约条件，留给生产计划员的操作空间是很小的。因此，大多数工厂订单的先后顺序，其实在订单评审这个阶段就已经基本确定了。也就是说，订单评审阶段已经基本决定了生产计划的雏形。在排生产计划时，只是把这个雏形具体化，再加一点调整而已。

由于各个工厂的业务形态不同，有些工厂是客户下单时直接指定了交期，直接下单没有订单评审这个步骤；有些工厂是业务员接到订单后回复交期给客户，再下单给计划部门，等于是由业务员确定交期。但是大多数工厂，在客户下正式订单之前，都是有订单评审这个步骤的。由我方计划物控部门经过订单评审后回复交期给客户后再下正式订单。而且，就算是客户直接指定交期和由公司业务员回复交期的这类型工厂，也并非绝对的交期无法商量，其中也有一定的交期沟通，客户一般会尊重工厂的意见。

那么，当遇到订单排程原则互相冲突时怎么办？简单地遵照某条原则并不难，困难的是当两个或者几个原则发生冲突时，该如何处理呢？

例如，现有两个订单，一个是普通客户，交期在前，另一个是大客户，交期在后。这时就出现了交期优先原则与大客户优先原则的冲突，先安排哪一个呢？再如，有3个订单（1）（2）（3），按交期先后，应该排序为（1）（2）（3），而如果按有利于生产原则，（1）（3）产品接近，应该排在一起，理想的顺序应该是（1）（3）（2）。这时就面临着交期优先原则与利于生产原则的冲突，应该怎么排呢？除此之外，还可能面临利于生产原则与大客户优先原则冲突，外发衔接原则与其他原则发生冲突，两个以上原则发生冲突等等，这时又应该怎样排序呢？

以上看似排序条件多，要考虑的因素多，排产非常困难。其实在实际操作中，并非如此困难。因为不管如何排序，只要最终不影响准时交付产品就行了，生产计划员可以根据实际情况灵活处理，真正影响到交期，要在方案中二选一或者三选一的时候不多。

如果确实需要二选一或者多选一，那就综合考虑各方面因素，遵循利益最大化原则，做出抉择。

第七节　制订计划

到这里已经讨论了制订产能需求计划所需要的数据、数据来源、车间订单在各个工作中心的排程及负荷等问题。下一步应将负荷与可用产能进行对比，以查看是否有不匹配现象存在。如果存在，则应该找出可能的解决办法。

平衡可用产能和负荷有两种方法：变更负荷或者改变可用产能。变更负荷意味着把订单提前或推后，这样负荷就得以平衡。如果将订单安排到其他工作中心加工，那么其他工作中心的进度和负荷也必须改变。这可能意味着要对其他零部件重新进行排程，从而导致主生产计划改变。

对于如图10-7所示的物料清单，如果零部件B新安排到较晚日期，那么部件C的优先权就发生变化，部件A的主生产计划也是如此。由于这些原因，改变负荷不是首选的做法。短期来说，通常产能要比负荷更容易调整一些。调整产能的方法如下：

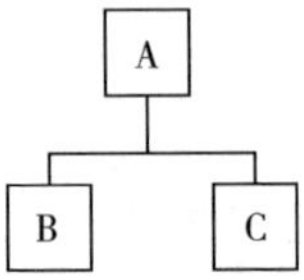

图 10-7　简单的物料清单

（1）安排加班或歇班。在负荷/产能的不平衡不是太大，或不是长期存在的情况下，这是一个临时和快速的解决办法。

（2）通过雇用或解聘员工调整人员数量。这样做要取决于是否能获得所需技术和必要的培训。技术水平要求越高，必要的培训时间越长，快速改变人员数量的难度就越大。

（3）将员工从负荷不足的工作中心调到超负荷的工作中心。这需要灵活的、受过多种培训的员工，以及足够的设备。

（4）使用备用工艺路线调整一些负荷到其他工作中心。通常其他工作中心的效率不如该工作中心的效率高，不过重要的是满足生产进度要求，而这样做就是一个有效的途径。

（5）当需要更多产能时，可以考虑进行转包；或者在负荷不足时，将先前转包出去的工作拿回来自己做，以便增加负荷。转包的成本可能要高于自己加工，但是保证进度才是最重要的。

产能需求计划的结果应当详细可行，满足优先权目标并提供产能完成这些目标。理想的产能需求计划应满足物料需求计划并考虑充分利用人工、机器和设备。

产能管理发生在计划过程的每一个层次，直接和优先权计划相关，详细程度和时间范围与相应的优先权计划相同。

在制造业中，产能计划关注的是把优先权计划转换成加工优先权计划中的产品所需产能的工时数，以及使产能可用的方法。可用产能取决于工人和机器的数量、利用率及效率。

产能需求计划发生在物料需求计划层次，从 MRP 中提取计划订单，从未结订单文档中提取未结工厂订单，把它们转换成每个工作中心的负荷。产能需求计划考虑提前期和实际订单数量，是产能计划方法中最为详细的。

物料需求计划和产能需求计划形成闭环系统（如图 10-8 所示）的一部分，该系统不仅包括计划和控制功能，也提供反馈，这样计划才能总是处于最新。

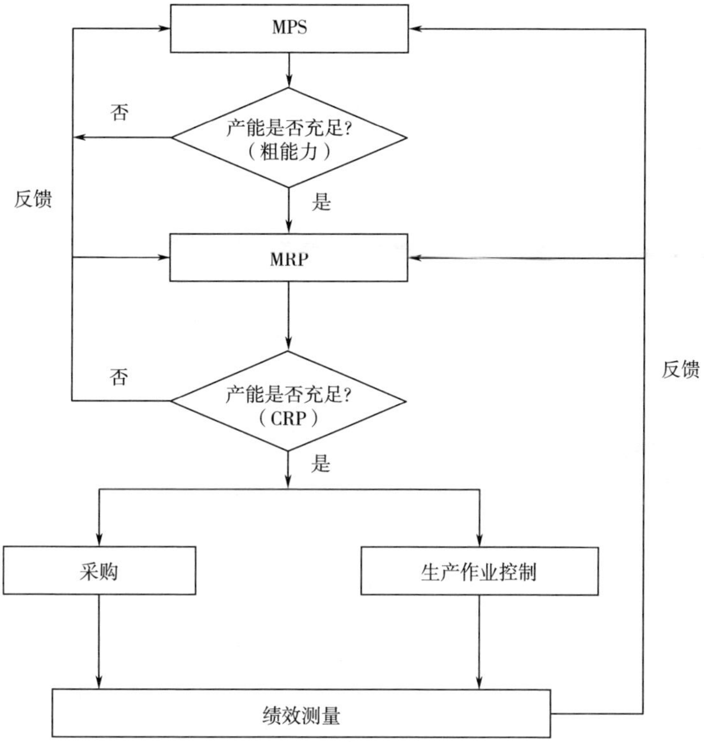

图 10-8　物料需求计划和产能需求计划闭环系统

【本章小结】

产能管理是继作业计划与排序后的重要环节，其中产能分为可用产能和所需产能，而与所需产能密切相关的是负荷。在作业计划与排序时，考虑一定时间内系统或资源生产一定量产出的能力和一定时间内分配给设备的已下达的工作量和计划的工作量是十分必要的。首先，本章介绍了产能的定义和产能分析，随后对产能计划的层次、类型进行了概述，并简述了制订产能计划的步骤。针对物料需求层次，提出了产能需求计划的概念。之后，本章重点介绍了可用产能与所需产能（负荷）的计算过程与方法。在计算可用产能后，就需要对接到的订单进行作业计划排程。本章简述了排程的基本要求和原则。最后，介绍了如何将产能计划与生产计划相结合。

【本章习题】

1. 产能管理的任务是什么？

2. 什么是产能计划？
3. 简述制订产能计划的三个步骤。
4. 什么是产能需求计划？它发生在优先权计划过程的哪个层次？
5. 产能需求计划过程的输入是什么？从哪儿可以获得信息？
6. 简述以下名词的含义及其包含的信息。
(1) 未结订单文档。
(2) 工艺路线文档。
(3) 工作中心文档。
7. 什么是工厂日历？为什么工厂日历是必要的？
8. 以下信息能在什么文档中找到？
(1) 预定接收量。
(2) 计划接收量。
(3) 效率和利用率。
(4) 零部件的作业顺序。

9. 在过去 4 周，某工作中心进行了 50、45、42、52 标准工时的工作，该工作中心的实际产能是多少？

10. 工作中心有 3 台机器，每周工作 5 天，每天 16 小时。工作中心工时利用率是 75%，每周实际工作多少小时？

11. 工作中心第 4 周的未结订单和计划订单如表 10-7 所示，计算需要的总标准工时（负荷）。

表 10-7

订单	订单量	准备时间（小时）	加工时间（小时/件）	总时间（小时）
下达订单				
120	300	1	0. 1	
340	200	2. 5	0. 3	
计划订单				
560	300	3	0. 25	
780	500	2	0. 15	
总时间				

12. 后向排程下列工厂订单（见表 10-8），所有的时间以天表示。作业之间的搬运时间为 1 天，等待时间为 1 天。交货期是第 200 天。假定订单在一天的开始时加工，在一天的结束时完工。

表 10-8

作业号	工作中心	作业时间	排队时间	到达日期 （上午）	完工日期 （下午）
10	110	3	2		
20	120	5	3		
30	130	3	2		
	仓库			200	

第十一章　生产作业控制

【学习目标】

1. 掌握四个计划文档的定义及其包括的信息。
2. 理解排程和负荷平衡。
3. 掌握制造提前期的含义。
4. 了解非制造业的排程计划。
5. 掌握瓶颈计划。

【导入案例】

克罗夫茨印刷公司的生产作业控制

约翰·伯顿心绪不宁，因为他最近刚从一个印刷班长提拔为克罗夫茨印刷公司（Crofts Printing Company）的管理员。虽然他对自己的知识和印刷业务上的成功感到十分满意，但这个管理职位却使他备受困扰。然而他决定不能轻易放弃，因为他觉得对自己的知识、经验以及在工人中的威信很有把握。他请求杰森·克罗夫茨给他一个管理职位已经有好几个月了，所以一定不能让他感到失望。

他当前所面临的问题就是计划问题。自从他担任这个管理员以来，销售人员总是要求他在他们对客户承诺的交货期之前完成订单。他原本以为这很简单，毕竟有谁还能比自己更清楚印刷业务？依据自己对作业程序的了解和业已取得的进步，他给出了自己认为是合理的甚至是保守的估计交货日期。不幸的是，情况并非如此，自从他上任以来，推迟交货的事情屡有发生。

开始，他以为一定是其他工人的错。他最初的反应是："他们是嫉妒我被提拔当了管理员，所以要给我难看。"另一个老机器操作工享瑞·赫利是约翰最好的朋友。有一天下午，在喝啤酒时，约翰诚恳地向亨瑞提出了这个问题。亨瑞说，他相信约翰一直努力想把事情办好，但不知为什么看来并不顺利。亨瑞向约翰保证，工人们始终都很卖劲，事实上，按照享瑞的说法，工人们一直都在加倍努力，因为他们把约翰的提拔看作是一个积极的信号，他们将来或许也能走上管理岗位。说实话，约翰的失败对大多数工人都是一个很大的打击。

约翰又想，是不是问题出在自己身上，自己把约定的交货期估计错了？销售人员总是不停地问他，对于某个批次的活儿，该如何回答顾客何时交货。他以为，凭着自己对印刷业务的充分了解，就能够迅速给出自己的估计。为了验证这一点，他检查了最近两个星期的大多数工作。结果是，几乎每批次工作都按照他的估计准时完成了。即使有点儿小偏差，也没有大到足以造成问题的程度，约翰信任亨瑞，相信他说的话，而对自己交货估计的分析，也使他相信问题不是出在这里。而如果不是工人的原因，也不是由于自己的估计不准，那问题到底出在哪儿？他必须一究到底。杰森·克罗夫茨是个有耐心的人，但他的耐心也是有限度的。他担心的是疏远了那些最好的客户，同时他也知道，作为控制成本的一个措施，他还必须关注效率问题。

约翰决定，需要下猛药来扭转不利形势，或者至少找出问题究竟出在哪儿。在一个星期五当天，他计划在星期六加班，以完成所有正在进行的订单。这样，到星期一，他就能甩掉包袱，重新开始了。还有几批活已经答应下来，但还没有开始干。他预计到星期一就能着手干这些活儿了，并且能真正找出问题的根源是什么。

所有这些订单都承诺在4天内交货，他觉得不会有什么问题。他有3个作业点，大部分订单都需要通过所有这3个作业，但也并不是所有的订单都需要这么做。对于每个作业，他指定一个工人去干。在接下来的4天里，他总共有96个工作小时（3×4×8），而他需要完成8个批次的活儿。估计这所有8个批次的活儿一共只需要88小时，这等于在今后4天内给了他8小时的缓冲时间。为了确保不产生问题，他决定在这4天里绝不再增加新的工作量了，包括那些原计划在这4天里新开工的订单，唯一的例外是：如果哪个作业点在第四天结束前已经完成了所有这8个批次的活儿，那个作业点才可以接受新的活儿。如果必要的话，无论如何他都希望能确保做到，所有96个小时都能用于完成所计划的88个小时的工作量。

约翰知道一个好的优先权法则是关键比率法则，主要是因为它同时考虑了客户的交货期和订单的作业时间两个方面。因此他使用这个法则来对其订单加以优先排序，表11-1给出了8个批次的订单，以及估计的作业时间和交货期。所有的交货期都是指那天的结束时刻。所有批次的订单在所有3个作业点的工作时间都以小时为单位。

表11-1　8个批次订单的基础数据　　　　单位：小时

批次	作业点1	作业点2	作业点3	总时间	交货期
A	5	3	4	12	星期二
B	0	6	2	8	星期三
C	4	2	5	11	星期二
D	7	0	3	10	星期四
E	2	8	0	10	星期四
F	0	6	3	9	星期四
G	3	3	4	10	星期四
H	6	5	6	17	星期四

案例来源：托尼·阿诺德，斯蒂芬·查普曼．物料管理入门［M］．8版．北京：清华大学出版社，2018.

第一节　生产作业控制概述

在完成了所有的计划和排程之后，现在到了将计划付诸行动的时候。生产作业控制（production activity control，PAC）负责执行主生产计划（MPS）和物料需求计划（MRP），同时必须有效利用人工和机器，使得在制品库存保持最小，并始终维持客户服务水平。

物料需求计划授权生产作业控制完成以下工作：

（1）向车间下达工作订单以进行生产。

（2）管理工作订单，确保其按时完成。

（3）负责制订生产过程中订单流经制造、执行计划、控制工作直到生产结束的直接详细计划。

（4）管理日常活动，提供必要的支持。

计划系统和生产作业控制的关系如图 11-1 所示。

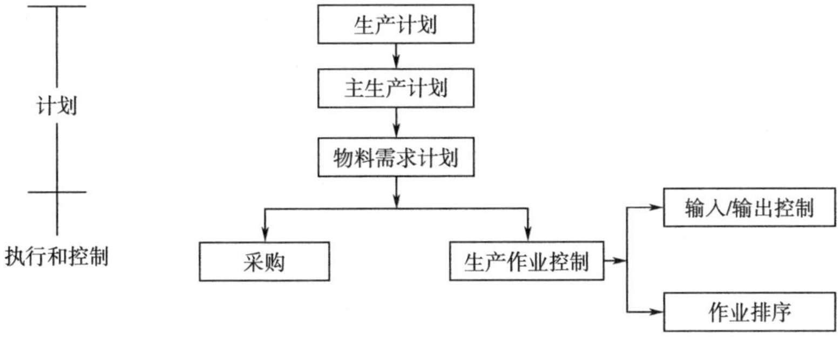

图 11-1　优先权计划和生产作业控制

生产作业控制系统的活动可分为计划功能、执行功能和控制功能。

一、计划

必须对通过每个工作中心的工作流进行计划以满足交货期，这意味着生产作业控制必须完成以下工作：

（1）确保生产零部件所需的物料、工具、人员和信息在需要时能够及时提供。

（2）排定每个工作中心对每个车间订单的开始日期和完工日期，这样就能保证订单计划的完工日期。这包括计划人员为各个工作中心制定相应的负荷文档。

二、执行

计划一旦制订，生产作业控制部门必须通知车间该做什么，以此将计划付诸实施。通常的做法是：对车间下达附有相关信息的指令，或者简单地发出一张说明产品信息、数量和完工期的进度表。生产作业控制部门应该收集车间生产产品需要的信息，并将物料需求计划授权的订单下达到车间，这称之为派工（dispatching）。

三、控制

一旦制订了计划并下达了车间订单，必须监视这一过程以了解实际情况，并将结果与计划进行对比以确定是否需要采取纠正行动。生产作业控制部门将完成以下工作：根据计划的优先权顺序将工作中心的车间订单进行排列，基于排列结果制定派工单，跟踪工作订单的实际执行情况并将其与计划对比。生产作业控制在需要的地方采取必要的纠正行动、重新计划、重新排程或调整产能，以满足最终交货需求。

监控在制品、提前期和工作中心的排队情况，汇报工作中心效率、作业时间、订单量和废品率。计划功能、执行功能和控制功能如图 11-2 所示。

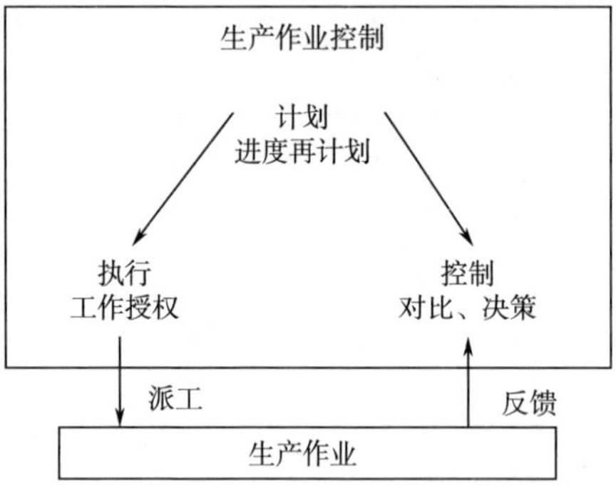

图 11-2　生产作业控制示意图

四、制造系统

各个公司使用的生产控制系统类型都不相同，但是都必须具备以上功能。不过这些功能的相对重要性取决于制造过程的类型。制造过程一般可以分为流水式制造、离散式制造和项目式制造三种。

（一）流水式制造（flow manufacturing）

流水式制造关注的是大批量标准产品的生产。如果产品是分立的（如汽车和家用电器），生产过程通常称作重复制造（repetitive manufacturing）；如果产品以连续流程生产（如汽油），生产过程称为连续制造（continuous manufacturing）。流水式制造的生产通常有以下四个主要特征：

（1）工艺路线是固定的，工作中心根据工艺路线安排。在一个工作中心进行工作的时间和在生产线上其他工作中心工作的时间几乎一样，以便使生产线保持稳定的流动。

（2）工作中心用于生产一系列范围有限的相似产品。通常需要专门设计的机器和工具来生产特定产品。

（3）通常使用机械工具将物料从一个工作站移动到另一个工作站。很少会形成在制品库存，搬运的次数很少。

（4）产能被生产线所固定。

流水式制造的生产作业控制工作集中在工作流的计划上，并确保正确的物料按计划投放到生产线上。由于工作站之间的工作流是自动进行的，因此执行和控制要相对简单些。

（二）离散式制造（intermittent manufacturing）

离散式制造的特征是产品设计、流程需求及订单量的多样性。离散式制造的生产过程有以下特点：

（1）通过车间的工作流是变化的，并且其变化取决于特定产品的设计。订单在一个工作站的加工时间可能长于在另一个工作站的时间，因此工作流是不均衡的。

（2）机器和员工必须有足够的灵活性，以应付工作的多样性。机器和工作中心通常根据其执行的功能进行成组布置（如所有的车床都安排在一个部门）。

（3）总的来说有效产出时间较长。将工作安排在正好需要的时候到达较为困难，订单在每个工作中心所需的时间不同，工作中心前的工件常常会排队等待，从而造成加工的长时间延迟。通常有大量的在制品库存。

（4）所需产能取决于被加工产品的特定组合，因此难以预测。

在离散式制造环境中，生产作业控制较为复杂，由于所生产产品的数量、产品工艺的变化及排程等问题，这类生产的生产作业控制是一项主要的工作。计划和控制常常通过每一批次的工厂订单来具体实施。本书对生产作业控制的大部分讨论都是假定在这种环境下进行的。

（三）项目式制造（project manufacturing）

项目式制造通常是指生产单个产品或小批量的产品，大型造船就是一个例子。由于产品设计经常随着项目的进展而展开或者修改，因此生产、营销、采购和工程之间需要有密切的配合。

项目式制造或管理使用许多与生产作业控制相同的技术，但也具有一些独特的特点。在项目管理中的一些做法可归纳为以下步骤：

（1）提出项目，包括找出该项目的要求。

（2）制订项目计划，包括项目范围、各项进度和任务、预算、资源和风险等。

（3）通过开展各项任务来实施项目。

（4）对项目任务和资源加以监控，并与各个利益相关人沟通项目的进展情况。

（5）结束项目，包括记录项目完成结果，以及在时间和成本等方面的变动情况。

第二节　数据需求

为了计划物料在生产中的加工过程，生产作业控制必须具备以下信息：

（1）生产什么及生产多少？

（2）为了满足完工日期，需要什么时候提供零部件？

（3）生产产品需要何种作业，作业要进行多长时间？

（4）各个工作中心的可用产能是什么？

生产作业控制必须具有数据或信息系统以开展工作。通常回答这些问题的数据被组织成数据库。数据库包含的文档有两类：计划和控制。

一、计划文档

计划文档需要四个：部件主文档、产品结构文档、工艺路线文档和工作中心主文档。

（一）部件主文档（item master）

部件主文档中为每个零件号设置了一个记录。该文档包含了与零件相关的所有数据。对生产作业控制来说，部件主文档包括以下内容：

（1）零件号，即分配给部件的唯一编号。

（2）零件描述。

（3）生产提前期，即生产该零件需要的正常时间。

（4）批量数量，即通常情况下的一次订货数量。

（二）产品结构文档（product structure 或 bill of material）

产品结构文档也叫物料清单，包括一系列单层部件的清单，以及组装母件所需的部件数量。它构成了仓库人员在汇总生产产品所需零件时所用的“检货单”基础。展示物料清单的方法有多种，包括单层物料清单、锯齿状物料清单、过渡型物料清单、矩阵型物料清单、已估算费用的物料清单等。在某些行业里，特别是在加工行业里，物料清单也被叫作配方、食谱或原料要素表等。

（三）工艺路线文档（routing）

在工艺路线文档中，每个要生产的零件都有记录。工艺路线由生产产品需要的一系列作业组成。对每一个产品，该文档都是一个描述如何生产产品的逐步指令，它提供了以下详细信息：

（1）生产产品的作业及进行这些作业的先后顺序。

（2）每项作业的简单描述。

（3）每项作业需要的设备、工具和配件。

（4）准备时间——每项作业前准备设备所需要的标准工时。

（5）加工时间——每项作业加工一个单位需要的标准工时。

（6）每项作业的提前期。

（四）工作中心主文档（work center master）

工作中心主文档收集工作中心的所有相关数据。对每个工作中心，它提供以下详细信息：

（1）工作中心编号。

（2）产能。

（3）每周工作的班次。

（4）每班次机器运行工时数。

（5）每班次人工工时数。

（6）效率。

（7）利用率。

（8）排队时间——工件在加工前需要在工作中心等待的平均时间。

（9）备用工作中心——用来做备用的工作中心。

二、控制文档

离散式生产的控制通过车间订单和包含订单数据的控制文档进行。

（一）车间订单主文档（shop order master）

每个有效的生产订单在车间订单主文档中都有记录。其目的是提供每个车间订单的简要数据，诸如以下信息：

（1）车间订单号，一个唯一标识车间订单的数字。

（2）订购量。

（3）完成的数量。

（4）废品数量。

（5）发给订单的物料数量。

（6）交货期——订单预期完成的日期。

（7）优先权——用于排列相对于其他订单的顺序先后的数值。

（8）余额——尚未完成的数量。

（9）成本信息。

（二）包含订单数据的控制文档

每个车间订单都含有生产产品所需的每个作业的记录。每个作业的记录含有以下信息：

（1）作业编号。

（2）准备时间（计划的和实际的）。

（3）加工时间（计划的和实际的）。

（4）每项作业记为完成的数量。

（5）每项作业记为废品的数量。

（6）交货期或剩余的提前期。

第三节　订单准备

一旦收到加工订单的授权，生产作业控制就开始负责计划和准备将订单下达到车间。因此，必须对订单进行检查以确保必要的工具、物料和产能可用。如果这些没有就位，订单将不能够完成，因此也就不该下达。

如果使用物料需求计划软件，那么它会检测物料可用性并将其分配给车间订单，不需要进一步检查。如果没有使用这种软件，生产作业控制必须人工检查物料是否已经具备。

如果使用产能需求计划系统，必要的产能必须可用。然而，在这一阶段，由于产品的进度落后、劳动力每天变化等原因，计划的产能和实际可用的情况会有所差异。当不使用产能需求计划时，在下达订单前确定产能是否就绪就非常必要。

检查产能是否就绪分为两步：第一步，安排订单以查看产能何时需要；第二步，检查那一阶段的工作中心负荷。

第四节　排　程

排程的目的是满足交货期和最有效地使用生产资源。排程包括建立完成产品需要的每项作业的开始日期和结束日期。为制订一个可靠的进度计划，计划人员必须了解所涉及的每个工作中心的产品工艺、所需产能和可用产能、相互抵触的工作，以及生产提前期等。

一、生产提前期

生产提前期（manufacturing lead time，MLT）是通常情况下生产典型批量产品所需的时间。一般来说，生产提前期包含五个元素：

（1）排队时间——作业开始前工件在工作中心等待的时间。

（2）准备时间——工作中心准备进行作业需要的时间。

（3）加工时间——每项作业加工订单需要的时间。

（4）等待时间——工件移动到下一个工作中心前在前一个工作中心的时间。

（5）搬运时间——工作中心之间的运输时间。

总的生产提前期等于订单准备和下达时间加上每项作业的生产提前期。图 11-3 展示了构成生产提前期的要素。准备时间和加工时间是明确的，确定它们是工业工程部门的责任。排队、等待和搬运时间则由生产和生产作业控制部门加以控制。

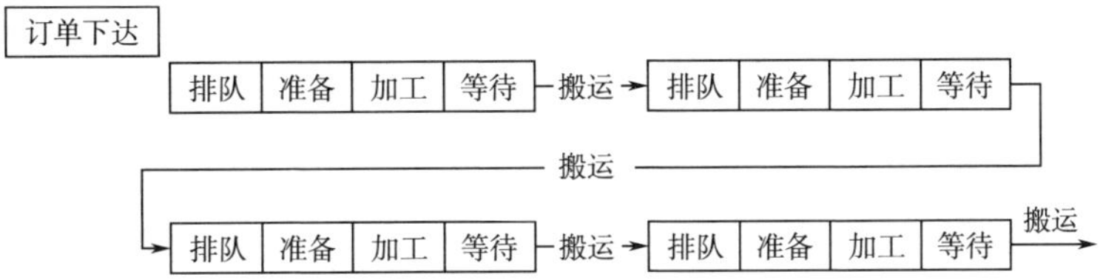

图 11-3　生产提前期

五个要素中最长的是排队时间。一般来说，在离散式制造中，排队时间占总提前期的 85%~95%。生产作业控制通过控制进出工作中心的工作流管理排队。如果等待加工的订单（负荷）减少，排队时间、提前期和在制品都会减少。提高产能也会减少排队。生产作业控制必须对制造过程的订单输入和可用产能进行管理，以控制排队和在制品。

与生产提前期密切相关的一个术语是产品周期（cycle time）。《APICS 词典》第 14 版定义产品周期为“物料从进入生产设备到出来的时间长度”。它的一个同义词是产出时间（throughput time）。

【例题 1】

一个订购 100 件产品的订单在 A 和 B 两个工作中心加工。A 的准备时间是 30 分钟，加工时间是每件 10 分钟。B 的准备时间是 50 分钟，加工时间是每件 5 分钟。两个作业之间的等待时间是 4 小时。A 和 B 之间的搬运时间是 10 分钟。B 作业后的等待时间是 4 小时，搬运到仓库的时间是 15 分钟。在其他工作中心没有排队等待。计算订单的总生产提前期。

【答案】

A 工作中心的作业时间＝30+（100×10）＝1 030（分钟）

等待时间＝240（分钟）

从 A 到 B 的搬运时间＝10（分钟）

B 工作中心的作业时间＝50+（100×5）　＝550（分钟）

等待时间＝240（分钟）

从 B 移动到仓库的时间＝15（分钟）

总的生产提前期＝2 085（分钟）

即该订单的总生产提前期为 34 小时 45 分钟。

二、排程方法

对工厂订单进行排程有很多种方法，但是所有的方法都要求理解前向排程和后向排程、无限负荷和有限负荷。

前向排程（forward scheduling）假定部件的物料采购和作业排程开始于订单接收的时刻，而不管交货期是什么时候，作业从这一天开始向后安排。图 11-4 的第一行即说明了这种方法。结果是产品在交货期前完成，通常会产生库存堆积。

前向排程通常用于计算完成一项任务需要多长时间，决定产品的最早交货期，为用户确定承诺日期及计算落后于计划的订单能否赶上进度等目的。

后向排程（backward scheduling）如图 11-4 第二行所示。工艺路线上的最后一项作业最先排定，并安排在交货期那天完成。从最后一项作业开始倒排先前的作业。后向排程根据产品的需要安排物料的可用性，与物料需求计划系统所用逻辑相同。这会减少在制品库存，然而由于系统中缺少松弛时间，顾客服务工作可能会受到影响。

后向排程用于确定订单必须于什么时候开始加工。由于其能够降低库存，因此被广泛用于按库存生产情况下。

无限负荷（infinite loading）也如图 11-4 所示。假定执行作业 1、作业 2、作业 3 的工作站在需要时产能可用。无限负荷没有考虑车间其他订单可能会争抢使用这些工作中心产能的情况，它假设有无限的产能可供使用。图 11-5 为一个无限产能的负荷图。注意产能超负荷和产能负荷不足。

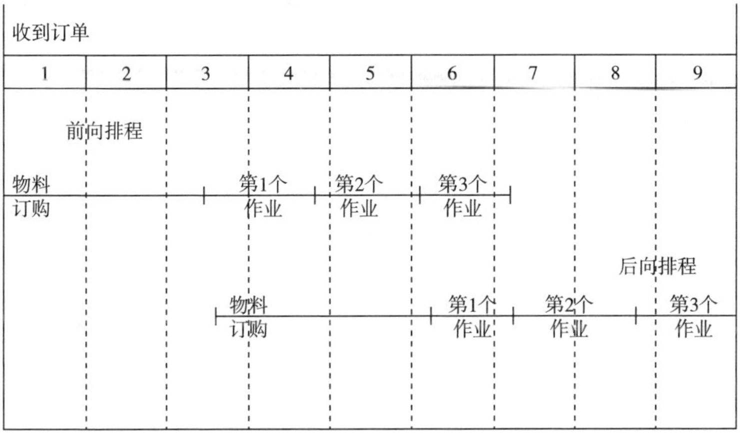

图 11-4　前向排程和后向排程：无限负荷

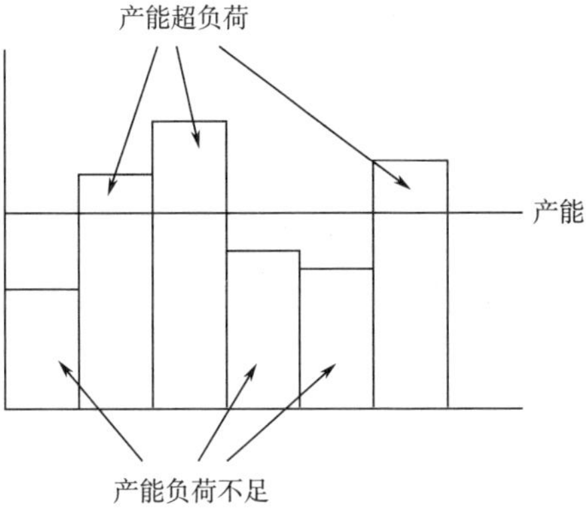

图 11-5　无限产能的负荷

有限负荷（finite loading）假定任何工作站的可用产能都有明确的限制。如果由于其他车间订单的存在，该工作站没有足够的可用产能，那么该订单就必须安排在不同的时间段。图 11-6 说明了这一情况。

在图 11-6 所示的前向排程示例中，第 1 个作业和第 2 个作业不能在它们需要进行的时候分别在它们的工作中心内进行，因为在它们需要的时间内所需产能不可用。这些作业必须重新安排到较晚时间段。同样，在后向排程的例子中，第

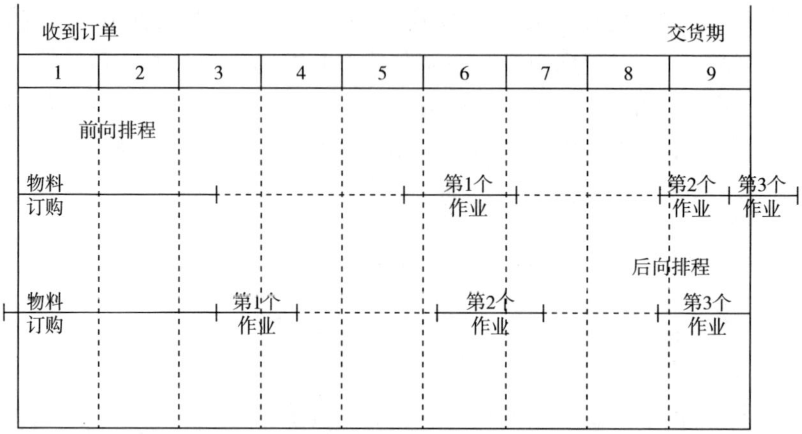

图 11-6　前向排程和后向排程：有限负荷

2 个作业和第 1 个作业在该执行时却不能执行，必须重新安排到较早的时间段内。图 11-7 为有限负荷图。注意负荷是平稳的，因此没有超出负荷的情况。

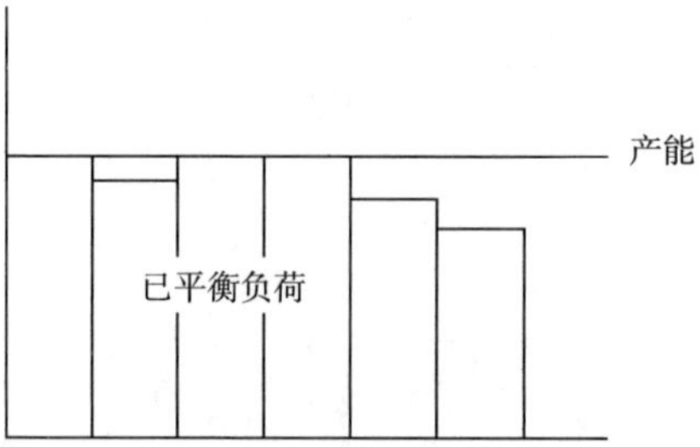

图 11-7　有限负荷

第十章介绍产能需求计划时曾给出一个后向排程的例子，生产作业控制使用同样的过程。

【例题 2】

公司收到 50 件 X 产品的订单，交货期在第 100 天。根据表 11-2 和图 11-8 的要求画出后向排程图。

（1）每台机器仅进行一项作业。

（2）工厂每周工作 5 天，每天单班工作 8 小时。

（3）零件每 50 个一批进行搬运。

表 11-2　零件作业表

零件	作业	时间
A	10	5

续表

零件	作业	时间
A	20	3
B	10	10
X	组装	5

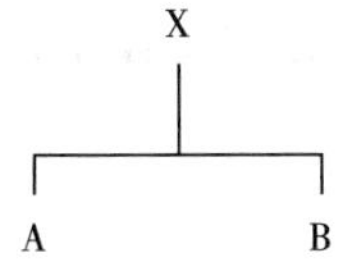

图 11-8 产品树

【答案】

后向排程如图 11-9 所示。

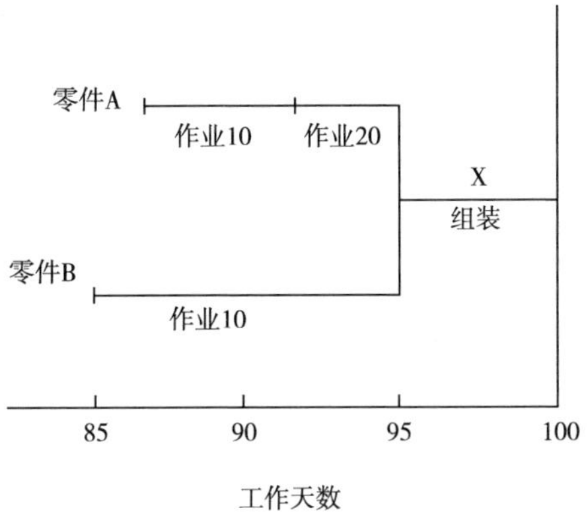

图 11-9 后向排程

三、并行作业

在并行作业（operation overlapping）中，允许下一个作业在前一个作业整个批次完成前进行。由于第 2 个作业在第 1 个作业加工完订单中的所有零件前开始，因而就减少了总生产提前期。图 11-10 展示了并行作业如何进行及可能减少的提前期。

在并行作业中，要注意加工批量（process batch）和转移批量（transfer batch）概念的不同之处。加工批量是指已经下达要生产的订单的总批量；而转移批量指的是从一个工作中心转移到另一个工作中心的数量。加工批量可以由一

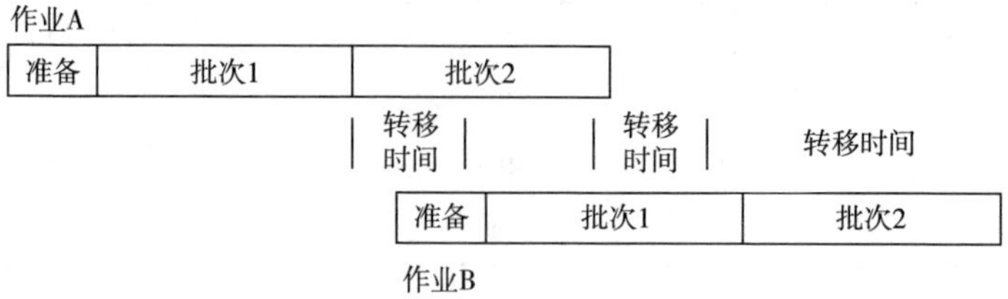

图 11-10　并行作业

个或多个转移批量构成，在实施并行作业时，一个订单至少分为两批。第一批在作业 A 完成后就传送到作业 B。在图 11-10 中，假设作业 B 直到收到第一批后才能准备就绪。在作业 A 继续加工第二批时，作业 B 开始加工第一批。作业 A 完成第二批后将其传送到作业 B。如果批量大小合适，作业 B 将没有闲置时间。生产提前期由于时间的交叉和排队时间的消除而得以缩短。

并行作业是加速生产订单的一种方法，但会产生一些成本。第一，搬运成本增加，尤其是并行进行的作业不在一起时。第二，可能增加其他订单的排队时间和提前期。第三，在第 2 个作业空等第 1 个作业的零件时不能增加产能，而是可能降低产能，问题在于确定两次批量的大小。如果作业 B 上的单件加工时间短于作业 A，那么第一个批次必须足够大以避免作业 B 上的闲置时间。

【例题 3】

参照生产提前期部分例题的数据。如果把整个批量 100 件分割为 70 和 30 这两个批量以进行并行作业 A 和 B。A、B 之间的等待时间和 B 到仓库的等待时间忽略，搬运时间相同。B 作业的准备在 A 批次到达时才开始。计算生产提前期，以及共节省了多少时间。

【答案】

批量 70 在 A 上的作业时间 = 30 + (70×10) = 730 (分钟)

A 到 B 之间的搬运时间 = 10 (分钟)

批量 100 在 B 上的作业时间 = 50 + (100×5) = 550 (分钟)

从 B 到仓库的移动时间 = 15 (分钟)

总的生产提前期 = 1 305 (分钟)

即生产提前期为 21 小时 45 分钟，共节省了 13 小时。

四、作业分割

作业分割 (operation splitting) 是缩短生产提前期的另一种方法。订单被分割成两个或更多的批次，同时在两台或多台机器上加工。如果批量分割成两部分，提前期中的加工时间将被有效地缩减一半，尽管这样会增加额外的准备工作。图 11-11 为作业分割的示意图。

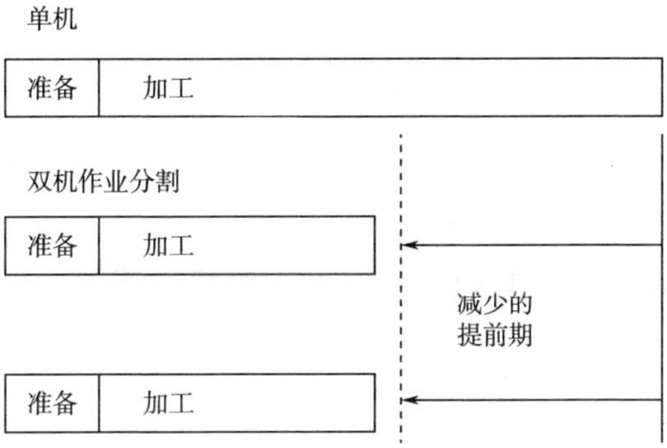

图 11-11　作业分割

作业分割非常适用于以下四种情况：

（1）与加工时间相比，准备时间较短。

（2）另一个合适的加工中心正好处于空闲状态。

（3）一个操作者能够同时操作多于一台的机器。

（4）具有多个同样的工具和设备。

上述第 4 种情况通常在机器自动加工作业时存在，这样能够留给作业人员准备其他机器的时间。装卸工件所需要的时间必须短于工件的加工时间。例如，装卸工件所需要的时间是 2 分钟，加工时间是 3 分钟，作业员在第二台机器工作期间就有时间在第一台机器上装卸工件。

【例题 4】

某个工作中心加工某部件的准备时间是 100 分钟，每件加工时间是 3 分钟。若在两台设备上同时加工 500 件订单，两台机器可以同时准备，计算总的作业时间。

【答案】

$$总的作业时间 = 100+3\times250 = 850\ （分钟）$$

第五节　负荷平衡

第十章产能需求计划部分讨论了负荷表。工作中心的负荷表通过计算每个时间段每个订单的作业标准工时，然后将其按时间段加总而建立起来。表 11-3 是负荷表的示例。

表 11-3 工作中心负荷表

工作中心：10　　可用时间：120 小时/周
描述：车床　　效率：115%
机器数目：3　　利用率：80%
额定产能：110 标准工时/周

周	18	19	20	21	22	23	总计
已下达负荷	18	100	80	30	0	0	315
计划负荷	0	0	30	80	130	80	350
总负荷	105	100	140	110	130	80	665
额定产能	110	110	110	110	110	110	660
超出/不足产能	5	10	-30	0	-20	30	-5

表 11-3 告诉生产作业控制系统该工作中心的负荷是多少。第 20 周产能短缺 30 小时，这意味着没有必要在这周下达所有已计划订单。或许可以在第 18、19 周下达一些订单，或者通过安排一些加班减少产能不足的情况。

第六节　服务业的排程计划

对于所有的行业而言，处理诸如资源计划、需求平衡，以及可用产能与需要产能等问题，都会是一项挑战。例如，在运输行业里，必须对车队的运输和路线做出计划，以便在把总成本降低到最小的同时，确保及时送达货物，减少停车检修和非生产性时间（如空车返回）等。

在卫生保健行业里，各个机构必须将可用产能（如医生、护士、技师、手术室、病房等）与动态的产能需求（如病人、急救车、大型创伤等）加以平衡。尽管可以对其中一些制订计划，如接待上级检查和每年体检量等，但大多数负荷却来自无法计划的事件，如疾病类型和自然灾害等，而且它们也难以预测。许多医院已经通过考察以往历史上每月的病人人数来预测疾病发展趋势和季节性，以便更好地对产能做出计划。医院还对时间进行了研究，借以确定某些工作的标准，如实验室检验时间、手术准备时间等，以此来确定某些特殊资源的可用产能。

在零售业、食品业、航空业等服务行业中，资源计划也很关键。对服务人员的计划安排常常以星期、天或小时为单位来进行，依据的是对于顾客最可能什么时候需要提供服务的预测。在这种情况下，产能的主要部分是人力资源，但也包括设备、工具和时间。有些行业，如航空业和运输业，还要考虑对员工工作时间的限制，如每天不得超过一定的小时数。

在服务行业中，公司可以通过灵活雇用员工（如对员工进行多项培训，使用兼职工）或使用自动化设备（如自助报摊）等方法，来优化资源和增加产能。一些非紧急的工作，如清洁和保养等，可以安排在没有客户需求或需求很少的期间，让员工完成。一家广受欢迎的食品连锁店制订了自己的计划，包括工间休息时间，预测需要准备多少食物，什么时间需要停止烘烤食物，以及向顾客提供样品供尝试等。

第七节　瓶颈计划

在离散式制造中，几乎不可能平衡各个工作站的可用产能和对其产能的需求。其结果就是有的工作站负荷超出，有的工作站负荷不足。负荷超出的工作站称为瓶颈，也就是所需产能高于可用产能的工作站。《APICS 词典》第 14 版将瓶颈定义为："产能低于对其需求的设备、功能、部门或资源。"

一、有效产出

有效产出（throughput）是通过设备的生产总量。瓶颈控制了需要其加工的所有产品的有效产出。如果供给瓶颈工作中心的在制品多于瓶颈可以加工的量，就会形成过多的在制品库存。因此，必须以瓶颈能够加工的速率安排通过瓶颈的工作。瓶颈加工中心的有效产出即由瓶颈控制，它们的生产计划应该由这些瓶颈决定。

【例题 5】

假定某厂家生产货车，货车由厢体、拉手和两个轮子组成。货车的需求量是每周 500 辆。车轮装配产能是每周 1 200 套，拉手装配产能是每周 450 个，最终的组装量为每周 550 辆货车。

（1）工厂的产能是多少？

（2）什么制约了工厂的有效产出？

（3）每周应该生产多少车轮？

（4）车轮装配作业的利用率是多少？

（5）如果车轮装配的产能利用率增加到 100%，会有什么情况发生？

【答案】

（1）每周是 450 单位。

（2）有效产出受到拉手装配作业产能的限制。

（3）每周应该生产 900 个车轮。这和拉手装配产能相匹配。

（4）车轮装配作业利用率是 900÷1200＝75%；

（5）会产生过量库存。

二、瓶颈问题

服务业也有瓶颈问题，如一个患者的住院时间长短、餐馆里就餐时间内餐桌的周转次数、一位客户在银行排队等待的时间等。服务机构的困难之一就是一项服务所花的时间长短难以确定。例如，交易数量和业务类型不同，顾客在银行里排队等候的时间也不同。

（一）瓶颈原则

这里还要介绍一下瓶颈原则（bottleneck principles）。由于瓶颈控制了设备的有效产出，因此必须注意以下重要原则：

（1）非瓶颈资源的利用率不是由其自身的潜能所决定的，而是取决于系统中的另一个约束。在例题 5 中，车轮装配作业的利用率取决于拉手装配作业。

（2）100%使用非瓶颈资源时间并不能产生 100%的利用率。在例题 5 中，如果车轮装配作业的时间 100%使用，每周就生产 1 200 套车轮，比需求多 300 套。由于库存的增加，车轮作业最终将不得不停止。

（3）系统的产能取决于瓶颈的产能。在例题 5 中，如果拉手装配作业出现问题，工厂的有效产出就会减少。

（4）非瓶颈资源上的时间节约对系统没有任何作用。在例题 5 中，假设工程部门把车轮装配作业的产能突然提高到每周 1 500 套，那么这个额外的产能不会被使用，因而没有任何意义。

（5）产能和优先权必须同时考虑。在例题 5 中，假设货车厂商生产两种类型的拉手，在准备时没有任何产品生产，这就意味着降低了系统产能。由于拉手装配是瓶颈，所以该作业中的每次准备都减少了系统的有效产出。比较理想的情况是，公司在生产其中一种类型 6 个月后转而生产另一种类型。然而需要另一种类型拉手的客户不会愿意去等待 6 个月。这就需要折中考虑，即在满足优先权（需求）的同时，尽可能长时间地进行加工。

（6）负荷可以而且必须被分割。在例题 5 中，假设拉手装配作业（瓶颈）每两周生产一种类型的拉手，然后转而生产另一种类型的拉手，批量大小是 900 件。厂商可以每次转移一天的生产量（90 件），而不是等到 900 件都生产完后才将其转移到最终装配区。加工批量（900 件）和转移批量（90 件）不同。这样，转移给最终装配区的数量与最终装配的使用量匹配，而且减少了在制品库存。

（7）重点应该放在平衡通过车间的工作流上。关键是最终生产出可销售产品的总的有效产出。

（二）瓶颈管理

接下来，让我们看一下瓶颈管理（managing bottlenecks）。鉴于瓶颈对系统的有效产出如此重要，因此对它们的安排和控制尤为重要。必须做好以下几点：

（1）在每个瓶颈之前建立时间缓冲。时间缓冲是每个瓶颈前的库存（排队）区。由于使瓶颈保持工作最为重要，因此瓶颈绝不能缺少物料，只有当工作站进料中断时才能产生缺料情况。时间缓冲最长也只能等于由于工作站进料中断造成的预期延迟。这样一来，时间缓冲就能够保证不会由于缺料而使得瓶颈停机，这个队列也会保持在预定的最低数量上。

（2）控制物料进入瓶颈的速率。瓶颈必须以等于其产能的速率进料，这样时间缓冲就能保持为一个常量。作业序列中的第一个作业叫作门径作业（gateway operation）。这个作业控制了供应瓶颈的工作，它必须以等于瓶颈产出的速率进行工作，这样时间缓冲队列才能得以维持。

（3）想方设法提高瓶颈产能。瓶颈产能任何程度的提高都能提高系统产能。较高的利用率、较少的准备活动，以及通过改进来减少准备时间和加工时间的方法，都是增加产能的有效途径。

（4）调整负荷。与提高瓶颈产能相似，但重点是减少瓶颈上的负荷，采用诸如备用工作中心和转包的方法。这些方法较之使用瓶颈的成本更高，但是提高了非瓶颈的利用率和整个系统的有效产出，公司的销售和利润也会提高。

（5）变更计划。这是最后不得已的选择，但为了提供准确的交货期，或许必须这么做。

一旦根据其可用产能和要满足的市场需求排定瓶颈，非瓶颈资源也就排定了。工作订单在瓶颈上完成后，在随后的作业上也排定了。

供料作业应该通过从瓶颈点开始的后向排程来保护时间缓冲。如果时间缓冲设置为 4 天，紧靠瓶颈前的作业就要计划在瓶颈加工之前 4 天完成需要的零件。前面的每一个作业都可以用同样的方法进行倒排，这样零件就能在下一个作业要求时可用。由于供料作业上发生的任何扰动都能被时间缓冲吸收，因此有效产出不会受到其影响，而且在制品库存也减少了。由于排队等待时间被限制在时间缓冲期内，因此提前期也缩短了。

包括医院、银行和餐馆等在内的每种工作都会发生瓶颈现象。因此如果可能，必须对其加以管理，以保持顾客的忠诚度。如果瓶颈的出现是因为人手不够，那么可以考虑加班或增加工作班次。但在某些情况下，增加产能（如增加旅馆的客房数或飞机座位数）不是那么容易实现的。

一家大型航空公司确认，自己的瓶颈是飞机的周转率太低，由此限制了它们的航班数，并且还导致了它们有限的资源（飞机机组人员）太多的停工时间。从到达机场终点开始算起，在旅客下飞机、清洁飞机、重新补充食品、为飞机加油、卸下和重新装载行李、准备下一批旅客登机等工作上，一共最少要花 45 分钟。该航空公司还确定，飞机周转率和准时率之间也有关联。通过采用技术手段使行李车分段运行，以及在飞机机组人员和坡道人员之间使用更加可靠的通信系统等办法，它们把这个时间降低到平均 20 分钟。而这也使正点起飞率提高了 30%。

第八节　约束理论及其应用

本节是基于艾利雅虎·M. 高德拉特（Eliyahu M. Goldratt）在《约束理论》一书中提出的理论所编写的。约束理论让很多人重新思考其管理生产流程的方法。约束理论的基本观点是，提供产品或服务的每一个作业都是一系列相互关联的流程。每一个流程都有明确的产能去生产给定的、定义明确的作业产出，并且每种情况都有一个流程限制了整个作业的有效产出。图 11-12 展示了生产产品 A 的作业实例。

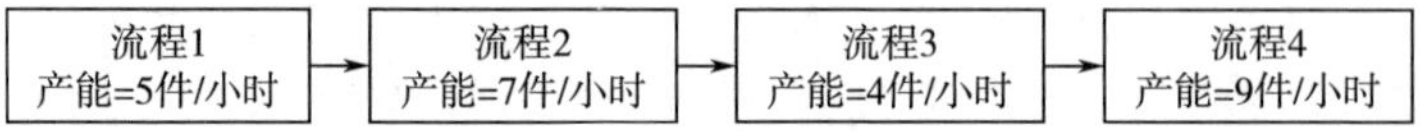

图 11-12　产品 A 作业流程

整个作业受到流程 3 每小时生产 4 件的限制。不管其他流程的效率是多少，也不管流程 1、流程 2、流程 4 改进了多少，都不可能超过每小时 4 件的总作业产出。提高流程 1 和流程 2 的效率及利用率只会增加库存，而不是销售额。

实际上，找出一个流程中的约束点是十分简单的。在生产最终产品时，总是需要有一套明确的行动（加工过程）。如果发现一个工序使用了全部产能，而在该工序之后等待加工的库存量增加了，这时加工过程的中断是因为一个工序由于需要加工这些库存而导致其他工序处于闲置状态，那就可以发现约束所在了。如果所有的订单都已经排定，这些订单所需要的全部原料都已经到位，但生产过程中所有的工序都有闲置时间，那么我们就说销售量受到了约束。

一、管理约束

第七节提出的几个瓶颈原则，可以帮助理解如何管理约束流程及瓶颈。其中，注重平衡车间总的作业流，依据约束保持平稳的工作次序等，都是约束理论的关键内容。

二、改进流程

瓶颈一旦确定，就可以采用以下五个步骤来提高作业的绩效。

（一）找出瓶颈

这意味着需要检查整个工作过程以确定哪个流程制约了有效产出。它不是把流程检查仅仅限制在作业流程上。例如，在图 11-12 中，假设销售部门仅仅以每小时 3 件的速率销售，在这种情况下，销售就成了瓶颈，而不再是流程 3。必须记住，是瓶颈而非库存或生产制约了有效产出。

（二）充分利用瓶颈

寻找最大化瓶颈利用率的方法以取得高效的有效产出。例如，流程上的很多作业在午饭时间会停止，但如果某个流程是瓶颈，作业就应该考虑利用午饭时间，而且绝不能让瓶颈空闲下来。

（三）瓶颈绝对优先

瓶颈的有效利用是最重要的事情，其他都是次要的。

（四）提高瓶颈产能

也就是设法提高瓶颈的可用工时，包括提高其产能。

（五）当瓶颈不再是瓶颈时，找到新的瓶颈，重复以上步骤

随着瓶颈有效利用率的提高，瓶颈可能不再是瓶颈，而另一个流程变为瓶颈。在这种情况下，应当及时将工作重心转移到新的瓶颈流程上。

三、应用约束理论排程

实际上，用约束理论（theory of constraints，TOC）开发的排程有其特有的方法，经常被叙述为鼓—缓冲—绳（drum-buffer-rope）。

（一）鼓

系统中的鼓指“鼓点”或者生产节奏，它代表作业的主计划，关注的是由约束所确定的有效产出的节奏。需要注意的是，一旦约束的节奏被确定了，如果还想生产比约束所能处理的工作量更多的产品，都是不可能的。如果真这么做的话，只会增加在制品的库存，而这实际上可能会降低该约束的效能。

（二）缓冲

由于约束绝不能缺少必要的库存，所以通常在约束之前设置时间缓冲。由于

它代表了缓冲中防止瓶颈中断的库存的时间量，所以叫作时间缓冲。在许多系统中，实际上有约束缓冲、组装缓冲和发货缓冲三种形式。约束缓冲常常体现在加工时间上，用来保护缓冲免受意料之外的流程变化。例如，为了保证上游工序完成其加工，并且使得物料能在实际需要它们之前两天到达，设定两天的缓冲时间是必要的。最初所用的时间缓冲常常是从原料下达，一直到达该约束的整个加工时间。组装缓冲指的是这样一段时间，就是从原料下达，直到这样一个流程，在该流程上，那些不必通过约束流程的部件，要和必须通过该约束流程的部件组装在一起。发货缓冲指的是物料从离开约束流程到完成最终产品的这段处理时间。

（三）绳

这里用绳子比喻将生产“拉动”到瓶颈流程进行必要的加工。尽管这可能意味着反应式补货系统（reactive replenishment system），比如再订货点法（record point），但它可以通过较好的协调，在正确的时间将物料下达到系统来实现。绳子以维持缓冲节奏的方法来安排原料的下达，借以确保约束不会“挨饿”，等着物料的到来，同时也不会有过多的库存积压。这些基本上都是由约束流程的加工能力所决定的。

实际上，鼓—缓冲—绳排程系统主要着重于有效管理企业的有效产出和销售的瓶颈。

约束理论也包括协助制定和实施机构变革的过程。该过程的第一步是识别核心矛盾，随后通过建立当前现实树（current reality tree）确认。从核心矛盾中识别出这些负效应（undesirable effects）后，下一步是开发未来现实树（future reality tree），以此来设定解决问题的战略。最后的步骤是建立战术目标图，用以确定实现未来现实树的战略。

【例题 6】

生产 X 需要 1 单位的 Y 和 1 单位的 Z 部件。Y 和 Z 都是在第 20 个工作中心加工，该工作中心的可用产能是 40 小时。部件 Y 的准备时间是 1 小时，加工时间是每件 0.3 小时。Z 的准备时间是 2 小时，加工时间是每件 0.2 小时。计算可以生产的 Y 和 Z 的数量。

【答案】

设 n 为可以生产的 Y 和 Z 的数量

$$T_Y + T_Z = 40(\text{小时})$$

$$1 + 0.3n + 2 + 0.2n = 40$$

$$0.5n = 37$$

$$n = 74$$

因此，工作中心 20 可以生产 74 单位的 Y 和 74 单位的 Z。

【例题 7】

在这个问题中，母件 A 由一个 B 和 2 个 C 构成，A 和 B 都在工作站 1 制造，而该工作站的产能是每周 40 小时。C 由工作站 2 来加工，该工作站的产能也是每周 40 小时。

基于表 11-4 中的数据，计算每周最多可以生产 A、B、C 的数量。

表 11-4　准备时间和加工时间

产品	准备时间（小时）	加工时间（小时/单位）
A	2	0.1
B	2	0.2
C	1	0.3

【答案】

B 的生产数量应当等于 A 的生产数量，以避免过度生产。因此，在公式中，B 的数量可以用 A 的数量来表示。T_A 为生产 A 的时间，T_B 为生产 B 的时间，N_A 为生产 A 的数量，N_B 为生产 B 的数量。

工作站 1：

$$T_A + T_B = 40(\text{小时})$$
$$2 + 0.1N_A + 2 + 0.2N_A = 40$$
$$0.3N_A = 36$$
$$N_A = 120(\text{个})$$

工作站 1 有足够的产能来生产 A 和 B，从而每周制造出 120 个 A。

工作站 2：

C 的生产数量应当等于两倍 A 的生产数量，以避免过度生产。因此，在公式中，C 的数量可以用 A 的数量 2 倍来表示。

$$T_C = 40(\text{小时})$$
$$1 + 2 \times 0.3N_A = 40$$
$$0.6N_A = 39$$
$$N_A = 65(\text{个})$$

工作站 2 有产能生产足够的 C，来支持每周生产 65 个 A。为避免过度生产，工作站 1 应当每周生产 65 个 A 和 65 个 B。而工作站 2 应当每周生产 130 个 C（足够生产 65 个 A）。

在这个例子中，工作站 1 将有很低的利用率。但是，每周生产 65 个以上的 B，只会造成库存积压，而工作站 1 将会因为工作站 2 而感到“饥饿”，因为工作站 2 每周只能生产 130 个 C。

第九节 实 施

具备工具、物料和产能的订单更有机会准时完工，因此这些订单可以下达到车间。其他不具备所有要素的订单不能够下达，因为它们只会增加过量的在制品库存，并且可能妨碍可以完工的订单的工作。订单下达过程如图 11-13 所示。

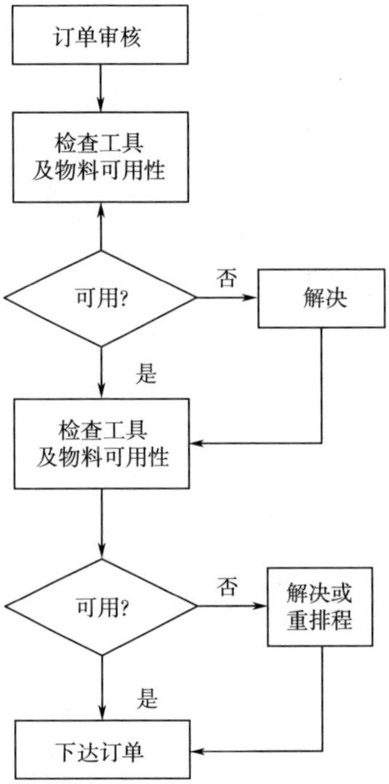

图 11-13 订单下达过程

实施是通过下达车间订单给生产部门并授权其加工产品来实现的。工厂通常会编辑各车间资料包（shop packet），其内容包括车间订单和生产中需要的其他任何信息，具体包括下列信息：

（1）车间订单，上面有车间订单号、零件号、名称、规格描述和数量。

（2）工程图纸。

（3）物料清单。

（4）工艺路线表，上面有要进行的作业、必要的设备和配件、使用的物料、准备时间和加工时间等。

（5）授权生产部门去仓库领取所需物料的发料单。发料单也用于向车间订单索取物料费用。

（6）授权生产部门从工具仓库领取所需工具的工具申领单。

（7）要进行的每个作业的作业传票。作业传票除授权每个要进行的作业之外，还作为报告系统的一部分。工人可以使用作业传票记录作业的开始和结束，这样一来，作业传票就成为作业记录。

（8）授权和指导工作在各项作业之间移动的转移单。

如今，许多制造公司使用无纸系统，该系统通过一张生产进度表，而不是通过车间订单来授权生产。车间资料包被电子访问记录等同样的电子信息而取代，并且用线上的物料流动报告和人工报告来取代各种清单和传票。

第十节　控　制

工作订单一旦下达到了生产部门，就必须对其进度加以控制。为了控制进度，就必须测量工作绩效并将其与计划进行对比。如果实际情况（所测量的结果）与计划偏离很大，那么要么修改计划，要么采取纠正措施使其按照计划进行。

生产作业控制的目标是满足交货期和最充分地利用公司资源。为满足交货期，公司必须控制车间的订单进度，也就是控制订单的提前期。本章在前面已经讨论过，订单提前期的最大一部分是排队等待。如果排队得到控制，交货期就能得到保证。本章第一节讨论了离散作业的一些特征，不同的产品和订单数量有许多不同的工艺路线，每一个都需要不同的产能。在这种环境下，几乎不可能平衡所有工作站的负荷，不稳定的输入/输出导致了排队等待的存在。

为控制排队和履行交货承诺，生产作业控制必须做到以下两点：第一，控制进入和流出工作中心的工作流，一般称为输入/输出控制（input/output control）；第二，设置每个工作中心所加工订单的正确优先权。

一、输入/输出控制

生产作业控制必须平衡进入和流出不同工作中心的工作流。这就是保证排队、在制品和提前期得到控制。输入/输出控制系统是通过监测和控制设备的输入和输出来管理排队、在制品和提前期的一种方法。它被设计用于平衡每小时的输入率及产出率，这样就实现了控制。

输入率通过订单下达到车间进行控制。如果输入率增加，排队、在制品和提前期就会增加。输出率则通过增加或减少工作中心的产能进行控制。产能变化是生产中的一个问题，但可以通过加班或休班、工人轮班等予以调节。图 11-14 说明了这种理念。

为控制输入和输出，必须制订计划，使用的方法是将实际情况与计划进行对比。这个信息显示在输入/输出报表（input/output report）中。表 11-5 是这种报表的示例，结果以标准工时为单位。

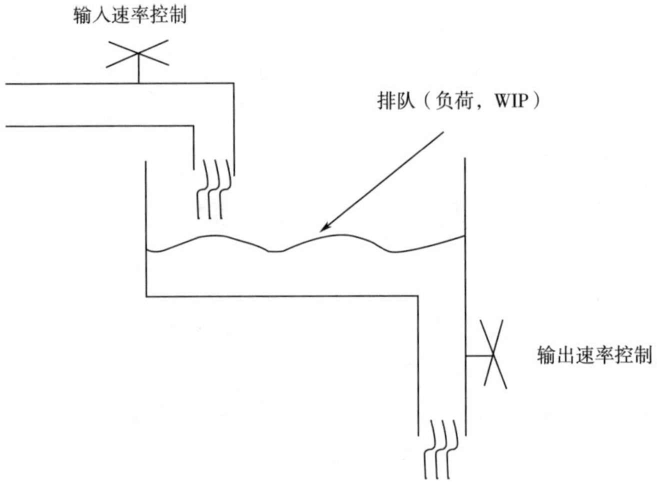

图 11-14　输入/输出控制

表 11-5　输入/输出报表

工作中心：201
每期产能：40 标准工时

生产期	1	2	3	4	5	总计
计划输入	38	32	36	40	44	190
实际输入	34	32	32	42	40	180
累计差异	-4	-4	-8	-6	-10	-10
计划输出	40	40	40	40	40	200
实际输出	32	36	44	44	36	192
累计差异	-8	-12	-8	-4	-8	-8
计划积欠订单	32	30	22	18	18	22
实际积欠订单	32	34	30	18	16	20

累计差异（cumulative variance）是一定时间段内总计划与当期实际总和的差，计算如下：

累计差异 = 前期累计差异 + 实际 - 计划

第 2 周的累计输入差异 = - 4 + 32 - 32 = - 4

积欠订单和排队相同，以小时表示要进行的工作。计算如下：

第 1 期计划积欠订单 = 前期积欠订单 + 计划输入 - 计划输出 = 32 + 38 - 40 = 30(小时)

报表显示计划原本维持每期均衡输出，以减少 10 个小时的排队和提前期，但是实际的输入和输出都低于预期。

计划输入和实际输入监测的是到达工作中心的工作流；计划输出和实际输出监测的是工作中心的绩效；而计划积欠订单和实际积欠订单监视的是排队和提前期情况。

【例题 8】

完成下面第 1 周和第 2 周的输入/输出报表，如表 11-6 所示。

表 11-6　第 1 周和第 2 周的输入/输出报表

周		1	2
计划输入		45	40
实际输入		42	46
累计差异			
计划输出		40	40
实际输出		42	44
累计差异			
计划积欠订单	30		
实际积欠订单	30		

【答案】

第 1 周累计输入差异 = 42 - 45 = - 3

第 2 周累计输入差异 = - 3 + 46 - 40 = 3

第 1 周累计输出差异 = 42 - 40 = 2

第 2 周累计输出差异 = 2 + 44 - 40 = 6

第 1 周计划积欠订单 = 30 + 45 - 40 = 35

第 2 周计划积欠订单 = 35 + 40 - 40 = 35

第 1 周实际积欠订单 = 30 + 42 - 42 = 30

第 2 周实际积欠订单 = 30 + 46 - 44 = 32

二、作业排序

《APICS词典》第14版将作业排序定义为："基于产能（如现有人工或机器可用性）和优先权对每个工作中心加工的实际工件的短期计划方法。"这里的优先权是指在工作中心加工工件必须遵守的顺序。

物料需求计划建立合适的需要日期和数量。时间长了，一系列原因会导致日期和数量变化。例如：顾客可能需要不同的交货数量和日期；零部件的交付，无论是供应商还是工厂内部都可能无法完成；废品、短缺和老化可能发生。此外，多个订单可能会有同样的交货期，或者将多项工作安排在同一天交由一个特殊的工作中心来加工，这就需要排队。优先权的控制通过派工进行。

（一）派工

1. 派工（dispatching）含义

派工是将手头工件在各个加工中心的加工进行选择和排序的功能。派工单（dispatching list）是优先权控制的工具，它列出可在工作中心加工的所有工件的作业，并标明工件的优先权顺序，一般包括下列信息，并且至少要每天进行更新并公布：

（1）工厂、部门和工作中心。

（2）零件号、车间订单号、作业号和工件在工作中心的作业描述。

（3）标准工时。

（4）优先权信息。

（5）到达工作中心的工件。

表11-7是日常派工单的例子。

表11-7　派工单（双机，每天单班8小时）

工作中心：10

额定产能：16标准工时/天

车间日期：250

订单号	零件号	订购量	准备时间	加工时间	总时间	完成数量	剩余负荷	作业开始日期	作业结束日期
123	6554	100	1.5	15	16.5	50	80	249	250
121	7345	50	0.5	30	30.5	10	24	249	251
142	2687	500	0.2	75	75.0	20	75	250	259
				总可用负荷/标准工时			107		
待加工									

续表

订单号	零件号	订购量	准备时间	加工时间	总时间	完成数量	剩余负荷	作业开始日期	作业结束日期
145	7745	200	0.7	20	20.7	0	20.7	251	253
135	2832	20	1.2	1	2.7	0	2.7	253	254
				总未来负荷/标准工时			23.4		

2. 派工规则（dispatching rules）

派工单上的工作顺序是通过应用优先权规则加以确定的。规则有很多种，有的是为了减少在制品库存，有的是为了最小化延误订单数，还有的是为了最大化工作中心产出。没有一个规则是完美的，也没有一个规则会实现所有目标。一些常用规则包括：

（1）先到先服务（FCFS）。工件按其到达的顺序进行加工。这个规则忽略了交货期和加工期。

（2）最早交货期（EDD）。根据工件的交货期进行加工，考虑交货期，但是不考虑加工期。

（3）最早作业交货期（ODD）。根据工件作业交货期进行加工，同时考虑交货期和加工时间。作业交货期在车间也便于理解。

（4）最短加工时间（SPT）。工件根据加工时间进行排序。这个规则忽略了交货期，但它将要加工的工件数最大化。较长加工期的订单一般要延迟。

表 11-8 说明了排序规则如何工作。需要注意的是，不同的规则通常产生不同的排序。

表 11-8 排序规则的应用

工件	加工时间（天）	到达日期	交货期	作业交货期	排序规则			
					FCFS	EDD	ODD	SPT
A	4	223	245	233	2	4	1	3
B	1	224	242	239	3	2	2	1
C	5	231	240	240	4	1	3	4
D	2	219	243	242	1	3	4	2

另一个必须提及的规则是关键比率（critical ratio，CR），它是工作中一个订单相对于其他订单的优先权指数。关键比率建立在剩余的时间和剩余的工作比率之上，通常表示为：

关键比率（CR）=（交货期−当前日期）÷剩余提前期=实际剩余时间÷剩余提前期

剩余提前期包括生产提前期的所有要素，表示为通常完成工件所需要的时间量。

如果实际剩余时间少于剩余提前期时间，就意味着没有足够的时间完成工件，工件就落后于计划。同样，如果剩余提前期和实际剩余时间相等，工件就是在按计划加工。如果实际剩余时间大于剩余提前期，则代表工作超前于计划。如果实际剩余时间小于1，说明工作已经落后。表11−9总结了这些实际情况并对应于关键比率。

表11−9　关键比率说明

CR小于1（实际时间小于提前期）	订单落后于计划
CR等于1（实际时间等于提前期）	订单按计划加工
CR大于1（实际时间大于提前期）	订单超前于计划
CR等于0或更小（今天的日期大于提前期）	订单已经延迟

因此，在使用关键比率派工规则时，订单按其关键比率的顺序列出，最小的排在第一位。一个订单的关键比率会随着实际剩余时间和剩余提前期的变化而改变。

【例题9】

今天的日期是第175天，订单A、B、C的交货期和剩余提前期如表11−10所示。计算每个订单的实际剩余时间和关键比率。

表11−10　订单的交货期和剩余提前期

订单	交货期	剩余提前期（天）
A	185	20
B	195	20
C	205	20

【答案】

订单A的交货期是第185天，今天是第175天，还有10天的实际剩余时间。由于剩余提前期是20天，所以

$$关键比率 = 10 \div 20 = 0.5$$

采用同样的方法计算订单B和C的实际剩余时间和关键比率，最后三个订单的关键比率结果如表11−11所示。

表 11-11　关键比率

订单	交货期	剩余提前期（天）	实际剩余时间（天）	CR
A	185	20	10	0.5
B	195	20	20	1.0
C	205	20	30	1.5

订单 A 的实际剩余时间小于剩余提前期，所以 CR 小于 1，因此其落后于计划。订单 B 的 CR 等于 1，刚好按计划进行。订单 C 的 CR 等于 1.5（大于 1），比计划提前完工。

另一个排序规则叫松弛时间（slack time）。松弛时间是将一个订单的剩余准备时间和加工时间加进去，然后将其从剩余时间中减去。那些具有最少松弛时间的工作将排在第一位。松弛时间也可以除以剩余操作数，得出的是每个操作的松弛时间，那个具有最小值的工作应当具有优先权。

派工规则应该便于使用和理解。每个规则都产生了一个不同的顺序且有着各自的优缺点。不管选择哪个规则，都应该和计划系统的目标保持一致。

第十一节　生产报表

生产报表为工厂车间的实际情况提供反馈。它使得生产作业控制能维持现有库存和在购库存余额、工件状况、库存缺货、废品、物料短缺的有效记录。生产作业控制需要这些信息来建立适当的优先权，并回答关于交货、短缺和订单状况等问题。制造管理部门需要这些信息制定工厂作业决策，而财务部门需要这些信息计算员工薪酬。

必须对数据进行收集、分类并汇报。特殊数据的收集取决于各个部门的需求。数据收集有很多种方法。有些时候，由作业员汇报作业、订单、搬运的开始时间和完成时间，并在事件发生时就使用在线系统通过数据终端直接汇报。在其他情况下，作业员、检查员或计时员使用作业报表汇报这些信息，作业报表包括车间资料包。此外，诸如库存的收、发等信息也要进行报告。

数据收集完之后必须进行分类，然后编制成合适的报表。各种报表需要的信息种类有以下几种：

（1）订单状况。

（2）部门或工作中心每周的输入/输出。

（3）诸如废品、返工、车间订单延迟等异常报告。

（4）库存状态。

（5）工作中心和部门效率等的绩效总结。

第十二节　产品跟踪

生产控制通常要负责进行产品跟踪（product tracking）或者批量可追溯性（lot traceability）的工作。这实际上是一种反向追溯零部件或者物料最初来源的过程。这在纺织和油漆等需要进行配色的行业具有非常强的实用价值，它可以确保产品在制造时，或者在产品的生命周期内，该产品的不同部分保持配色的一致性。同样地，在食品、药品以及宇航等行业，就可以利用向后追溯找到所有物料的来源，并召回所有使用同一批物料的产品。由于在收集信息的时候需要沿着其他供应链逐一进行收集，因此通常要求生产作业控制人员发挥一丝不苟的工作精神。

第十三节　测评系统

正如前面提到过的，为了控制工作进程和及时调整计划，必须对工作结果加以考核，并将其与原先的计划加以比较。在生产作业控制领域内，有许多绩效测评方法。这些测评的主要目的，就是对绩效提供客观的考核手段，并在必要时采取纠正措施。重要的是，无论采用哪种测评方法，都必须与机构的总的绩效测评目标保持一致。

除了本书前面已经讨论过的利用率、效率、生产率、实际产能，以及输入/输出控制等指标之外，一些更加常见的测评指标还有：

（1）实际与计划提前期（actual vs planned lead time）。它是指实际的完成时间与设定提前期的比较。

（2）按时完成订单的百分数（percent orders completed on time）。它是指按时（既不提前，也不延后）完成订单占所有订单的百分比。

（3）计划执行表现（performance to schedule）。它是指生产的数量和日期与主生产计划之间的比较。

【本章小结】

生产作业控制关注的是将物料需求计划转换为行动，并将取得的结果进行汇报，在需要时修改计划并采取行动，以便得到需要的结果。订单下达、派工和工作进展报表是三个主要方法。为完成计划，本章说明了生产作业控制必须为每个订单制订详细的计划，为工作中心所做的工作设定优先权，而且要保持更新。生产作业控制也负责管理排队和提前期。同时非制造行业也必须控制产能和库存，以监控工作进展，并管理资源，以及制订恰当的计划，由于约束理论（TOC）将生产设施、供应商和市场看作一系列相关的功能，因而修改了生产作业控制这种方法。其中，约束理论试图优化系统的约束（瓶颈），因为瓶颈影响了整个系统的有效产出。本章提出的鼓—缓冲—绳描述了约束理论如何通过设置整个物料流的节奏发挥作用，确保瓶颈不会用完物料，并将一个工作中心的产出和另一个工作中心的产出联系起来。最后，分别介绍了在生产作业后期的生产报表、产品跟踪与测评系统的内容，为生产作业控制的实施提供可靠依据。

【本章习题】

1. 生产作业控制的职责是什么？

2. 计划、执行和控制的主要功能是什么？

3. 流水式制造、离散式制造和项目式制造的主要特点是什么？

4. 为什么离散式制造的生产作业控制比较复杂？

5. 生产作业控制必须了解哪些信息？

6. 生产作业控制中应用的四个计划文档是什么？都包含什么信息？

7. 在下达车间订单前，生产计划控制工作必须检查哪些内容？

8. 什么是生产提前期？列出要素的名称并解释。

9. 简述前向排程和后向排程的含义，并回答为什么优先选用后向排程？

10. 一个100件产品的订单在作业A上加工。准备时间是50分钟，加工时间是9分钟/件。由于订单非常紧急，现打算把其分为每批50件的两个批次，在工作中心的两台机器上加工。机器能同时准备好。

（1）如果100件在一台机器上加工，计算生产提前期。

（2）同时在两台机器上加工，计算生产提前期。

（3）计算减少的时间。

11. 完成表11-12所示的输入/输出表。到第5期期末时，实际积欠订单是多少？

表11-12

期数	1	2	3	4	5	总计
计划输入	78	78	78	78	78	

续表

期数	1	2	3	4	5	总计
实际输入	84	80	78	82	80	
累计差异						
计划输出	80	80	80	80	80	
实际输出	85	83	76	82	84	
累计差异						
计划积欠订单 45						
实际积欠订单 45						

12. 完成表 11-13，根据每个排序规则拟定加工顺序。

表 11-13

工件	流程时间（天）	到达日期	交货期	作业交货期	排序规则			
					FCFS	EDD	ODD	SPT
A	5	123	142	132				
B	2	124	144	131				
C	3	131	140	129				
D	6	132	146	135				

13. 工件 A、B、C 在工作中心 30 完成之前要在工作中心 20 前排队。表 11-14 中的信息是关于工件和工作中心的。不考虑搬运时间，今天是第 1 天，如果工件按照最早交货期安排，这些工件能否准时完工？

表 11-14

工件	流程时间（天）		交货期
	工作中心 20	工作中心 30	
A	7	3	12
B	5	2	24
C	9	4	18

14. 计算订单的关键比率，并排定它们的加工顺序（见表 11-15）。今天是第 75 天。

表 11-15

订单	交货期	剩余提前期（天）	实际剩余时间（天）	CR
A	89	12		
B	95	25		
C	100	20		

第十二章　质量管理

【学习目标】

1. 了解质量管理的发展历史。
2. 掌握质量和质量管理的基本概念。
3. 掌握质量成本的含义与组成。
4. 理解质量成本管理。
5. 理解全面质量管理的概念。
6. 掌握全面质量管理的方法和工具。
7. 了解六西格玛质量管理。

【导入案例】

海尔的质量管理

海尔是世界白色家电第一品牌，1984 年创立于中国青岛。目前，海尔在全球建立了 21 个工业园、24 个制造工厂、10 个综合研发中心、19 个海外贸易公司，全球员工超过 7 万人。

一、在质量中求生存、求发展

从 1990 年开始，海尔先后通过 ISO 9001 国际质量保证体系认证和美国 UL、德国 GS 等一系列产品安全认证，在 102 个国家和地区注册商标 406 个。海尔冷柜于 1996 年 10 月在同行业中率先通过了由世界著名认证机构 DNV 组织的 ISO 9001 国际认证，取得了通向国际市场的通行证，成为世界的合格供应商。海尔产品信誉已蜚声海内外，号称“家电王国”的日本市场也已经注意到了海尔产品，海尔也实现系列家电产品出口 1/3 的目标。海尔产品的“零缺陷”质量已经得到并将继续得到国际市场的验证。

二、质量问题从设计环节“断根”

海尔集团于 2005 年重点推进产品可靠性管理，并从国际著名企业请来了这方面的专家进行指导，现已有 9 大类产品建立了企业可靠性标准，建立了 2 000 多个台位的产品可靠性测试能力。目前，海尔作为牵头单位，正在负责牵头起草国家冰箱、洗衣机可靠性测试标准。

2006 年，海尔集团开始推进产品生命周期管理 PLM 流程，将每种新产品从设计到生产过程中发现的质量隐患纳入故障报警纠偏系统（FRACAS 系统），改进措施的有效性通过设计、质量、生产等部门组成的专家组进行评价，保证质量隐患断根，不断提高产品质量的可靠性。

三、产品质量从满足标准转向满足不同消费者的需求

在 2006 年 4 月的一次发言中，海尔集团首席执行官张瑞敏提出：“在海尔，对质量的要求已经从满足标准转变为满足不同消费者的需求。”例如，针对印度经常停电的现象，海尔设计了停电 100 个小时也不会化冻的冰箱；在巴基斯坦，针对一个家庭平均 12 口人且巴基斯坦男士穿大袍子的情况，海尔设计了可以一次性洗 32 件大袍子的洗衣机。

（案例来源：https：//wenku. baidu. com/view/488a5e5d31687e21af45b307e87101f69e31fbb1. html.）

质量管理对于一个企业的生产与运作有着非常重要的作用，也是企业竞争力的主要来源之一。尤其是在当今时代，顾客有时候宁愿花费更多的钱，也希望得到更好的产品和服务。同时，企业也认识到，产品的质量保证是打开国内外市场的通行证。因此，本章着重对质量管理进行介绍。首先描述了质量与质量管理的基本概念，接下来介绍了质量成本以及质量管理方法，然后介绍了全面质量管理以及六西格玛质量管理，最后介绍了质量检验。

第一节　质量与质量管理概述

一、基本概念

（一）质量的含义

质量是什么？世界著名的质量管理学家朱兰（Joseph M. Juran）从用户的使用角度出发，把质量概括为产品的“适用性”（fitness for use）。美国的质量管理学家克劳斯比从生产者的角度出发，把质量概括为产品符合规定要求的程度。在国际标准化组织 1994 年颁布的 ISO 8402-94《质量管理和质量保证——术语》中，把质量定义为“反映实体满足明确和隐含需要的能力的特性总和”。这里的实体是指可以单独进行描述和研究的事物，可以是活动或者过程、产品、组织、体系、人或者它们的任何组合。

（二）生产者与用户对质量的不同定义

1. 生产者对质量的定义

从生产者的角度来看，质量一般意味着“同技术要求的一致性”。例如，在制造业，公差是用来限定一个零件的尺寸。一个零件的质量好与坏通常是对比其尺寸与技术上规定的尺寸。对于那些不符合标准尺寸的零件，一般是将它们重新加工或者作为废品处理。尽管这样的做法会增加企业的成本，但是这样会保证企业生产的最终产品具有恒定的质量。另外，技术要求也可以限定产品的设计水平。例如，某一个光盘驱动器的制造商制造的产品的平均使用寿命是 3 万小时，并以此突出其较高的产品设计质量。实际上，恒定的质量和高设计的质量都可以通过技术要求来达到，并在制造流程中的每一道工序进行检验。

2. 用户对质量的定义

从用户的角度看，质量一般可以定义为“价值”。用户的评判标准是，所购买的产品或得到的服务是否达到了他们最初购买这种产品或服务的目的。用户对质量的另外一种定义是“适用性”。也可以理解成，用户购买的是产品或者服务的功能。其实，这些定义都有着类似的含义，即都含有了用户对产品或者服务的期望。用户对“价值”或者“适用性”的评价因素有很多种，同时这些评价对制造业和服务业也是不同的（如表 12-1 所示）。

表 12-1　用户对质量评价的因素

质量评价的因素	服务业	制造业
硬件	·餐厅的布局以及餐桌等的样式、外观等 ·诊所使用的医疗设备的新旧程度等	·产品的外观 ·产品安装以及使用的难易程度等
产品或者服务支持	·家电企业的售后服务 ·银行存储客户的信息正确度等	·广告宣传的可信度 ·付款手续的便捷程度等
心理影响	·宾馆服务人员的服务态度 ·电话投诉接线员的热情程度等	·产品的销售人员对所销售产品的熟悉程度等

（三）质量管理的含义

质量管理是指“在质量方面指挥和控制组织协调的活动”。这个定义指出了质量管理是各级管理者的职责，但是必须由最高管理者来领导。质量管理是在质量体系中通过质量策划、质量控制、质量保证和质量改进等一系列活动来实现的。一个组织要搞好质量管理，应该加强最高管理者的领导作用，落实各级管理者职责，并加强教育、激励全体职员积极参与。此外，在质量要求的基础上，还要充分考虑质量成本等经济因素。

二、质量管理的发展过程

质量管理是一门科学，是随着整个社会生产的发展而发展的；同时，它也与科学技术的进步以及管理科学的发展密切相关。了解质量管理的发展过程，有助于我们有效地利用不同的质量管理思想和方法。目前，一般把质量管理的发展过程分为四个阶段。

（一）质量检验阶段（20 世纪 20 至 40 年代）

质量检验阶段也称为传统质量管理阶段，其主要特征是按照规定的技术要求，对已经完成的产品进行质量检验。从大工业生产方式出现一直到 20 世纪 40 年代，基本上属于这个阶段。在这个阶段，质量管理的中心内容是通过事后把关性质的质量检查，对已生产出来的产品进行筛选，分开不合格品和合格品。这有效地防止了不合格品流入下一工序或者出厂送到用户手中。质量检查至今在工厂中依旧是不可或缺的，但是它缺乏对检验费用和质量保证问题的研究，对预防废品出现等管理方面的作用比较薄弱。这是质量管理发展的初始阶段。

（二）统计质量控制阶段（20世纪40至60年代）

上述的分开不合格品和合格品的事后把关检查是由于废品已经出现，而废品既然已经出现，即使被检查出来也已经带来一定的损失，因此它不是一种积极的方式。积极的方式应该是将废品消灭在发生之前，避免废品出现导致的损失。随着生产规模的迅速扩大和生产效率的不断提高，每分钟都可能产生大量的废品，带来巨大的经济损失。因此，统计质量控制的方法（statistical quality control，SQC）出现了。它应用数理统计的方法，对生产过程进行控制。也就是说，它不是等一个工序整批工件加工完成后才去进行事后检查，而是在生产过程中定期地进行抽查，并把抽查结果当作一个反馈的信号，通过控制图发现或者鉴定生产过程中是否出现了不正常情况，以便及时发现和消除不正常的原因，避免废品的产生。

（三）全面质量管理阶段（20世纪60年代至今）

全面质量管理的出现，始于20世纪50年代末60年代初。它的出现不是偶然的，而是现代科学技术和现代工业发展的必然产物。进入20世纪后半期以后，随着科学技术的迅速发展、市场竞争的日趋激烈，以及新技术、新工艺、新设备、新材料的大量出现，工业产品的技术水平也迅速提高，产品更新换代的速度大大加快，新产品层出不穷。特别是对于许多综合多种门类技术成果的大型、精密、复杂的现代工业产品来说，影响质量的因素已经不是几十、几百个，而是成千上万个。对于一个细节的忽略，就会导致全局的失误。这种情况必然对质量管理提出了新的更高的要求，原来单纯地依靠事后把关或者主要依靠生产过程控制的质量管理，明显已经无法适应工业发展的需要。因此，全面质量管理作为现代企业管理的一个重要组成部分也就应运而生，并且得到迅速的推广。

本章第四节将会详细介绍全面质量管理。总体来说，上面介绍的质量管理发展的三个阶段的本质区别是：质量检验阶段依靠事后把关，是一种防守型的质量管理；统计质量控制阶段依靠在生产过程中实施控制，把可能出现的问题消灭在生产过程中，是一种预防型的质量管理；全面质量管理保留前两阶段的优点，并对整个系统采取措施，不断地提高质量，是一种进攻型或者全攻全守型的质量管理。

（四）质量文化阶段（20世纪90年代）

在欧洲质量组织第33届年会上，与会者认为：20世纪90年代质量管理的特点之一是“全面质量管理从强调全员参加管理、强调最高领导人亲自参加正逐步扩展到强调发展质量文化”。

1. 质量文化的定义

质量文化即企业和社会在长期的生产经营中自然形成的涉及质量空间的意

识、规范、价值取向、思维方式、道德水平、行为准则、法律观念以及风俗习惯和传统惯例的总和。质量文化是企业文化的重要组成部分。但是，在宏观质量管理、质量经济、质量策略与战略、质量组织行为、质量法规等诸多方面，质量文化已走出企业的圈子，成为社会精神文明的一部分。

2. 质量文化的建设

企业家是质量文化的创造者。质量文化与社会精神文明建设相联系，质量文化的建设依赖于全社会、全民族几代人的努力。要加强教育、加强宣传、加强立法执法，树立质量兴国人人有责的理念。倡导公平竞争，优胜劣汰。对吃回扣、损公肥私、见利忘义等行为要严厉制裁。

三、国家质量标准

（一）ISO 9000 质量标准

任何标准都是为了适应科学、技术、社会、经济等客观因素发展变化的需要而产生的，ISO 9000 系列标准也不例外。

1979 年，ISO 成立了 ISO/TC 176 技术委员会，分配给这个标准委员会的标准总编号为 ISO 9000，秘书处设在加拿大。1986 年，ISO 发布了实施质量管理和质量保证的基本标准 ISO 8402 术语。1987 年发布了 ISO 9000 质量管理和质量保证标准、选择或实施指南，ISO 9001、ISO 9002、ISO 9003 质量保证模式，ISO 9004 质量管理指南。

1994 年，ISO 标准做了重大改动，增加了许多新内容，主要包括以下“三种保证模式”：

（1）ISO 9001—94《质量体系——设计、开发、生产、安装和服务的质量保证模式》。

（2）ISO 9002—94《质量体系——生产、安装和服务的质量保证模式》。

（3）ISO 9003—94《质量体系——最终检验和试验的质量保证模式》。

其中，ISO 9001—94《质量体系——设计、开发、生产、安装和服务的质量保证模式》由 20 个体系要素组成，包括质量保证体系的全部要素，要求供应方提供具备产品质量产生、形成和实现全过程的质量保证能力；ISO 9002—94《质量体系——生产、安装和服务的质量保证模式》由 19 个体系要素组成，要求供应方建立生产制造和服务过程的质量保证体系；ISO 9003—94《质量体系——最终检验和试验的质量保证模式》由 16 个质量保证体系要素组成，要求保证对产品最终质量的检验和试验能力，以保证出厂产品质量符合规定要求。

通过五六年的实践，发现 1994 版标准仍然存在若干缺陷。因此，国际标准化组织于 2000 年 12 月 15 日正式发布 ISO 9000、ISO 9001 和 ISO 9004 国际版。

我国也于 2000 年 12 月 28 日发布 2000 版 ISO 9001 的中文版，编号为 GB/T 19001—2000。

2000 版标准在管理思想上更加强调管理体系，强调过程管理，强调接口管理，并给组织更多自由来结合实际决定文件化程序，这样有利于把注意力放在对过程的控制上，使程序更有实效。2000 版更强调内部沟通，强调有效的持续改进，充分地体现信息和数据是组织进行管理的基础思想。图 12-1 为 2000 版 ISO 9000 族标准总体构成。

图 12-1　2000 版 ISO 9000 族标准总体构成

对 1994 版 ISO 9000 进行改进的主要目的有两个：一是制定一套简化的既可以适用于小型组织又可以适用于大型组织的标准；二是使得文件从数量到详略程度上都和组织的过程活动需要达到的结果有更强的相关性。

（二）ISO 14000 标准

国际标准化组织于 1993 年 6 月成立了 ISO/TC 207 环境管理技术委员会，开展环境管理系列标准的制定工作，以规划企业和社会团体等所有组织的活动、产品和服务的环境行为，支持全球的环境保护工作。ISO 14000 系列标准是由 ISO/TC 207 组织制定的环境管理体系标准，其标准号的范围是从 14001 至 14100，共 100 个标准，统称为 ISO 14000 系列标准。它顺应国际环境保护的发展，是依据国际经济与贸易发展的需要而制定的。其中，ISO 14001 是系列标准的核心标准，也是唯一可用于第三方认证的标准。

ISO 14000 系列标准的特点有市场驱动、污染预防、标准的可操作性、广泛适用性以及自愿性原则。

第二节　质量成本

一、质量成本的含义与组成

质量成本是指企业为确保达到满意的质量而产生的费用以及没有得到满意的

质量而引起的损失。质量成本组成如图 12-2 所示。

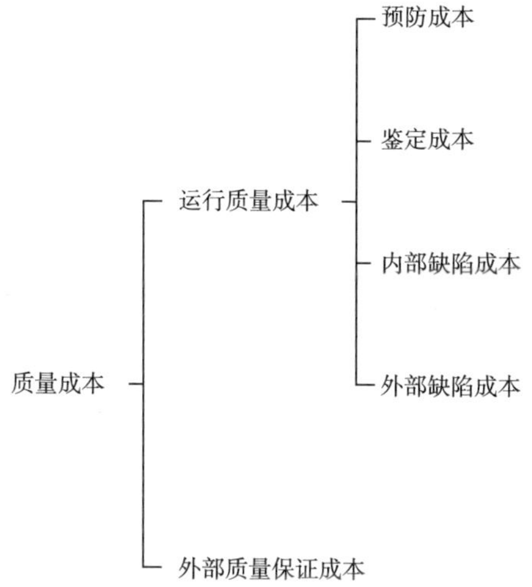

图 12-2　质量成本的组成

其中，预防成本是指为了预防质量缺陷而花费的费用；鉴定成本是指为了评定产品是否符合规定的质量而进行试验、检验和检查所花费的费用；内部缺陷成本是指交货前由于产品未能达到规定的质量要求而造成的损失（整个过程中）；外部缺陷成本是指交货后由于产品未能达到规定的质量要求而造成的损失；外部质量保证成本是指为了满足合同规定的质量保证要求提供客观证据、演示和证明而花费的费用。

二、质量成本的一般分析

质量成本主要由 4 种运行质量成本组成，下面对这 4 种成本进行具体分析。

（一）预防成本

当产品或者服务质量以及其可靠性提高时，预防成本一般是增加的。原因是提高产品或者服务质量一般需要投入更多的时间、努力和资金等，包括流程设计费用、产品设计费用、人员培训费用等。

（二）鉴定成本

当产品或者服务质量以及其可靠性提高时，鉴定成本一般是降低的。质量鉴定可以帮助管理人员及时发现问题所在，进而可以马上采取措施解决存在的问题，使质量能够得到持续的改善，从而降低质量问题引起的成本。例如，在日本企业，每名员工都不放过任何一个已发现的质量问题，绝对不让有质量问题的加工零件进入生产线的下一工位。这种做法有助于企业迅速地发现质量问题，并且找出引起质量问题的根源，这是一种降低质量管理中鉴定成本的有效方法。

（三）内部缺陷成本

当产品或者服务质量以及其可靠性提高时，内部缺陷成本一般是降低的。有很多预防措施可以用来降低不合格品的生产，进而降低材料报废、再加工、延期交货、设备故障、库存积压等导致的成本。

（四）外部缺陷成本

和内部缺陷成本一样，当产品或者服务质量以及其可靠性提高时，外部缺陷成本一般是降低的。质量以及可靠性的提高不仅会降低售后的保修费用，保持市场的份额，还会避免由于产品或者服务质量低劣而造成的人身损害、环境污染等重大事故的发生。

三、内部缺陷成本

内部缺陷成本是在生产不合格的产品或者服务过程中产生的。它主要包含两个方面：生产损失和再加工成本。一件产品或者一次服务由于质量太差，不能达到标准要求而不得不弃除时，会给企业造成一定的损失，这种损失就是生产损失。当一件产品或者一次服务由于质量问题而不得不通过对其进行重新加工或者改善来弥补时，所引起的成本就是再加工成本。在服务业中，再加工成本还包括顾客不满意服务时，公司需要再次免费或者优惠服务而增加的成本。

（一）生产损失

提到“生产损失”这个术语时，很多人通常想到的是材料的损失。但是实际上，这仅仅是生产损失中的一部分，因此，接下来开始讨论这一部分的生产损失。假设一个企业的管理人员需要确定最终生产 m 件合格的产品需要投入的原材料数量。需要的符号如下：

d_i ——加工件在第 i 道工序中的平均加工损坏比例；

n ——产品需要经过的工序数量；

m ——最终合格的产品的需求数量；

x ——决策变量，生产开始时需要投入的原材料数量。

每一道工序的合格产出是下一道工序的投入。例如，第一道工序的合格产出可以表示为 $x(1-d_1)$ 单位，这就是第二道工序的投入，剩下的 xd_i 单位的加工件则因为第一道工序的加工问题而变成了废品。同理，第二道工序的合格产出可以表示为 $x(1-d_1)(1-d_2)$ 。以此类推，则可以得到：

$$x(1-d_1)(1-d_2)\cdots(1-d_n)=m$$

也就是说，需要投入的原材料数量 x 为：

$$x = \frac{m}{(1-d_1)(1-d_2)\cdots(1-d_n)}$$

很明显，x 要大于 m。每道工序的平均损坏加工比例越大，也就说明该工厂的加工质量越低，最初需要投入的原材料数量 x 也就比需求量 m 大得越多。

【例题 1】

某个工厂的生产流程由四道工序组成，每道工序的平均加工损坏比例如表 12-2 所示。

表 12-2　四道工序的平均加工损失比例

工序号	平均加工损失比例 d_i
1	0.02
2	0.03
3	0.03
4	0.01

加工流程如图 12-3 所示。

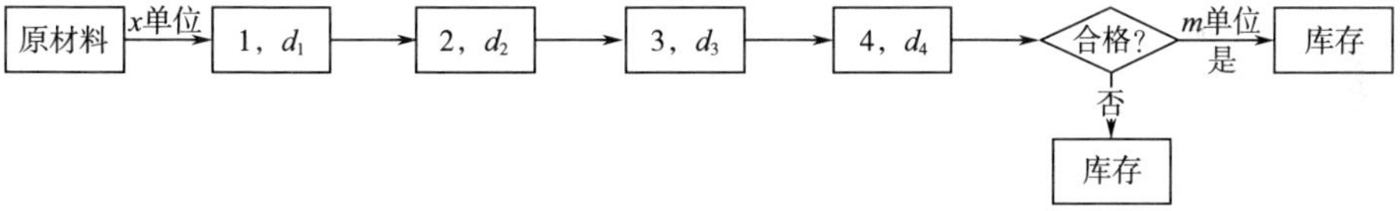

图 12-3　四道工序的加工流程

若要求 $m=110$ 个/天，也就是希望每天可以获得 110 个合格品，那么需要每天投入多少个原材料？

【答案】

$$x(1-0.02)(1-0.03)(1-0.03)(1-0.01) = 110$$

解得

$$x = 121\ (\text{个})$$

也就是说，每天需要投入 121 个原材料。

（二）再加工成本

有些时候，可以对一些不合格的产品进行再加工以弥补其缺陷，从而使它变成合格产品。假设产品的批量是固定的，一旦发现缺陷，那么其中的每一个产品都需要被再加工。接下来我们来计算平均每天需要进行再加工的产品数量。需要的符号如下：

P_j ——第 j 批产品有缺陷，需要再加工的概率；

L_j ——产品 j 的批量大小；

N_j ——每天需要的合格产品 j 的批量数目；

Q_j ——每天需要再加工的产品 j 的平均数量。

考虑如图 12-4 所示的生产流程。假设容易产生质量缺陷的是工序 3，其后紧接着检查工序。在某批产品第一次经过工序 3 的加工后，由于不合格而返回的概率是 P_j 。在它经过第二次加工后，维修后有可能再次返回，再次返回的概率是 P_j^2 。从理论上讲，这批产品有可能一次又一次地返回，在该工序的平均加工次数是 $(1 + P_j + P_j^2 + P_j^3 + \cdots) = 1/(1 - P_j)$ 。这样每批产品的平均加工数量是 $L_j[1/(1 - P_j)]$ 。因此，有：

$$Q_j = \frac{L_j N_j}{1 - P_j}$$

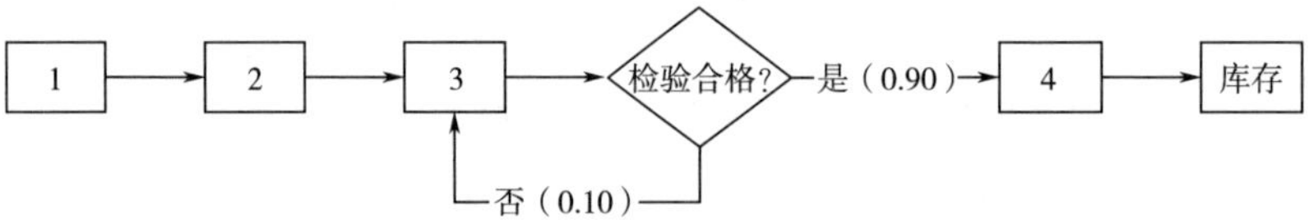

图 12-4　四道工序流程中的检验与再加工示意图

为了帮助读者更好地理解再加工成本，让我们看一看下面的示例。

【例题 2】

以例题 1 中的四道工序为例。这次假设没有废品产生，所有的质量问题均可以通过再加工解决。产品的生产批量是 10，可能整批产品都需要进行再加工。每天下班前对合格产品的需求数目变为 100。在工序 3 结束后，会对产品进行检验。假设经过工序 3，一批产品出现质量问题的概率是 10%。在这种情况下，这批产品必须全部退回进行再加工，如图 12-4 所示。试问由于工序 3 带来的每天必须予以再加工的不合格产品的数量是多少？

【答案】

四道工序流程中的再加工情况如表 12-3 所示。

表 12-3　四道工序流程中的再加工情况

工序	每批产品需要再加工的概率	需要返回工序	每批的平均数量	每天需要加工的产品平均数
1	0	—	10	100

续表

工序	每批产品需要再加工的概率	需要返回工序	每批的平均数量	每天需要加工的产品平均数
2	0	—	10	100
3	0	—	11.1*	111**
检验	0.1	3	11.1	111
4	0	—	10	100

注：*工序3（和检验）对每批产品需要加工（和检验）的平均数量是 $10\times[1.0+0.1+(0.1)^2+\cdots]\cong 11.1$；

**由于每天需要的产品批量数是10，所以工序3（和检验）每天需要加工（和检验）的产品平均数目是 $11.1\times10=111$。

从表12-3中可以看出产品的再加工情况。每天生产10批产品，平均大约有1批产品需要进行再加工。这意味着工序3和检验部门每天至少要生产或者检验110单位产品。同时，这批必须进行再加工的产品又有10%的概率被进行再一次再加工，如果每次再加工之间是独立的，那么每批产品有1%（=10%×10%）的可能性被两次再加工。以此类推，可以得到工序3和检验部门对每批产品的工作量是 $10\times[1.0+0.1+(0.1)^2+\cdots]\cong 11.1$ 单位。因此，工序3和检验部门每日工作量将会是 $11.1\times10=111$ 单位。

四、外部缺陷成本

企业生产的产品或者提供的服务在到达用户手中后才发现有质量问题，就会导致外部缺陷成本的增加。将它和内部缺陷成本分开是因为，当企业为那些逃脱了检验人员或者监督人员眼睛的不合格产品或者服务而采取弥补措施时，才会引起外部缺陷成本。一个用户发现了一件不合格的产品或者一次不合格的服务可能会给企业带来很多影响。最为明显的影响是企业可能会因此丢失一部分市场份额，原因是不利于企业的信息很可能会从这个用户的口中传播出来。这个不满的用户会将企业的产品或者服务有质量问题的信息告诉自己的亲人或者朋友，而这些朋友又会告诉其他更多的人。最后，如果情况严重的话，媒体上也可能会有对企业不利的报道。这对企业今后的影响是无法估计的。但是有一点是可以肯定的，那就是企业的市场份额、企业形象、企业利润等均会受到或多或少的冲击。这样，问题的结果将不仅仅是产生外部缺陷成本，还有可能带来保证成本和诉讼成本。

第三节　质量管理方法

一、质量管理的两类方法

质量管理的方法一般可以分为两类：一类是以数理统计方法为基础的质量控制方法；另一类是建立在全面质量管理思想上的组织性的质量管理方法。

（一）统计质量控制方法

统计质量控制方法以 1924 年美国的休哈特（W. A. Shewhart）提出的控制图为起点，近一个世纪以来有了巨大发展，如今包括了很多种方法。这些方法大体上可以分为以下三类。

1. 常用的统计管理方法

这种方法又称为初级统计管理方法。它主要包括控制图、因果图、相关图、排列图、直方图等所谓的“QC”七种工具。运用这些工具可以从经常变化的生产或者业务中，系统地收集与产品质量有关的各种数据，并利用统计方法对数据进行整理、加工和分析，进而绘制各种图表，计算相应的数据指标，从中找出质量变化的规律，实现对质量的控制。日本著名的质量管理专家石川馨曾说过，企业内 95%的质量管理问题可通过企业上上下下全体人员活用这七种工具而得到解决。从全面质量管理的推行，到 ISO 9000 质量标准体系的建立和实施，再到六西格玛质量管理方法，都离不开对这些工具的使用。

2. 中级统计管理方法

这种方法包括抽样调查方法、抽样检验方法、实验计划法等。这些方法不一定要企业全体人员都掌握，主要是有关技术人员和质量管理部门的人使用。

3. 高级统计管理方法

这种方法包括高级实验计划法、多变量解析法。这些方法不一定要企业内全体人员都掌握，主要是有关技术人员和质量管理部门的人使用。

统计管理方法是进行质量控制的有效工具，但是在应用中必须注意以下几个问题，否则得不到应有的效果。这些问题主要包括：①数据有误。数据有误可能是两种原因造成的，一是人为地使用有误数据，二是未真正掌握统计方法。②数据的采集方法不正确。如果抽样方法本身有误，则其后的分析方法再正确也是无用的。③数据的记录、抄写有误。④异常值的处理。通常生产过程中取得的数据中总是含有一些异常值，它们会导致分析结果有误。

（二）组织性质量管理方法

组织性质量管理方法是指从组织结构、业务流程和人员工作方式的角度进行质量管理的方法，主要内容有制定质量方针、建立质量保证体系、开展 QC 小组活动、各部门质量责任分担、进行质量诊断、开展质量改进活动等。下面介绍的 PDCA 循环可以说是一种典型的组织性质量管理方法。从更广的意义上说，TQM、ISO 9000 质量保证体系以及近年来开始迅速推广的六西格玛质量管理方法也都是组织性质量管理方法。

二、"QC"七种工具

常用的质量管理统计方法主要包括"QC"七种工具，接下来对这七种工具进行介绍。

（一）统计分析表

统计分析表是利用统计表对数据进行整理和初步分析原因的一种工具，其格式可以多种多样，表 12-4 是其中的一种格式。这种方式虽然简单，但是实用有效。

表 12-4　统计分析表

项目	统计	频数	排序
A	////	4	3
B	///// ///// //	12	1
C	//	2	4
D	///// //	7	2
合计	25		

（二）数据分层法

数据分层就是把性质相同、在同一条件下收集的数据归纳在一起，以便进行比较分析。因为在实际生活中，影响质量变动的因素有很多，如果不把这些因素区别开来，难以得出变化的规律。数据分层可以根据实际情况按照多种方式进行。例如，按照不同时间、不同班次进行分层，按照使用设备的种类进行分层，按照原材料的进料时间、原材料成分进行分层，等等。数据分层法经常与上述的统计分析表结合使用。

（三）排列图

排列图又称为帕累托图，因此图的发明者意大利经济学家帕累托（Pareto）而得名。帕累托最早用排列图分析社会财富分布状况，后来美国质量管理学家朱兰将其用于质量管理。排列图是分析和寻找影响质量主要因素的一种工具，其形式如图 12-5 所示。

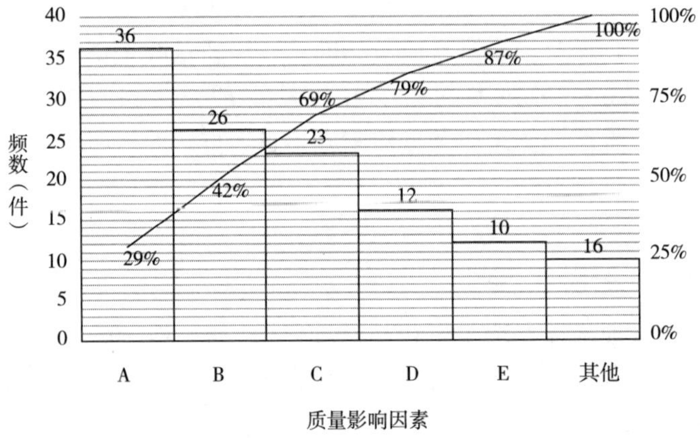

图 12-5　排列图

图 12-5 中的左边纵坐标表示频数（如件数、金额等），右边坐标轴表示频率（以百分比表示），图 12-5 中的折线表示累积频率。横坐标表示影响质量的各项因素，按影响程度的大小（即出现频数多少）从左向右排列。通过对排列图的观察分析，可以抓住影响质量的主要因素。这种方式不仅广泛运用于质量管理中，也广泛运用于库存管理等许多其他管理工作中。

（四）因果分析图

因果分析图以结果作为特性，以原因作为因素，在它们之间用箭头联系表示因果关系。图 12-6 是因果分析图的一个示例。

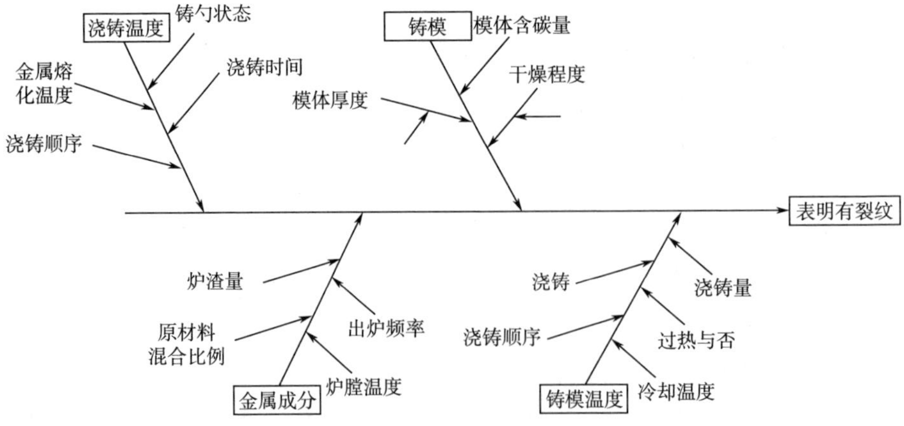

图 12-6　因果分析图

因果分析图是一种充分发动员工动脑筋、查原因、集思广益的好办法，也特别适合工作小组中实行质量民主管理。当出现了某种质量问题但还未搞清楚原因时，可以针对问题发动大家寻找可能的原因，使每个人都畅所欲言，把所有可能的原因都列出来。图 12-6 是某铸造企业某产品流程中存在的某一问题的因果图。该企业铸出的某种产品表面有明显裂纹，其原因可能有四大类：浇铸温度、铸模、金属成分和铸模温度。每一类原因可能又是由若干因素造成的。与每一因素有关的更深入的考虑因素还可以作为下一级分支。在所有可能的原因都找出来以后，就完成了第一步工作，下一步就是要从其中找出主要原因。

（五）直方图

直方图的形式如图 12-7 所示，它是表示数据变化情况的一种主要工具。用直方图可以比较直观地看出产品质量特性的分布状态，可以判断工序是否处于受控状态，还可以判断其总体质量分布情况。在制作直方图时，首先要对数据进行分组，因此，如何合理地分组是其中的关键问题。分组一般是按照组距相等的原则进行的，两个关键数字是分组数和组距。如图 12-7 所示，分为 12 组，组距为 8。

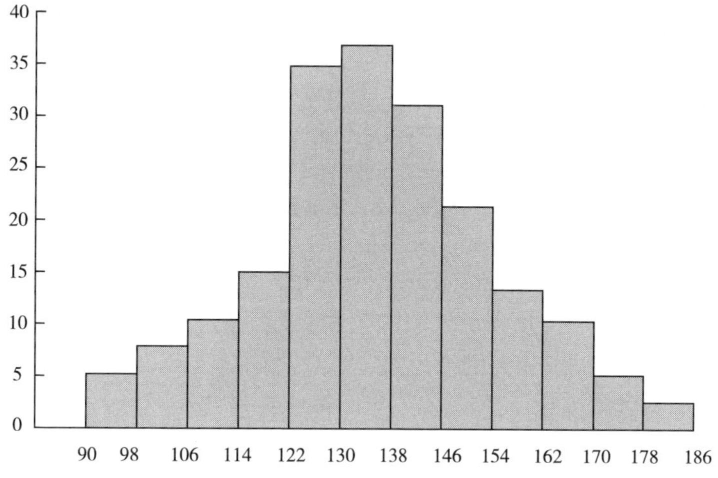

图 12-7 直方图

（六）散布图

散布图又称为相关图，它是将两个可能相关的变量数据用点画在坐标图上，通过对其观察分析，来判断两个变量之间的相关关系。假设有一对变量 x 和 y，x 表示某一种影响因素，y 表示某一质量特征值，通过实验或者收集到的 x 和 y 的数据可以在坐标图上用点表示出来，根据点的分布特点，就可以判断 x 和 y 的相关情况。图 12-8 表示六种典型的相关形式。

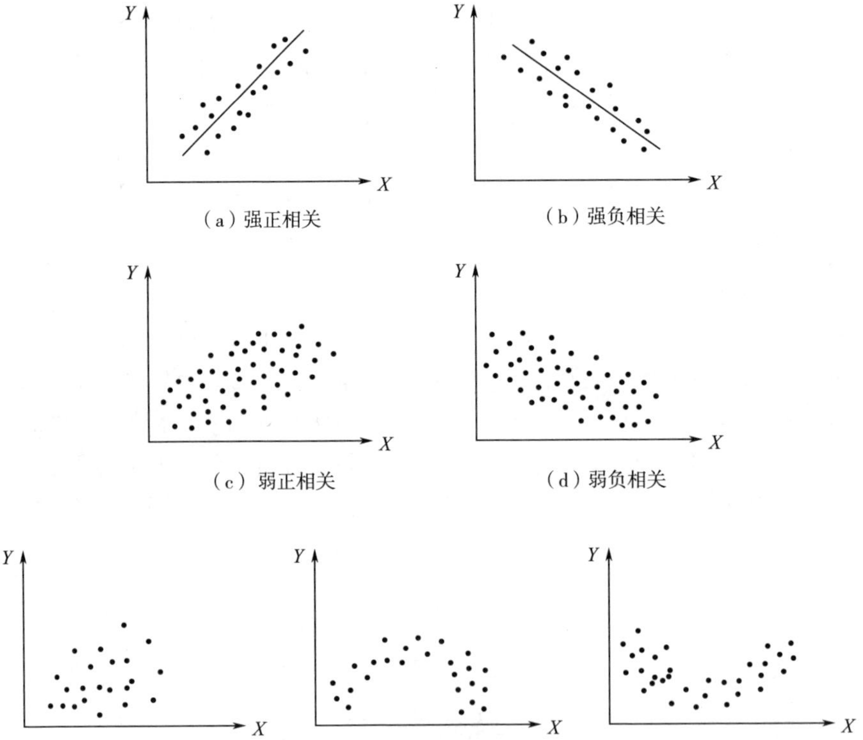

(a) 强正相关　(b) 强负相关

(c) 弱正相关　(d) 弱负相关

(e) 不相关　(f) 非线性相关

图 12-8　散布图

图 12-8 中（a）表示的是 x 和 y 是强正相关的关系，即 x 变大时，y 也会变大。(b) 表示的是 x 和 y 是强负相关的关系，即 x 变大时，y 会变小；x 变小时，y 会变大。强正相关和强负相关的意思是 x 和 y 之间可以用直线表示。对此，一般控制住 x，y 也可以得到相应的控制。(c) 表示的是 x 和 y 是弱正相关的关系，即 x 变大时，y 大致会变大。(d) 表示的是 x 和 y 是弱负相关的关系，即 x 变大时，y 大致会变小。弱正相关和弱负相关的意思是除了要考虑 x 的因素影响 y 之外，还要考虑其他因素（通常可以进行分层处理，寻求 x 以外的因素）。(e) 表示的是 x 和 y 是不相关的关系，即 x 和 y 之间没有任何关系。(f) 表示的是 x 和 y 存在非线性相关的关系。

（七）控制图

控制图又称为管理图。如图 12-9 所示，它是一种有控制界限的图，用来区分带来质量波动的原因是偶然的还是系统的，可以提供系统原因存在的信息，从而判断生产过程是否处于受控状态。

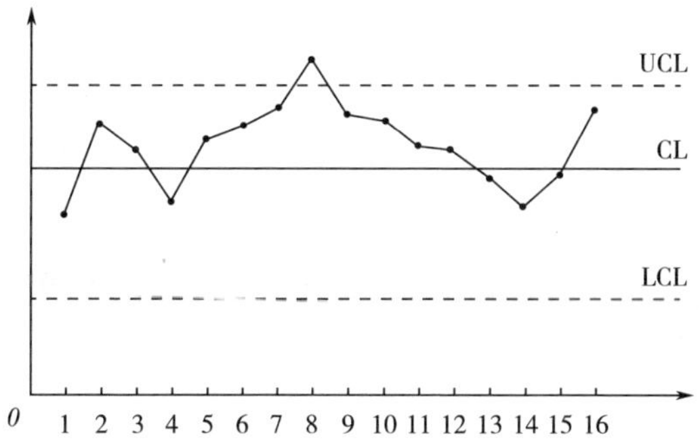

图 12-9　控制图

图 12-9 中 CL 表示的是中心线（central line，CL）；UCL 表示的是上限，又称为上控制限（upper control limit，UCL）；LCL 表示的是下限，又称为下控制限（lower control limit，LCL）。

控制图按照用途可以分为两类：一类是供分析用的控制图，用于分析生产过程中有关质量特征值的变化情况，看工序是否处于稳定受控状态；另一类是供管理用的控制图，主要用于发现是否出现了异常情况，以预防产生不合格品。

以上简要介绍了七种常用的质量管理统计方法，这些方法集中体现了质量管理的“以事实和数据为基础进行判断和管理”的特点。最后需要指出的是，这些方法看起来都比较简单，但是在实际工作中能够正确且灵活地使用这些方法并不是一件简单的事情。

三、PDCA 循环

（一）PDCA 循环的概念

在质量管理活动中，要求把各项工作按照作出计划、计划实施、检查实施效果、将成功的纳入标准、不成功的留待下一循环去解决的方法进行，这就是质量管理的基本工作方法，实际上也是企业管理各项工作的一般规律。这一工作方法简称为 PDCA 循环。

PDCA 循环的概念最早是由美国质量管理学家戴明提出来的，所以又称为“戴明环”。PDCA 四个英文字母及其在 PDCA 循环中代表的含义如下：

- P（plan）——计划：确定方针和目标，制订活动计划。
- D（do）——执行：实地去做，实现计划中的内容。
- C（check）——检查：总结执行计划的结果，注意效果，找出问题。

• A（action）——行动：对总结检查的结果进行处理。对成功的经验加以肯定并适当推广、标准化；对失败的教训加以总结，以免重蹈覆辙。未解决的问题放到下一个 PDCA 循环。

PDCA 循环实际上是有效进行任何一项工作的合乎逻辑的工作程序。在质量管理中，PDCA 循环得到了广泛的应用，并取得了很好的效果，因此，有人称 PDCA 循环是质量管理的基本方法。之所以将其称为 PDCA 循环，是因为这四个过程不是运行一次就完结，而是要周而复始地进行。一个循环完了，解决了一部分问题，可能还有其他问题尚未解决，或者又出现了新的问题，再进行下一次循环。PDCA 循环的基本模型如图 12-10 所示。

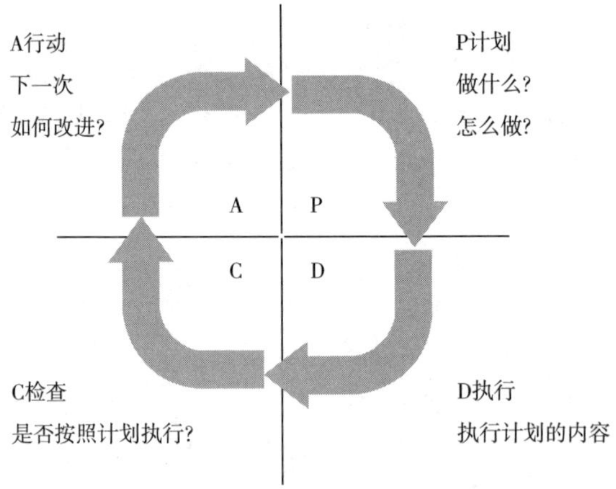

图 12-10　PDCA 循环的基本模型

（二）PDCA 循环的三个特点

1. 大环带小环

如图 12-11 所示，如果把整个企业的工作当作一个大的 PDCA 循环，那么各个部门、小组还有各自的 PDCA 循环，就像一个行星轮系一样，大环带动小环，一级带一级，有机地构成一个运转的体系。

2. 阶梯式上升

PDCA 循环不是同一水平上循环，而是每循环一次，就解决一部分问题，取得一部分成果，工作就前进一步，水平就上一台阶。到了下一次循环，又有了新的目标和内容，更上一层楼。图 12-12 反映了这个阶梯上升的过程。

3. 科学管理方法的综合应用

PDCA 循环应用以“QC”七种工具为主的统计处理方法以及工业工程（IE）

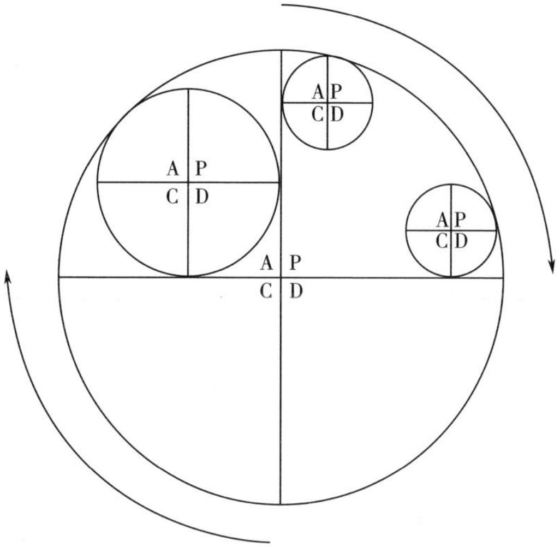

图 12-11 大环带小环

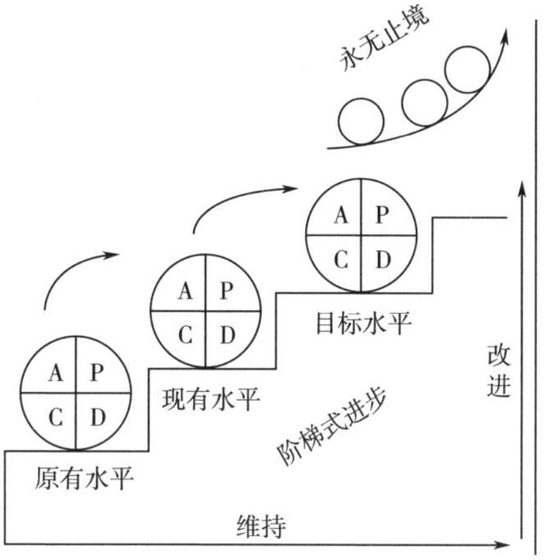

图 12-12 阶梯式上升

中工作研究的方法，作为开展工作和发现、解决问题的工具。PDCA 循环的四个阶段又可以细分为八个步骤，每个步骤具体内容和所用的方法如表 12-5 所示。

表 12-5 PDCA 循环的步骤和方法

阶段	步骤	主要方法
P	1. 分析现状，找出问题	排列图、直方图、控制图
	2. 分析各种影响因素或者原因	因果图

续表

阶段	步骤	主要方法
P	3. 找出主要影响因素	排列图、相关图
	4. 针对主要原因，制订措施计划	回答“5W1H” · 为什么制订该措施（Why）？ · 达到什么目标（What）？ · 在何处执行（Where）？ · 由谁负责完成（Who）？ · 什么时间完成（When）？ · 如何完成（How）？
D	5. 执行，实施计划	
C	6. 检查计划执行结果	排列图、直方图、控制图
A	7. 总结成功经验，制定相应标准	制定或者修改工作规程、检查规程以及其他相关规章制度
	8. 把未解决或者新出现的问题转入下一个 PDCA 循环	

第四节　全面质量管理

美国著名质量管理学家戴明曾经提出：在生产过程中，造成质量问题的原因只有 10%~15%是来自工人，而 85%~90%是企业内部在管理系统上有问题。由此可知，质量不仅仅取决于加工这一环节，也不局限于加工产品的工人，而是涉及企业各个部门、各类人员。所以说，质量的保证要通过全面质量管理（TQM）来实现。

一、全面质量管理的基本思想

全面质量管理是指企业全体人员以及各个部门同心协力，把经营管理、专业技术、数理统计方法和思想教育结合起来，建立产品的研究与开发、设计、生产(作业)、服务等全过程的质量体系，从而有效地利用人力、物力、财力、信息等资源，提供符合规定要求和用户期望的产品和服务。全面质量管理的基本思想可以概括为以下几点：

（一）全面的质量概念

质量不光是产品的技术性能，还包括服务质量和成本质量（价格要低廉）；质量由设计质量、制造质量、使用质量、维护质量等多种因素构成；质量是设计、制造出来的，而不是检验出来的。

（二）全过程的质量管理

质量管理贯穿产品质量产生、形成和实现的全过程，包括市场调查、研究、开发、设计、制造、检验、运输、储存、销售、安装、使用和维护等。

（三）全员参与的质量管理

调动企业所有人员的积极性和创造性，使得每一个人都参与到质量管理工作中来。

（四）全企业的质量管理

企业各管理层次都有明确的质量管理活动内容，产品质量职能分散在企业各个相关的部门，形成一个有机体系。

（五）运用一切现代管理技术和管理方法

全面质量管理没有固定不变的管理方法，应根据不同的情况灵活地加以运用，包括科学的组织工作、数据统计方法的应用、现代科技手段等。

下面就其中的全员参与的质量管理、全过程的质量管理和全企业的质量管理进行详细的讨论。

二、全员参与的质量管理

产品质量是企业活动的各个环节、各个部门全部工作的综合反映。企业中任何一个环节、任何一个人的工作质量都会不同程度地、直接或者间接地影响产品质量。因此，必须把企业所有人员的积极性和创造性充分调动起来，不断地提高人员的素质，上自厂长，下至工人，人人关心质量问题，人人做好本职工作，才能生产出用户满意的产品。这就是全员参与质量管理的含义。

具体而言，全员参与质量管理可以通过以下几种方法实现。

（一）QC 小组

QC 小组的概念是由日本质量管理学家石川馨提出来的。QC 小组由一些基层管理人员以及一般员工组成，能够发现、分析并且最终解决生产和质量的问题。石川馨发现，许多员工如果被允许参与改进他们所进行的工作，这些员工通常会表现出更大的兴趣以及成就感。一般来说，QC 小组成员都是自愿加入这一小组的，并且小组的讨论、研究都是在小组成员的业余时间内进行的。QC 小组的人数比较少，一般在6~10个人，这样有利于所有成员之间进行自由交流与沟通。因此，一个公司内可能会有许多的QC小组。例如，IBM公司的某个工厂有800个QC小组。建立QC小组的方式也有很多种，可以在一个班组内建立，也可以跨班组建立。同样，QC小组的活动方式也多种多样，除了经常性的小组活动外，还可以组织车间、公司直至全国性的成果发表会、经验交流会、QC小组代表大会等。

（二）全员把关

TQM要求每一个人都对产品质量负有责任，及时发现质量问题，并把问题解决于发源地。也就是说，生产线上的每名员工均有责任及时发现质量问题并且寻找其根源，不让任何有质量缺陷的加工件进入下一道工序。在许多日本知名企业中，员工甚至有权力在发现质量问题时将生产线停下来。因为全面质量管理的关键之一就是，质量的恒定比高产出量更加重要。

也就是说，在TQM中，与强调通过检验员严格把关质量相比，更强调的是全员把关，即每一个员工保证不让任何有质量缺陷的加工件进入下一道工序。表12-6中介绍了一个例子。假设每名工人能够百分之百地保证只有质量合格的加工件才能进入下一道工序，即工序1的工人加工完成后能够百分之百找到不合格的加工件（这里假设有1个不合格的加工件），并将其余合格的加工件（这里假设有114-1=113个合格的加工件）送入工序2；同理，工序2的工人在加工完成只允许合格的108个加工件进入工序3，而将5个不合格的加工件拣出来；以此类推，最后工序4的工人生产出的合格产品为100件。

表12-6　一个四道工序生产流程中的生产损失

工序	产品的不合格率（%）	加工产品数	每道工序产生的不合格的零件数	进入下一道工序的合格的零件数
1	1	114	1	113
2	4	113	5	108
3	2	108	2	106
4	6	106	6	100
总计	—	—	14	—

说明：每道工序加工产品数量等于上道工序进入的合格零件数；每道工序增加的不合格的零件数等于本工序加工零件数和产品不合格率的乘积，如工序3增加的不合格的零件数为2个（108×2%）。

与每道工序的工人对有质量问题的产品不予理睬，而仅仅依赖质量检验部门拣出不合格产品的情况相比，全员把关的方法会节约大量的劳动力成本和机器耗损成本。图 12-13 对这两者做了比较。

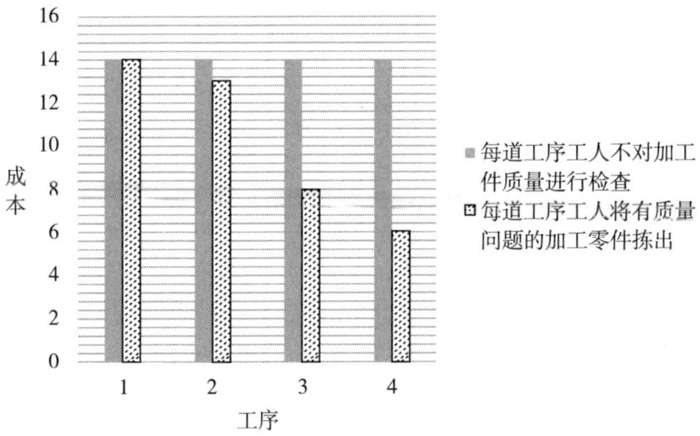

图 12-13 两种质量检验方法的成本比较

同样，这种管理方法可以缩短生产提前期，因为在工序 2、工序 3、工序 4 中节约了不必要的用于加工已经成为不合格零件的时间。同时，机器设备的损耗也会减少，这也减少了设备故障带来的停工次数，从而减少了因设备维修和停工而给企业造成的损失。

（三）质量教育

在质量教育中，思想观念、管理方法和技术水平这三者是缺一不可的。首先，应当在每个员工的头脑中树立很强的质量意识，让每个人都认识到，自己有责任及时发现质量问题，并且单独或者和他人合作，及时解决质量问题。即使对于一个临时工来说也应该如此。其次，应该组织各级人员，根据工作需要，学习质量管理方法。例如，在工人中普及“QC”七种工具的应用等。再次，要加强对员工的技术培训，这种培训能够有效地提高生产率并减少不合格产品或者服务的数量。一些企业让每位员工了解与他们各自工作内容有关环节（如一条生产线的不同工位之间）的工作，以便每一位员工都能认识到自己这一环节的工作如果出现问题，会在哪些方面影响相关环节的工作。

三、全过程的质量管理

产品的质量取决于设计质量、制造质量和使用质量（合理地使用和维护等）等全过程，因此，必须在市场调查、研发开发、设计、制造、检验、运输、储存、销售、安装、使用和维修等各个环节都把好质量关，这就是全过程质量管理的基本观念。要实施全过程质量管理，各个环节的配合和信息反馈是非常重要的。例如，制造过程可以反映出设计过程中的质量问题，使用过程又可以反映设计和制造过程中的质量问题。及时把这些信息反馈给有关部门和人员，是全面质量管理中的重要环节。

正确的产品和服务设计以及流程设计对于全过程质量管理有着相当重要的作用。一般来说，产品和服务设计的变化次数越多，出现质量问题的概率就越大。因此，保持稳定的产品和服务设计有利于减少质量问题。但是，在现在越来越激烈的市场竞争中，保持产品设计的稳定性和满足市场需求多样化这两者之间通常存在一定的矛盾。如何解决这一矛盾，是摆在管理人员面前的一个新课题。

此外，对生产和服务流程的设计也会在相当大的程度上决定产品或者服务的质量。这一过程中的一个小小的疏忽就会引起非常严重的后果。过去，对产品质量改善效果的评价主要集中在对产品本身的质量进行检测。近年来，产品质量管理强调对生产流程本身质量的管理，以使生产流程能够"始终保持良好状态"，并最终减少不合格的产品。而得到好的生产流程的关键是要有正确的生产流程设计。在某些行业，如美国的酿酒业，已经通过精心设计的流程把质量控制融入了流程本身，通过周期性的样本测试来检查质量水平。

四、全企业的质量管理

全企业的质量管理主要是从组织管理的角度考虑如何进行质量管理，其基本含义是要求企业各个管理层次都有明确的质量管理活动内容。

每个企业中的质量管理都可以分为上层、中层和基层的质量管理，其中，每个层次都应该有自己质量管理的重点内容。上层管理侧重于质量决策，制定企业的质量方针、质量目标、质量政策和质量计划，并且统一组织、协调企业各个部门、各个环节、各类人员的质量管理活动，保证实现企业经营管理的最终目的；中层管理要实施领导层的质量决策，运用一定的方法找出各个部门的关键、薄弱环节或者必须解决的重要事项，再确定自己的目标和对策；基层管理要求每个员工都严格地按照标准、规章制度进行生产，并积极组织员工开展 QC 小组活动，不断地进行作业改善。这样，企业就建立了一个完整的质量管理体系：企业的质量方针目标自上而下一级一级地层层展开，纵向到底，横向到边，展开到全企业的所有部门、环节；然后，每个环节、部门再根据自己的实际情况，通过努力完成各自的工作去实现方针目标，自下而上一级一级地保证。每一个基层部门都要达到或者超过各自的目标值，最后就保证了上层质量目标的实现。

全企业质量管理的另一个必要做法是，打破公司内各个职能部门之间的界限，各个不同职能领域的管理人员共同参与产品或者服务设计，这样有利于设计出更可行、更有竞争力的产品或者服务方式。

第五节　六西格玛质量管理

一、六西格玛质量管理

1984 年，工程师哈瑞尝试提高摩托罗拉政府类电子产品的产品质量，为自己设计了一个大胆的目标：将差错率降为 3.4∶1 000 000，即 6σ（六西格玛）。要实现这一飞跃，就不能完全地依赖传统的方法。为此，他发明了所谓的 DMAIC（定义、测量、分析、改进、控制）项目方法，以便了解为了大幅度降低缺陷的数量，哪些改进措施是关键的。1987 年，在摩托罗拉的通信部门，6σ 作为一个新的对质量进行突破性改进的方法诞生了。据统计，在《财富》排名前 200 的大公司中，至少有 1/4 的公司正在实施六西格玛项目，说明了六西格玛的广泛应用性。

六西格玛管理法的实践证明，得到巨大的收益却不用进行固定资产投资，这种收益来自企业内部隐藏的、未开发的潜力。成功地实施能使六西格玛的投资回报率平均达到 700%。

二、六西格玛的含义

σ（西格玛）是希腊字母，在统计学上用来表示数据的分散程度，即标准差。对连续可计量的质量特性，用 σ 度量质量特性总体上对目标值的偏离程度。在 20 世纪 70 年代，如果产品达到 $\pm 2\sigma$，便达到标准。但在 20 世纪 80 年代，休哈特博士创立的“$\pm 3\sigma$”理论成为过程质量控制的目标，这就是说，产品的合格率已达到 99.73% 的水平，只有 0.27% 为不合格。现在，很多公司已要求 6σ 质量管理。

六西格玛不是单纯的技术方法，而是导致企业持续改进的总的方法论，是全新的管理模式，是企业提高顾客满意度和求得持续发展的战略途径。企业运用持续改进的思想，以事实为依据，实施数字化管理，按六西格玛的标准不断改善流程。

三、六西格玛的实现方法

六西格玛不仅是一种理念，而且有一套严密的实现方法和组织架构作为支撑。六西格玛的实现方法就是哈瑞发明的 DMAIC（定义、测量、分析、改进、控制）循环以及使用必要的统计分析工具。其中的统计分析工具和本章第三节介绍的“QC”七种工具基本一样，但是在六西格玛中，强调的是这些工具应该通过 DMAIC 循环以一种系统的模式被应用。DMAIC 循环的具体含义如下。

（一）定义（define）

识别顾客的需求，并从顾客的角度定义最重要的质量特性（critical-to-quality characteristics，CTQs），在此基础上明确六西格玛的改进项目。

（二）测量（measure）

决定如何衡量流程，界定影响 CTQs 的关键流程，测量现在的缺陷水平。

（三）分析（analyze）

界定引起流程变动的关键变量，从中寻找产生缺陷的最主要原因。

（四）改进（improve）

针对上述原因采取消灭缺陷的措施，界定关键变量的最大允许值范围，改进流程，使流程变动范围保持在允许范围内，确认实施结果是否达到了目标。

（五）控制（control）

总结经验，使改进了的流程规范化，以便保持成果。

可以看出，DMAIC 循环是 PDCA 循环的更详细的版本，其背后隐藏的思想都是通过反复循环来实现持续改进的。

除了 DMAIC 循环和必要的统计分析工具之外，六西格玛的另一个特色是建立了一套组织架构作为支撑，这一点与 TQM 有很大的不同。六西格玛管理要求企业内从兼职人员到专职人员（数量较少），从部门负责人到高层领导，有一个明确的组织架构确保六西格玛管理能够以一个项目、一个项目的方式不断地加以推进；还要求其中的一部分人员，特别是专职人员必须取得某种资格，表明其对六西格玛管理思想以及相应的实现方法和统计工具有足够的知识。为了表达需要这些人员或者主要负责人斗志昂扬地去发现问题、解决问题的思想，这些不同级别的资格还借用了柔道、空手道等武术中不同段位所佩戴不同颜色腰带的方法来命名。这些资格从低到高包括以下几种：

- “绿带”（green belts）：在基层领导或者参与六西格玛项目的人员，非专职，经过简单培训掌握一定的统计工具和流程分析技能。
- “黑带”（black belts）：经过更专业的培训，具有更高程度的六西格玛知识，能够在更大的范围内组织和领导（多个）六西格玛实施项目，兼职或者专职。
- “黑带大师”（master black belts）：六西格玛项目中的教练级人物，在六西格玛知识和相关统计分析工具上接受过高度训练，能够在企业内为其他员工进行六西格玛培训，是企业内执行和传播六西格玛理念、确认六西格玛项目、指导以及协调不同部门开展六西格玛项目的主要执行人员。

• 冠军和领导者（champions and executive leader）：前者是企业主持和领导六西格玛项目的人，一般是企业的执行副总裁；后者是在整个企业内具有权威和影响力的人，代表企业的最高层领导，传达企业在六西格玛项目上的坚定理念。

这种层层构成的组织架构保证了六西格玛项目能够以一种有组织、有工具的方式，自上而下、自下而上地反复循环。

四、推行六西格玛管理的好处

推行六西格玛管理首先遇到的一个疑问就是成本是否过高。质量管理学家朱兰提出质量成本曲线理论，认为质量水平应该控制在一个合理的范围内，超过一定范围，成本将大幅度上升，所谓“零缺陷”是不切实际的。朱兰的质量成本曲线理论在 20 世纪 80 年代初已经备受挑战。由于科技进步，各类机器能够取代工人，发挥避免出现不合格产品的作用。包括克劳斯比和田口玄一在内的质量管理学家认为，优质产品所节约的成本只是收益的一小部分。他们还认为，真正遭受损失的是那些在质量方面不积极改善的组织。

（一）田口玄一的质量观点

大多数质量问题都是由粗劣的产品设计和流程设计带来的。针对产品和流程质量改进，田口玄一提出了三个概念：质量稳健产品、目标导向的质量管理、质量损失函数。

质量稳健产品是指在不利的生产条件和环境下仍可以稳定生产的产品。田口玄一的观点是消除不利条件的结果而不是消除原因，因为消除结果比消除原因花费的成本总是低一些，而且在生产稳健产品方面总是更加有效的。在这种方式下，材料和过程的微小改变不会破坏产品质量。

传统的质量观点是符合性导向的，只要产品质量参数落在公差范围内就是好产品，就像足球射门，不管是从球门正中间射入还是从边框射入，只要射进去就算进球。并且认为在规格限制以外的质量造成的损失都是一样的。由于传统的质量观点接受所有处于公差范围内的产品，因而会生产出许多偏离目标值的产品。目标导向的质量管理试图使产品质量参数达到目标值，从而生产出更多接近目标值的产品。目标导向的质量管理追求零缺陷，以使产品质量达到目标。

质量损失函数（quality loss function，QLF）考虑了所有与优劣质量相关的成本，表明质量与用户期望相差越大时，成本增长也就越快。这个损失函数表示由于绩效差而给企业、用户和社会带来的所有损失。质量越靠近目标值，损失越小，产品就越令人满意；产品偏离目标值越远，损失就越严重。

（二）六西格玛管理带来的回报

成功的六西格玛管理为企业带来了实实在在的经济效益。这一点已经被摩托罗拉、联想、GE 等企业的实践所证明。根据 GE 公司 2000 年度的报告，1999 年 GE 公司的利润为 107 亿美元，比 1998 年增长了 15%，其中，实施六西格玛而获得的收益达到了 30 亿美元。

在六西格玛管理中常常用到"不良质量成本损失"（cost of poor quality，COPQ）这个术语，它是指由于质量不良造成的损失，或者是由于没有"第一次就把事情做对、做好"而额外付出的成本。由于质量不良而造成的成本损失是非常惊人的，据估计，对于 3~4 西格玛水平的企业来说，COPQ 可占到销售额的 15%~25%，而六西格玛企业的 COPQ 仅占销售额的 1.5%左右。GE 公司认为，该公司从 3~4 西格玛水平提高到六西格玛水平，其减少的 COPQ 为 80 亿~120 亿美元/年。

五、TQM、ISO 9000 以及六西格玛之间的关系

TQM、ISO 9000 以及六西格玛可以说都是企业为了加强质量管理所采用的组织性管理方法。纵观这二三十年来企业在质量管理上经历的历程，企业似乎在不同时期对不同的方法都给予了关注，因而有人质疑这几种方法之间是否存在着相互替代的关系。但是实际上，这几种方法从本质上来说并不是相互矛盾的，它们有着共同的理论基础，即质量管理学。这种一致性具体表现在以下几个方面。

（一）目的一致

ISO 9000 的目的可以说是通过贯彻标准，使得企业的质量体系可以有效地运行，使其可以具有持续提供符合要求的产品的能力，而且在质量保证活动中为顾客提供具有这种能力的证明；TQM 的目的可以说是通过企业全体人员以及相关部门齐心协力，建立产品的研究与开发、设计、生产（作业）、服务等全过程的质量体系，并通过全员参与来实现质量保证和质量的不断提高；六西格玛的目的可以说是通过一套严密的组织架构、定量化的分析和考核方法在各项业务中追求完美，精益求精。虽然目标的表达方法存在着细微的区别，但是最终的目的都是要最大限度地提供符合规定要求和用户期望的产品和服务。

（二）系统管理的思想一致

ISO 9000 规定，建立质量体系应该将与产品质量相关的组织机构、职责、程序、活动、能力和资源等构成一个有机的整体，以求得供需双方在考虑风险、成本、利益等基础上的最佳质量，使得供需双方都可以得到好处；TQM 要求全员、全过程、全企业开展质量管理活动，使用最经济的手段生产用户满意的产品；六西格玛更强调从流程而不是单个环节、个别问题的角度去实施改进。因此，系统管理的思想都是一致的。

（三）预防为主的出发点一致

ISO 9000 是一个组织落实、有物质保障、有具体工作内容的有机体，目的在于使得与质量相关的各项活动处于受控的状态，预防和避免发生质量问题；TQM 则要求把事后把关转变成事先预防，把控制结果转变为控制过程，实行超前管理和早期预防；六西格玛更强调通过减少流程的波动和偏差从而实现防患于未然。虽然具体的控制途径不一样，但是都强调预防为主。

（四）用事实与数据说话的思想一致

ISO 9000 强调以客观事实为依据，为了证实建立质量体系的适用性和运行的有效性，要求每个要素都必须以质量文件、质量记录为凭证，有文字依据；TQM 和六西格玛都是以统计分析为基础，一切用数据说话，实现质量管理科学化。

由此可见，TQM、ISO 9000 和六西格玛在目标上是一致的，在采用方法上是相通的，在具体做法上同样是相近的。它们的差别主要体现在一些细微之处。例如：ISO 9000 与 TQM 虽然都关注全面质量，但是 ISO 9000 的质量含义比 TQM 的质量含义更广；ISO 9000 对质量的定义是“反映实体满足明确和隐含需要的能力特性总和”，这里的实体是指可以单独描述和研究的物体，可以是活动或者过程、产品、组织、体系、个人或者它们的任一组合，对象十分广泛；TQM 指的全面质量则是产品的设计质量、制造质量、使用质量、维护质量等，它的对象没有 ISO 9000 的领域宽；六西格玛关注的不仅仅是质量，而是“任何可以量化的绩效指标”。又如，TQM、ISO 9000 和六西格玛都强调全过程的控制，但是 ISO 9000 强调文件化，TQM 则重视方法、工具以及全员参与，六西格玛更重视有一套完整的组织架构来支持。除此之外，ISO 9000 通用的标准，能够进行国际通用的认证，TQM 和六西格玛则不能。这些差别不是什么关键问题，并不影响三者之间的相容、相通、相同和相近的主流。

第六节　质量检验

在产品质量形成的全过程中，必须对所有影响质量的活动进行控制，而各种形式的检验活动正是这种控制必不可少的条件。2000 版 ISO 9000 中关于检验的定义是“通过观察和判断、适当结合测量、试验所进行的符合性评价”。检验包括 4 个基本要素：度量、比较、判断和处理。

一、质量检验的方式

可以按照不同的特征对质量检验的方式进行分类，下面是几种常见的分类方式。

（一）按照检验的数量特征分

按照检验的数量特征分为全数检验和抽样检验。

全数检验是对待检验产品100%逐一进行检验，又称为全面检验或者100%检验。全数检验存在以下缺点和局限性：检验工作量大、周期长、成本高，占用检验人员和检验设备多，不能适应现代化生产的速度；由于接受检验的数量多、人力有限，常常导致接受检验的个体的检验标准降低，从而无法保证检验的质量；由于不可避免错检和漏检，因此全数检验的结果并没有人们想象中的那么可靠；不适用于破坏性检验或者检验费用昂贵的产品；对于批量大、价值低、出现不合格品不会引起严重后果的产品，全数检验在经济上得不偿失。全数检验通常适用于精度要求较高的产品、对后续工序影响较大的质量产品、质量不太稳定的工序、需要对不合格交验产品进行100%重检及筛选的场合。

抽样检验是按照预先设计的抽样方案，从待检总体（一批产品、一个生产过程等）取得一个随机样本，对样本中的每一个个体逐一进行检验，获得质量特性值的样本统计值，并和相应的标准比较，从而对总体质量做出判断（接收或者拒收、受控或者失控等）。全数检验的缺点或者局限性恰恰是抽样检验的优点或者长处。抽样检验的缺点主要表现在：抽样检验的结论是对一批产品而言的，但是在判为合格的一批产品中，也会混杂一些不合格品；在判为不合格品的一批产品中，也会有一些合格品，也就是说，存在弃真错误和取伪错误。虽然运用数理统计原理精心设计抽样方案可以降低和控制错判风险，但是不能完全地避免。在全数检验不必要、不经济或者无法实施的场合，可以采用抽样检验。

（二）按照检验的质量特性值的特征分

按照检验的质量特性值的特征分为计数检验和计量检验。计数检验将检验项目区分为合格或者不合格，它并不确定不合格的程度。计量检验测量产品质量、速度、高度或者强度等特性，以确定检查项目是否在可以接收的范围内。计量检验适用于质量特性值为计量值的情况。

（三）按照检验方法的特征分

按照检验方法的特征分为理化检验和感官检验。理化检验是应用物理或者化学的方法，依靠量具、仪器以及设备装置对接受检验的产品进行检验，在检验中得到检验产品的具体数值。理化检验的精度高、人为误差小。感官检验就是依靠人的感官器官对质量特性或者特征做出评判。依靠人的感官对产品的形状、颜色、气味、伤痕、污损、锈蚀和老化程度等进行检查和评价。感官质量的判定基准不易用数值表达，在把感觉量化及比较判断时，也常常受到人的个性及状态的影响。因此，感官检验的结果通常和检验人员的经验有关，并有较大的波动性。

由于目前理化检验技术发展的局限性以及质量检验问题的多样性，感官检验依旧是质量检验方式的一种选择或者补充。

（四）按照检验对象接受检验后的状态特征分

按照检验对象接受检验后的状态特征分为破坏性检验和非破坏性检验。破坏性检验会破坏接受检验的产品的完整性，使该产品不再具有原来的使用功能。随着检验技术的发展，破坏性检验日益减少，非破坏性检验的适用范围在不断地扩大。破坏性检验只能采用抽样检验的方式。

（五）按照检验实施的位置特征分

按照检验实施的位置特征分为固定检验和流动检验。固定检验就是集中检验，是在生产单位设立固定的检验站，各个生产线上的产品加工后均送到检验站集中检验。固定检验站专业化水平高，检验结果比较可靠，但是需要占用生产单位的场地，容易使得生产工人与检验人员产生对立的情绪，也可能造成送检零件的混杂。流动检验就是由检验人员直接去工作地检验。由于不受固定检验站的束缚，检验人员可以深入生产现场，及时了解生产过程的质量动态，容易和生产工人建立相互信任的合作关系，并且有助于减少生产单位的在制品占用。

（六）按照检验的目的分

按照检验的目的分为验收检验和监控检验。验收检验在生产全过程广泛存在，如原材料、外购件、外协件以及配套件的进货检验，半成品的入库检验，产成品的出厂检验等。验收检验的目的是判断接受检验的产品是否合格，从而做出接收或者拒收的决定。监控检验也称为过程检验，目的是检验生产过程是否处于受控状态，以预防异常因素导致的不合格品的大量出现。生产过程中的各种抽样检验就是监控检验。

二、质量检验的类型

（一）购入检验

购入检验是对采购的原材料、辅料、外购件、外协件及配套件等的接收检验。为了确保外购货品的质量，进厂时的收货环节应由专职检验人员按照规定的检查内容、检查方法以及检查数量进行严格的检验。购入检验有首件（批）样品检验和成批购入检验两种。

（二）过程检验

过程检验有时候也称为工序检验或者阶段检验。过程检验的目的是在加工过程中防止出现大批不合格品，避免不合格品流入下一个过程。因此，过程检验不仅要检验在制品是否达到规定的质量要求，还要检验影响质量的主要过程因素，以决定生产过程是否处于受控状态。

过程检验通常有三种形式。

1. 首件检验

所谓首件，是指每个生产班次刚开始加工的第一个工件，或者加工过程中因换人、换料、换活以及换工装、调整设备等改变过程条件后加工的第一个工件。对于大批量生产，“首件”通常是指一定数量的样品。实践证明，首件检验制度是一项尽早发现问题、防止系统性质量因素导致产品成批报废的有效措施。首件检验一般采用“三检制”的办法。首件检验合格，应由专职检验人员打上规定的质量标记，并做好首件检验的记录。

2. 巡回检验

要求检验人员在生产现场对制造过程进行巡回质量检验。检验人员应该按照检验指导书规定的检验频次和数量进行，并做好记录。过程质量的控制点应该是巡回检验的重点，检验人员应该把检验结果标在过程控制图上。

3. 末件检验

末件检验是指主要靠模具、工装保证质量的零件加工场合，在批量加工完成后，对最后的一件或者几件进行检验验证的活动。末件检验的主要目的是为下批生产做好生产技术准备，保证下批生产时能够有较好的生产技术状态。

（三）完工检验

完工检验又称为最终检验，是全面考核半成品或者成品质量是否满足设计规范标准的重要手段。由于完工检验是供应商验证产品是否符合顾客要求的最后一次机会，所以是供应商质量保证活动的重要内容。

完工检验必须严格按照程序和规程进行，严格禁止不合格零件投入装配。只有在程序中规定的各项活动已经圆满完成，以及有关数据和文件准备好后，产品才能准许发出。

完工检验可能需要模拟产品的用户使用条件和运行方式。在有合同要求时，经由用户及用户指定的第三方一起对产品进行验收。必要时，供应商应该向用户提供有关质量记录。成品质量的完工检验有两种，即产品验收检验和成品质量审核，需要用户的参与并得到用户的最终认可。

【本章小结】

质量管理是企业运营管理的核心之一，提高质量可以降低因返工、废品和退货产生的成本，并能够为公司带来巨大的竞争优势。本章首先介绍了质量与质量管理的内涵，然后介绍了质量管理成本的构成以及质量管理的常用方法，重点介绍了质量控制七种工具和 PDCA 循环的内容。此外，本章也介绍了质量管理的发展过程，重点讲解了全面质量管理思想及方法、六西格玛质量管理的实现方法，最后介绍了质量检验的方式和类型。

【本章习题】

1. 质量成本包括哪几种？
2. 简述全面质量管理的含义以及它的特点。
3. 全面质量管理使用的 7 种工具是什么？
4. PDCA 循环是什么？它有哪些特点？PDCA 循环的应用有哪些？
5. ISO 9000 系列标准的意义以及其重要作用是什么？
6. 简述六西格玛质量管理的意义和作用。
7. 六西格玛质量管理是否导致成本大幅度上升？

第十三章　生产系统的改进与先进的生产方式

【学习目标】

1. 了解精益生产的基本原理。
2. 了解敏捷制造的基本原理。
3. 了解大规模定制的基本原理。
4. 了解计算机集成制造系统的概念与模型。
5. 了解绿色制造与可持续供应链的思想。

【导入案例】

100日元寿司屋

100日元寿司屋与其说是一家普通的寿司餐馆，倒不如说是一家日本生产率的陈列馆。在100日元寿司屋的中间开辟出一个椭圆形服务区，里面有三四个厨师正忙碌地准备着寿司，服务区周围大约环绕着30个座位。在一个角落里就座后，我注意到这家餐馆的特别之处，围绕着椭圆形服务区有一条输送带传动着，就像是个玩具火车车轨。在输送带上我看到了一盘盘的寿司，你能想象到的寿司——从最便宜的海藻寿司到昂贵的生沙丁鱼和鲜虾寿司——在这里都应有尽有。奇怪的是，所有寿司的价格竟然都是一样的，全是100日元一盘。我凑近观察，眼睛紧紧盯着移动的寿司盘子，发现便宜的海藻盘有4片寿司，而昂贵的生沙丁鱼盘只有2片寿司。

我看到一个顾客把8个盘子整整齐齐地叠在一起，当他起身要离开时，收银员看了看说“800日元”。收银员并没有收款机，他只是简单地数了数盘子的数目，然后乘以100日元。

100日元寿司屋的日常运营建立在精心分析信息的基础之上，寿司屋拥有完整的顾客对各种不同寿司的需求信息，因而知道每种类型的寿司应准备多少、何时准备。而且，整个运营流程是基于准时制和质量控制系统原则的重复生产。例如，寿司屋的冷藏能力很有限（冰柜容量有限），因此，采用了准时制库存控制系统。寿司屋并没有购买新的冰柜来提高冷藏能力，而是与鱼商达成协议，要求鱼商每天分几次运送新鲜鱼，这样，鱼的原料就可以准时送到并及时加工成寿司，仓储成本也就可以达到最小化了。

寿司屋的地面空间是为工作人员和必需的设备准备的，并不是用来存储食品的。工作人员和他们所使用的设备都紧靠在一起，寿司的制作是用手传递的流水线方式，而不是各自为政的工作方式。寿司屋的仓储间没有墙，所有工作人员（从店主到服务员）并肩一起工作。从欢迎顾客到为顾客送上他们所点的寿司，整个工作过程中，大家的工作任务是紧密相关的。因此，一旦出了问题，每个人都可以冲到出问题的地方，以防止问题的扩大。

100日元寿司屋是一家劳动密集型企业，与美国人观念不同的是，日本人依靠的是简捷、通俗的管理理念而不是高技术，这一点给我留下了深刻的印象。在我吃完第5盘寿司的时候，我看到同样的一个章鱼寿司盘已经转了13次。或许我发现了整个系统的缺陷，于是我问店主：“一个寿司盘每天都在轮转，你们是如何考虑卫生问题的，是否发生过顾客吃了不卫生寿司后食物中毒的事件?”店主带着歉意的微笑鞠了一躬，说道："先生，我们不会出售30分钟还没有售出的寿司。"接着他挠挠头说："我们的员工在休息的时候，就会取走未出售的寿司，要么吃掉寿司，要么直接扔掉。我们非常重视寿司的质量问题。"

（案例来源：戴维斯．运营管理基础［M］．北京：机械工业出版社，2005.）

第一节　精益生产

一、精益生产概述

（一）精益生产方式的产生

20世纪初，从美国福特汽车公司建立第一条汽车生产线以来，大规模生产成为现代工业生产的主要特征。大规模生产方式是通过标准化以及扩大生产规模来降低生产成本、提高生产效率，这种生产方式适应了当时的美国国情，即企业只要能把产品生产出来就可以销售出去。但是第二次世界大战以后步入了市场需求多样化发展的新阶段，大规模生产方式的缺点日益明显。为了适应这样的时代要求，丰田汽车公司创立了多品种、小批量混合生产条件下的高质量、低消耗的丰田生产方式。凭借这种生产方式，日本人只用了30年的时间就追上了美国花费近100年时间发展汽车的历史。

20世纪70年代，日本开始大力推广丰田汽车的生产方式，将它运用于汽车、机械制造、电子、计算机、飞机制造等工业中。这种生产方式后来被麻省理工学院几位从事"国际汽车计划"的专家称为"精益生产"（lean production，LP）。精，就是少而精，不用投入多余的生产要素，只是在适当的时间生产必要数量的市场急需产品（或下道工序急需的产品）；益，就是所有的经营活动都需要具有经济性。精益生产是当前工业界公认的最佳生产组织体系和方式。

精益生产方式源于日本丰田生产方式，但是在理论上更深入，在内容上也更广泛。"精益"从生产领域扩展到市场预测、产品开发、销售服务、财务管理等各个领域，贯穿于企业管理活动的全过程。它的指导思想是通过生产过程整体优化、改进技术、理顺物流、杜绝超量生产、消除无效劳动与浪费、有效利用资源、降低成本、改善质量以达到用最少的投入实现最大产出的目的。

（二）精益生产的基本目标

1. 零库存

一个充满库存的生产系统会掩盖系统中存在的各种问题。例如，设备故障造成停机、工作质量低造成废品或返修、横向扯皮造成工期延误、计划不周造成生产脱节等，都可以动用各种库存，使矛盾钝化、问题被淹没。因此，日本人称库存是“万恶之源”，是生产系统设计不合理、生产过程不协调、生产操作不良的证明，并提出“向零库存进军”的口号。“零库存”是精益生产追求的主要目标之一。

2. 高柔性

高柔性是指企业的生产组织形式灵活多变，能适应市场需求多样化的要求，及时组织多品种生产，以提高企业的竞争能力。为实现柔性和生产率的统一，精益生产必须在组织、劳动力、设备三方面表现出较高的柔性。

（1）组织的柔性。在精益生产方式中，决策权力是分散下放的。它不采用以职能部门为基础的静态结构，而是采用以项目小组为基础的动态组织结构。

（2）劳动力的柔性。市场需求波动时，要求劳动力也作相应调整。精益生产方式的劳动力具有多种技能，在需求发生变化时，可通过适当调整操作人员的操作来适应短期的变化。

（3）设备的柔性。与刚性自动化的工序分散、固定节拍和流水生产的特征相反，精益生产采用适度的柔性自动化技术（数控机床与多功能的普通机床并存），以工序相对集中、没有固定节拍以及物料的非顺序输送的生产组织方式，使精益生产在中小批量生产的条件下也能实现低成本，同时具有刚性自动化所没有的灵活性。

3. 零缺陷

高质量来自“零缺陷”的产品，精益生产的目标就是要消除各种引起不合格品的原因，在加工过程中保证各工作环节一直处于良好的状态，追求“零缺陷”。追求产品质量要有预防缺陷的观念，事先做好准备及预防工作，认真对待，防患于未然，建立“零缺陷”质量控制体系。

（三）精益生产方式的优越性和意义

美国麻省理工学院的学者用了 5 年时间，花费了 3 500 万美元，组织日本、美国以及欧洲各国 50 多位专家，在对世界 17 个国家的 90 个汽车制造厂进行广泛调查的基础上，对精益生产方式和大规模流水生产作了详细的比较研究，并于 1990 年发表了一份关于汽车工业生产经营方式的大型实证性研究报告。根据这一研究结果，日本所采用的丰田生产方式具有以下优点：

（1）各部门所需人力资源均能减少至一般水平的 1/20。

（2）新产品开发周期可减至一般水平的 1/2~2/3。

（3）生产过程的在制品水平可减至一般水平的 1/100。

（4）工厂所占空间可减至一般水平的 1/20。

（5）成品库存可减至一般水平的 1/40。

（6）产品质量可提高 3 倍。

精益生产方式是彻底地追求生产的合理性、高效性，灵活地生产适应各种需求的高质量产品的生产技术和管理技术，其基本原理和诸多方法对制造业具有积极的意义。精益生产的核心，即关于生产计划和控制以及库存管理的基本思想，对丰富和发展现代生产管理理论也具有重要的意义。

二、精益生产现场控制技术——看板系统

精益生产方式是一种“拉动”式生产，它可以减少库存、提高资金周转率、降低成本，进而大幅度提高企业效益，而拉动式生产主要通过“看板”（kanban）机制来实现。看板是实现生产控制一致性的重要手段，是保证在规定的时间、地点准确地提取所需物料的信息系统，是实现 JIT 生产方式的基础。因此，看板也可以说是 JIT 生产方式最显著的特点。

（一）看板的概念及种类

1. 看板的概念

所谓看板，也有人把它称为卡片，上面记载有零部件型号、取货地点、送货地点、数量、工位器具型号及盛放量等信息，作为取货、运输和生产的指令。后道工序根据“看板”向前道工序取货；前道工序按看板要求只生产后道工序取走的数量的工件作为补充；现场操作人员根据“看板”进行生产作业。看板控制系统是生产现场控制技术的核心，通过看板系统控制生产和物流，达到即时生产的目的。

2. 看板的种类

根据功能和应用对象，看板分为生产订货看板（production ordering kanban，PK）和取货看板（withdrawal kanban，WK）。

（1）生产订货看板。生产订货看板指在一个工厂内，指示加工制造规定数量工件所用的看板，包括工序间订货的生产看板和为批量生产用的信号看板。生产看板用于指挥工作地的生产，它规定了所生产的零件及其数量，如图 13-1 所示。它只在工作地和它的出口存放处往返，使用时必须与产品一起移动。当后道工序来领取零件时摘下挂在产品上的生产看板，然后挂上领取用的取货看板运走；该工序然后按照看板被摘下的顺序以及这些看板所表示的数量进行生产；如果摘下的看板数量变为零，则停止生产。信号看板是在固定的生产线上作为生产指令的看板，一般的表现形式是信号灯或不同颜色的小球等。当该批产品的数量减少到基准数时摘下看板，送回到生产工序，然后生产工序按该看板的指示开始生产。

<table>
<tr><td colspan="2">生产看板</td><td rowspan="5">加工设备：
机加工 LD-6</td></tr>
<tr><td>存放货架号：F14-26</td><td>工件背面号：A3-252</td></tr>
<tr><td colspan="2">工件号：56790-321</td></tr>
<tr><td>工件名：曲轴</td><td>容器容量：16</td></tr>
<tr><td colspan="2">产品类型：SX50BM-170</td></tr>
</table>

图 13-1 生产订货看板示意图

（2）取货看板。取货看板是指后道工序的操作者按看板上所列件号、数量等信息，到前道工序（或协作厂）领取零部件的看板（如图 13-2 所示），它包括工序间取货看板和外协取货看板。工序间取货看板指出应领取的工件件号、件名、类型、工件存放位置、工件背面编号、紧前加工工序号、紧后加工工序号等，是厂内工序间的取货凭证。外协取货看板除了指出有关外协件特征信息外，还指出本企业名称、外协厂名、交货时间、数量等，它用作向固定的协作厂取货的凭证。

<table>
<tr><td colspan="2">取货看板
WITHDRAW KANBAN</td></tr>
<tr><td>零件名称：
DESCRIPTION：</td><td>超市代码：
SUPERMARKET CODE：</td></tr>
<tr><td>型号：
REFERENCE：</td><td>客户代码：
CUSTOMER CODE：</td></tr>
<tr><td>数量：
QUANTITY：</td><td></td></tr>
</table>

图 13-2 取货看板示意图

除了以上这些常用的看板外，还有临时看板，如设备维护看板、临时任务看板等。

（二）生产过程中看板的使用过程与使用原则

1. 生产过程中看板的使用过程

为了更有效地实施看板管理，通常要对设备进行重新排列和布置。要做到各工序所使用每种零部件都只有一个发出地（前道工序），在整个生产过程中零部件要有明确的、固定的移动路线。每一道工序都要有一个入口存放处和出口存放处。看板在生产过程中的使用可用看板控制系统（如图 13-3 所示）来说明。

图 13-3 中的Ⅰ表示零件加工工序，Ⅱ表示部件装配工序，Ⅲ表示总装配工序；A 表示工序入口存放处；B 表示工序出口存放处。

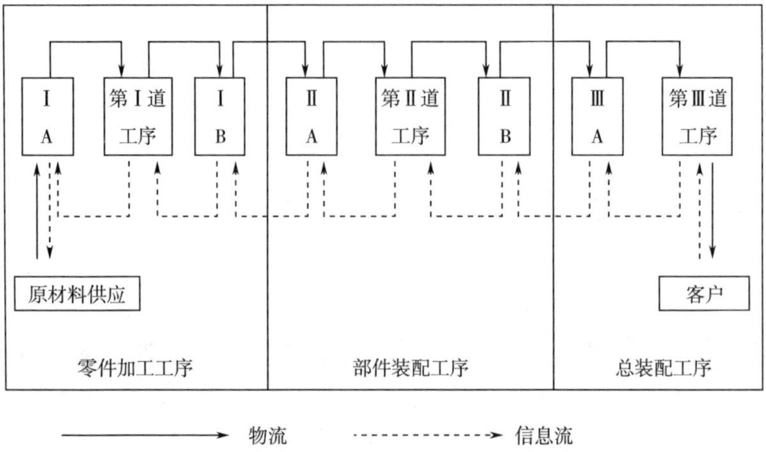

图 13-3　看板控制系统

当总装工人从Ⅲ中取出零部件后，就从该处取出一块取货看板，通知运货工人取货。运货工人按看板到上道工序的Ⅱ B 中取规定种类、数量的零部件，用以补充ⅢA 已使用的零部件。与此同时，再从Ⅱ B 中取出一块生产看板，交给Ⅱ工序的操作工人，Ⅱ工序的操作者据此加工生产标示的零部件，制成后补入Ⅱ B 中。Ⅱ工序的操作工人加工零件时，又按同样的程序从Ⅱ A 中提取加工件。如此倒溯而上，生产线就在看板的联系和拉动下协调地运转起来。

2. 生产过程中看板系统的使用原则

在生产过程中，看板系统应遵循以下基本原则：

（1）前道工序按照后道工序的需求指令（即看板）进行生产。生产时按生产看板发送次序并在有生产需求的时候按需求的数量进行生产，不得提前生产或滞后生产，也不能多生产或少生产，无需要时就不生产。

（2）后道工序准时定量在规定点提取前道工序生产的后道工序所需物料。提取物料时严禁没有看板提取物料或提取非看板所规定的物料，严禁提取数量超过或低于看板规定的数量。

（3）严禁有缺陷的物料流入后道工序，并及时发现有缺陷的物料。因为后道工序没有库存，一旦流入有缺陷的物料，则整个生产必然停止。

（4）看板数量应尽量少，每个物料始终与 WK 或 PK 在一起。看板要随它所代表的产品一起流动，以证明这些产品是必需的，防止过剩生产和过剩搬运。一个看板代表一个标准量的物料量，减少看板数相当于减少库存量。

（5）看板适应于需求量波动小和重复生产的情况。有突发性的小幅度需求变动或紧急情况时，看板系统需要微调。这种微调只适用于小幅度需求变动，一般应控制在整个计划的10%。

三、精益生产计划体系和流程

看板系统虽然能起到日常生产活动的指挥、调度作用，但如同组织生产只有调度没有计划不行一样，只有看板系统没有计划系统也是不行的。因为生产过程的最后一道工序与用户的衔接，主要是靠计划实现的。所以，精益生产方式中有一个能与市场需求相适应的生产计划体系。它主要由生产计划和生产进度计划构成。

（一）生产计划

生产计划由基本生产计划和零件需要量计划构成。这两种计划每月编制一次，规定了本期的计划产量及各种零件的需要量。编制程序是：首先，每月由销售部门向生产部门提供计划期的需求量预测及订货信息。其次，生产部门根据以上信息，编制出月度生产计划。此计划采用滚动式编制方法，3个月为一个滚动周期，每期详细确定第一个月的产量，称为基本生产计划。最后，根据基本生产计划以及产品的构成，计算出各种零部件的需要量。计算方法基本同MRP方法相同。

（二）生产进度计划

生产进度计划由成品发送计划和装配投产顺序计划构成。该计划决定每天的日产量、装配投入顺序以及成品发送量。这些计划的编制，原则上以旬为计划期，但每天的产量可以在一定的范围内调整。编制步骤如下：

（1）销售部门通过分销商得到10天内的销售计划。分销商按客户要求把10天内的订单通知销售部门，生产管理部门在每旬开始的7天前，根据反馈回来的具体订货信息，分别按工厂、装配线做出日产量计划。

（2）订单需求改变，分销商把当天的修改订单计划通知销售部。10天内的生产计划可以作适当调整，调整范围为±10%，最多不超过20%。例如，当收到一个把白色车型改成红色车型的修改订单时，必须减少白色车的生产，增加红色车的生产。这一过程被称为日计划修改，并且必须在最终装配计划执行前4天确定。

（3）销售部门把订单计划通知制造部门。销售部门用计算机系统把分销商的订单按产品的品种、制造工厂等分类之后，在产品下线3天前把这些信息传给制造部门。制造部门根据这些重要信息制订日生产计划。

（4）生成每日排序的生产计划并送往工厂和供应商。在收到销售部门的日订单需求计划以后，制造部门准备制造混合车型生产线的顺序生产计划，并在产品下线前 2 天下达给各装配线。实际应用中应注意，这种顺序生产计划每天要修改并送到总装线上。

如前所述，根据各分销商每日的最新订货信息，适时地调整生产计划，最后确定日产量。最终产品出产的准时性主要由计划系统来控制。缩短从分销商接到订单到产品通过分销商销售给客户的整个供货周期，是使客户满意的关键。为了加快信息传递，丰田和分销商之间通过计算机网络共享信息。首先，丰田公司知道所有分销商的库存情况，如果需要的话，可以把一个分销商的库存转移到另一个分销商。其次，丰田公司可以实施柔性供货计划，当需要时改变发货目的地。例如，发运给分销商 A 的汽车可以很容易地变为发运给分销商 B。最后，丰田公司知道并可通知其分销商目前紧俏的汽车和滞销的汽车。通过提供这些信息，丰田公司可以指导其分销商制订各自的采购计划。

四、精益生产方式的实施条件

（一）合理设计产品

现代生产系统设计受到经济与技术两方面的约束，产品范围增大，一般要增加工艺的变化范围，使加工过程更加复杂。在精益生产方式中，通过产品的合理设计，使产品易生产、易装配，当产品范围扩大时，要力求不增加工艺过程。具体方法有：提高产品系列化、标准化和通用化水平，充分利用现有典型工艺过程和工序来实现加工和装配；加强产品模块化设计工作，减少产品结构复杂性；利用积累的丰富经验和资料，设计出定型的优异产品。

（二）生产同步化

同步化生产，即工序间不设置仓库，前一道工序的加工结束后，加工件立即转到下一道工序去，装配与机械加工几乎平行进行，产品被连续地生产出来。在铸造、锻造、冲压等必须成批生产的工序中，则通过尽量缩短作业更换时间来尽量缩小生产批量。

生产同步化还需通过采取相应的设备配置方法以及人员配置方法来实现。即不能采取通常的按照车、铣、刨等工业专业化的组织形式，而应按照产品加工顺序来布置设备。一般采用“U”形布置，即从入口到出口形成一个完整的“U”形。这样就可以大大减少人员在不同工序之间因传递加工品而造成的走动，减少时间和搬运的浪费，提高生产效率。

（三）生产均衡化

生产同步化和均衡化是精益生产的基础。所谓生产均衡化，是指总装配线应均衡地使用各种零部件生产各种产品。只有实现均衡化生产，才能大大减少以至消除原材料、外购件、在制品与成品的库存。

实现均衡生产主要依靠合理的日生产计划安排来保证。在 JIT 方法中，JIT 系统只向总装配提供日计划，不向其他工序提供计划，其日计划可按实际需求进行调整。丰田公司认为：市场总是变化的，计划必须适应市场变化；如果向生产现场提供固定计划，就不能适应市场变化要求。为了准确地协调生产，及时满足市场多变的需求，最好利用计算机分析各种因素，制定确切的均衡化生产计划。

在制造阶段，均衡化通过专用设备通用化和制定标准作业来实现。所谓专用设备通用化，是指通过在专用设备上增加一些工夹具的方法使之能够加工多种不同的产品。标准作业是指将作业节拍内一个作业人员所应承担的一系列作业内容标准化。

（四）缩短作业更换时间

生产同步化的理想状态是工件在各工序间一件一件生产、一件一件往下道工序传递，直至总装配线，即单件生产、单件运送。这在装配线以及机加工工序是比较容易实现的，但在铸造、锻造、冲压等工序就不得不批量进行。要实现精益生产，需要根据这些工序的特点，使批量尽量缩小。但这样一来，作业更换就会变得很频繁。因此，在这些工序中，缩短作业更换时间就成了实现生产同步化的关键问题。

作业更换时间一般由三个部分组成：①内部时间，即必须停机才能进行作业更换的时间。②外部时间，指的是即使不停机也可进行作业更换的时间，如模具、工夹具的准备、整理时间。③调整时间，即作业更换完毕后为保证质量所进行的调整、检查等所需的时间。

作业更换时间的缩短主要依靠改善作业方法、改善工夹具、提高作业人员的作业更换速度以及开发小型、简易设备等方法。作业更换时间的缩短所带来的生产批量的缩小，不仅可以使工序间的在制品库存量减小，使生产周期缩短，而且对降低资金占用率、节省保管空间、降低成本、减少次品都有很大的作用。

（五）弹性配备人员

在传统的生产系统中，通常实行“定员制”。相对于某一设备群，即使生产量减少了，也必须有相同数量的作业人员才能使这些设备全部运转并进行生产。但在市场需求变化多、变化快的今天，生产量的变化是很频繁的，人工费用也越来越高。因此，在劳动集约型的产业，通过削减人员来提高生产率、降低成本是一个重要的课题。精益生产方式创造了一种全新的“少人化”技术，以实现随生产量变化来调整作业人数。

这里的“少人化”有两层含义：一是生产工人数量随生产工作量而变动；

二是通过作业改进不断减少作业人数，以达到提高效率、降低成本的目的。

（六）质量保证

在精益生产方式中，通过将质量管理贯穿于每一道工序之中来实现提高质量与降低成本的一致性，具体方法是设备的“自动化”和人员的自主化：①使设备或生产线能够自动检测不良产品，建立一旦发现异常或不良产品就可以自动停止设备运行的机制。为此，在设备上开发、安装了各种自动停止装置和加工状态检测装置。②生产第一线的设备操作工人发现产品或设备的问题时，有权自行停止生产。当异常发生时，如果生产线或设备能够立即停止运行，就比较容易找到发生异常的原因，从而能够有针对性地采取措施，防止类似异常情况再次发生。

第二节　敏捷制造系统

敏捷制造面对的是全球化激烈竞争的买方市场，采用可以快速重构的生产单元构成的扁平组织结构，以充分自治的、分布式的协同工作代替金字塔式的多层管理结构，注重发挥人的创造性，变企业之间你死我活的竞争关系为既有竞争又有合作的“共赢”（win-win）关系。敏捷制造强调基于互联网的信息开放、共享和集成。

一、敏捷制造企业的基本特征

亚科卡研究所提出了18条敏捷制造企业的特征。

（1）并行工作。为了迅速抓住市场机遇，企业内各部门要并行工作，实现最快的响应。不单是设计部门与制造部门，还应包括市场营销、财务、人力资源管理等部门，相互间要保持良好的通信联系，逐渐形成一个并行工作网络。

（2）继续教育。当今世界知识更新速度越来越快，要保持企业的活力和技术上的先进性，就必须不断更新和提高雇员的全面技能。雇员每年要花费几周时间接受教育与培训，重点是新技术新思想方面“知其所以然”的“教育”，而不是单纯“知其然”的“培训”。

（3）根据用户响应建立组织机构。类似于精细生产中的“牵引”方式，完全按下游的需要来组织上游的生产活动。从对用户需求及市场竞争做出迅速响应出发，“牵引”出对新的企业组织各方面的要求，根据需求促进新的组织机构的变化。

（4）多方动态合作。从竞争走向合作，共同抓住市场机遇，将是未来制造业的一个重要特征。这种合作关系可以发生在不同层次上，有不同的紧密程度。

因为底层的工作人员也都已被授权，在其本人权力范围内通过各种标准过程进行各种合作，只要这样做对满足顾客需求有利就行。

(5) 珍惜雇员。敏捷制造企业把雇员的知识和创造性视为企业最宝贵的财富。每个雇员都必须把自己视为整个企业的一个积极组成部分，运用自己的智慧和技能，参加工作小组，为企业的兴旺发达而奋斗。

(6) 向工作小组及其成员放权。为了快速响应市场的变化，企业组织结构要减少层次，做到扁平化。要下放部分决策权，使工作小组和个人在必要的时候不必层层请示而独立做出决策，以实现对变化最敏捷的响应。

(7) 对环境仁慈。随着人们对环境的要求越来越高，制造企业要对生产过程及其产品的整个生命周期对环境造成的影响负责任。不是消极防御式的“减少污染”，而是要求“仁慈”（benign），也就是不仅不要造成危害，而且要主动在生产过程和产品报废处理过程中创造改善环境的条件。

(8) 柔性的重新配置组合。敏捷制造企业的雇员，应能够根据任务需要灵活地形成各种工作小组，重新组合成各种职能部门。技术系统也应是模块化的，可以根据产品变化在短时间内重新配置，以适应新产品的开发需要。

(9) 信息的沟通。在敏捷制造时代，企业往往既是合作伙伴又是竞争对手，为了能制造出高质量的新产品，工作小组要能获取本企业以及合作公司的各种信息。人们已认识到多方合作模式带来的经济效益远远大于信息保密的方式，所以要大力扩展共享信息的通信网络。

(10) 拥有知识面广的雇员。雇员们有渊博的知识，并且不断更新，才能在新产品中融入各种新鲜内容，去满足顾客多种多样的需求。

(11) 开放的体系结构。敏捷制造企业的任务、产品、组织、技术系统等都可能变化，所以企业的体系结构不应该是封闭的，而应该是开放的。除了组织机构的重新组合，还可以成立各种工作小组，扩展新的技术系统，在各种层次上与其他企业合作，从而形成新的广义企业的架构。

(12) 产品设计一次成功。必须进一步改善分析、仿真工具，在充分利用先进的计算机辅助设计软件、加快设计速度的同时，保证产品设计一次成功。

(13) 产品终身质量保证。技术的进步导致人们对质量概念理解的发生变化，“零缺陷”已经成为一项最起码的常识，要更好地做到“顾客满意”，必须在产品的整个生命周期中保证质量。

(14) 缩短交付周期。从顾客或者设计师提出一个新的产品概念到最后产品交到顾客手上，这段时间称为“交付周期”。它是竞争获胜的重要指标，不仅涉及从设计到制造过程的快速完成，而且包含整个经营过程各个环节的组织与管理，所以是一个企业的综合指标。

（15）技术的领先作用。为了竞争的成功，企业在寻找合作伙伴时，必然要找技术上最领先的。几个各有所长的公司组合在一起，互相取长补短才能互利。每个公司一定要有自己的独占技术，别人才会同你合作。

（16）技术的敏感。敏捷制造企业要与用户、供应商保持密切联系，企业内部各部门之间也要有密切联系，一旦发现问题和新的需求，就能进行快速而细致的分析。同时，还要引进新技术，特别是要了解竞争对手，在各种关键技术方面绝不能落后于竞争对手。

（17）整个企业集成。向工作小组和个人放权，绝不意味着各自为政，而应该是在人人都明确为实现企业全局战略目标的前提下，在快速的通信系统支持下，取得更高水平的全局协调。也就是说，要通过整个企业集成来提高企业的柔性。

（18）基于远景蓝图的管理与领导。描绘一幅既现实又激动人心的远景蓝图（vision），给企业全体职工指出企业的目标，以及达到目标的途径。这样才能使各层人员都发挥最大的积极性，以最高效率去为企业的成功奋斗。

二、敏捷制造与大量生产在思想观念以及经营战略上的差别

（一）使顾客富裕

按照传统观念，销售活动总是要以赚顾客的钱为目的。敏捷制造有两个新的提法：第一，“使顾客富裕”（enriching the customer）；第二，销售的是“解决方案”（solution），而不只是“产品”（product）。敏捷制造把目标定位在大量个人市场上，主要满足顾客个性化的需要，并且只以“顾客满意”为评价标准。因此，必须突破传统观念。顾客感觉到的是他的问题得到了解决，而不单是拿到了一个实体的产品。

对于产品，顾客支付的费用是基于它的生产成本以及一定的市场利润。而对于“解决方案”，顾客支付的费用则是供应商和顾客都认可的这个“解决方案”的价值。

因为“解决方案”往往是具体顾客的特殊需要（至少有别于其他顾客），供应商就需要与顾客共同研究如何满足他的需要，还可能要对原设计进行重新思考、重新设计，这样在供应商和顾客之间就建立了一种长期联系的依存关系。供应商以取悦顾客、为顾客服务为目标，顾客当然也愿意依靠这个供应商，当原来的产品用完或报废并需要更新时，还会找同一个供应商。所以“使顾客富裕”实际上当然也就会使供应商富裕。

（二）用合作去加强竞争

为了在竞争中壮大自己的力量，人们总会寻找一些伙伴。但是在敏捷制造年

代又有了与以前迥然不同的新思想，“合作”可以在从前的竞争对手之间进行。下面从组织内部和外部两方面来说明。

从内部来说，主要是发扬团队的合作精神。一方面，要鼓励员工协同工作解决问题，把合作视为一种义务，而不是互相推诿。这样，企业就会以一种类似于医院急救室的工作方式进行运转，去完成新的订单带来的任务，攫取新的市场机遇。另一方面，要制定明确的智力资源权利条例和企业内部道德准则，以规范人们的行为和保护员工发明创造的权利。

从外部来说，合作概念的发展已进展到了以前竞争对手之间的合作。在20世纪70年代，美国三大汽车巨头公司通用、福特、克莱斯勒，都投资了几亿美元开发汽车排气管中控制空气污染的装置。在那个时候，它们都不愿意联合起来开发，因而各自做出了类似的装置，浪费了很多资源。现在，它们都参加了一个多功能的集团“USCAR”，共同开发各种技术、材料和部件，从结构塑料、电池到电机车控制系统等。在计算机主机市场上，日立（Hitachi）与IBM一直是两大竞争对手，但现在它们成了合作伙伴。日立买进IBM的主机CMOS处理机芯片，并制造IBM结构的主机（IBM给予许可证），打上日立牌子销售。当然，在合作过程中也要解决利益分配的问题，使供应商、合作伙伴以及顾客都能共享信息并互相受惠。以合作的方式竞争也为创建或加入“虚拟企业”制定出明确的标准。

（三）急救室式的工作

可以把敏捷制造企业类比为医院里的急救室。在那里，准备了一套人力的、技术的和制度的资源，随时可以按特殊需要，重新组合成各种不同的组织形式。从使命和任务来说，急救的需要是紧急的、多种多样的，必须在尽可能短的时间内完成。配置的人员必须技能高超，每个人都有各自的专长，对于相关岗位也不陌生。在紧急抢救的时候，任务是不可预见的，不知道需要哪一类专家来唱主角，当然也无法预先安排相互的配合关系。分工仍是必要的，但不是一种限制，最关键的问题是抢时间。在人员之间要形成一种密切、默契的配合关系。当然，在设备配置上，医院要保证抢救人员要什么就有什么，甚至可以快速与医院其他专家进行相关专门知识的咨询，可以要求在短时间内取得本医院的其他特殊设备。对于敏捷制造，为了完成一项用户需要的紧急订单，首先是人员之间要主动承担任务、相互积极配合；其次是对设备器材、专业知识等进行最灵活的调度。只有在这样一种新的资源配置和调度的环境中，在同心同德、团结奋斗的氛围中，与抢救危重病人类似的商业战场上的“战役”，才能一个一个地取得胜利。所以，组织机构及其运行机制要慎重选择，务必满足灵活、动态的结构要求。在管理上，强调权力分散，让中下层管理人员在保证企业总任务的前提下有更多的自治权。

（四）充分发挥人和信息的作用

在敏捷制造企业中，最核心、最宝贵的资源不是技术，不是厂房，也不是设备，而是人和信息。

只要有钱，设备、技术总是可以买到的，但是人，特别是知识渊博、有熟练技能、有突出的开创精神和有强烈主人翁责任感的人，却不是一朝一夕能培养起来的。因此，敏捷制造企业应该不断地探索和实施激励人的主动性和创造性的措施。敏捷制造要求每个员工都学会从全局需要来考虑问题，每个人都是企业的主人，都愿意承担为顾客服务的责任和义务，为企业的成功共同解决问题和共担风险。敏捷制造还要求员工不断学习、不断充实自己。他们已经被授权在自己的工作领域中独立做决定，而不学习就不可能在多变的情况下做出正确的决策。

信息在敏捷制造企业也发挥了重要作用。由于市场的急剧变化，掌握用户需求的变化和在竞争中知己知彼成为企业发展和取得成功的关键。如果对本企业内部的信息不能透彻了解，那么如何能要求员工从全局出发做到集成呢？如果竞争对手采取了一些新的措施，采用了一些新技术，而本企业却迟迟不了解，又如何能及时采取改进竞争手段的对策呢？“敏捷”的基本思想是既快又灵，所以一定要把信息的价值提到足够的高度来认识。

三、实现敏捷制造的措施

（一）重视继续教育

将继续教育放在实现敏捷制造的首位，高度重视并尽可能创造条件使雇员能获取最新的信息和知识。因为今后的竞争归根结底是人才的竞争，是人才所掌握的知识和创造力的竞争。企业的雇员知识面广、视野宽，才有可能不断产生战胜竞争对手的新想法。

（二）虚拟企业的组成和工作

从竞争走向合作，从互相保密走向信息交流，实际上会给企业带来更大利益。如果市场上出现一个新的机遇，如看准了半年后推出某种新型计算机必能畅销，于是几家本来是竞争对手的大计算机公司可能会立即组成一种合作关系。A公司开发的主机性能好，B公司的软件开发能力强，C公司的外围设备有特色和很好的声誉，各家都发挥自己的优势共同开发，就能迅速占领市场。完成这次合作以后，各家还是各自独立的公司。这种方式就是“敏捷制造”。实施敏捷制造的基础是全国以至全球的通信网络，在网上了解到有专长的合作伙伴，在网络中确定合作关系，又通过网络用并行工程的做法实现最快速和高质量的新产品开发。

（三）计算机技术和人工智能技术的广泛应用

未来制造业中强调人的作用，丝毫没有贬低技术所起的作用。计算机辅助设计、辅助制造，计算机仿真与建模分析技术，都应在敏捷制造企业中加以应用。另外，还要提到“团件”（groupware），这是近年来研究比较多的一种计算机支持协同工作（computer supported cooperative work，CSCW）的软件，称为“团件”是强调作为分布式群决策软件系统，它可以支持两个以上用户以紧密方式共同完成一项任务，如有同样想法而又同时工作的人所用的文章大纲编辑器。人工智能在生产和经营过程中的应用，是另一个重要的先进技术的标志。从底层原始数据检测和收集的传感器，到过程控制的机理以至辅助决策的知识库，都需要应用人工智能技术。

（四）方法论的指导

所谓“方法论”，就是在实现某一目标、完成某一项大工程时，所需要使用的一整套方法的集合。我们强调要实现全企业的整体集成，这是一项十分复杂的任务。对每一时期每一项具体任务，都应该有明确的规定和指导方法，这些方法的集合就叫“集成方法论”。这样的方法论能帮助人们少走弯路、避免损失。这种效益，比一台新设备、一个新软件所能产生的有形的经济效益要大得多、重要得多。

（五）环境美化

环境美化的工作不仅仅指工厂企业范围内的绿化，更主要的是对废弃物的处理。企业需要成立专门的组织，积极主动地开展对废物的利用或妥善销毁。

（六）绩效测量与评价

传统的企业评价总是着眼于可计量的经济效益，而对生产活动的评价，则看一些具体的技术指标，这种方法基本上属于短期行为的做法。对于敏捷制造、系统集成所提出的战略考虑，如缩短提前期对竞争能力有多少好处，如何度量企业柔性，企业对产品变异的适应能力会导致怎样的经济效益，如何检测雇员和工作小组的技能，技能标准对企业柔性又会有什么影响等，都是在新形势、新环境下需要提出来解决的。又如会计核算方法，传统的会计核算主要适用于静态产品和大批量生产过程，用核算结果来控制成本，压缩原材料和直接劳动力的使用，是一种消极防御式的核算方法。这些都是不适应敏捷企业需要的，当前要采用一种支持这些变化的核算方法。例如，ABC 法（activity based costing）把成本计算与各种形式的经营活动相关联，是未来企业中很有希望的一种核算方法。合作伙伴资格预评是另一种评价问题。因为虚拟企业的成功必须要求合作伙伴确有所长，而且应有很好的合作信誉。

（七）标准和法规的作用

目前产品和生产过程的各种标准还不统一，而未来制造业的产品变异又非常突出，如果没有标准，对国家、企业和企业间的合作以及对用户都非常不利。因此必须要强化标准化组织，使其工作能不断跟上环境和市场的改变，各种标准能及时更新。现行法规也应该随着国际市场和竞争环境的变化而修订，其中包括政府贷款、技术政策、反垄断法规、税法、税率、进出口法、国际贸易协定等。

（八）组织实践

外部形势要求变，内部条件也可以变，这时的关键就在于领导能否下决心组织变革，引进新技术，实现放权，与其他企业开展新形式的合作。现在不仅需要富于革新精神和善于根据敏捷制造的概念进行变革的个人，而且更需要这样的小组，这才能推动企业的变革。

第三节　大规模定制

约瑟夫·派恩二世在其《大规模定制》（*Mass Customization*）一书中提出了一个被越来越多的企业重视的概念——大规模定制。大规模定制是指以较低的成本，快速、高效地向顾客提供各种定制化的产品和服务。大规模定制同时具备了大规模生产和单件定制的优点，在满足客户个性化需求的同时，产品的价格也非常具有竞争力。

一、大规模定制的发展

大规模定制是从20世纪盛行的两个生产模式——作坊定制和大规模生产中演化而来的。

作坊定制对工人的技艺和灵活性要求极高。在作坊定制中，能够生产高度差异化、独具特色的产品，但是成本极高，生产效率很低，组织也很难控制和管理。

大规模生产方式源于19世纪末20世纪初的美国，那时候美国社会中的等级差别不大，收入水平平均，这使得市场上的需求趋于一致与稳定。在这种统一的市场环境下，大规模生产方式应运而生。大规模生产是指对少数几种产品进行大批量生产。它强调生产的机械化、自动化，追求低成本和高利润。

自20世纪50年代开始，美国统一的市场发生了分化，市场越来越多元化。到了20世纪80年代，市场进一步分化，以产定销的大规模生产方式已不能满足市场多样化的、不稳定的需求。市场环境的变化拉动了大规模生产向大规模定制的转变。表 13-1 展示了对作坊定制、大规模生产、大规模定制 3 种方式的比较。

表 13-1　作坊定制、大规模生产和大规模定制方式的对比

	作坊定制	大规模生产	大规模定制
生产安排与采购计划	按照实际订单	按照预测	按照实际订单
市场需求	需求稳定，需求大于供给，缺乏竞争	需求相对稳定，竞争加剧，主要是成本上的竞争，价格战	竞争进一步加剧，由单一的成本竞争转变为成本和差异化的共同竞争
产品	产品多样化的成本非常高	产品品种的单一成本低，产品的生命周期长	产品的多样性成本低，产品的生命周期短
存货	因为生产率较低，所以存货较少	因为无法准确地预测市场需求，所有持有大量的库存	因为销售发生在产品之前，不需要备货，并且具有大规模生产高效率的优点，所以库存水平较低
信息	信息闭塞，小范围交易	信息不充分	市场高度透明

二、大规模定制的优势

通过大规模定制，企业以大规模的成本为顾客提供定制化的产品和服务，全面提高了顾客的满意度。大规模定制的优势主要体现在以下几个方面。

（一）生产者和消费者双赢

大规模生产的目标市场是一般客户，向一般的客户提供低价的、单一品种的产品。然而通过成本领先取得的竞争优势是有限的，因为单一产品根本无法满足差异化的需求。大规模定制模式则能够同时为企业带来成本领先和差异化战略的优势，同时，其差异化和低价格的产品和服务也更符合顾客的需求。

（二）分销渠道的低存货水平大大提高了资金的使用效率

一方面，降低分销渠道中的存货水平能减少整个供应链中的资金占用，从而提高资金的使用效率；另一方面，存货水平的降低，缩减了存货管理的成本，减小了由于产品过剩而打折销售的跌价风险及被市场淘汰的风险。戴尔就是一个以降低存货水平来缩减成本的典型。可以说，戴尔的成本优势并不是仅仅来自它的直销战略，很大一部分还来自它的低存货水平。戴尔的低存货水平使利润增长了 6%。

（三）提高企业对市场机会的洞察能力及自身定价能力

为了按照顾客要求生产个性化的产品，大规模定制厂家加强了与客户的沟通。定制化的产品更符合客户需求，降低了顾客购买前的选择成本和购买后的改装成本，顾客愿意花更多的钱去购买为自己量身定做的产品。为了持续向顾客提供个性化的产品和服务，企业与顾客不断沟通，并持有每一位顾客的资料和订单记录，这些信息都会提高企业对市场机会的洞察能力。

三、成功应用大规模定制的必备条件

约瑟夫·派恩二世指出，实施大规模定制的关键是必须具备自治、技能高的工人，先进的技术条件（即先进制造技术、流程和模块单元），以及灵活的供应和分销网络。只有具备了这些条件，管理者才能够通过对标准模块的重新配置和协调，满足顾客具体的需求。

（一）员工条件

高素质的员工是企业实施大规模定制的动力源泉。大规模定制对员工素质提出了更高、更新的要求：高技能、多面手、创新意识强、学习能力强。因为随着企业内部的分工界限逐渐模糊，员工的工作范围越来越广。只有企业内的员工具备了上述素质，才能够支持企业的大规模定制模式。

（二）技术条件

如果说员工条件是企业实施大规模定制的软件保证，那么技术条件就是企业实施大规模定制的硬件支持。现代信息技术、先进制造技术、产品设计技术和标准化的模块技术都是企业大规模定制的必备条件。

（1）现代信息技术。因特网的发展和普及促进了企业和顾客之间的信息沟通，不但能使顾客获得满意的个性化产品和服务，还能使企业增强洞察市场的能力，有助于更好地开发、提供产品和服务。

（2）先进制造技术。以敏捷制造为代表的先进制造系统能够在同一生产设备上快速、有效地生产出任意批量的不同产品。

（3）产品设计技术及零部件的标准化、模块化。通过精心设计产品，使多样化的产品能够由一些标准化的、独立的、易于组装的模块组装而成，其为企业带来的直接效益是降低了产品差异化的成本。

（三）灵活的供应和分销网络

大规模定制的生产模式意味着企业必须重新审视传统的供应链体系，使生产厂商与其上游和下游更加紧密地合作，实现整个供应链的最优化，实现整个供应链上各环节物流、信息流和资金流的畅通与统一。具有柔性的供应链和分销网络是企业成功实施大规模定制的必备条件。

四、大规模定制的策略

当今企业面对日益动荡的市场环境，面对客户需求的不断个性化和多样化，面对产品生命周期的不断缩短和技术的日新月异，采用大规模定制是极其有效的手段之一。为了实现大规模定制，确保个性化定制产品和服务的低成本生产，企业可以根据自身的情况，在价值链的相应环节（如开发、生产、销售、交付等环节）选择相应的策略并加以实施。

（一）模块化、标准化的产品和服务设计

模块化设计是指把产品和服务设计成相互独立的模块，各模块可以很容易地装配成不同形式的、个性化的产品和服务。模块化设计和制造能够帮助企业发挥规模经济和范围经济。

（二）延迟策略

企业的生产过程一般可以分为设计、制造、装配和销售环节，定制可以在模块化的基础上，根据需要发生在各个环节。设计定制是指根据顾客具体要求，设计能够满足客户特殊要求的产品和服务；制造定制是指接到顾客订单之后，在已有的标准化模块基础上进行变形的制造；装配定制是指在接到订单之后，将各模块进行个性化的装配。延迟策略是指把产品和服务的定制活动推移到供应链的下游进行，以减少供应链各环节的不确定性，降低库存水平和风险。模块化设计为延迟策略提供了基础。

只有将模块化设计的策略与延迟策略相结合，才能充分发挥大规模定制的成本优势和差异化优势，使企业以最小的成本和库存，高效地满足客户的订单要求。

五、大规模定制面临的挑战

在知识经济与文化经济的新时代，新知识、新观念、新技术、新产品、新工艺日新月异，企业面临着一个更为激烈的竞争和生存环境，表现为信息网络化、经济全球化、需求多样化和个性化、订货批量趋于小量化、产品的生命周期越来越短。企业之间的竞争已由基于价格、质量、服务的竞争转向基于客户需求、客户满意度、时间和供应链的竞争，这使得大规模定制生产面临的最大挑战是成本和交货期。

（一）速度的挑战——快速响应客户需求

转向大规模定制的驱动力是追求满足客户个性化需求并快速响应客户需求的

变化，其实质是将客户到供应商的整个供应链的各个环节进行业务模式重组，以有效缩短客户到供应商的时间距离，从而缩短从客户需求提出到满足客户需求的响应周期。从企业的运作过程来看，这一响应周期可由研发响应时间、采购响应时间、生产制造响应时间与配送响应时间构成（如图 13-4 所示）。

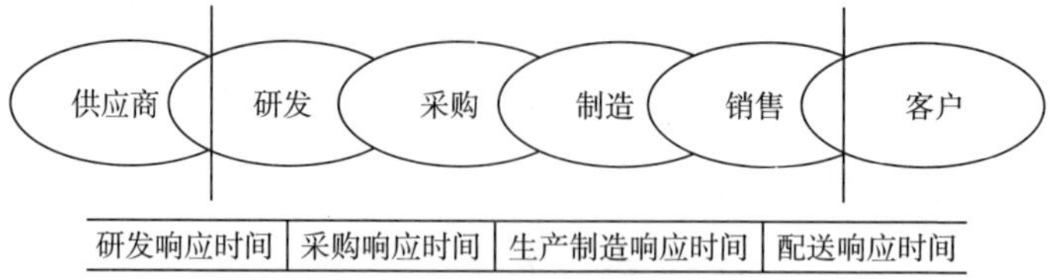

图 13-4　企业响应周期的构成

在工业经济时代，大规模生产是非常有效的。在该环境下，市场趋于统一和相对稳定，生产计划和采购计划容易做出，研发和采购时间对企业的响应周期没有多大影响；此外，库存能够起到缓冲作用，降低了对配送响应能力的要求。在大规模生产方式下，企业对客户的响应时间主要取决于生产过程时间，关注的是产品如何以最高的效率生产出来。

在信息时代，市场是细分的、变化的，生产方式从“推动”式转变为以客户需求为驱动的“拉动”式，如何快速响应客户订单成为信息环境下传统制造企业所面临的生死攸关的问题。从企业响应周期来看，要实现对客户需求的快速响应，快速地生产出产品以满足客户的个性化需求，就必须在各个环节上缩短响应时间。

（二）成本的挑战——以低成本生产定制产品

以低成本生产定制产品，是在设计中把规模化的概念融入大规模定制模式之中，实现大规模定制的低成本。产品设计决策决定着产品成本的 80%，产品设计完成之后，很难在工艺制造流程设计中再通过“降低成本”的措施来削减成本。为此，应运用协同工程技术对产品和工艺制造流程进行同步设计，追求产品总成本最低。否则，“降低的”成本甚至还不足以补偿实施这类措施本身所需的耗费。

以最低成本生产产品的关键在于，从总成本的角度来权衡与产品有关的所有设想和决策。但是，在典型的企业成本统计系统中，只记录了材料成本和人工成本。所有其他的成本被统称为间接成本，并且被按照某种分配方法分摊到企业的各项活动之中，如按照原材料、人工或加工成本的一定比例进行计算。然而，各种产品并不具有相同的间接成本。对此可采用作业成本法进行测算。实际上，可以通过合理的设计来降低很多间接成本。

第四节　计算机集成制造系统

一、计算机集成制造系统的产生及其含义

1974 年，美国的约瑟夫·哈林顿博士在《计算机集成制造》一书中首次提出计算机集成制造（computer integrated manufacturing，CIM）的概念，其中，有以下两个基本观点：

第一，企业生产的各个环节，即从市场分析、产品设计、加工制造、经营管理到售后服务的全部生产活动是一个不可分割的整体，要紧密连接，统一考虑。

第二，整个生产过程实质上是一个数据的采集、传递和加工处理的过程。最终形成的产品可以视为数据的物质表现。

综合这两个观点可以看出，CIM 是信息技术和生产技术的综合应用，目的在于使企业更快、更好、更省地制造出市场需要的产品，提高企业的生产效率和市场响应能力。从生产技术的观点看，CIM 包含了一个企业的全部生产经营活动，是生产的高度柔性自动化，它比传统的加工自动化的范围要大得多；从信息技术的观点看，CIM 是信息系统在整个企业范围内的集成，主要是体现以信息集成为特征的技术集成、组织集成乃至人的集成，因此，CIM 是生产组织的一种哲理、思想和方法。当一个企业按 CIM 哲理组织整个企业的生产经营活动时，就构成了计算机集成制造系统（CIMS）。

（一）产生 CIMS 的技术推动作用

谈及 CIMS，离不开计算机技术的支持。自从 1946 年世界上第一台电子计算机诞生以后，计算机就在社会各领域得到广泛应用，并使每一个应用对象在技术上都发生了革命性的变化。计算机在工业生产上的应用，使产品制造由刚性自动化转向柔性自动化，使企业的管理工作由手工抄、写、算转为计算机处理，并为 CIMS 的形成做了技术上的准备。

1. 计算机在产品设计和制造中的应用

计算机在产品设计中的应用研究，即计算机辅助设计（computer aided design，CAD），是在 20 世纪 50 年代中期开始的，主要包括计算机制图、设计计算和建立数据库。早期的 CAD 主要用于产品设计计算及计算机绘图。随着微型机性能的提高和成本的大幅度下降，CAD 进入了更多的制造应用领域，不仅出现了可绘制二维、三维图形的交叉绘图系统，而且还产生了用于三维设计和二维分析的 CAD 系统，可以完成产品设计、材料分析、制造要求分析、优化产品性能以及工具、模具和专用零部件设计等工作。采用 CAD 可以大大节省设计时间，

其设计速度一般是人工的 1~5 倍。CAD 不但提高了产品设计的效率，而且提高了设计的水平和质量，从而使采用 CAD 技术的工厂能够迅速推出高性能、高质量的新产品。

计算机辅助制造（computer aided manufacturing，CAM）的研究也起始于 20 世纪 50 年代。1952 年，美国首先成功研制出数控机床，为计算机在产品制造中的应用开创了一条崭新的道路，成为 CAM 的开端。1958 年，随着刀库的发明，出现了能在一台机床上通过自动换刀实现铣、钻、镗、铰及攻丝等多种加工的数控加工中心，能够在一次装夹中完成多道工序，使数控自动化加工由工序分散方式向集中方向发展。由于当时计算机价格昂贵、体积庞大，为了充分利用计算机的功能，人们又开始研究并于 1966 年在美国制造出用一台计算机同时控制数台机床的直接数控（direct numerical control，DNC）系统。1967 年，英国首先研制、美国制造成功了由数控机床组成的名副其实的多品种加工自动生产线，并命名为柔性制造系统（flexible manufacturing system，FMS）。FMS 的建成把机械加工的劳动生产率又提升到一个新的高度。据 1982 年美国的一份调查报告报道，组成 FMS 的一套机床的产量通常为同样机床在单机使用情况下所完成产量的 3 倍。不仅如此，FMS 还解决了离散型制造企业一直试图解决而未能解决的、经常更换品种的中小批量生产自动化问题。中小批量离散型生产企业在整个制造业中约占 85%，是最难实现自动化的领域。FMS 使其有了实现的途径，从而展现了工业生产有可能全面实现自动化的前景。

随着 CAD 和 CAM 技术的迅速发展，人们开始考虑两者的集成，即由计算机将所设计的零件信息直接转化为加工信息传递到机床，使一项产品从设计到制造在一个系统中完成，不再使用图纸等书面文件。到了 20 世纪 80 年代中期，CAD/CAM 集成系统已进入实用化阶段。

2. 计算机在企业管理中的应用

在问世后的最初几年，计算机主要用于科学技术和工程方面的计算。1954 年，美国通用电气公司第一次用电子计算机计算职工的工资，这是计算机首次用于管理业务。之后电子计算机在管理上的应用范围越来越广，而且随着电子计算机技术、网络技术的迅速发展，计算机在管理上的应用也由初期的单项数据处理阶段发展到数据综合处理阶段，进而发展到现在的数据处理系统和管理信息系统（management information system，MIS）阶段。数据处理系统的功能是在企业生产的各个环节全面使用计算机对生产数据进行处理；管理信息系统的功能主要是对企业的经营管理领域进行计算机化管理。在这方面有较大影响的美国 IBM 公司，在 1958 年发表了标准生产管理方式，1968 年在标准生产管理方式基础上建成了生产信息与管理系统（production information and control system，PICS），其中包括

8 个子系统。20 世纪 70 年代又改进为面向通信的生产信息与管理系统（communication oriented production information and control system，COPICS）。

计算机对企业管理从信息流的管理上升到物质流的管理是一个飞跃。因此，1961 年美国又提出了 MRP 系统。1979 年，在此基础上又研制了制造资源计划（manufacturing resource planning，MRP Ⅱ）。MRP Ⅱ现已成为 CIMS 体系中的重要组成部分。

计算机在各单元技术上的应用，如 CAD/CAM、FMS、MRP、MRP Ⅱ等，在缩短产品生产周期，提高各种资源的利用率，制造高度精密、复杂的零件，降低生产成本，增强市场应变能力和竞争能力等方面，都给采用这些技术的企业在不同程度上带来了效益。同时，这些单元技术的发展也为 CIMS 的建立提供了技术和物质上的准备。

（二）产生 CIMS 的市场拉动作用

从市场方面看，自 20 世纪 70 年代开始，世界市场发生了重大变化。科学技术飞速发展和社会需求多样化的相互作用、相互促进，使过去相对稳定的市场变成了需求多变的市场。今天的用户对企业来说具有举足轻重的影响，失去了用户就等于失去了市场。然而用户需求的多样性和日趋个性化却给企业带来了经营上的困难。不仅竞争强度增加了，而且竞争要素也增多了。企业除了继续要在价格、成本、质量三个传统要素上竞争外，还要在服务和交货期上与竞争对手一较高低。环境的变化对企业来说已成为理所当然的事情。变化无所不在，无时不有，而且变化的速度在加快。新技术加速了革新，产品生命周期已经比若干年前大幅度缩短，如今的“电子产品”几乎一进入市场就已经过时了。

面对上述技术和经济的新形势，过去那种“四平八稳”的经营习惯早已不能适应市场了，企业必须寻求一种技术与管理高度结合的新的生产方式，才能在今后继续得到发展。CIMS 正是这样一种新的生产方式。

如前所述，计算机在各单元技术上的应用使企业获益匪浅。但是人们进一步发现，如果将这些自动化单元技术加以有机集成，则可以带来技术上和经济上的更高效益。因为集成度的提高，可以使各种生产要素之间的“配合”得到更好的优化，各种要素的潜力可以得到更大的发挥，即可以达到整体的静态和动态的最优化，使得实际存在于企业生产中的各种潜力充分发挥出来。可以说，对整体最优化目标的积极追求是产生 CIMS 的动因。

技术上的可能和市场竞争的需要，使哈林顿提出的 CIM 概念迅速成为一些技术上处于先导地位的企业和一些国家政府的实践活动，随着 CIMS 技术难关的逐步攻克，计算机集成制造从一般概念变成了较大规模的工业应用。

（三）关于 CIM 和 CIMS 的定义

如前所述，CIM 是组织现代化生产的一种哲理、一种指导思想。那么，CIMS 便是这种哲理的实现。因为 CIMS 才走过二十几年的路程，还有许多问题有待于深入研究，甚至其定义目前也是众说纷纭，这里列举几个简要介绍。

企业类型不同，如进行单件生产的企业与多品种、中小批量生产的企业或大批量生产的企业，其生产经营方式将是不同的，离散型制造业与流程工业也是不同的，因而实现 CIMS 必然是不同的。即使是同一行业的企业，由于它们的生产经营目标不同，企业的基础条件（如技术水平、人员素质、资金能力等）不同，其实现 CIMS 的过程与结果也将是不同的。当然，就技术而言，其中许多技术是具有共性的。

可以说，CIM 这里只有一个，CIM 的许多相关技术（如 CAD、成组技术、MIS 等）具有共性，而 CIMS 则因企业的不同而千变万化。CIMS 主要是强调我们的研究开发不应停留在哲理上，而要把重点放在实现上，通过实现去带动解决关键技术、形成高技术产业。强调系统的另一个原因是要用系统的观点来指导整个 CIMS 的研究开发，即系统的目标、结构、组成、约束、优化、实现等，这一点与 CIM 概念本身强调总体、强调系统是一致的。

CIMS 可以由工程设计自动化分系统、管理信息分系统、制造自动化分系统、质量保证分系统以及计算机网络分系统、数据库分系统等组成；也可以由上述部分分系统集成组成 CIMS。CIMS 的实施方案、实施规划和实施步骤等是由企业的长期目标和近期目标及约束条件决定的。总之，CIM 的各种具体实现都是 CIMS。

欧共体 CIMOSA（开放系统结构）课题委员会最近提出的 CIM 定义，被认为是当前最权威、最科学的定义："CIM 是信息技术和生产技术的综合应用，由此，企业的所有功能、信息、组织管理方面都是一个集成起来的各个部分。"

在激烈的市场竞争中，各种企业要生存、争发展，就要用 CIM 的概念组织生产。要达到企业的总体优化，不仅要正确处理加工制造过程的自动化，而且必须使设计过程、管理和决策过程采用先进技术，更重要的是企业的体制、运行机制必须做相应的深刻变革。因此，CIM 是一种组织现代化生产的哲理。

二、计算机集成制造系统的一般结构

有关 CIM 的概念和定义虽然存在着多种观点，经历了不断的发展，但都保持了一个共同点，这就是"集成"。在自动化技术、信息技术和制造技术的基础上，在新的管理模式和生产的指导下，把以往企业中相互独立的工程设计、生产制造、经营管理等全部生产、经营活动所需的各种孤立的、局部的子系统，借助数据库和数字通信网络有机地集成起来，构成一个覆盖全企业的综合系统，这就是 CIMS。

（一）CIMS 的功能结构

从功能上看，CIMS 包含了制造企业的设计、制造、经营管理这三种主要功能，要使这三者集成起来，还需要一个支撑环境，即分布式数据库和计算机网络以及指导集成运行的系统技术（如图 13-5 所示）。

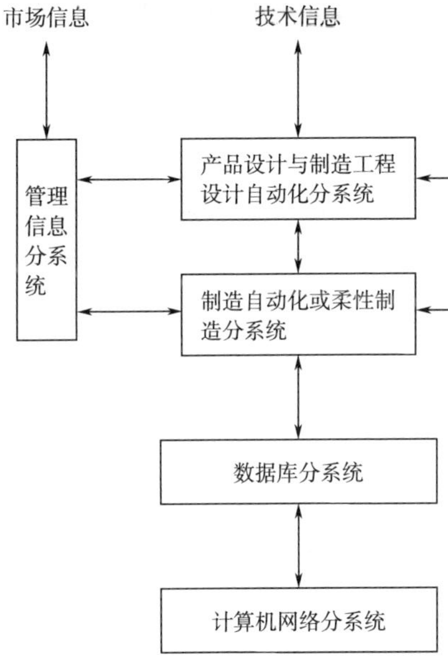

图 13-5　CIMS 的功能结构

1. 四个功能分系统

（1）管理信息分系统。它是以 MRP Ⅱ为核心，包括预测、经营决策、各级生产计划、生产技术准备、销售、供应、财务、成本、设备、工具、人力资源等管理信息功能，通过信息的集成，达到缩短产品生产周期、降低流动资金占用、提高企业应变能力的目的。

（2）产品设计与制造工程设计自动化分系统。它是用计算机来完成辅助产品设计、制造准备及产品性能测试等阶段的工作，即常说的 CAD/CAPP/CAM 系统，目的是使产品开发活动更高效、更优质、更自动地进行。

（3）制造自动化或柔性制造分系统。它是 CIMS 中信息流和物料流的结合点，是 CIMS 最终产生经济效益的聚集地，可以由数控机床、加工中心、清洗机、测量机、运输小车、立体仓库、多级分布控制（管理）计算机等设备及相应的支持软件组成。根据产品的工程技术信息和车间层的加工命令，完成对零件毛坯加工的作业调度及制造，使产品制造活动优化、周期短、成本低、柔性高。

（4）质量保证分系统。该系统包括质量决策、质量检测与数据采集、质量评价、控制与跟踪等功能。系统保证从产品设计、制造、检验到售后服务的整个过程，以实现产品的高质量、低成本，提高企业的竞争力。

2. 两个支撑分系统

（1）数据库分系统。它是支持 CIMS 各分系统、涵盖企业全部信息的数据库系统。它在逻辑上是统一的，可以是分布的全局数据管理系统，以实现企业数据共享和信息集成。

（2）计算机网络分系统。它是支持 CIMS 各个分系统的开放网络通信系统。采用国际标准和工业标准规定的网络协议，可以实现异种机互联，以及异构局部网络和多种网络的互联。以分布为手段，满足各应用分系统对网络支持服务的不同需求，支持资源共享、分布处理、分布数据库、分层递阶和实时控制。

（二）CIMS 的技术结构

从结构上看，CIMS 的技术结构如图 13-6 所示。

三、计算机集成制造系统的内涵

集成和连接不同，它不是简单地把两个或多个单元连在一起，而是将原来没有联系或联系不紧密的单元组成有一定功能的、紧密联系的新系统。两种或多种功能的集成包含着两种或多种功能之间的相互作用。集成属于系统工程中的系统综合、系统优化范畴。CIMS 的集成，从宏观上看其特点主要表现在以下五个方面。

（一）系统运行环境的集成

系统运行环境的集成主要是将不同的硬设备、操作系统、网络操作系统、数据库管理系统、开发工具以及其他系统支撑软件集成为一个系统，形成一个统一的高效协调运行的应用平台，用户可共享系统软硬件资源。

（二）信息的集成

从信息资源管理（information resource management，IRM）出发，进行全企业的数据分析与总体规划，统一规划设计建立数据库系统，使不同部门、不同专业、不同层次的人员在信息资源方面达到高度共享。

（三）应用功能的集成

对工程设计领域而言，就是将决策支持系统（decision－making support system，DSS）、计算机辅助管理（computer aided management，CAM）、计算机辅助工程（computer aided engineering，CAE）、计算机辅助设计（CAD）等应用系

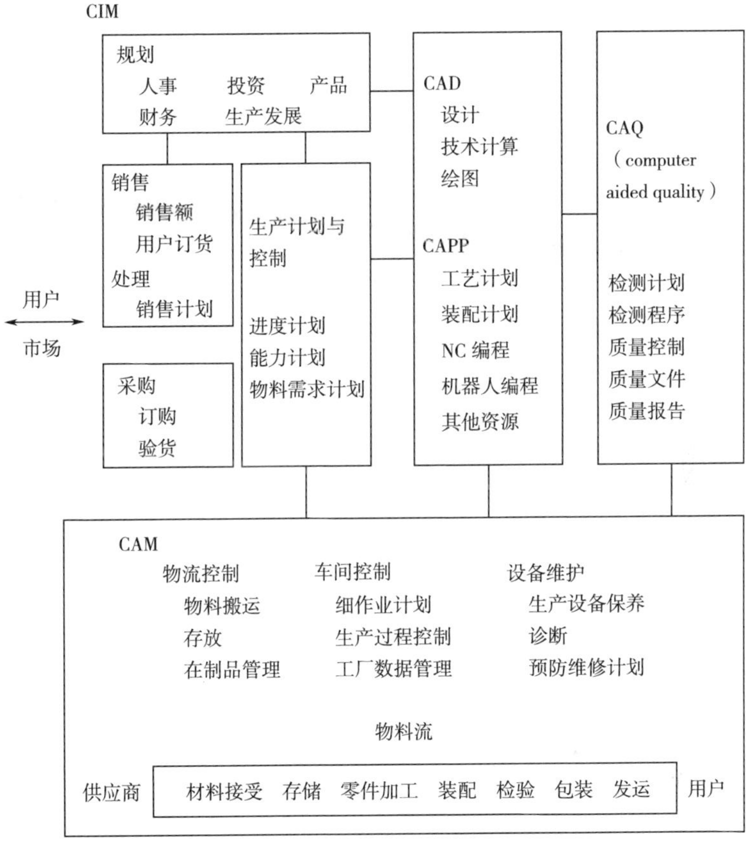

图 13-6 CIMS 的技术结构

统融为一体，建成计算机集成工程设计系统（computer integrated engineering design system，CIEDS）。

（四）技术的集成

开发建设面向行业应用的计算机集成应用系统是多种高技术的综合运用。例如，进行系统分析设计时，必然要运用系统工程理论以及某种系统开发方法论（如结构化方法、信息工程方法、面向对象方法等）作为指导。又如，网络通信技术、数据库技术、多媒体技术、可视化技术、并行工程与计算机支持协同工作（computer supported cooperative work，CSCW）、人工智能与优化技术以及工程设计理论与技术和管理科学等。还需要多方面的高级技术人员参加和有关专家学者的技术咨询。

（五）人和组织的集成

首先，要开发建设集成应用系统，高层领导必须亲自介入，加强统一领导，自始至终坚持“管理人员、设计人员、计算机技术人员三结合”的原则。其次，随着集成应用系统规划、分析、设计和实施的逐步完成，必须促进管理机制的变化，使之真正达到管理机构和生产组织的现代化和科学化。最后，对集成应用系统的每一个管理者和使用者而言，都要有系统集成的明确观念，每个人都将在系统的控制下进行工作，每个人的工作任务能否正确实时地完成，也将影响系统的维护和运行。

总之，人、组织和系统是不可分割的有机体，从系统的设计开发到系统建成后的应用、运行维护，起关键作用的仍然是人、组织和管理。

将上述几个特点简单归纳成一句话就是：以网络为支撑、以数据库为核心，把各类分系统和应用软件有机地集合在一起，形成综合性的多功能的计算机集成应用系统。

第五节　绿色制造

一、环境意识和绿色产品

20 世纪 70 年代，人类开始反思其活动与环境的相容性，在各个方面对人口、资源与环境三者的关系进行理性的思考。1987 年，世界环境与发展委员会在《我们共同的未来》报告中第一次阐述了可持续发展的概念，得到了国际社会的广泛认可。可持续发展是指经济、社会、资源和环境保护协调发展，既要达到发展经济的目的，又要保护好人类赖以生存的大气、淡水、海洋、土地和森林等自然资源和环境，使子孙后代能够永续发展和安居乐业。1992 年，在巴西里约热内卢召开的地球问题首脑会议通过了《21 世纪议程》，第一次把可持续发展从理论推向行动。在《21 世纪议程》中，各国政府提出了详细的行动蓝图，从而改变世界目前的非持续的经济增长模式。行动包括保护大气层，阻止砍伐森林、水土流失和沙漠化，防止空气污染和水污染，预防渔业资源的枯竭，改善有毒废弃物的安全管理等。

与此同时，消费者也越来越强烈地关注环境问题，并且愿意为绿色产品支付更高的价格。绿色产品是指生产过程及其本身节能、节水、低污染、低毒、可再生、可回收的一类产品，它也是绿色科技应用的最终体现。为了把绿色产品与传统产品相区别，许多国家在绿色产品上贴上绿色标志。该标志不同于一般商标，是用来标明该产品是在制造、配置使用、处置全过程中符合特定环保要求的产品类型。

二、绿色制造的基本技术

绿色制造（green manufacturing）是一个综合考虑环境影响和资源效益的现代化制造模式（如图 13-7 所示），其目标是使产品从设计、制造、包装、运输、使用到报废处理的整个产品生命周期中，对环境的影响最小，资源利用率最高，并使企业经济效益和社会效益协调优化。绿色制造模式，是人类可持续发展战略在现代制造业中的体现。

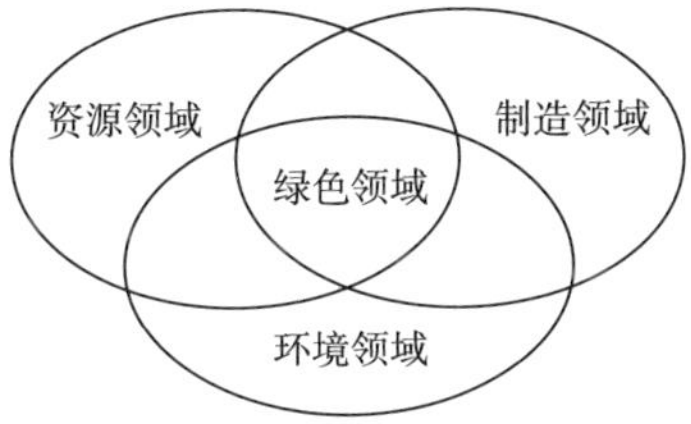

图 13-7　绿色制造模式

绿色制造技术从内容上应包括“五绿”，即绿色设计、绿色材料、绿色工艺、绿色包装和绿色处理五个方面。其中，绿色设计是关键。

（一）绿色设计

研究表明，产品性能的 70%~80%是在设计阶段决定的，而设计本身的成本仅为产品总成本的 10%。绿色设计（green design）的基本思想是，在产品及其生命周期的设计阶段就充分考虑对资源和环境的影响，使设计结果在整个产品生命周期内资源利用、能量消耗和环境污染最小，并且使产品及零部件能够方便地分类回收并再生循环或重新利用。绿色设计包括的内容很广泛，如零部件的标准化、模块化、可拆卸和可回收设计。

（二）绿色材料

绿色材料（green materials）是指在原料获取、产品制造、应用过程和使用以后的再生循环利用等环节中对地球环境负荷最小和对人类身体健康无害的材料。选择绿色材料是实现绿色制造的前提之一。目前绿色材料的研究内容主要包括材料的设计及开发技术、材料的环境协调性及其评估技术研究。

（三）绿色工艺

采用绿色工艺（green technology）是实现绿色制造的重要一环。绿色工艺是指耗能低、耗材少、无废弃物、无污染、无公害、综合利用资源的工业生产工艺。在工艺方案选择的过程中，要考虑对环境影响比较大的因素，如加工方法、机床、刀具和切削液的选择；尽量根据车间资源信息，生成具有可选择的多工艺路线，提高工艺选择的简捷化程度，以节约能源，减少消耗及对操作者健康的危害，降低工艺成本和污染处理费用等。

（四）绿色包装

绿色包装（green packaging）已经成为一个研究热点。绿色包装是对生态环境和人体健康无害，能循环复用和再生利用，可促进国民经济持续发展的包装。产品的包装应摒弃求新、求异的消费理念，简化包装，这样既可减少资源的浪费，又可减少环境的污染和废弃物的处置费用。另外，产品包装应尽量选择绿色材料。

（五）绿色处理

产品的绿色处理（green treatment）在产品生命周期中占有重要的位置，使得产品的生命周期形成了一个闭合的回路。绿色处理包括回收利用、循环再用和报废处理。拆卸是实现有效回收的重要手段。只有拆卸才能实现完全的材料回收和可能的零部件再利用。只有在产品的设计阶段就考虑报废后的拆卸问题，才能实现产品最终的高效回收。

【本章小结】

生产方式是指生产者对所投入的资源要素、生产过程以及产出物的有机组合和运营方式的总称，是对前面章节叙述的生产运作管理中的战略决策、系统设计以及系统运行管理问题的全面综合。本章主要针对精益生产、敏捷制造以及大规模定制的基本原理进行了介绍，同时介绍了计算机集成制造系统的概念与模型，最后介绍了绿色制造的思想。

【本章习题】

1. 试述最优化生产技术的主要思想。
2. 敏捷制造的核心内容和特征是什么？
3. 计算机集成制造的定义和内涵是什么？
4. 简述大规模定制的基本概念。

参考文献

［1］马士华，陈荣秋，崔南方，等. 生产运作管理［M］. 北京：清华大学出版社，2019.

［2］周劲波. 管理学案例研究［M］. 长沙：中南大学出版社，2012.

［3］RYAN DAVID M，Optimization Earns its wing. OR/MS Today（April 2000），Service Scheduling at Air New Zealand. Operations Management in Action Video Series［M］. Upper Saddle River，NJ：Prentice Hall，2000：26-30.

［4］查普曼，阿诺德，等. 物料管理入门［M］. 8 版. 北京：清华大学出版社，2018.

［5］戴维斯. 运营管理基础［M］. 北京：机械工业出版社，2005.

［6］林光. 企业生产运作管理［M］. 2 版. 北京：清华大学出版社，2010.

［7］刘丽文. 生产与运作管理［M］. 5 版. 北京：清华大学出版社，2016.

［8］海泽，伦德尔. 运作管理［M］. 10 版. 北京：中国人民大学出版社，2011.

［9］邓华. 生产计划与控制［M］. 北京：中国纺织出版社，2017.

［10］任健标. 生产与运作管理［M］. 2 版. 北京：电子工业出版社，2011.

［11］陈显涛. “自研+集成创新”模式全面提升项目管理水平：重庆国际生物城配套公寓工程应用案例［J］. 中国建设信息化，2024（8）：10-13.

［12］任自凯. L 公司主生产计划系统研究［D］. 济南：山东大学，2016.

［13］辛士明. 一汽解放汽车有限公司生产线效率管理案例研究［D］. 长春：吉林大学，2017.